やらない手はありません。そして火を使うとなれば、食べる楽しみにも直結します。バーベキュー炉にとどまらず、囲炉裏や石窯を作って食の幅を広げるのも山里暮らしならではの醍醐味です。そして、畑や山菜・キノコ、釣りや狩猟といった自給自足から、飲料水の入手、家庭排水や生ゴミを肥料に変えていく、というような暮らしのテクニックの中に、新たなＤＩＹの幅を広げることができるでしょう。

本書は、私がＤＩＹ雑誌『ドゥーパ！』誌上に連載した「田舎暮らしのＤＩＹ術／山里生活編」に加筆し再構成したものです。とくに、今後とも大量に入手できるであろうスギ・ヒノキ材、その人工林の間伐と丸太の加工・利用に重点を置き、ほかにも自然素材の土や石を使いながら、できるだけシンプルな道具で創造していく（つまりお金がかからない、廃棄するときゴミを出さない）、という方針でまとめました。災害の多い昨今では、非常時にも役立つ情報となるでしょう。

基本的な工具・電動工具などはすでにお持ちであることを前提として、ここでは詳しく触れませんが、山里暮らしでもっとも必要とされるナタ、ノコ、チェンソーなどについては、実践的な解説を入れました。

山里では周囲の自然素材を採取しようとするとき、それが「手入れ」になって環境を整備し、美しく変えていき、周囲から喜ばれることもあります。またその逆もあり、トラブルを招くこともあります。そんな注意も交えながら、自然と調和し暮らしに役立つモノづくりのテクニックと愉しみを、イラストを中心に紹介していきたいと思います。

大内正伸

もくじ

PART2 水を使って

PART3 石と土を使って

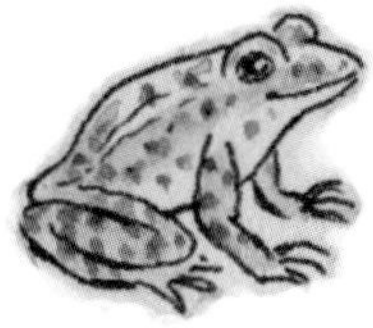

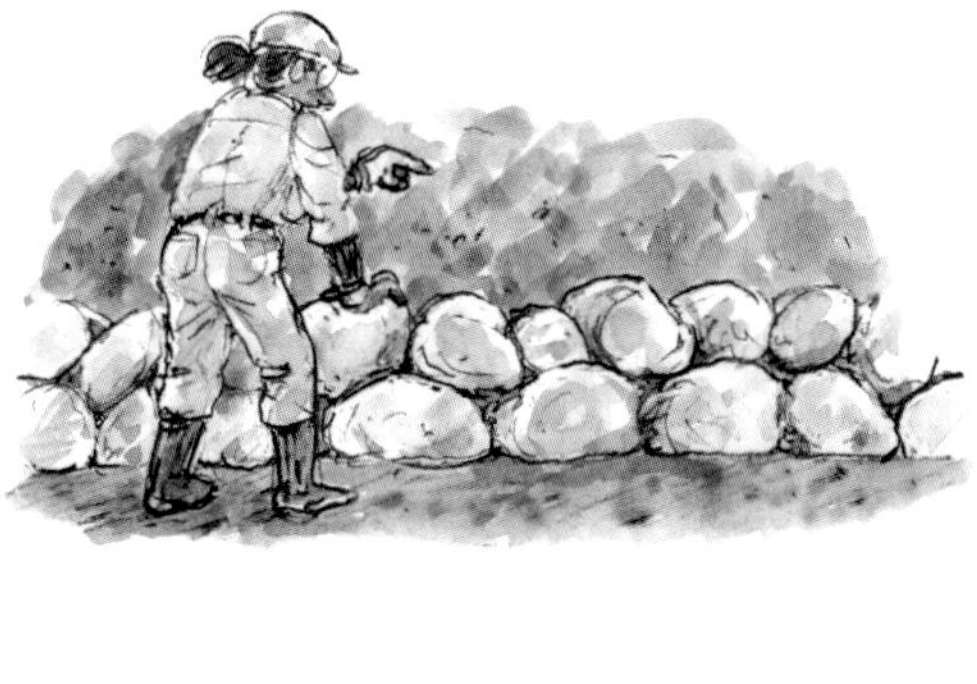

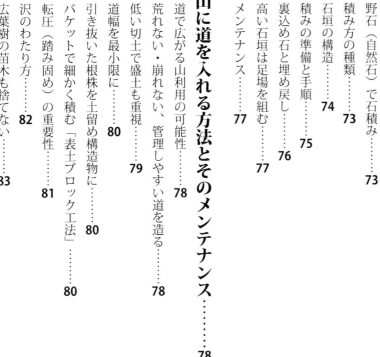

PART4 火を使って

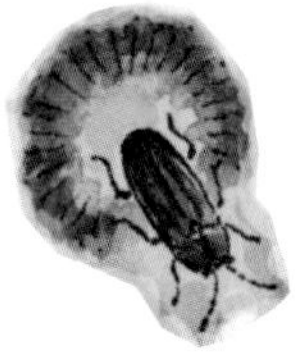

PART5 微生物を使って

PART6 山里暮らしを助ける道具&修理術

イラスト／大内正伸
写真／大内正伸・川本百合子
DTPレイアウト／Tortoise+ Lotus studio

※掲載されている価格などのデータはすべて取材当時のもので、変更される場合があります。
※本書をもとに製作される際は、安全に十分留意のうえ、個人の責任で行なってください。

PART1
木を使って

裏山にある木々は少しずつ根を伸ばしながら水を貯え、キノコや昆虫たちを育て、土を作る。木は最高のDIY素材だけれど、伐ることで山の環境は大きく変わる。木彫りの端材で火を焚いて、育つ緑に思いを馳せる。

1. 自分でできる間伐の方法（準備編）

日本の山にはスギ・ヒノキ・カラマツがあふれている。間伐すれば環境も良くなり木も太る。その間伐材をDIYに使わない手はない。誰にでもできる間伐の基準（伐る木・残す木の選び方）や伐り方を学ぼう。

間伐から乾燥まで
① まず伐れる山を探そう
間伐してくれ〜
たしか友人の田舎にスギ山が…
釣り竿
鋸谷式間伐なら選木もカンタン！
② 山に入って選木しましょう
③ 伐採して葉枯らし
④ 枝切り、玉切りして道まで出す
下げ集材ならトチカンが便利です
トチカン
木口に刺して使う鉄製の矢
波板
⑤ 皮をむいて積んでおく

伐り旬を考える

読者が田舎に山林を所有しているなら話は早いが、そうでなくとも親類や友人などに山林を持ちながら手入れができず持てあましている人がいるのではないだろうか？

スギ・ヒノキの植林木は間伐の手入れをしないと木が太れないし土が痩せて山が荒れてしまうので、声をかけて伐らせてもらえば所有者にも喜ばれる。

まず、いつ伐ったらよいか？木を伐採するにはそれにふさわしい時期がある。これを「伐り旬」というが、一般に8月のお盆過ぎから12月の年内までがよい。この時期、木の水の吸い上げが止まり、伐った木を乾燥させるのに有利である。樹皮下の養分も少なく、昆虫も少ないので放置しても材への虫食いを防げる。ただし1月を過ぎると、早くも木は水を吸い上げ始める。私たちの季節感より木の時間の回りは早いのだ。

たとえば6〜7月の水の吸い上げピーク時に伐ると、切り株から水がにじみ出るほどで、水分を含んだ分重量があり、運び出すのも大変である。

間伐の遅れたスギ林。暗いので下草が生えず土が流れ、荒廃している

間伐の行き届いたスギ林。明るく健康的でほかの雑木も育ち、保水力も高い

伐った木は乾燥しないと使えない

いずれにせよ伐った木は乾燥させる必要がある。ご存じのようにホームセンターなどで売られているＤＩＹ材は外材・国産材を問わず乾燥済みの材だ。生木から乾燥の過程で収縮や曲がり、割れが入るからで、十分乾燥したうえでその不良な部分を取り去って、製品に加工しているのである。

なかでもスギはとくに乾燥が難しい木で、芯の部分の水分が抜けにくい。現在市場に出回っているスギ材のほとんどは人工乾燥材で、ボイラーの部屋で何日も高熱をかけて水分を抜いたものである。このとき木のエキスもほとんど抜けてしまう。伐採したときの美しい赤色の芯材は人工乾燥によって茶褐色に変化し、油分も抜けるので表面の輝きも失われ、香りも悪いパサパサの材になってしまう。

いま本物のスギ材を求めようと思ったら、自分で伐って自然乾燥させるしかない。自然乾燥のスギは強度もツヤも香りも素晴らしい。本物のスギ材の良さを、読者の皆さんにもぜひ味わってもらいたい。

スギ材の葉枯らし乾燥

さて、スギを早めに乾燥させるには昔ながらの「葉枯らし」という方法をとる。伐採した木を葉がついたまま林内に放置し、翌年の春に枝を落として運び出すのである。葉が枯れる過程で、抜けにくい芯の部分の水分が抜けていく。これでスギ丸太はかなり軽くなり、道まで出しやすくなる。丸太のまま土に寝かせておいたら虫食い（カミキリムシの幼虫やシロアリなどが木材に小さな穴をあける）に遭いそうだが、この期間は昆虫は活動しないので被害は出ない。

丸太は皮をむいてから風通しの良い場所に寝かせさらに乾燥を進める。皮をむくのは今後の虫食いを防ぐためだ。野外に置く場合は屋根をかける。波板を載せてブロックなどの重しをかけておくだけでもよい。こうしてさらに丸太でもう1年以上寝かせてから使う（製材加工する）のが理想的だ。

人工林の変化と現在

さて、目の前にスギ山があるとして、この間伐の本数や太さなど、伐るべき木の基準をどのように考

普通はこのように緑に覆われて内部は見えない
道路工事で内部が現れた典型的な間伐遅れの線香林
荒廃がよくわかる例。外側は緑でも内部は……

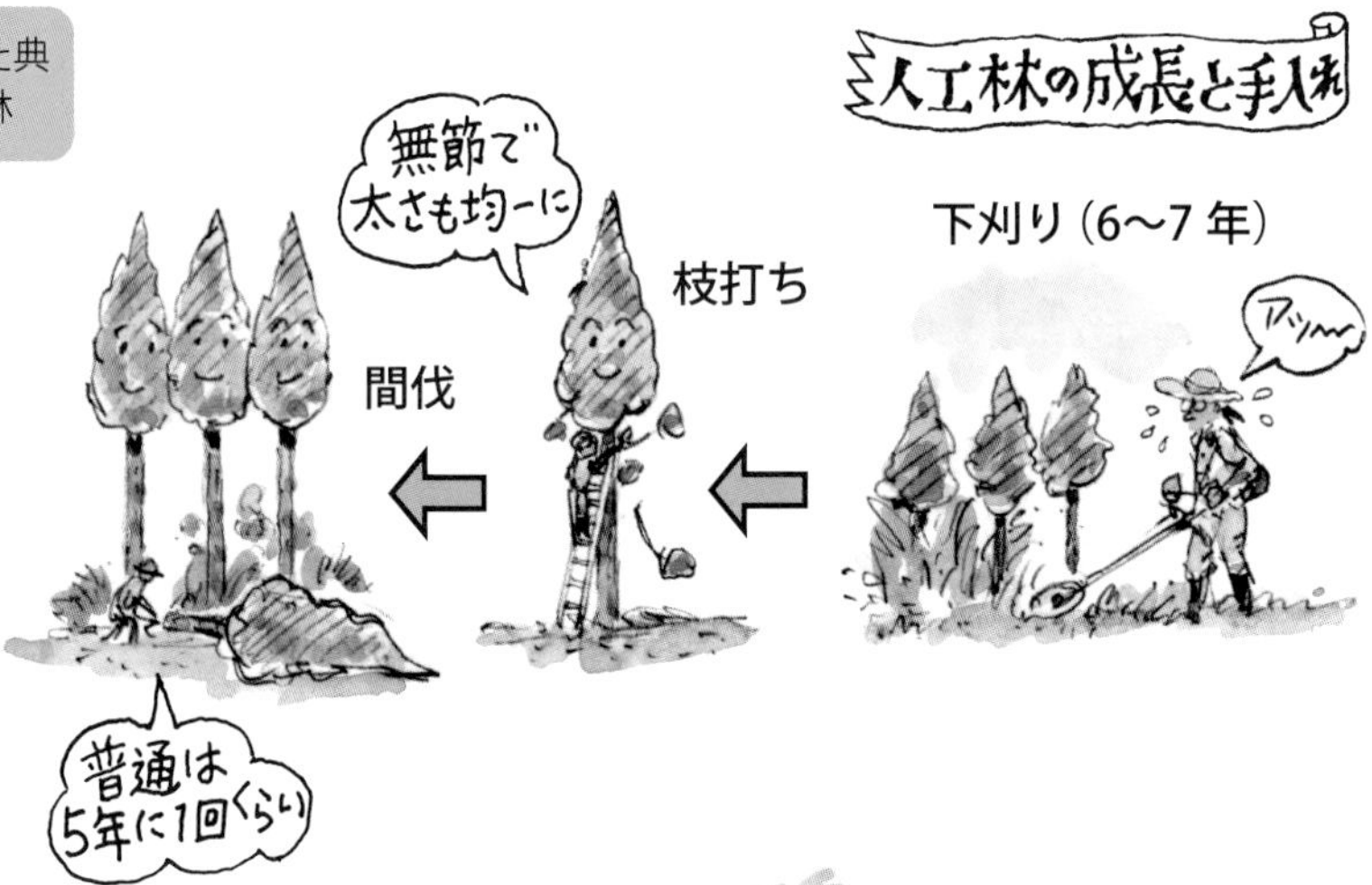
人工林の成長と手入れ
下刈り（6〜7年）
アツ〜
枝打ち
無節で太さも均一に
間伐
普通は5年に1回くらい

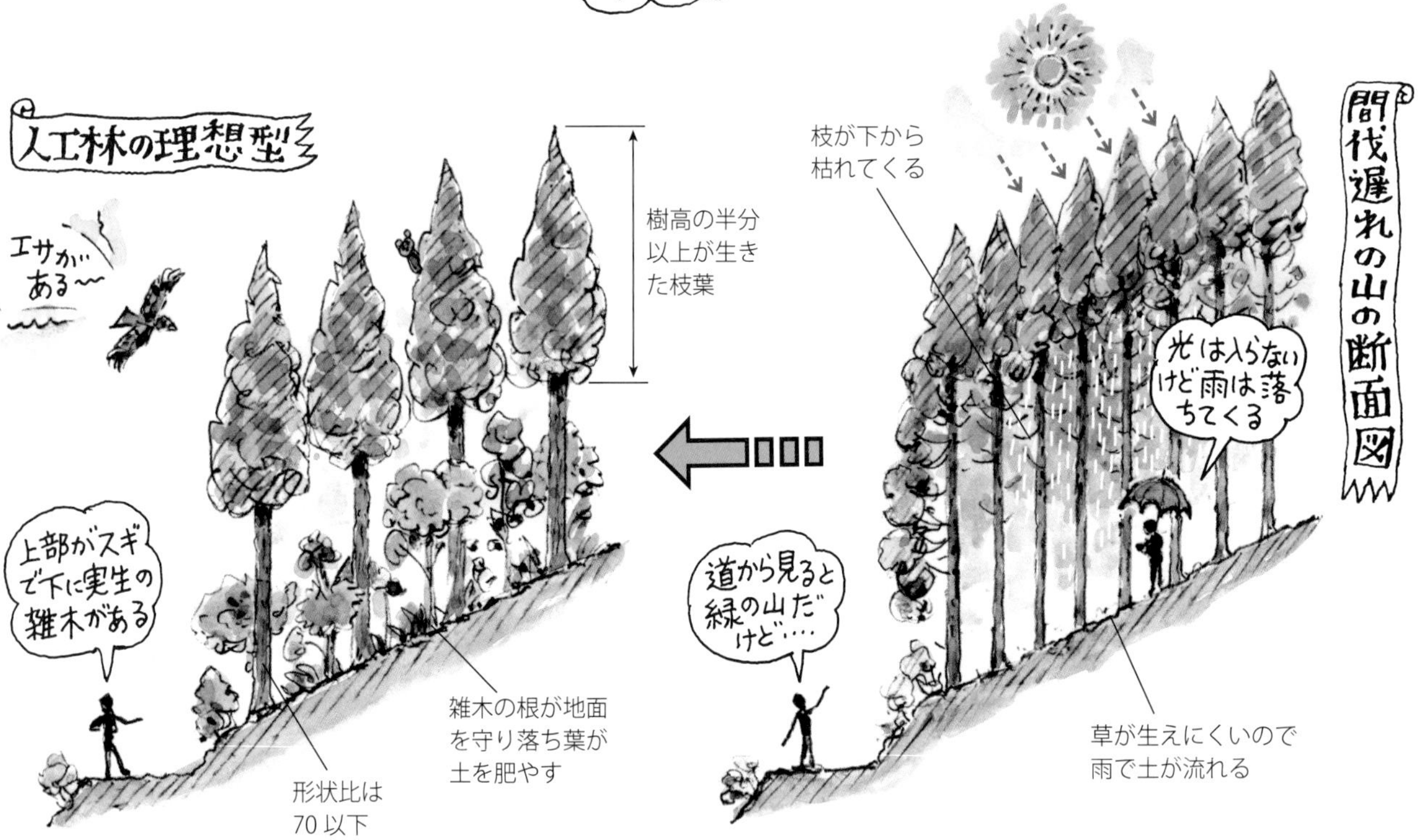
人工林の理想型
エサがある〜
樹高の半分以上が生きた枝葉
上部がスギで下に実生の雑木がある
雑木の根が地面を守り落ち葉が土を肥やす
形状比は70以下
間伐遅れの山の断面図
枝が下から枯れてくる
光は入らないけど雨は落ちてくる
道から見ると緑の山だけど……
草が生えにくいので雨で土が流れる

えたらよいのだろうか？　その前に、植え付けから伐採まで、人工林がどのように変化するかを頭に入れておこう。

普通は苗木を1ヘクタールに3000本植える。これは左右1・8m間隔に1本という密度になる。日本の山は温暖湿潤なので草の成長が早く、苗木が草に埋もれてしまう。そこで毎夏、下草刈りをやる。これを6〜7年繰り返すと、木の成長により光が遮られ、草の成長も弱くなる。その後、「枝打ち」や「間伐」を繰り返して、40〜50年で収穫（皆伐）というのが、これまでの林業のパターンだった。戦後の拡大造林時に大量に植えられたスギ・ヒノキ・カラマツは、ちょうど今この時期に当たる。しかし間伐が遅れていると太れないので、直径は20〜30㎝のものが多い。

かつて枝打ちした枝は燃料に使われた。また、細い間伐材も飛ぶように売れた時期があって、そのときは間伐も数年おきに小刻みになされていた。しかしエネルギー革命がおきて木に代わる素材ができ、外材が輸入されるようになり、人件費も高騰して手入れを放棄される山が増えた。

間伐されないと枝が当たってぎゅうぎゅう詰めの状態になる。すると光が射さない下方の枝が枯れてくる。生きた青葉が少なくなると光合成が弱まるので木は太れなくなり、細い木ばかり林立する暗い山になる。これを線香林《せんこうりん》とも呼ぶ。このような林は地面に光が当たらないので草が生えなくなる。しかし雨は容赦なく地面を叩くので養分のある表土が流れて、斜面崩壊する山も出てきた。また、多くの人工林は挿し木苗なので根が浅い。昨今の集中豪雨による土砂災害は、この間伐遅れ・挿し木苗の人工林が引き金であることが多い。

台風の風で折れたスギ林。形状比80を超えると風雪害を受けやすくなる

強い森に仕立てる間伐密度

細長い木は台風や雪に弱い。過去に大雪で折れたときの被害調査から、折れやすさの指標がわかっており、樹高に対する胸高直径（人の胸の高さ）の比（これを「形状比」と呼ぶ）が、70以下の木なら風雪に強く折れにくい。樹高に対して直径の太いずんぐり形の木は雪にも風にも折れにくいのだ。

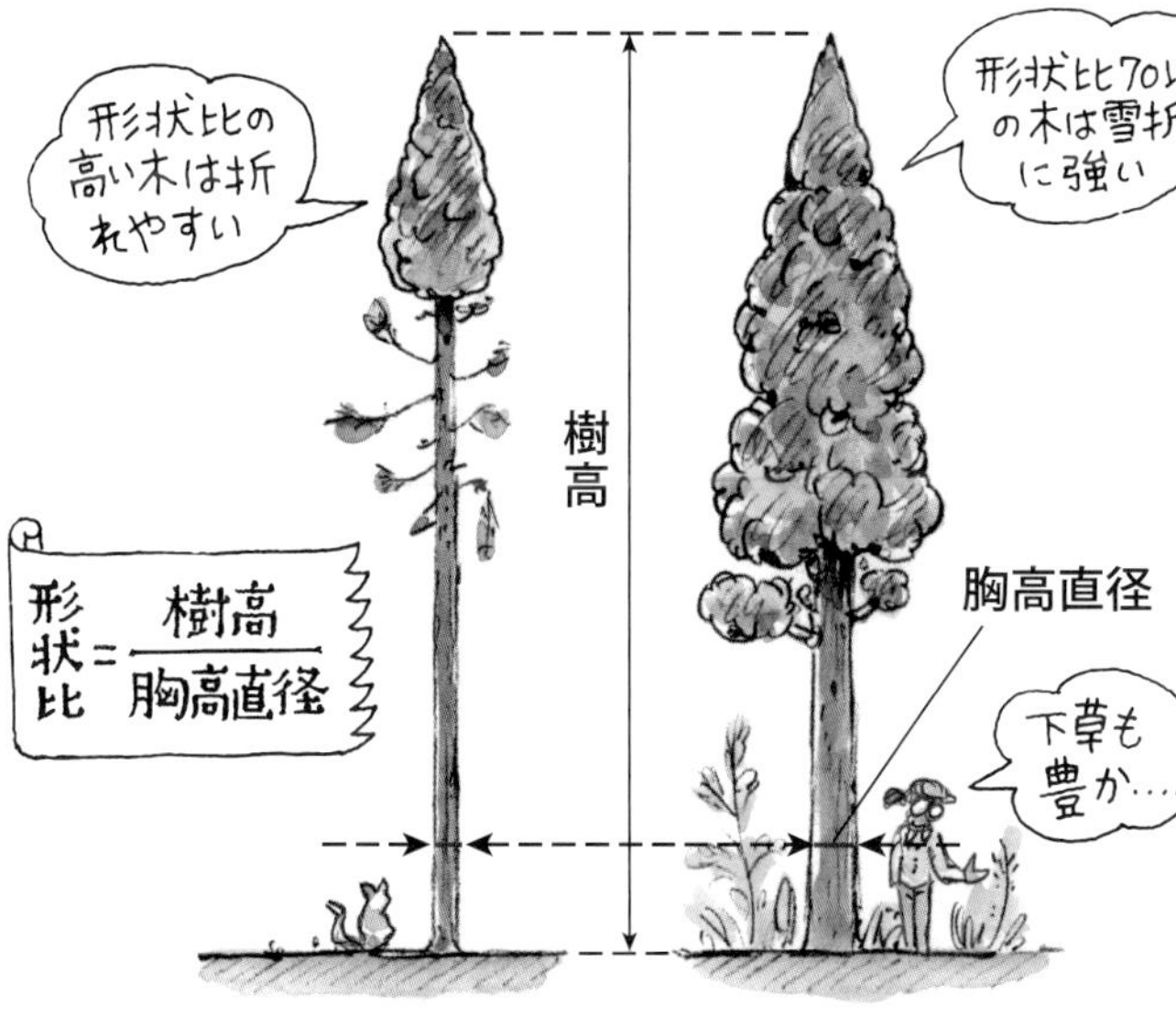

形状比の高い木は折れやすい
形状比70以下の木は雪折れに強い
樹高
胸高直径
形状比＝樹高／胸高直径
下草も豊か….

このような木は、間伐するだけで簡単につくることができる。間伐すれば緑の枝葉を伸ばす空間ができ、木が太れるからだ。また林床に光が射すから自然に草や雑木が生えてくる。草や雑木が生えると土が流れなくなるし、多様な植生によって林内の昆虫類も増え、鳥や動物たちにとっても棲みやすい林になる。それらの落ち葉や屍骸や糞などが土に還って、スギの養分にもなる。間伐は良いことずくめなのである。

ただし、現在の間伐遅れの山は形状比が90～１００を超えるような、いつ風雪害で折れてもおかしくないような線香林も多い。このような山は普通の間伐でなく「巻き枯らし（皮むき）間伐」といって、立ち木のまま皮をむいて枯らすことで空間をつくる間伐をするとよい（**28ページで紹介**）。この場合、間伐材が得られないので、材が欲しい場合は部分的に皆伐すればよいだろう。また、すでに風雪害によって「自然のオノによる間伐」が入っている山なら、残された素性の良いスギを順次伐っていき、雑木を残して自然林に戻していけばよいのではないだろうか。

巻き尺と釣り竿と早見表で伐採本数を出す

では林内の木の状況に見合った合理的な間伐の考え方と選木法を紹介しよう。

ある一定の面積内で、成長できる木の材積（幹の体積）の総量には限界がある。だから本数が多け

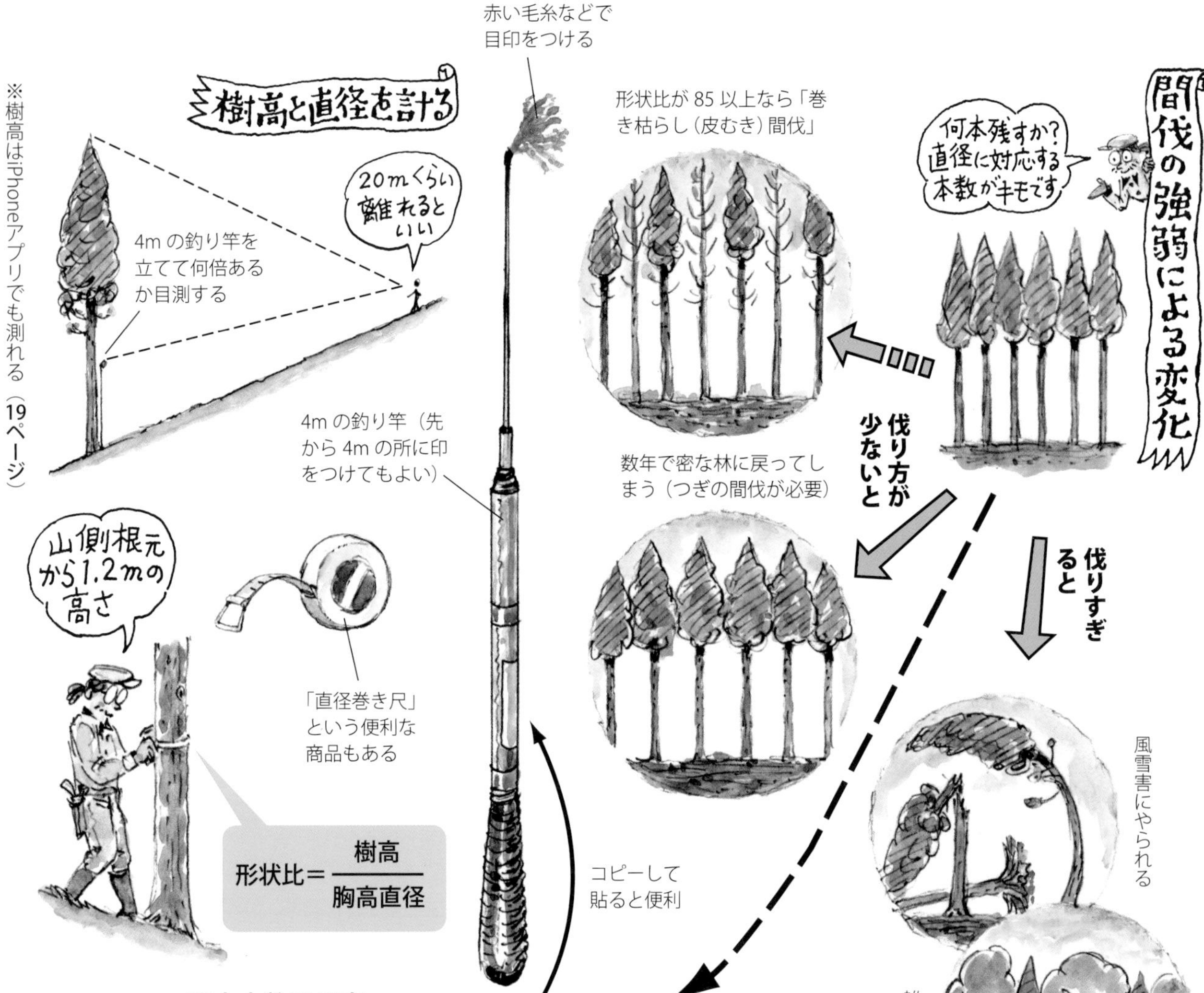
樹高と直径を計る
※樹高はiPhoneアプリでも測れる（19ページ）
4mの釣り竿を立てて何倍あるか目測する
20mくらい離れるといい
赤い毛糸などで目印をつける
4mの釣り竿（先から4mの所に印をつけてもよい）
山側根元から1.2mの高さ
「直径巻き尺」という便利な商品もある
形状比＝樹高／胸高直径
コピーして貼ると便利
間伐の強弱による変化
何本残すか？直径に対応する本数がキモです
形状比が85以上なら「巻き枯らし（皮むき）間伐」
伐り方が少ないと
数年で密な林に戻ってしまう（つぎの間伐が必要）
伐りすぎると
風雪害にやられる
雑木が逆転

選木本数早見表

30	24	20	18	16	胸高直径（cm）
3	4	5	6	8	半径4m内の本数

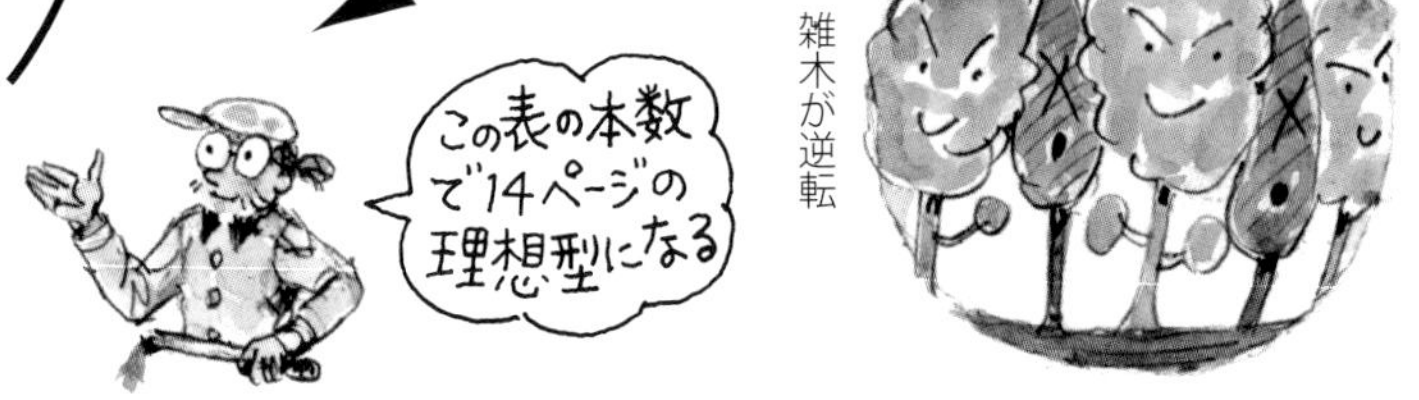
この表の本数で14ページの理想型になる

れば幹が細くなるし、本数が少なければ太くなる。その材積の合計はほぼ一定だ。間伐しすぎて空間があきすぎると、あとから自然に生えてくる雑木がそれを補完することになる。だから、人工林として管理し続ける場合、形状比を70以下にしながら、雑木に負けないぎりぎりの密度まで本数を落とせばよい。

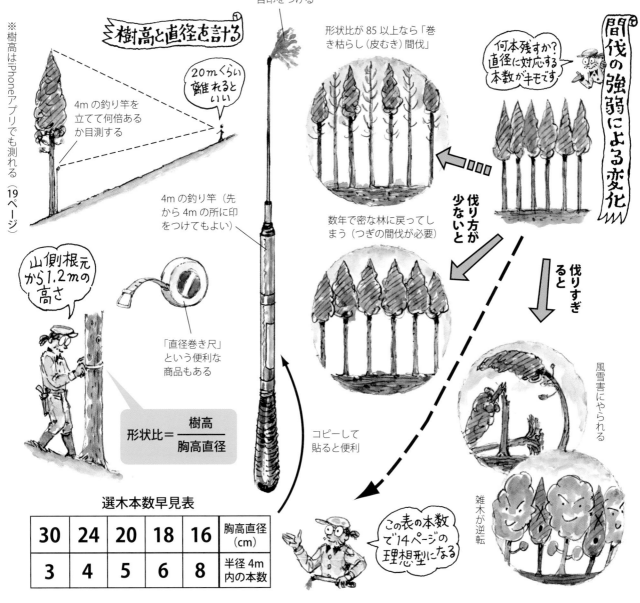

その目安が**上図の早見表**である。木の大きさ（胸高直径）ごとの、半径4mの円内に残せる最小の本数を示している。この本数まで落とせば、間伐後10年は放置できる（10年後には、木が成長してやや暗い森に戻っているので、また間伐が必要になる）ので、管理上の手間も最小限ですむ。これ以上伐ると雑木に負けるばかりでなく、林内が急に乾燥しすぎて残した木が枯死したり、風雪害の危険も増すので注意する。

まず4mの釣り竿を用意する。その先端に赤い毛糸などの目印を結んでおく。それと直径を測る巻き尺を用意する。林内に入り、中で平均的な太さの素性のいい木（将来的に残したらいい木に育ちそうな木）の側に立つ。巻き尺で

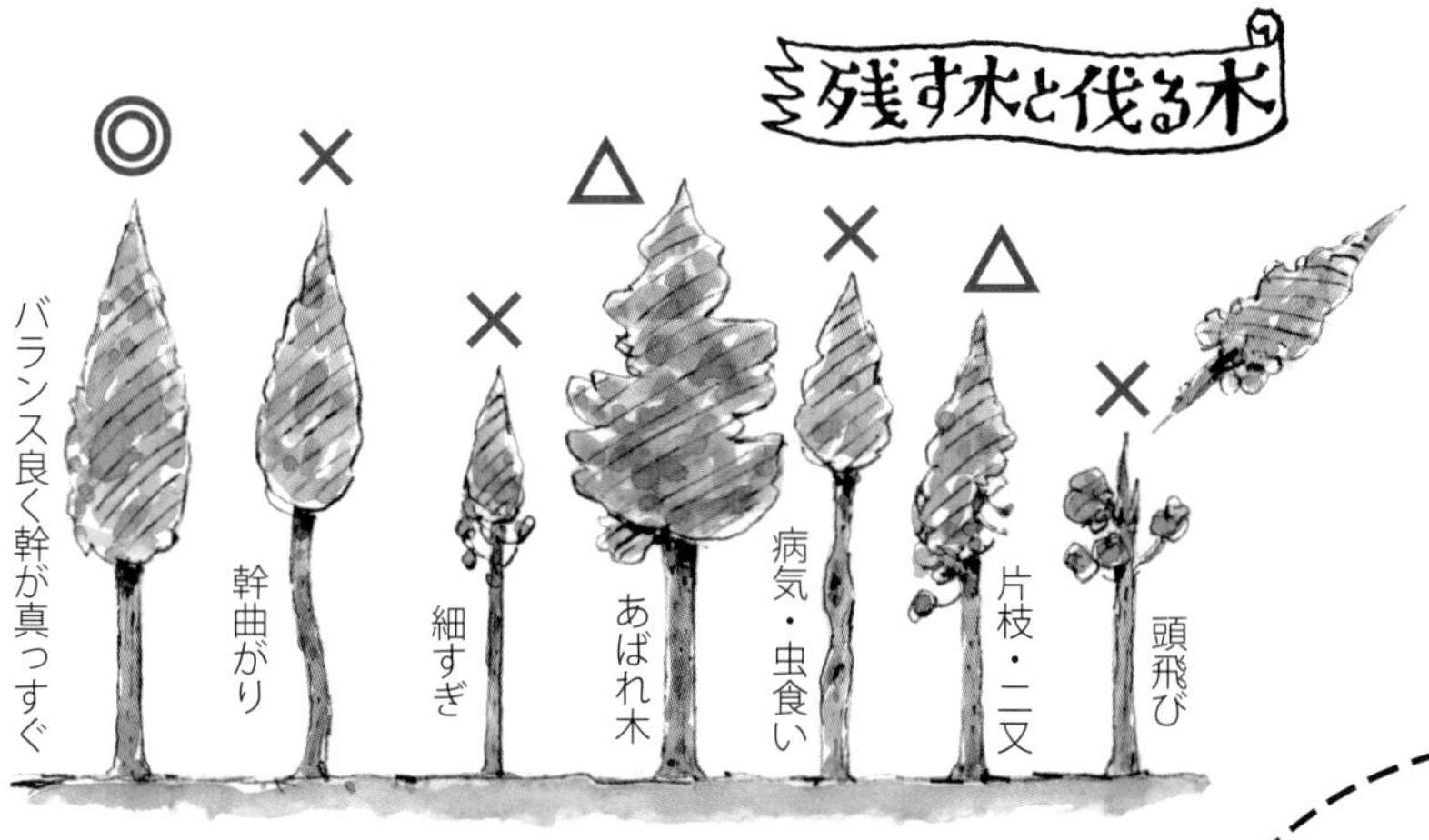
残す木と伐る木
◎
バランス良く幹が真っすぐ
×
幹曲がり
×
細すぎ
△
あばれ木
×
病気・虫食い
△
片枝・二叉
×
頭飛び

※荒廃した線香林の場合、形にかかわらず太い木を残していくのが原則

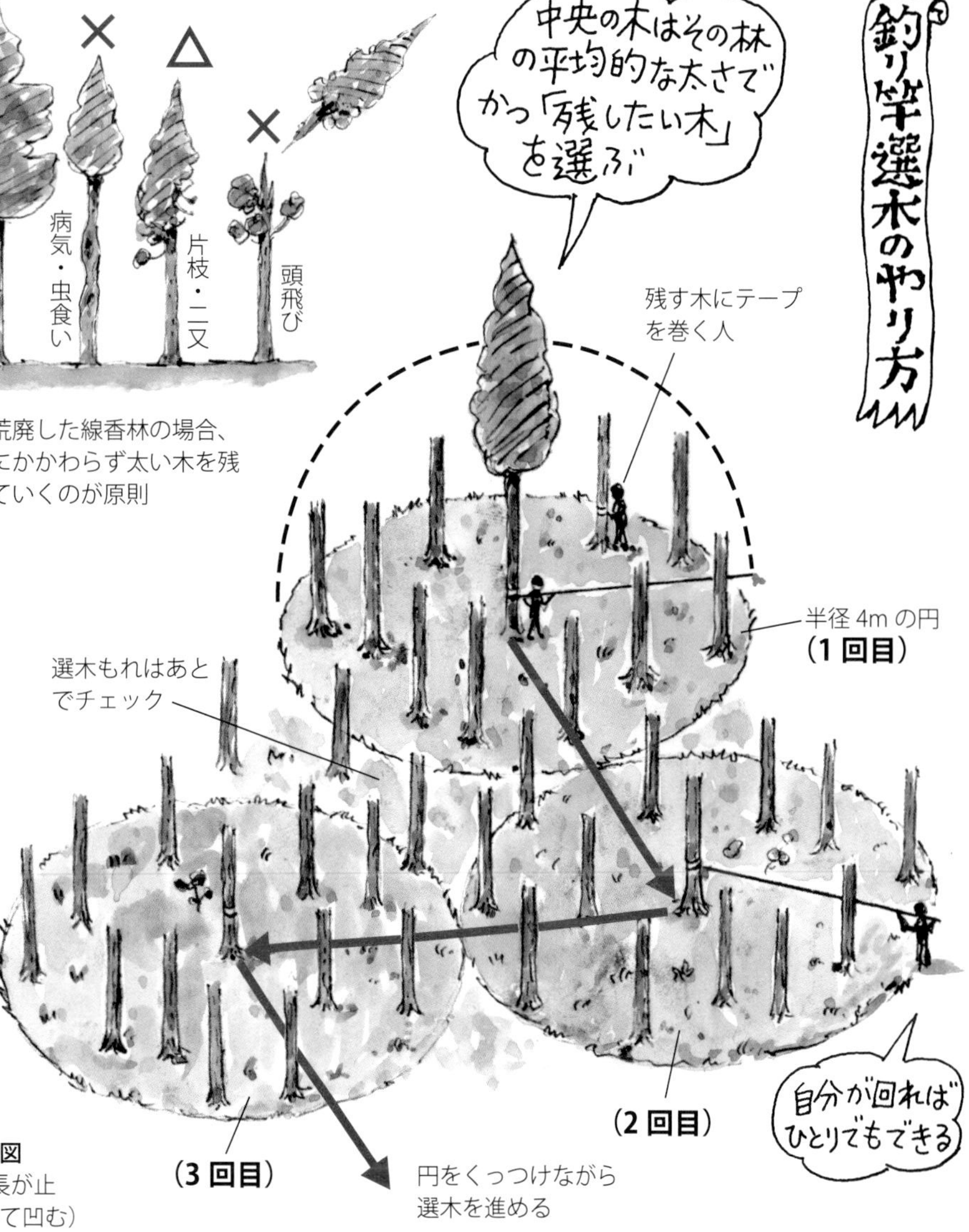
釣り竿選木のやり方
中央の木はその林の平均的な太さでかつ「残したい木」を選ぶ
残す木にテープを巻く人
半径 4m の円
(1 回目)
選木もれはあとでチェック
(2 回目)
(3 回目)
自分が回ればひとりでもできる
円をくっつけながら選木を進める

根の張りを見る

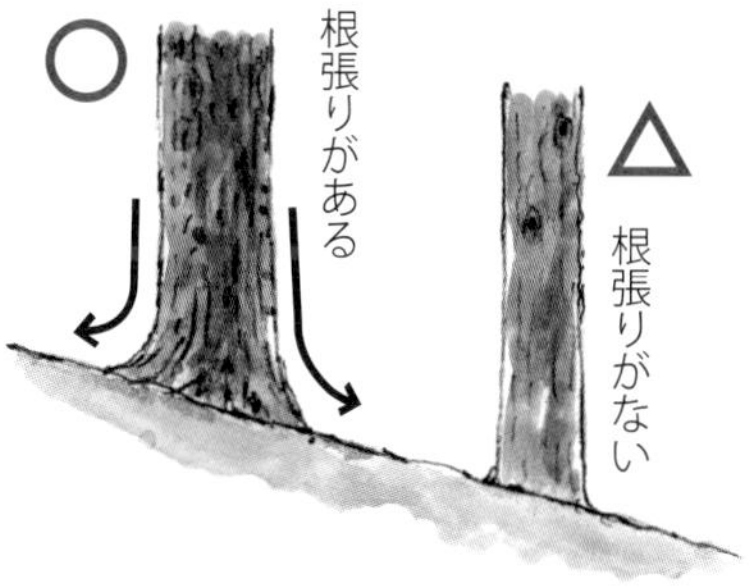
○
根張りがある
△
根張りがない

ヒノキの漏脂《ロウシ》病

黒いヤニ
×
断面図
(成長が止まって凹む)

その木の胸高直径（地面から1・2m高の位置の直径）を測る（巻き尺をぐるりと回して円周を測って、円周率3・14で割ればいい。携帯電話やスマートフォンの電卓機能を使ってもよいが、3で割ってそれよりもやや短め、と考えて暗算してもよい）。

その木を中心に釣り竿をぐるりと回して、半径4m内に何本の木が立っているかを数える（中心の木もカウントする）。竿が木にぶつかるので竹刀を振るように回していくわけだ。さて、早見表から、胸高直径が18㎝なら半径4m内に6本残せばいいわけで、実際ぐるりと釣り竿を回してたとえば10本の木があったとしたら、差し引き4本の木を伐っていいことになる。

選木して目印をつける

どの木を伐るべきか？　間伐遅れの山だと、枯死した木、雪で頭の折れている木、曲がった木など、素性の良くない木がたくさん残っているので、それはまっ先に伐るべき木だ。しかしどちらともつかない木はどう選択するか迷うところだ。将来のためには少しでもいい木（真っすぐで良い太めの木）

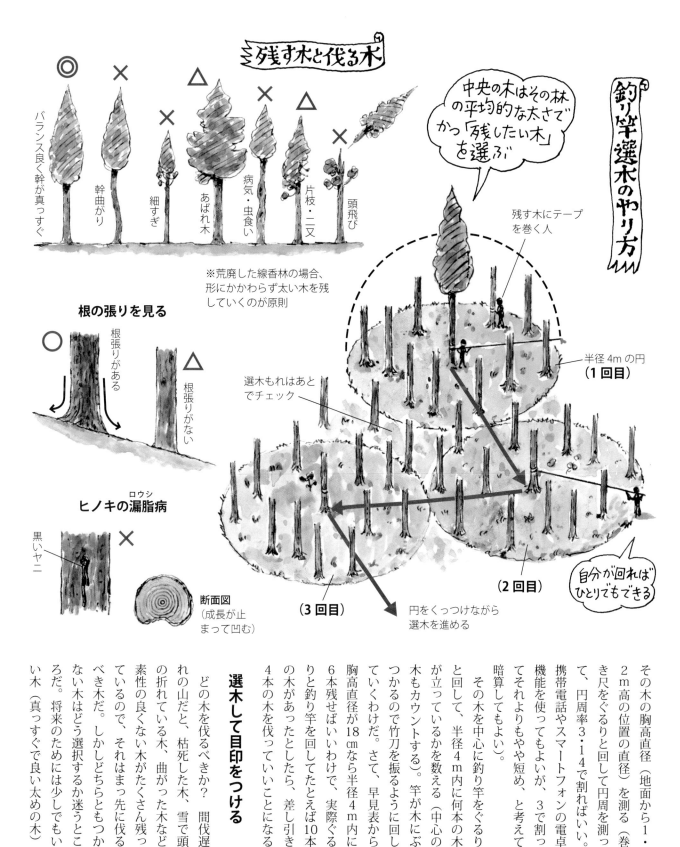

伐採用の3ツール

チェンソー：中小型機種で振動防止機能付きのものを選ぶ
枝打ちノコ：替え刃が基本だがダイヤモンドヤスリで目立て（研ぎ）も可能
ナタ：薪割りにも流用するなら両刃のものがよい

を残しておくほうがよいが、実際に使うという用途があるなら、いい木を先に伐ってもいい。

この方法だと、残す本数より伐る本数のほうが多くなることが多いので、目印のテープは「残す木」に巻いておく。ナイロンのひもなどは木の成長で幹に食い込んでしまうことがあるので、園芸用の伸縮するテープを利用するとよい。色は「白」か「ピンク」が見やすい。ひとつの4m円内で残す木にマーキングできたら、つぎに円がだぶらない隣に移動し、同じように選木を繰り返す。これを敷地の中、円を隣接させながらくまなく繰り返していくわけだ。そして最後に選木の抜け落ちた場所（やけにテープの数が少なく見えるところ）をチェックし、もう一度竿を回して確かめておく。

伐採に必要な道具（ノコ、ナタ、チェンソー）

選木が終わったらいよいよ伐採に入るが、先に伐採の道具類を紹介しておきたい。直径15㎝以下の木なら、ナタと手ノコでも十分伐採が可能だ。しかし、それ以上になれば体力的に大変なのでチェンソーを準備しよう。

間伐遅れの山では伐った木が倒れる途中で、隣の木にかかって止まってしまうことがよく起きる（これを「掛かり木」という）。これを解決するために、ロープを準備しておく。そのほか、クサビ（ノコが挟まれないように木を起こす）、木回し（フェリングレバーとも。掛かり木を回して落とす）、トチカン（木を運ぶための矢）などがあると便利だ。

間伐の後処理として、残した木に枝打ちを施しておけばなお良い。とくにスギの場合できれば枯れた枝は落としておいたほうがいい（死に節になる）。そのためには、ハシゴや枝打ちノコが必要だ。枝打ちノコは細めの木の伐採にも使えるし、伐採後の丸太の加工にもいろいろ使えて便利だ。

間伐して製材をするまでの過程で、燃料の薪がたくさんできる。その薪の使い方もこの本の中で紹介するが、これらの道具は薪づくりや木工にも流用できる。

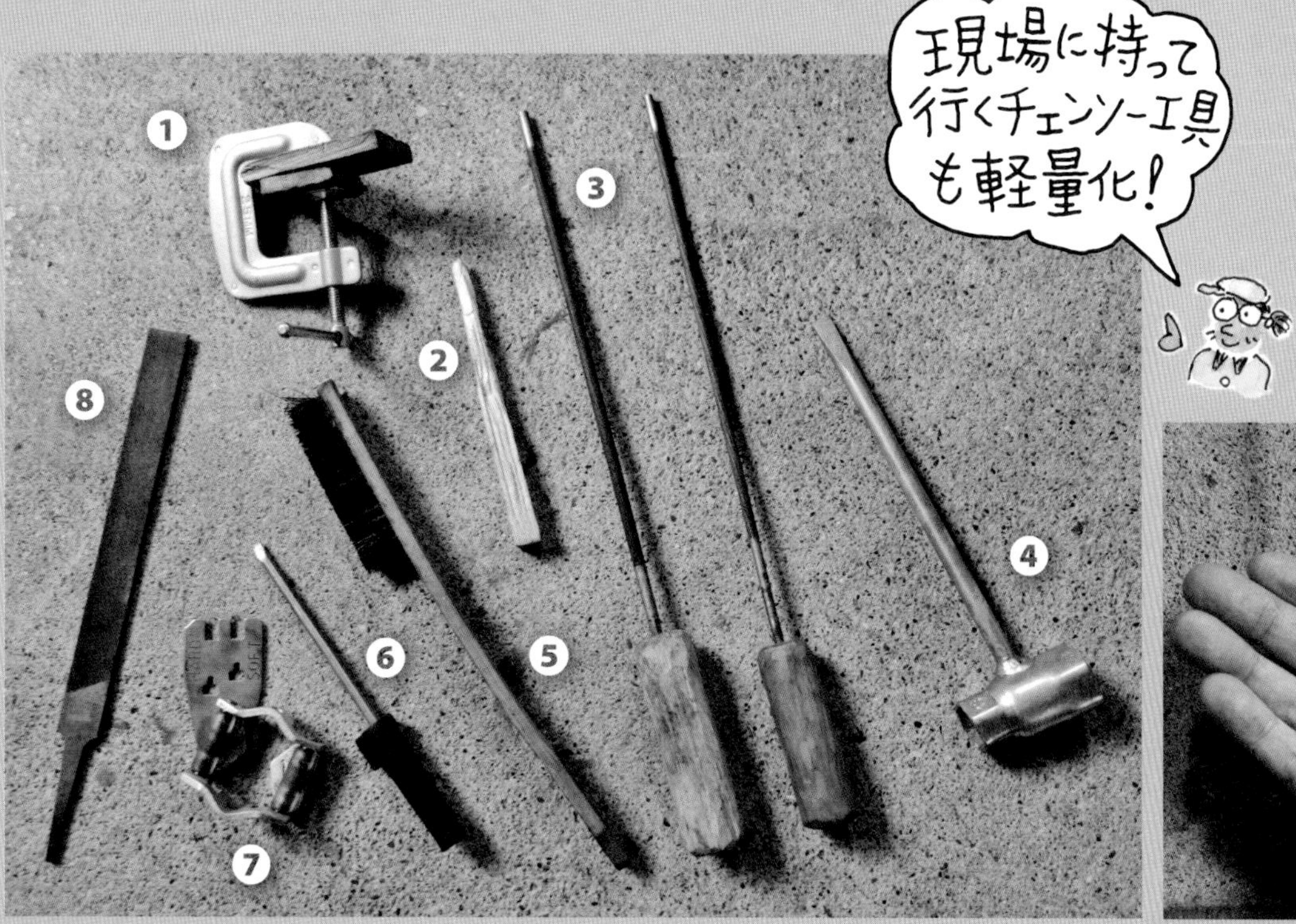
現場に持って行くチェンソー工具も軽量化！

①目立て用のクランプ。木片をあてがってチェンソーのバーを挟み、ぐらつかないようにする②目立てのときバーとチェンの間に差し込む木の棒（これもぐらつき防止用）③目立て用丸ヤスリ④チェンソー分解用レンチ（プラグレンチも兼用）。先のマイナスドライバーはチェンの張り調整用⑤おがくずを掃除するブラシ⑥キャブレター調整用のドライバー⑦目立て用のガイド（ハスクバーナ製）、デプスゲージ兼用⑧デプス用平ヤスリ

丸ヤスリの柄は手のひらに収まるくらい短くすると押しやすくブレにくい。木を削って自作したもの

ヨキ
＋
トチカン

写真左：倒した木を運ぶのに便利なトチカン。**写真右**のヨキの背をハンマー代わりにして伐採木の木口に打ち込み、ロープで引きずる。下り集材ではとくに便利（**12ページ下図参照**）

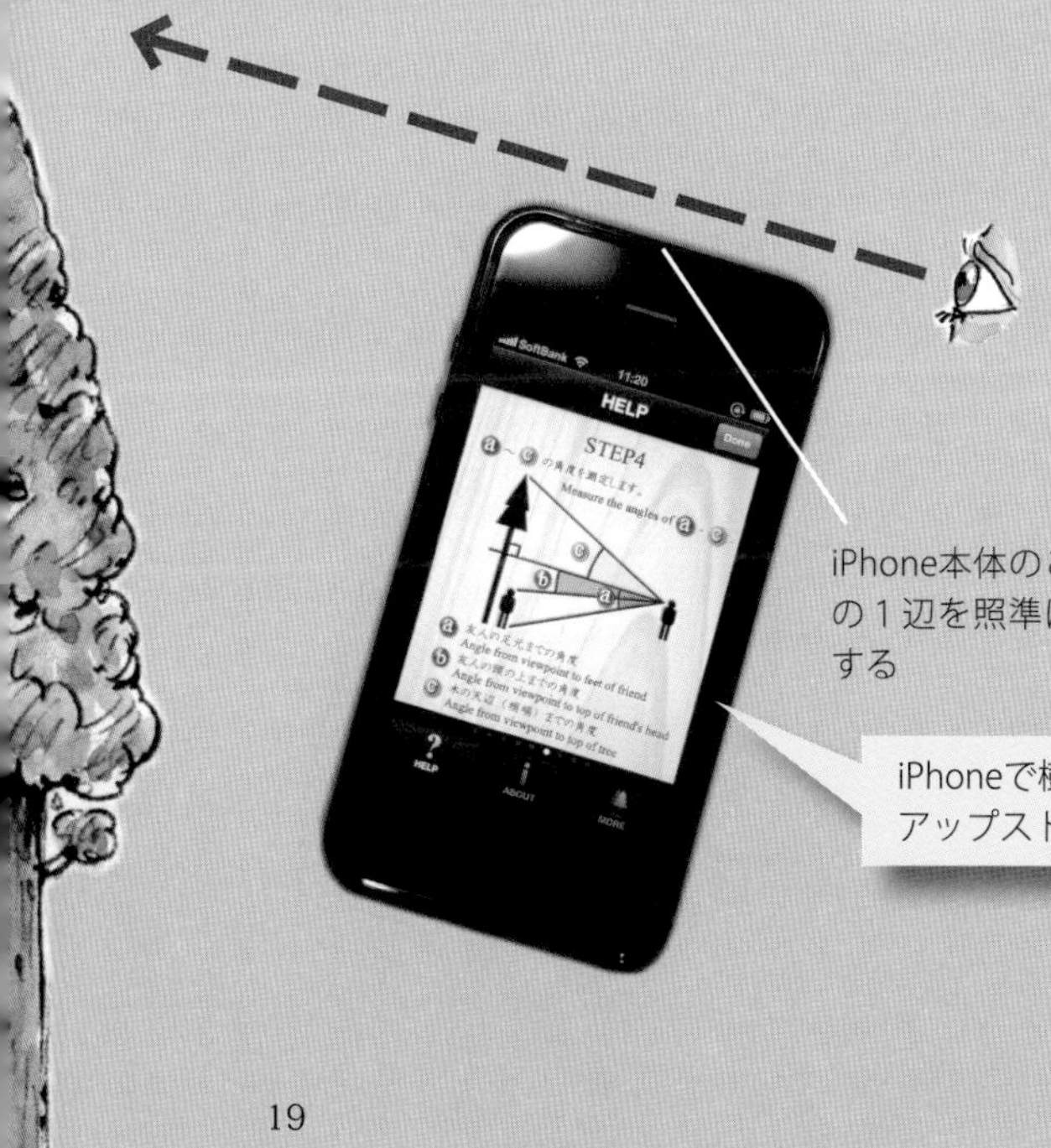
HELP
STEP4

iPhone本体のこの１辺を照準にする

iPhoneで樹高を測れるソフト「**iHypsometer**」アップストアから無料でダウンロードできる

ワンポイント チェンソー講座

なぜエンジンがかからない？

チェンソーは手にしたものの、エンジンがかからないっ！　ということが、初心者にはままある。原因はさまざまだが、いちばん多いのは、やっきになってスターターを引き、プラグがかぶる、というのではあるまいか。

エンジンをかかりやすくする装置としてチョークというものがある。チョークを引くと通常より多くの燃料がシリンダー内に送り込まれる仕組みだ。通常はチョークを引いて数回スターターを引けば「ブルルン」という初期爆発の音がする。この音を確認したら、**チ・ョ・ー・ク・を戻してから**もう一度スターターを引く。すると確実にエンジンがかかる。

ところが、チョークを戻し忘れたり、初期爆発の音を聞き逃して（意外に小さい音）スターターを引き続けると、シリンダー内が燃料の湿気で充満してしまい、しまいにはプラグが濡れて点火しなくなる。

こうなったら中が乾くまで待つしかない。急ぐときは**レンチでプラグを外して、スターターを軽く引き、ピストンでシリンダー内の湿気った空気をプラグ穴から吐き出させる**。さらに**プラグの先端をライターの火で炙って乾かしてやる**とよい。

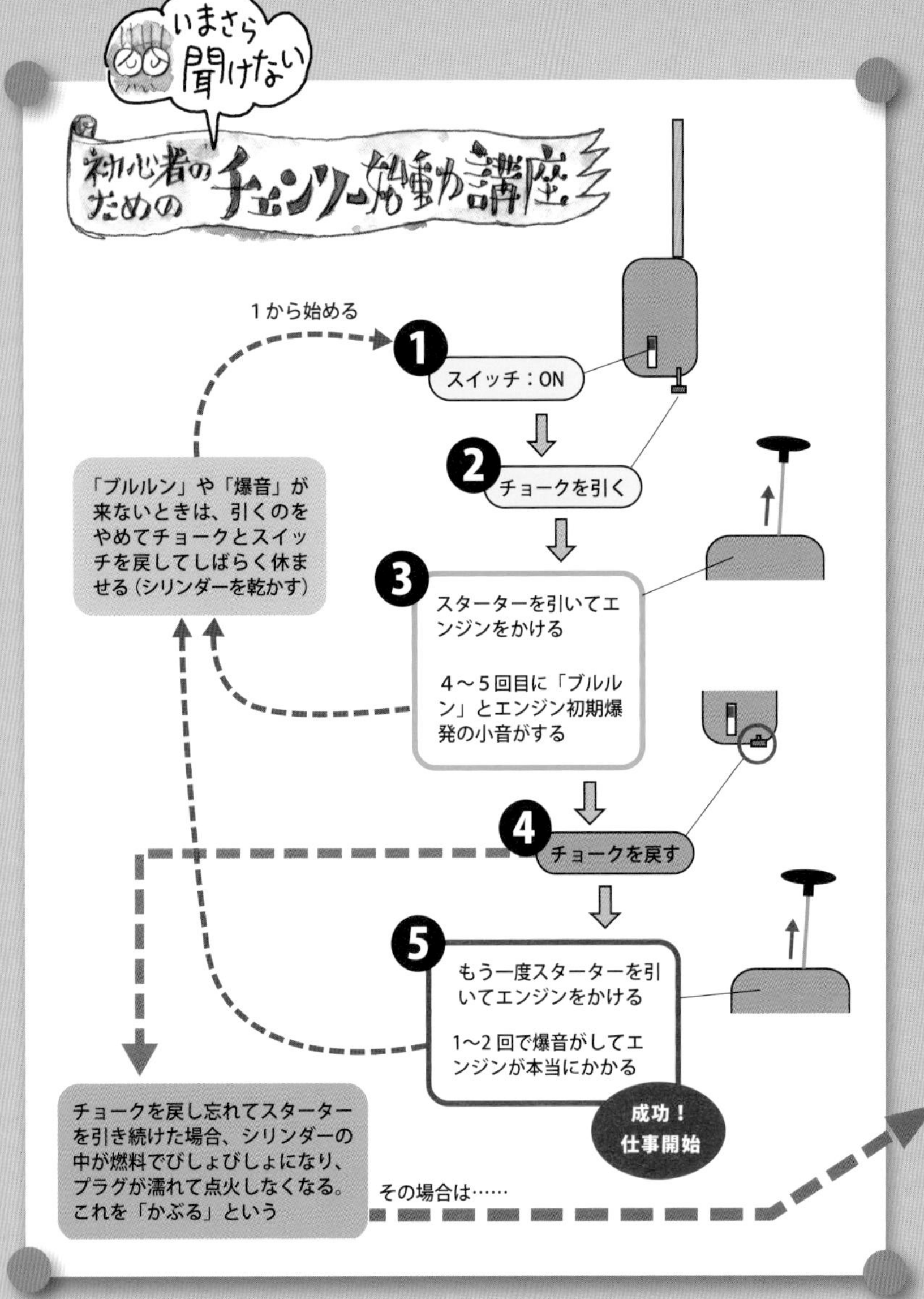

いまさら聞けない
初心者のためのチェンソー始動講座
1から始める
1 スイッチ：ON
2 チョークを引く
3 スターターを引いてエンジンをかける
4～5回目に「ブルルン」とエンジン初期爆発の小音がする
「ブルルン」や「爆音」が来ないときは、引くのをやめてチョークとスイッチを戻してしばらく休ませる（シリンダーを乾かす）
4 チョークを戻す
5 もう一度スターターを引いてエンジンをかける
1～2回で爆音がしてエンジンが本当にかかる
成功！仕事開始
チョークを戻し忘れてスターターを引き続けた場合、シリンダーの中が燃料でびしょびしょになり、プラグが濡れて点火しなくなる。これを「かぶる」という
その場合は……

切れる刃にしよう！

必見！目立てのコツのコツ

ヤスリの持ち方

※小さな柄を自作する（前ページ写真）

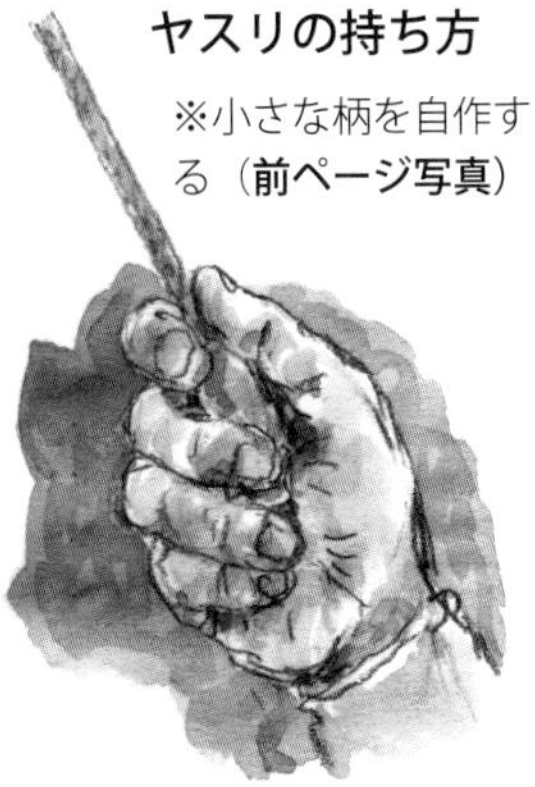

手の甲を下にして押し出すとブレずに力が入る。左右の刃で押しをかける指（親指・人差し指）を使い分ける

横刃の角度（修正は逆にやる）

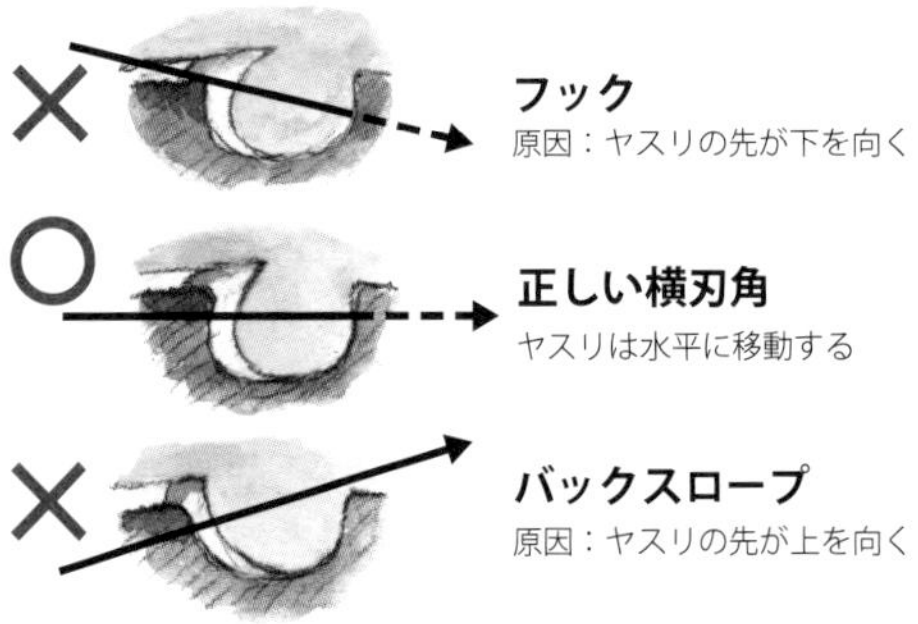

×
フック
原因：ヤスリの先が下を向く
○
正しい横刃角
ヤスリは水平に移動する
×
バックスロープ
原因：ヤスリの先が上を向く

※刃がグラつくと水平に研いだつもりでもバックスロープ気味になる

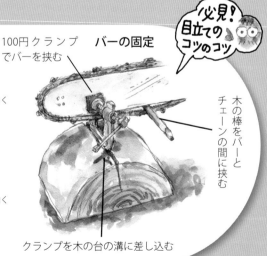

バーの固定

100円クランプでバーを挟む

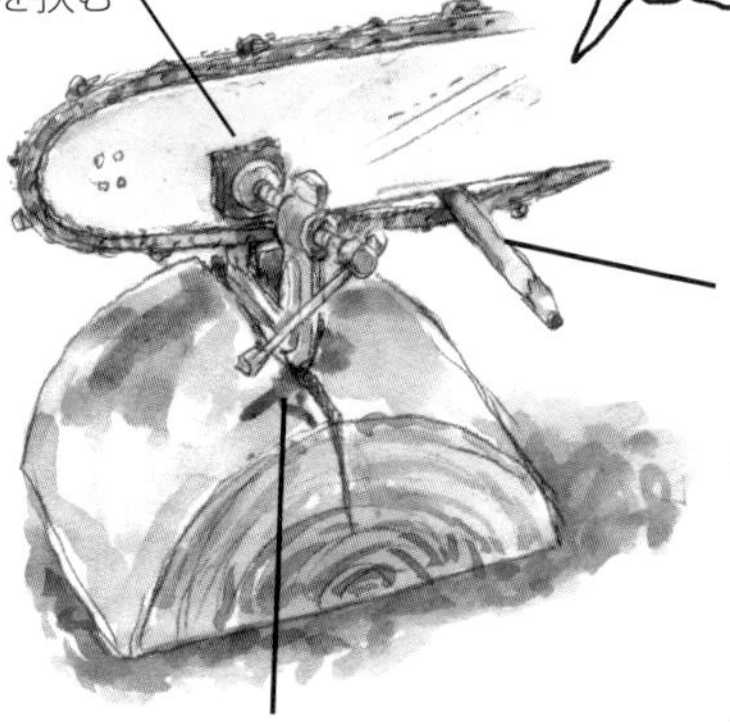

木の棒をバーとチェーンの間に挟む

クランプを木の台の溝に差し込む

ナタとノコの研ぎ

ナタ

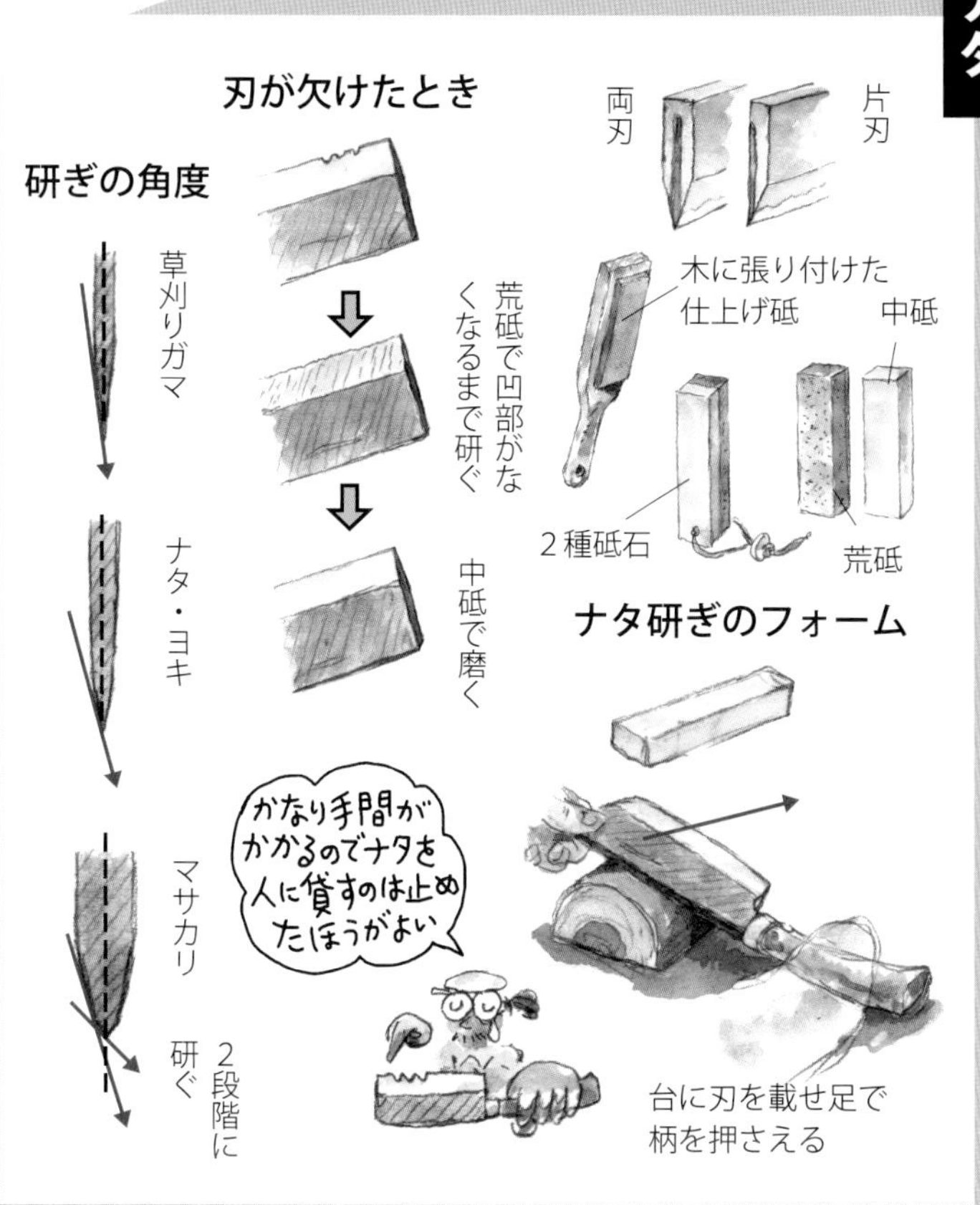

刃が欠けたとき
研ぎの角度
草刈りガマ
ナタ・ヨキ
マサカリ
2段階に研ぐ
荒砥で凹部がなくなるまで研ぐ
中砥で磨く
両刃
片刃
木に張り付けた仕上げ砥
中砥
2種砥石
荒砥
ナタ研ぎのフォーム
かなり手間がかかるのでナタを人に貸すのは止めたほうがよい
台に刃を載せ足で柄を押さえる

ナタの刃にはいろいろな形があり、林業用枝打ち用のナタや、カマとナタが合体したような便利なものもあるが、大別すると片刃と両刃、ということになる。

片刃は鋼を軟鉄で合わせて打ったもので、綱側の平面を保ちながら、軟鉄側から一方向に研いでいく。切り出し小刀や彫刻刀、ノミ、カンナなど、一般的な刃物はこれに当たる。

一方、両刃は鋼を両側から軟鉄で挟んだもので、断面は左右対称になり、その名のとおり両側から研ぎ出し、中央に刃をつけていく。代表的なのは日本刀やマサカリ、オノであろう。中心に振り下ろす力軸が対象物に刺さったあともブレないので、左右から同じ感覚で伐ることができ、ナタの場合、枝を払うときや薪割りも正確に行なうことができる。

ただし、研ぎは片刃よりも両刃のほうが難しい。両刃は両面から研ぎながらも、自分で刃先の直線を維持していかねばならない。

ノコ

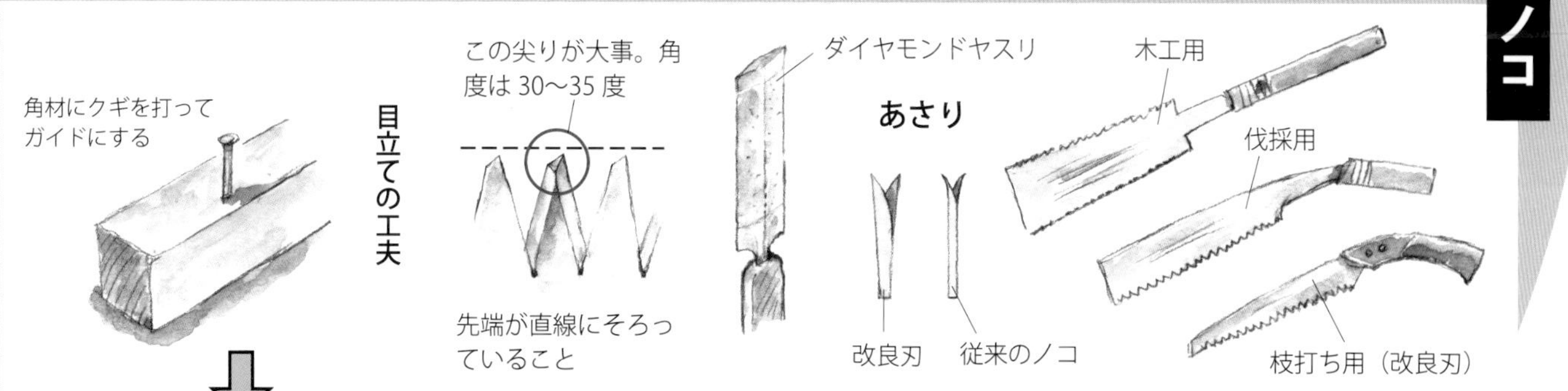

角材にクギを打ってガイドにする
目立ての工夫
この尖りが大事。角度は30〜35度
先端が直線にそろっていること
ダイヤモンドヤスリ
あさり
改良刃
従来のノコ
木工用
伐採用
枝打ち用（改良刃）

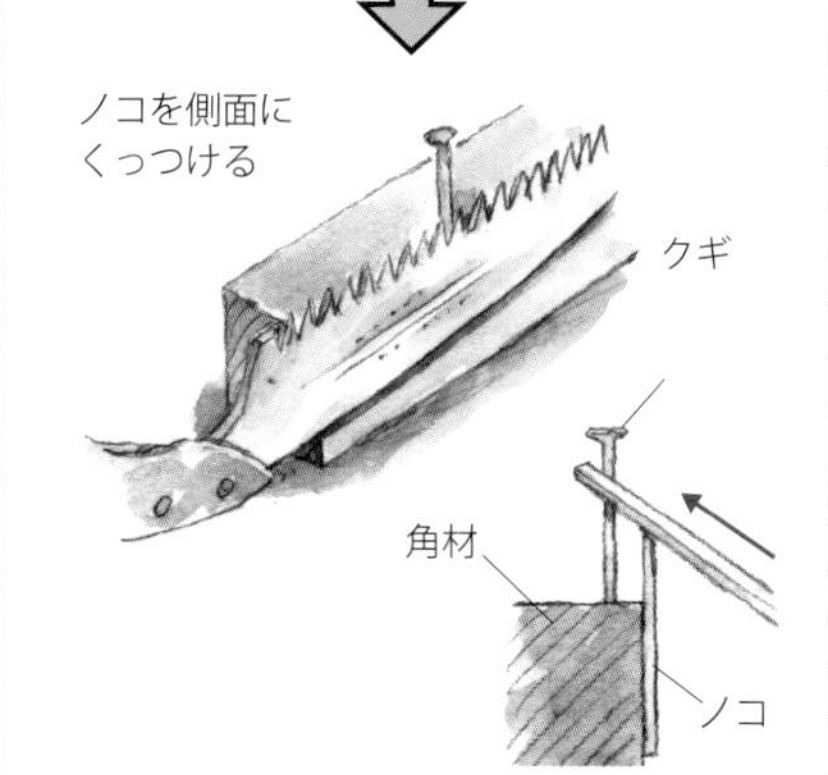

ノコを側面にくっつける
クギ
角材
ノコ

伐採に使うノコギリは、木工用のものより刃が厚く、持ち手に角度がついて力を入れて挽きやすくなっている。しかし近年はチェンソーの台頭で伐採ノコはほとんど使われなくなった。その代わりに改良刃の枝打ちノコが出現し、今は林業ノコの主流になっている。

ノコは「あさり」といって刃が交互に左右に開いており、ここでおがくずをかき出すことで木に挟まれずに切り続けられるのだが、改良刃はブレードの厚みにテーパーがついていて、それがあさりの役目をしている。だから、切り口が滑らかで枝打ち後のダメージも少ない。

この改良刃は使い捨てで替え刃が推奨されているが、ダイヤモンドヤスリを使えば研いで使うことができる。コツは先端を指が引っかかるくらい鋭く仕立てること、先端の高さをそろえること、である。チェンソーの目立てにも共通するが、ブレないように、まずは刃を固定する工夫も必要だ。

2. 自分でできる間伐の方法（実践編）

立ち木の伐採は危険だが爽快感がある。DIYの視点で山に入れば普通は捨てられる枝もオイシイ素材に見えてくる。一度キコリを経験すると、手作りライフの発想が変わること請け合いだ。安全に十分注意して山仕事を楽しもう！

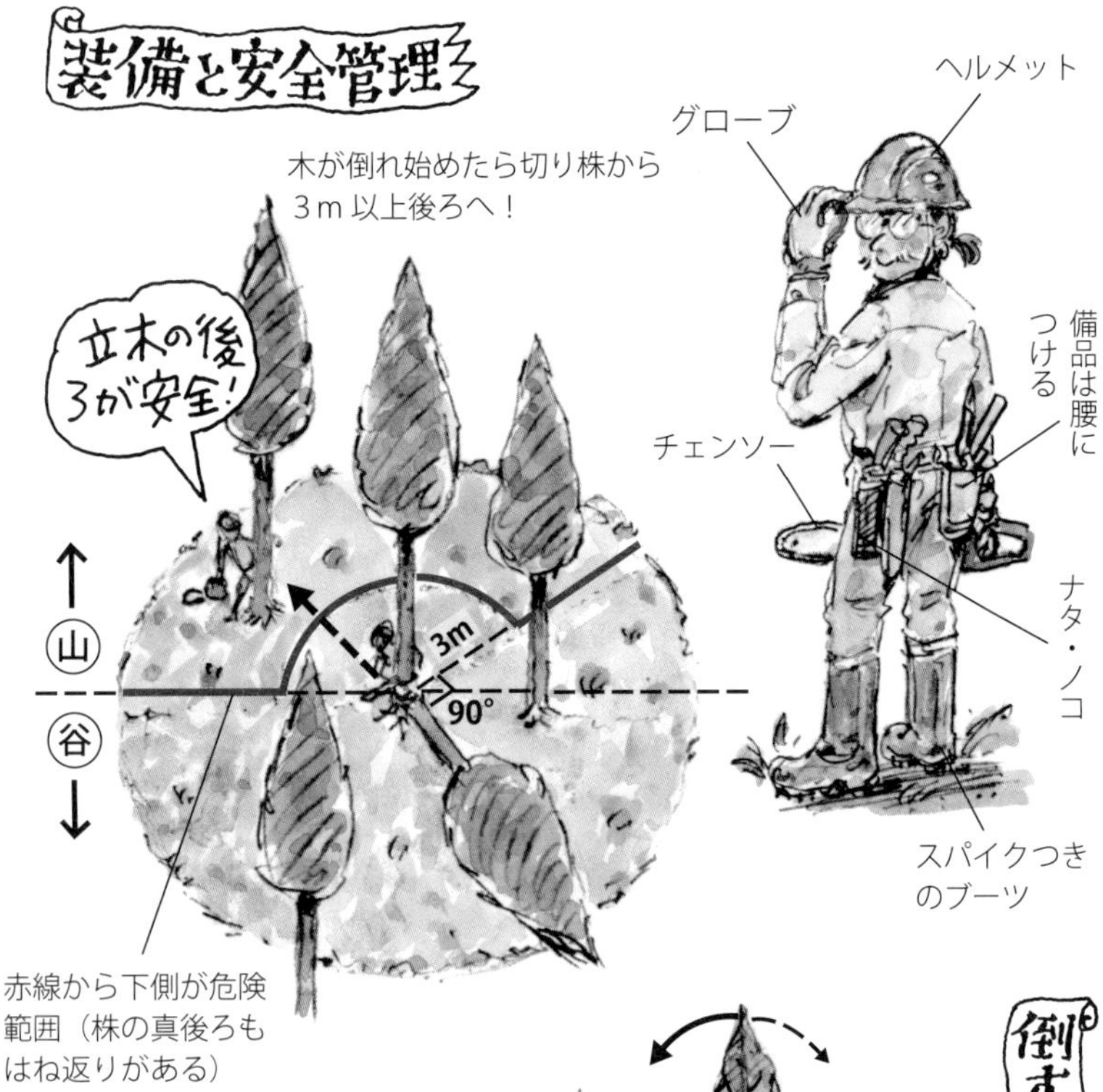
装備と安全管理
ヘルメット
グローブ
木が倒れ始めたら切り株から3m以上後ろへ！
立木の後ろが安全！
備品は腰につける
チェンソー
ナタ・ノコ
山
谷
3m
90°
スパイクつきのブーツ
赤線から下側が危険範囲（株の真後ろもはね返りがある）

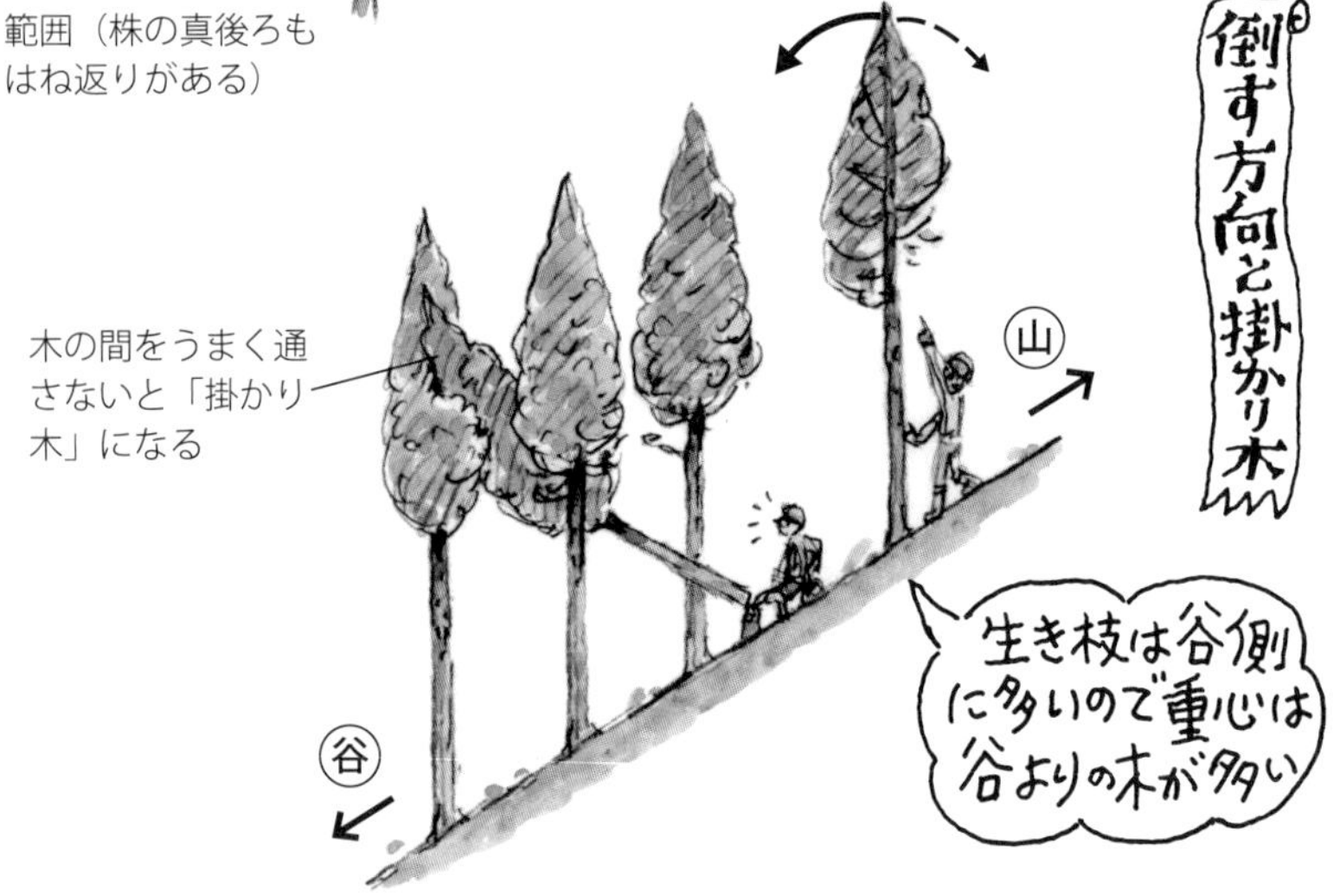
倒す方向と掛かり木
山
谷
木の間をうまく通さないと「掛かり木」になる
生き枝は谷側に多いので重心は谷よりの木が多い

伐倒はキケンがいっぱい！

さて、選木を終えたらいよいよ伐倒だが、その前に初めて立ち木を伐る皆さんに、十分な注意を促しておこう。

山の斜面での伐倒は、刃がむきだしのチェンソーを使い、倒す対象は重い丸太。しかも自然が相手なので風が吹いたり霧が出たり滑ったり、という予測できない危険がつきまとう。だからチェンソーがきちんと使えるのはもちろんのこと、山を歩ける体力と胆力が必要だ。いきなり未経験者だけで山に入って伐り始めることはせず、まずは伐採経験者と山に入ってひととおりの感覚を磨くなり、森林ボランティアなどに参加して経験を積んでから始めてほしい。

足もとは地下足袋かブーツで。スニーカーだと靴の中に土やゴミが入るし、靴ひもがぺらぺら出ては危険。タオルが首からだらりん、なんてのもチェンソーの刃に巻き込まれたら危ない。手にはゴム引きの軍手。山の中ではものをなくしやすいので、道具はベルトで腰につけておく。頭にはヘルメットを被るのが常識。落石もあるし、

再掲…間伐手順

1）最初にツル切り

ツル性の植物は光を好むので、残しておくと強度間伐のあとに勢いを得て、残したスギ・ヒノキに絡み付くので切っておく。
一般に間伐の準備として行なう除伐（大刈り）はやらない。

2）次に不要木を伐採

風や雪で倒れた木や、弓形に大きく曲がった木、枯れた木、残す木と競合するまでに成長した広葉樹（たとえばカラスザンショウなど）は、作業の支障となり、間伐後には残した木の成長を阻害するので真っ先に伐っておく。

カラスザンショウ

3）残存木と本数をチェック

樹高と「形状比 70」から算定した、基準となる胸高直径を目安に、素性がよく、病気や虫害を受けていない木を見つける。適当な木がなければ、なるべくそれに近い直径の木を探す。中心木を選んだら、その木を中心に密度管理竿（４ｍの釣り竿）を回して半径４ｍの円を描き、円内に残す本数を釣り竿の手元の早見表（**16 ページ**）から確認する。このとき中心木も本数に入れるのを忘れないように。

※荒廃林の選木では必ずしもいい木ばかり残せない。かといって不良木をすべて伐ってしまうと、環境が急変して、良質材となる木までツル植物に絡み付かれたり、残った木が強い直射日光を受けて蒸散作用のバランスを崩して枯れてしまうこともある。良い木がなくても早見表の本数だけは残す。有用広葉樹（ケヤキ、シイ、カシ、ナラなど）をカウントに入れてもよい。

4）残す木を選んでテープを巻いていく

普通は倒す木にテープを巻くが逆にする。こうすることで「良い木を残すために周りの木を伐る」という気持ちになれて、強い間伐にもためらいがなくなる。形状比 70 に値する胸高直径がなくてもそれに近いものを選ぶ。残す本数は実際の直径を基準に算定する。厳密に数値にこだわらず、北側の斜面は１本多く伐るなど臨機応変に。作業を進めるうちに、円と円の間には必ずすき間ができるので最後に選木もれをチェックする。どのポイントで回しても早見表の本数になっていれば、選木は終了。

5）無印の木を伐る

安全に倒れる方向へ順次伐っていく。

6）最後に枝がらみを確認

１本の木にほかの木が触れているのは最大２本まで。
部分的に３本あるのは良いが、４本では多すぎる（選木ミス）ので調整して伐る。

さらに詳しく・参考図書▶『図解 これならできる山づくり』（鋸谷茂・大内正伸 共著／農文協）
▶『鋸谷式 新・間伐マニュアル』（鋸谷茂 監修・大内正伸 著／全林協）

山では風で枯れ枝が落ちてくることがある。

万一に備えて救急道具を用意しておくこと。そして、単独では山作業しないこと。

伐倒の方向と安全確認

プロは太い木を倒すとき、材を傷めないように山側に倒すことが多いのだが、間伐はおおむね直径25㎝以下の木になるのでそれほどダメージはない。倒しやすい方向を見つけて、そこに確実に倒すようにする（太い木はプロに任せるか、プロ並みの修業を積んでから）。

「倒しやすい方向」とは、①木の重心が傾いている向き。②かつ倒れる位置に空間がある方向だ。斜面では木は谷側に枝を多く張っていることが多いので、重心は必然的に谷側になることが多い。平坦地の場合は幹がどちらに傾いているかよく観察する。

①の重心に逆らったほうに倒そうとすると、ノコやチェンソーが伐る途中で木に挟まれてしまうので、ロープなど牽引道具を使ったり、クサビで木を起こす必要がある。②を守らないとほかの立ち木に引っかかる「掛かり木」になる。

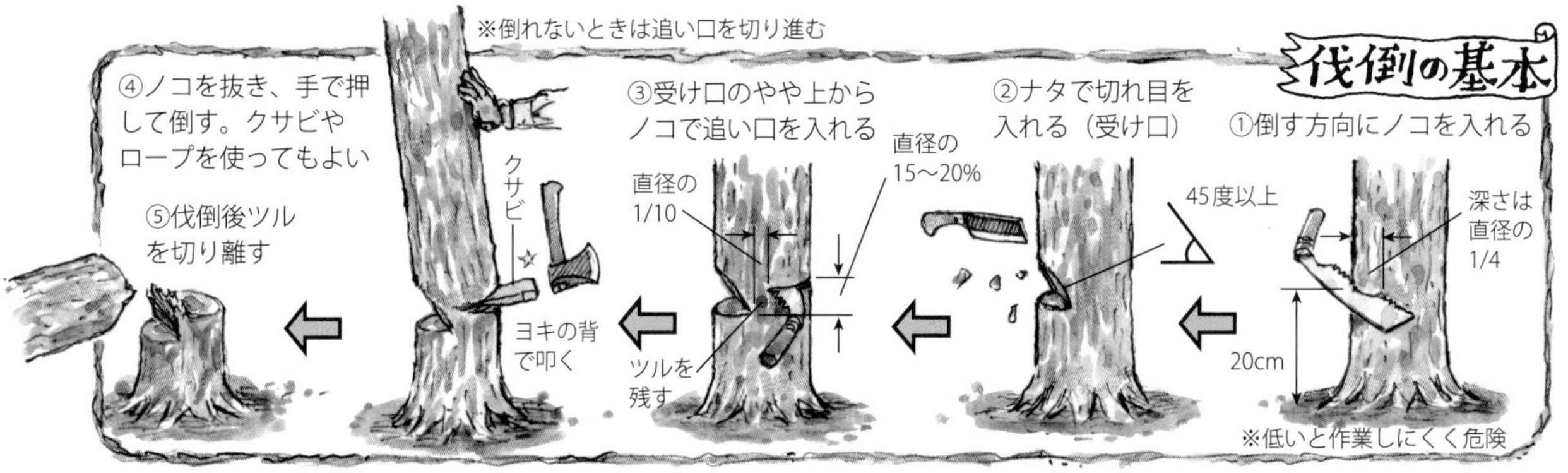

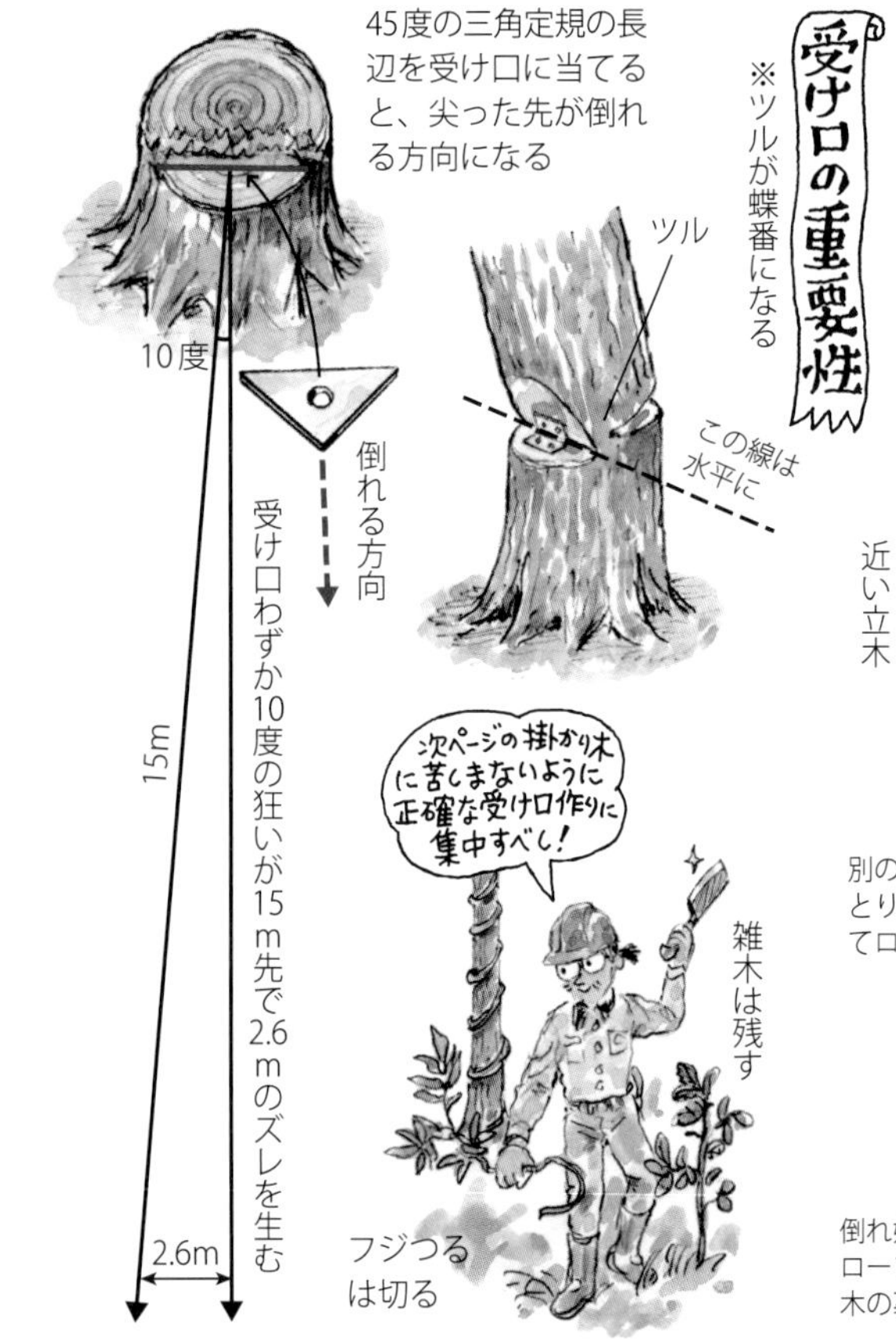

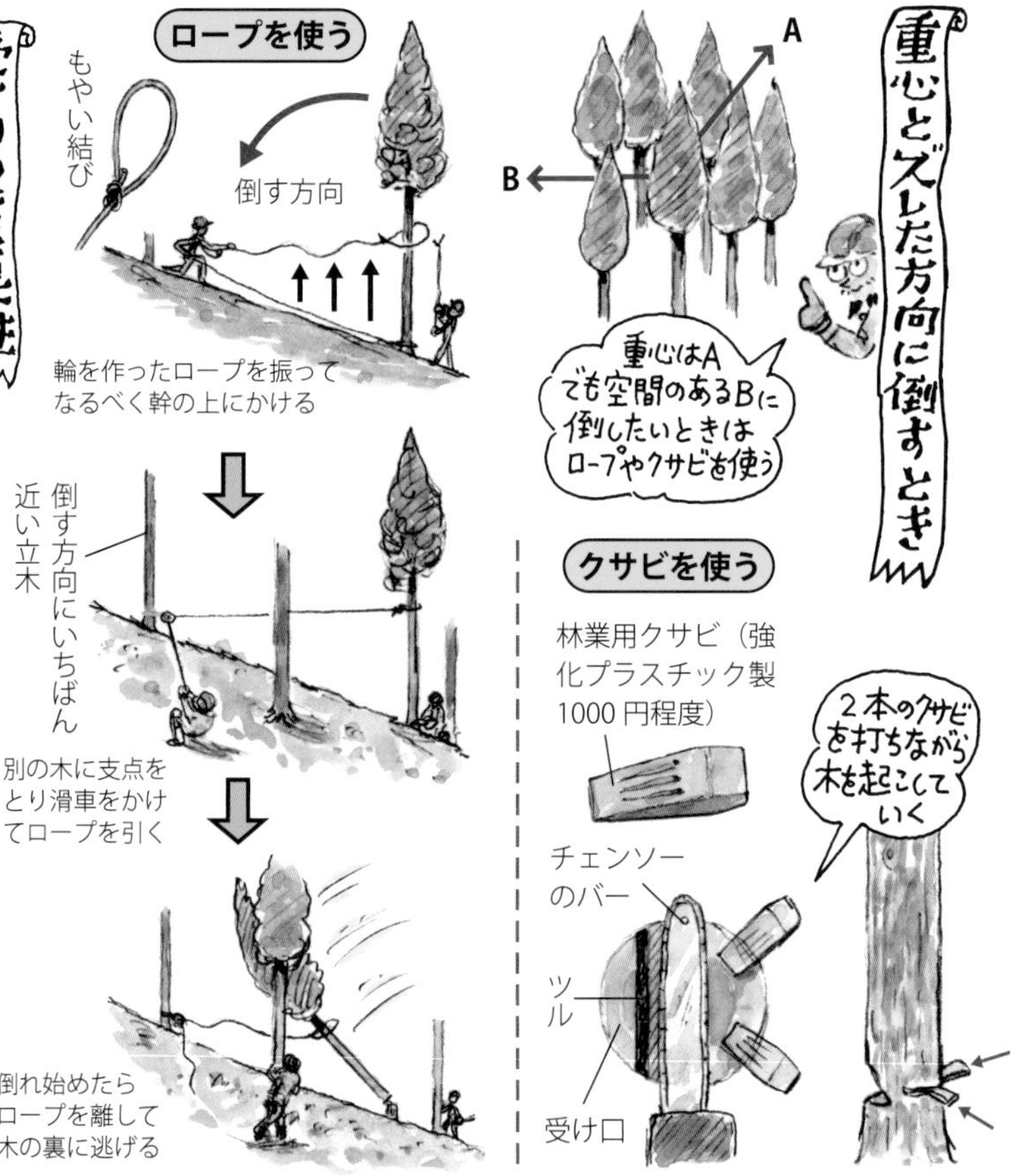

この掛かり木の処理は毎年事故が起きる危険な作業だ。いずれも木が太くなればなるほど重量があり、破壊度や危険度は増す。

安全のためには、木が倒れる位置から離れているのはもちろんだが、倒れる際に立ち木の陰に入って、万一の事故を未然に防ぐ。また大勢で山に入って作業するときは、2〜3人一組のグループをつくり、お互いが木を倒しても影響のない距離に離れて作業をし、伐倒時には大きな声で位置を確認し合う。なるべく等高線上に動き、上下位置にならないようにする。

野外作業の常識として雨の日は作業しない。強風の日も木が揺れるのでやめたほうがよい。

準備と伐倒の基本（受け口、追い口）

まず、倒す木の周りに作業にじゃまな草や雑木などを払い除ける。それ以外の雑木は環境のために大切なので残しておく（ただしフジなどのツル植物は残した木に絡むので切る）。

最初は手ノコとナタを使うことをおすすめする。これで細めの木を何本か倒して、感触をつかんで

やってはいけない掛かり木処理
掛かった木の枝や幹を伐る
あびせ倒し
逃げろ！
ボキッ！
プロがこっそりやっている「ダルマ落とし」はキケンなのでマネしないように！
チェンソーで伐倒
バーの両側を使えば体を入れ替えず目線も動かないので平行なツルが作りやすい
※順序は手ノコと同じ
①
②
③
オガクズ
テンションとオガクズの飛び方に注意
チェンソーに押される
オガクズ
チェンソーに引っ張られる
スパイクを使う
ここまで
ツル
スパイク
スパイクを支点に扇形にバーを運ぶ
ツルの位置まで切り進んだらスパイクを刺す
※スパイクがついていない機種もある
正しい掛かり木処理
フェリングレバーは木回しだけでなく追い口に差して木を起こすこともできる（7000円～）
カラビナで持ち手をつくると力が入る
木を回す
幹をゆする
どちらに回したら落ちやすいか考える
ツルの両側を切って回りやすく
テコ棒
根元が土にくい込まないように
木の下で作業しない
根元を引く

からチェンソーを使おう。倒す方向が決まったら、その方向に対して直角方向に、まず受け口をノコとナタで刻む。次いで反対側やや上から追い口をノコで入れていく。

受け口、追い口ともノコの面は水平でなければならない。平行にツルを少し残して幹を手で押して倒す。ロープで引いてもいい。たとえ直径10㎝程度の木でも、このやり方はきちんと守ったほうが安全で確実だ。受け口のラインがドアの蝶番のようになって倒れるので、ここが水平、かつ倒したい方向と正確に垂直になることがもっとも重要な基本だ。

チェンソーを使う場合、斜面では錯覚を起こしやすいので水平をとるのは難しいが、チェンソーの左ハンドルを持ってぶら下げるとたいていの機種はバーが水平になる。もしくは室内でやってみて、水準器で誤差を確認しておくとよい。

伐るときはエンジンをフルスロットルにして、刃先で行なわず中央からエンジン寄りで行なうこと。これがバーを挟まれないコツ。もし挟まれそうになったらすぐに刃を引き抜く。挟まれてしまったら、

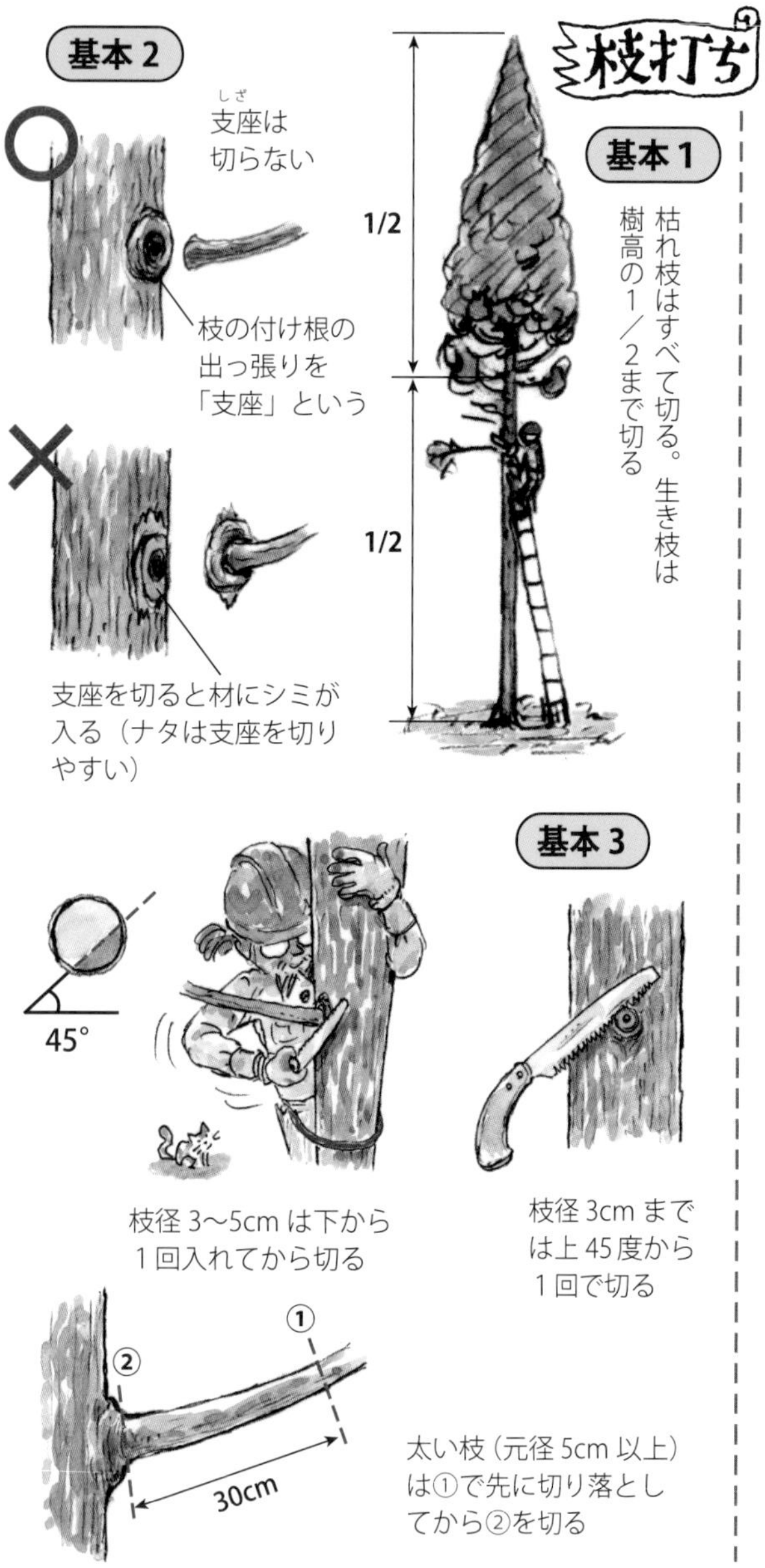
枝打ち
基本１
枯れ枝はすべて切る。生き枝は樹高の１／２まで切る
1/2
1/2
基本２
支座《しざ》は
切らない
枝の付け根の
出っ張りを
「支座」という
支座を切ると材にシミが
入る（ナタは支座を切り
やすい）
基本３
45°
枝径 3〜5cm は下から
１回入れてから切る
枝径 3cm まで
は上 45 度から
１回で切る
①
②
30cm
太い枝（元径 5cm 以上）
は①で先に切り落とし
てから②を切る

ナタを使った
枝払いのやり方
末《すえ》
元から末に向かっ
て切るのが基本
元《もと》
体と刃物の間に幹
を挟むと安全
スギっ葉は焚
き付けに最高
枝はカマドや
囲炉裏の薪に

玉切り
はじめ上から浅
く刃を入れ、下
から切る
①
②
③
太い丸太は
コの字に切って
最後に斜線部
を切るとバーが
はさまれない
石や丸太で元
を浮かせる

エンジンを止め、無理に引き抜こうとしないで（バーやチェンが破損する）、ロープなどで木を起こしながらはずすか、手ノコか別のチームのチェンソーを借りて、その上から新たに受け口、追い口を起こして伐倒する。

掛かり木の処理

前述のやり方で選木すると、斜面の下から上に伐り進めばかなり空間があくので、掛かり木はあるていど回避できる。しかし荒廃したヒノキ林などでは、枯れ枝がついたままなので、掛かり木だらけになると覚悟したほうがよい。

掛かり木は、倒そうとしている木に何らかの力を与えて倒すべきで、もたれた木を倒そうとしたり、あびせ倒しなどは危険なので絶対やらないこと。ロープをかけて幹を揺さぶるか、根元のほうを引くと落ちてくれる。太い木になると動きにくいのでフェリングレバー（木回し）で幹を回すのが効果的。

特殊な木は要注意

風雪害の林地では大きく曲がった木や、折れた木が重なった場所があるが、チェンソーを入れたとたん木が跳ねたり、割けたり、思わぬ方向へ木が倒れたりするので、初心者はへたに手を出さないほうがいい。

腐った木もツルがきかないので倒れる方向が狂う場合があるし、倒れるスピードが速いので要注意。

芯が腐って空洞になっている木も追い口の途中で突然倒れることがある。

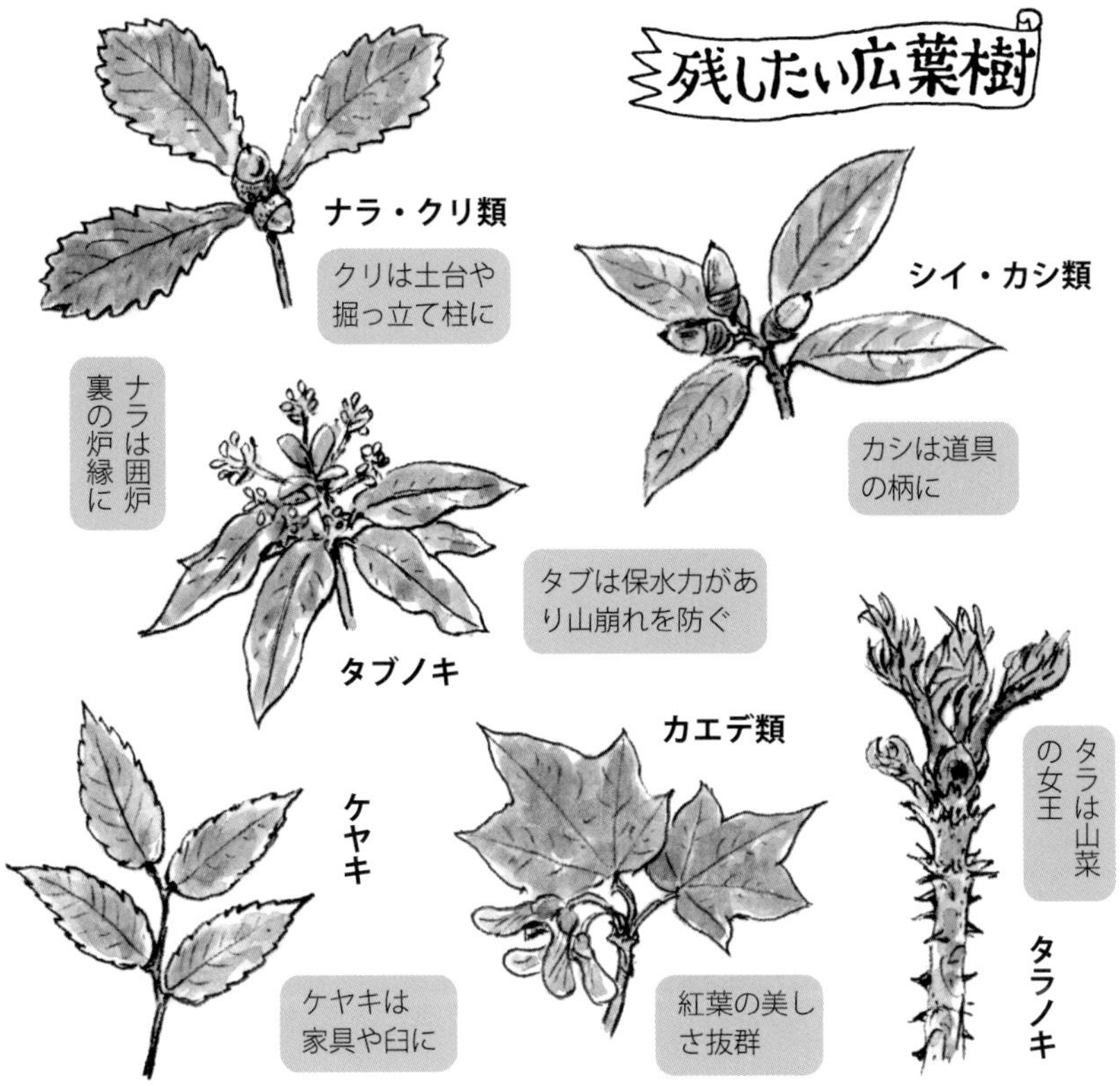

残したい広葉樹
ナラ・クリ類
クリは土台や掘っ立て柱に
ナラは囲炉裏の炉縁に
シイ・カシ類
カシは道具の柄に
タブは保水力があり山崩れを防ぐ
タブノキ
カエデ類
タラは山菜の女王
ケヤキ
ケヤキは家具や臼に
紅葉の美しさ抜群
タラノキ

枝払いと玉切り

ヒノキやカラマツの場合は伐採後すぐに枝払い（枝を付け根から切ること）をしたほうがいいが、スギの場合は葉枯らししたいので、枝払いは翌春、搬出のときにする。枝払いをチェンソーでやるときはキックバックに注意。体からチェンソーを離さないようにすると疲れにくい。枝払いは燃料を消費するので、ここだけナタを使うのも手だ。

玉切り（幹の切断）は丸太に直角に切る。バーを挟まれない方向を考えて、切り離すときバリが出ないように先にそちら側に刃を入れておく。太い木は**前ページの図**のようにコの字にチェンソーを回して切るとバーが挟まれない。

確認と枝打ち作業

さて、間伐したあと、残した木の梢を見上げてほしい。その木に何本の木の葉が触れているだろうか？ 前述の方法で選木すれば1本か2本になっているはずだが、もし3～4本絡んでいるならまだ密度が高すぎる。どれか1本を伐っておこう。

将来のために、とくに優良な木だけでも「枝打ち」しておくといい。枝打ちの基本は「枯れ枝はすべて切る」「生き枝（緑の葉の付いた枝）は樹高の半分の高さまで切る」ことだ。

そして作業の重要な要点として幹（支座）を削らないようにする。それにはナタではなく改良刃の枝打ノコを使うのが正解だ（ナタで正確な枝打ちをするには熟練の技が必要）。

木の上に登るにはジュラルミン製の枝打ちハシゴが軽くて便利だが、番線（針金）を持っていけば現地の間伐材で作ることもできる。

その後の育林の楽しみ

間伐後は、中に生えてきた草や広葉樹などを刈らないようにして自然に放置する。つぎの間伐（10年後）のときには広葉樹もかなり育って上層がスギ・ヒノキ、中層に広葉樹、という混交林になっているはずだ。

広葉樹も人工林の中で育つと、下枝が枯れて幹が通直になり、やがて材として使える木が出てくる。とくにナラ類、カシ類、クスノキ、ケヤキ、クリなどはスギ・ヒノキ人工林内でも条件さえ整えば高木に育ち、材としての価値も高いので、努めて伐らずに残しておくとよいだろう。

とくに明るく日が差すような場所はタラノキやワラビ、ゼンマイなどの山菜も生えてくる。スミレなど早春の花が目立つようになり、材を得るだけでない、さまざまな楽しみをもたらしてくれる。

3. 皮むき間伐でヒノキ丸太をゲット！

ヒノキ柱といえば高級木材だが、田舎の山には荒れ果てたヒノキ林がたくさんあり、それを「皮むき間伐」すれば理想的に乾燥された丸太が手に入る。素晴らしい芳香と強度をもつヒノキ丸太を柱に加工し、DIYで古民家再生に活かしてみよう。

皮むき間伐後のヒノキ林。葉が落ちるまでの２～３年はこのような景観になる

スギを巻き枯らしした例。より赤く見える

皮をむく高さは直径の7倍以上が目安

「巻き枯らし」という手法

細長いモヤシのような林になっている荒廃林（形状比85以上）の場合は伐倒間伐すると木の間があきすぎて風雪害を受けやすいので、立ち枯れにして間伐効果を持たせる「巻き枯らし間伐」をする。

この方法は自然林を伐ってスギ・ヒノキの植林をする際、大きな広葉樹を倒すとあとの整理が大変なので立ち枯らしにした、昔のきこりがやっていた方法である。ナタでぐるりと輪を描くように刻みを入れ、樹液の通りを切断することで木が枯れていく。それで「巻き枯らし」という名前がついた。

人工林再生の切り札として

スギやヒノキの場合は皮がむきやすいので、大きく皮をむくことで（胸高直径の7倍以上の高さ）同じ効果があり、木を枯らすことができる。

皮をむいて立ち枯れにするとやがて枯れて葉が落ちて伐倒に近い空間ができる。そしてこの枯れ立ち木が、残した木の支えになって風雪害から守ってくれるのだ。

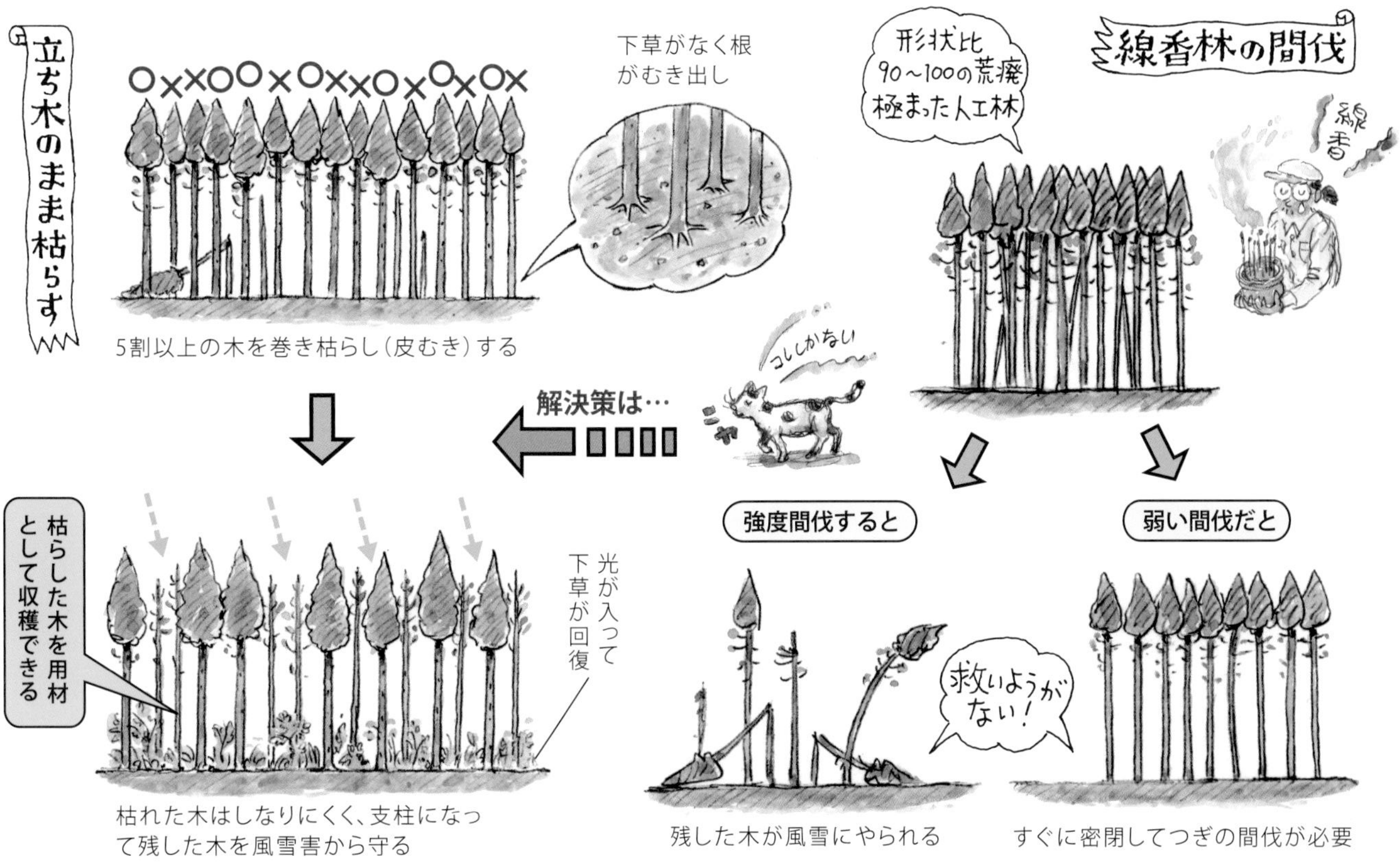
線香林の間伐
形状比90〜100の荒廃極まった人工林
線香
コレしかない
ニャ
強度間伐すると
弱い間伐だと
救いようがない！
残した木が風雪にやられる
すぐに密閉してつぎの間伐が必要
解決策は…
立ち木のまま枯らす
下草がなく根がむき出し
5割以上の木を巻き枯らし（皮むき）する
枯らした木を用材として収穫できる
光が入って下草が回復
枯れた木はしなりにくく、支柱になって残した木を風雪害から守る

この間伐の良いところはチェンソーなどの道具がいらないので、車道のない奥山でもやりやすいこと、危険が少ないのでボランティアでも子供でもできることだ。現在は「皮むき間伐」「きらめ樹間伐」など名を変え、人工林再生の切り札として、NPOのグループなどでも盛んに行なわれるようになった。

皮むき材は高級木材

さて、この皮をむいて枯らせた立ち木だが、2年もするとかなり乾いており、これを伐採すれば材として立派に利用することも可能だ。皮むき間伐の木は葉をつけたままゆっくり枯れていくので、材の芯まで乾きやすく、乾燥によるひび割れも少ない。木は枯れると虫食い穴が入るものだが、皮をむいてしまえばその心配もない（害虫であるカミキリムシは皮に産卵し、幼虫は皮下で揺籃期を過ごすので）。ただしこれを5〜10年と放置してしまうとさすがに腐り始めてしまうので、材として活用するなら施業後3年目までに伐るとよい。

現在の林業では本来の伐り旬である秋〜冬期を無視して周年伐採し、製材所では人工的に高熱で強制乾燥させていることが多い。木材としては狂いはないが、香りや色ツヤが悪くパサパサしている。

ところが、巻き枯らし材は理想的な自然乾燥材で、実際に製材してみるとわかるがヒノキなどは素晴らしい芳香がするし、驚くほど色ツヤがよい。しかも林内で水分が抜けて軽くなっているので、柱材に使う程度の木なら肩で担いで運ぶことができる。

皮むき木を収穫する選木

皮むき間伐は荒廃線香林に強度間伐を施すとき、風雪害を受けないために生まれた間伐技術で、ほんらい枯れ木は支柱代わりに残すべきなのだが、このように伐採を目的にするならそれに見合った選木や伐採本数の調整をすればよいわけである。夏に皮むきをして、翌々年の秋ごろ(2年〜2年半後)に伐採するとよいだろう。

普通に切り捨て間伐するときは素性の悪い木を伐倒して、いい木を残すが、伐る木の中でもなんとか使えそうな木（太目の木、曲がりの少ない木）は伐倒せず残して

皮むき間伐のやり方
枝の高さまできれいにむける
ヒノキは放置林でも初期の枝打ちだけはやったケースが多いので、下には枝がない
ベリ
ノコ目
バナナの皮むきみたい!

皮の端切れを樹上に向けて振りながら引っ張ると面白いように皮がむける。ノコ目の下側も根のところまでむいておく

皮むき作業中。ヒノキ林は間伐が遅れると林内が暗くなりほかの植物が育たない

ノコの切れ目からナタやヘラを差し込めば簡単にむける。季節は5〜8月がベスト

9月を過ぎると皮がむきにくくなる

▶皮むき後3年目。葉は完全に枯れ落ち、幹にヤニがたれている。これを伐採して柱にする

▶間伐効果が現れると林床に日が差し、草や広葉樹も自然に生えてくる

おいて皮むきし、あとで伐採収穫する、という手も考えられる。すでに間伐の必要がない良好な森なら、材に使いたいと思う丸太だけピンポイントで皮むき間伐を行なえばいい。荒廃極まった線香林の場合は、**16ページ**の本数表の密度で選木・皮むき間伐する中に、モザイク状に皆伐する部分を作れば、そこからやや優良な木を収穫することができるだろう。

皮むきと枯れ木の伐採技術

皮むきのやり方は簡単である。手ノコで皮の部分をぐるりと幹を一周する刻みを入れ、ナタで縦の切れ目を入れたらヘラなどではがせば面白いように皮がむける。下から皮をあおってやると幹のかなり上まで皮がはがれていく。ただし季節限定で、樹木が水を吸い上げる5~8月の間が適期だ。そのほかの季節はむきにくく極端に作業効率が悪くなるのでやらないほうがいい。

皮むきして枯れた木を伐倒するときの注意としては、乾燥した木は生の木よりも堅くなるので伐りにくい。本数が多いときは手ノコ

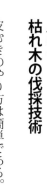

丸太の簡易製材

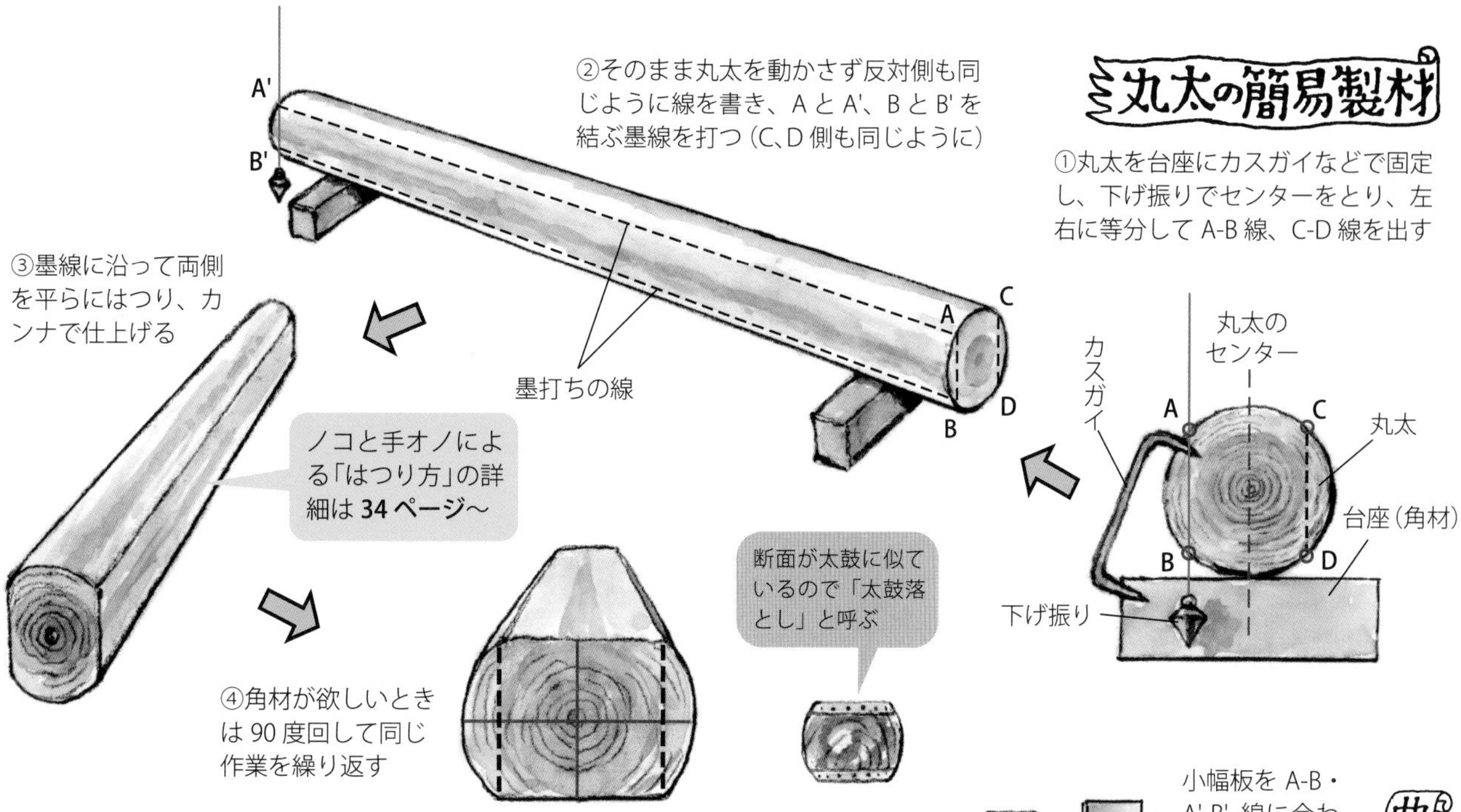

①丸太を台座にカスガイなどで固定し、下げ振りでセンターをとり、左右に等分して A-B 線、C-D 線を出す
丸太のセンター
カスガイ
A
C
丸太
B
D
台座（角材）
下げ振り
②そのまま丸太を動かさず反対側も同じように線を書き、A と A'、B と B' を結ぶ墨線を打つ（C、D 側も同じように）
A'
B'
墨打ちの線
③墨線に沿って両側を平らにはつり、カンナで仕上げる
ノコと手オノによる「はつり方」の詳細は 34 ページ〜
④角材が欲しいときは 90 度回して同じ作業を繰り返す
断面が太鼓に似ているので「太鼓落とし」と呼ぶ

動力による簡易製材

動力を使って丸太を簡易製材するには以下のような方法・機種がある。

①レールの上をチェンソーが滑るタイプ（例：商品名「ロゴソール」）
②小さな帯ノコがレールを動いていくタイプ（例：商品名「ホリゾン」）
③大きな丸ノコで製材するタイプ（例：商品名「石原式改良型」）

いずれも動力はエンジンを用いたもので「移動式製材機」として伐採現場での製材を目的に作られた。ＤＩＹ用に個人購入するには値段が高く（70〜180 万円）刃の研ぎも難しい。もっとも安価なのは①のチェンソータイプだが、連続使用すると燃料を大量に食い膨大なオガクズが出る。また爆音の連続なのでイヤーマフは必需品だ。ほかには地方の小さな製材所に持ち込んで挽いてもらう（「賃挽き」という）という手もある。写真は自作チェンソー式製材機を実験中の筆者。

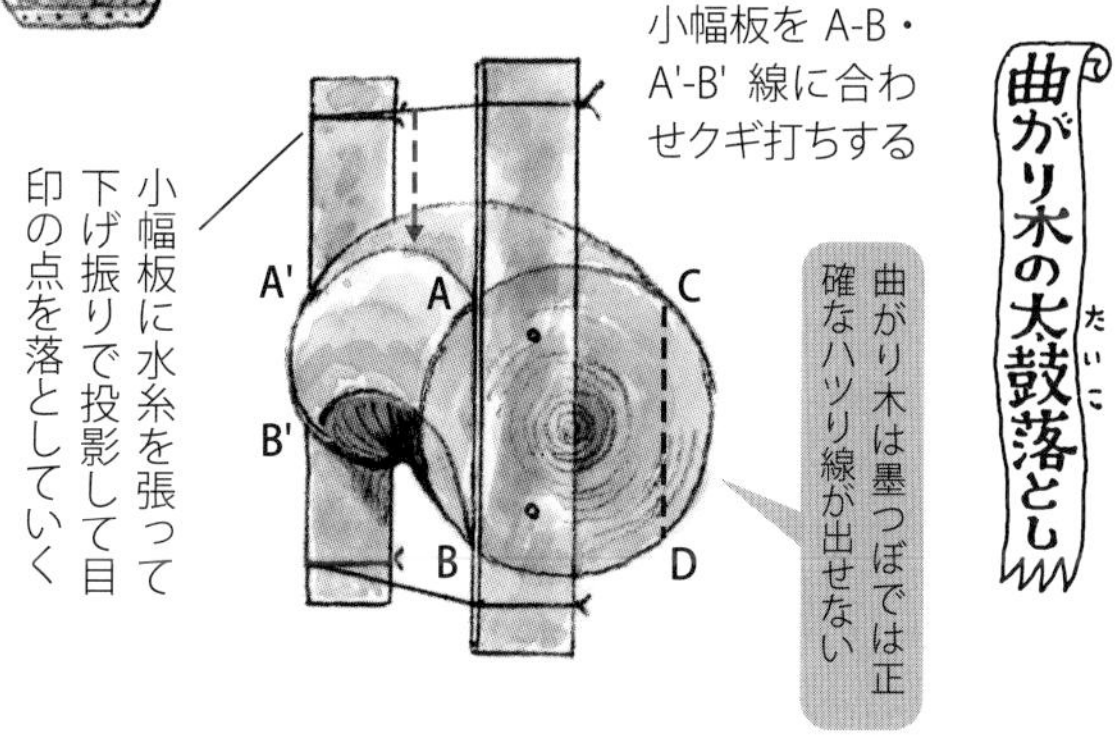

曲がり木の太鼓《たいこ》落とし
小幅板を A-B・A'-B' 線に合わせクギ打ちする
小幅板に水糸を張って下げ振りで投影して目印の点を落としていく
曲がり木は墨つぼでは正確なハツリ線が出せない
A'
A
C
B'
B
D

梁など横架材にするときは曲がり木を図の方向に両側落としてアーチ状に使うと強い

よりチェンソーが速い。また、枯れた木は葉が落ちているので、倒れるとき空気抵抗が少ないから意外にストンと速く倒れる。逃げ場をきちんと確保しておき、安全面に十分注意する。

　伐採した木は3m程度に玉切って、車道まで担いで運び、トラックなどで運ぶ。皮がついていないので運びやすく荷台も汚れない。2・6mなら工夫すれば軽バンなどでもなんとか運べる。

丸太から柱を作る方法

　皮むき間伐のヒノキ材はスギ材に比べて緻密で強度があるので柱材に最高である。芯持ち材は割れが入りやすいので柱材はあらかじめ「背割り」と呼ばれる割れ目を入れるが、皮むき材は芯も十分乾いているので割れは少ない。丸太のまま掘っ立て柱として小屋づくりに使ってもよし、1面〜2面だけ平面に製材して古民家再生の補強柱に使うのにもよい。

　細くて曲がりもある間伐材は、まともに四角く製材すると柱にならないが、丸太かそれに近い形で使うとボリュームもあり強度が保てる。丸太の側に平面を出すには、

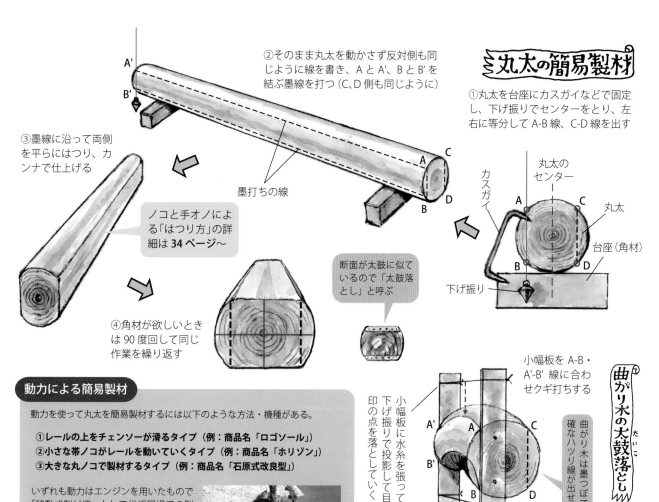

ヒノキの抱き柱

皮むき間伐で得た丸太を手製材し、古民家改装の抱き柱として用いる

ツヤのある美しいヒノキ材を、旧柱の基礎・土台の凹凸に合わせて彫り込む

ボルトは3/8×180mm（90円／本）、ドリルは直径9mmがぴったり（980円）

根継ぎと抱き柱

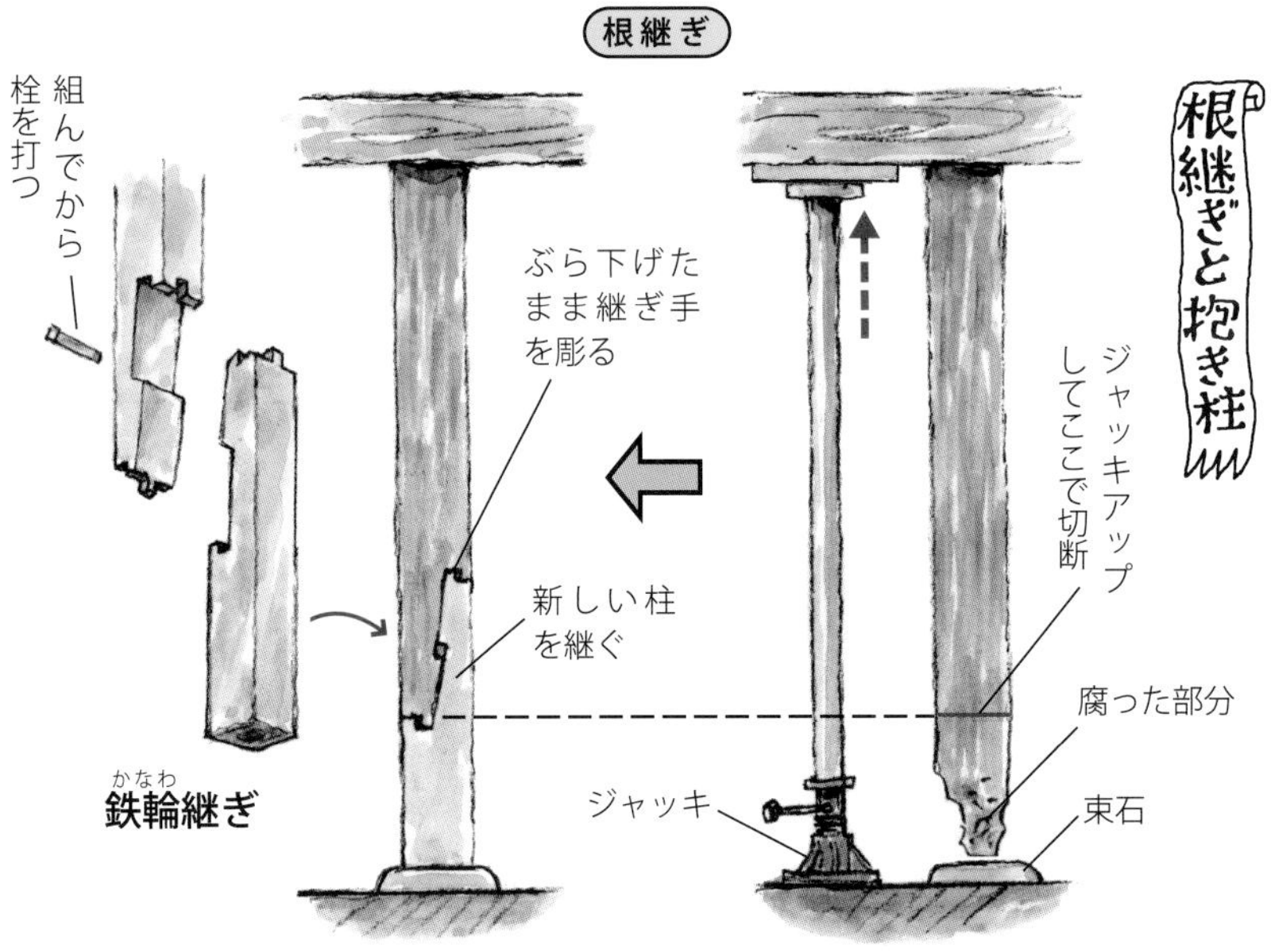

根継ぎ
組んでから栓を打つ
ぶら下げたまま継ぎ手を彫る
ジャッキアップしてここで切断
新しい柱を継ぐ
腐った部分
鉄輪《かなわ》継ぎ
ジャッキ
束石

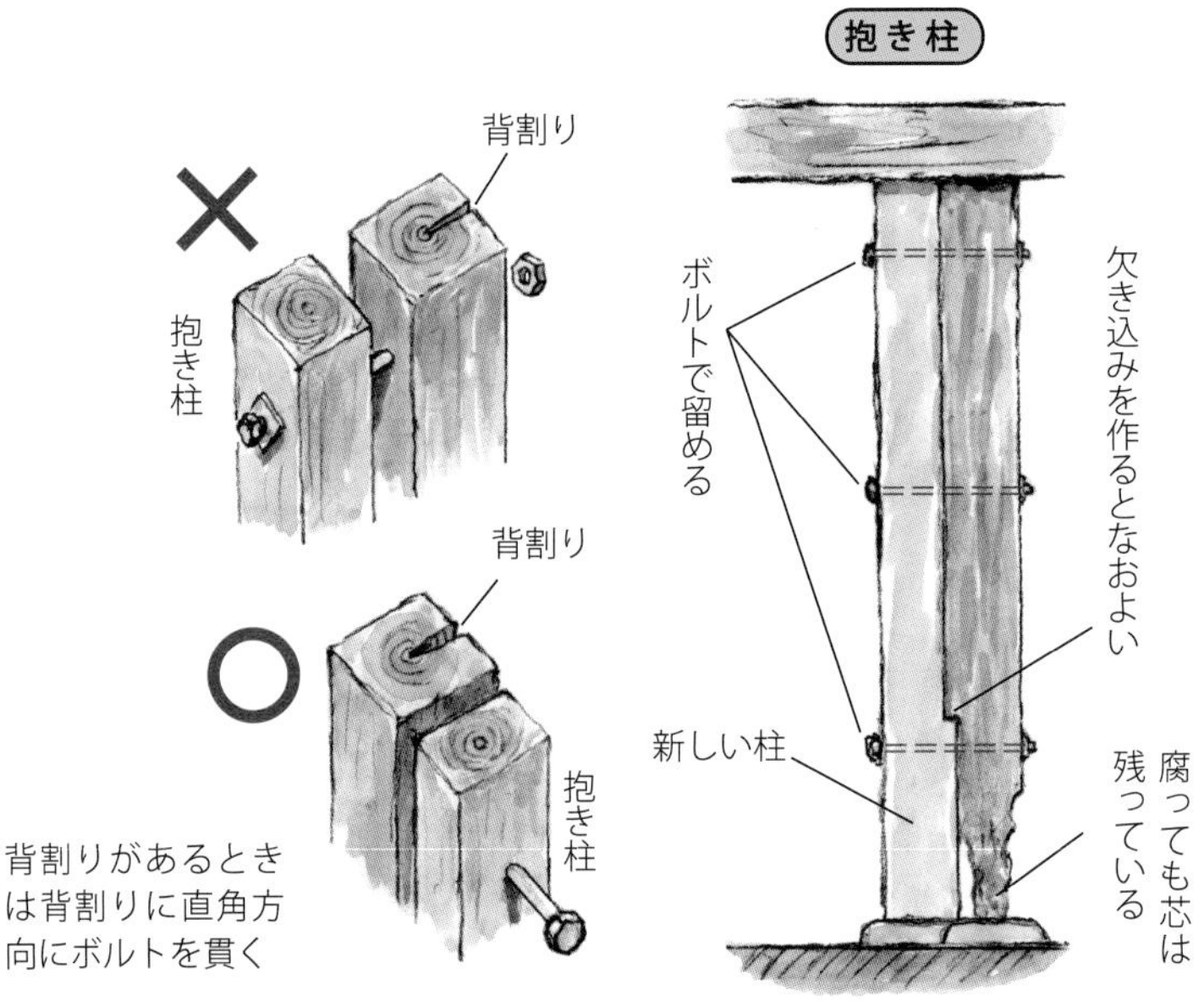

抱き柱
背割り
抱き柱
ボルトで留める
欠き込みを作るとなおよい
背割り
新しい柱
抱き柱
腐っても芯は残っている
背割りがあるときは背割りに直角方向にボルトを貫く

まず横にした丸太を動かないように固定して、両方の断面に下げ振りで垂直線を写す。その両端を「墨つぼ」で結べばカットする正確な線が出るので、そこをチェンソー、あるいはノコとクサビではつり（**34ページより詳述**）、手オノとカンナで仕上げる。左右2面を平らに製材したいときは下げ振りでまずセンターの垂直線を取り、そこから両等分してはつりの線を出せばよい。

「抱き柱」で補強する

古民家を改装していると土台や柱が腐っていて補修を迫られることがある。腐った部分を切断して新たな柱を継ぎ足す「根継ぎ」という伝統技術があるが、複雑な継ぎ手の加工は素人にはハードルが高すぎるので、ほかには「抱き柱」を添えてボルトで締めてしまうという手がある。この材料には皮むき間伐で採取したヒノキ材は最適である。

私は古民家の台所を囲炉裏部屋に改装する際、実際に皮むき間伐で採取したヒノキ材の抱き柱で補強したことがある。それに鴨居《かもい》をはめ込んで古い建具を移設したの

割り材で額を作る

▲割りの凹凸面を活かし簡単な額を作る。L型の切り欠きにビス留め
◀紙芝居の絵を裏から貼って展示に使ってみた。内容にマッチしていい感じ

枯らして２年半経ったヒノキを割る。普通は切り捨て間伐して地面に転がしておくと２年も経てば虫食いだらけになるが、虫食い穴もなく芯まで完全に乾いている

木製スコヤを作る

木工作で3次元の直角を見る道具「スコヤ」を作ってみた。材料は皮むき間伐のヒノキと薪材から使えそうなモモの木 ①平行に削ったヒノキ板をモモ材の溝にはめて直角にボンドで接着 ②乾いたらドリルで穴をあけ竹クギの栓を打って ③完成！

薪にする

ヒノキの語源は「火の木」という説があるくらいで、その薪はよく燃え、特有の芳香がある

だが、自分で伐り出した丸太が柱に収まるのを見るのはなんとも愉快で不思議な気分だった。

もちろん良質の薪にも彫刻素材にも

皮むき間伐の丸太の表面は滑らかでつるつるだが、なにしろ雨ざらしで林内に立つうちに表面がカビたりヤニが流れたりして実際にはそれほど美しいテクスチャーではない。が、サンドペーパーで表面を磨けば丸太面を活かした面白い内装材になりうると思う。

もちろん良質の薪にもなり、囲炉裏で燃やすとヒノキ特有の香りが部屋に漂う。

しかしその割った肌を見たら、やはりＤＩＹ素材としていろいろ使ってみたくなるだろう。ヒノキはスギのような木目の軟らかな部分がなく、全体に硬質で彫刻などにも向く。**上の写真**は割った面をそのまま活かした簡易額、木製スコヤの素材に使った例だ。

4. 割って、はつって、丸太から厚板を採る

間伐の丸太はその部位により特徴があるのでうまく使い分ける。またスギ・ヒノキ丸太はクサビで簡単に割ることができるので、それをオノではつって厚板が採れる。この板をストックしておくとさまざまなＤＩＹに使えて便利だ。

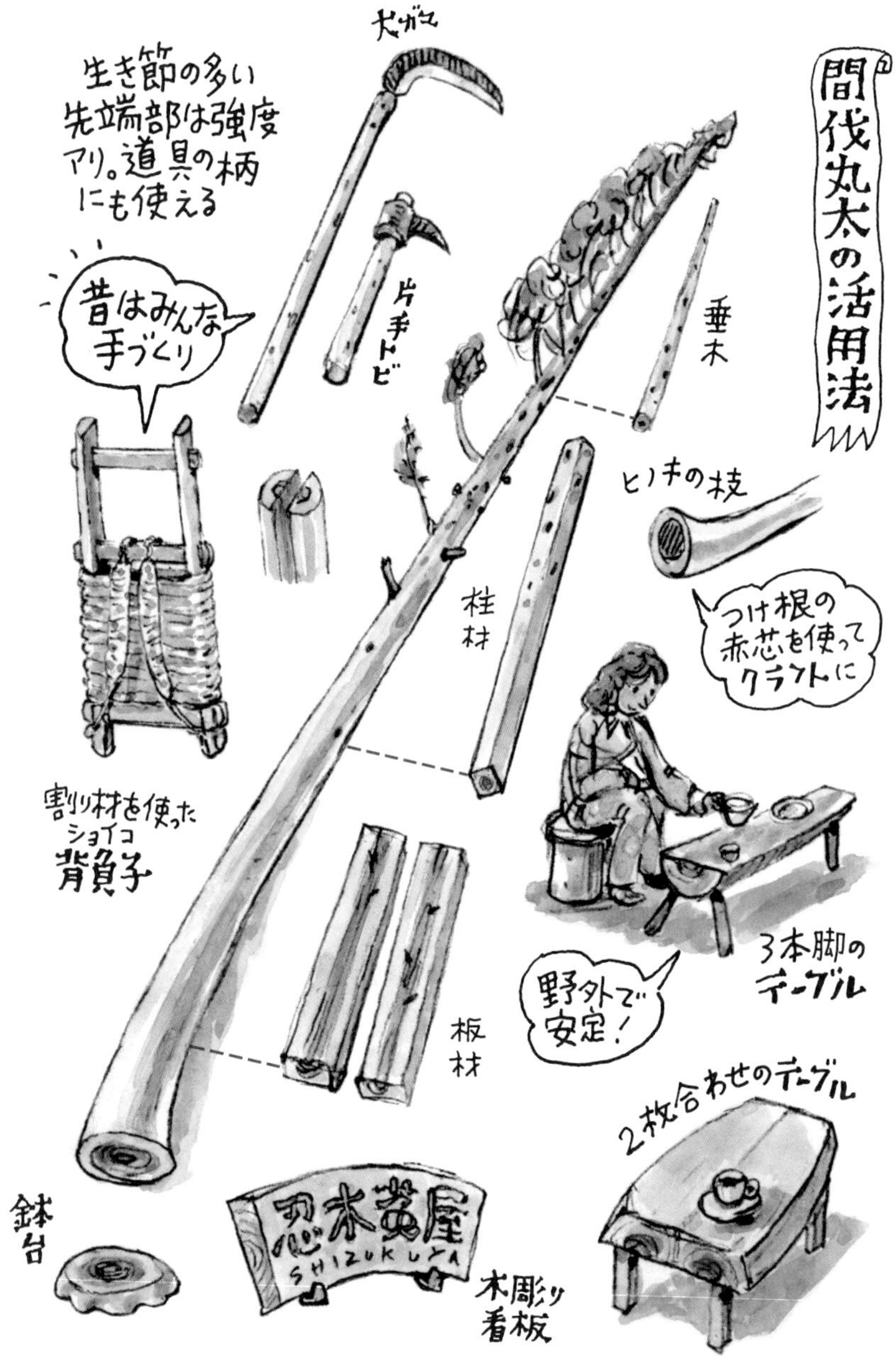

間伐丸太の活用法
大ガマ
生き節の多い先端部は強度アリ。道具の柄にも使える
昔はみんな手づくり
片手トビ
垂木
ヒノキの枝
つけ根の赤芯を使ってクラフトに
柱材
割り材を使った背負子《ショイコ》
3本脚のテーブル
野外で安定！
板材
2枚合わせのテーブル
鉢台
SHIZUKUYA
木彫り看板

丸太の部位と材の特徴

丸太の根元に近い部分は曲がりがあり、板にしたときも反りが出るので捨てられることが多い。しかしボリュームはあるので半割りにしてワイルドな椅子やテーブルにしたり、節がないので彫刻看板の材料にも使える。

一番玉（地上から３ｍくらいまで）は材としてもっともオイシイ部分だ。たいがい節がなく加工しやすい。そこから上になると枯れ枝がついた部分になり、材の中に死節《しにぶし》が入り込むことが多く、板に加工したとき節穴ができてしまう。立ち木のとき枯れた枝が落ちて、その枯れた（死んだ）部分を年輪が巻き込んでしまうからだ。初期にきちんと枝打ちの手入れがされている山の材なら、この死節はほとんどないだろう。

梢に近づくほど丸太の直径は細くなり、生きた節がたくさん現れるようになる。カンナなどをかけるとき、節の前後で逆目になるので加工しにくいが、生きた節は強度もあるし、天然乾燥した材は節が赤みを帯びてツヤがあり美しい。この節をデザイン的なアクセ

ントに使ってもいいのだ。

丸太から厚板を採る

　丸太から板を採るにはチェンソーを使う方法もあるが、バーの厚み分がオガクズになってしまうので細い丸太だと、歩留まりが悪い。スギ・ヒノキはクサビで簡単に割ることができるので、芯の部分にクサビを入れながら半割りにし、それをオノで削って厚板を2枚採る方法を紹介しよう。

　この方法だと削った破片が大量に出るが、すべて焚き付けや薪として使うことができるので、囲炉裏や薪ストーブ、石窯など、火のある暮らしをしている人にもおすすめの方法だ。

　丸太のまま保管しておくと木口にひび割れがおきる。そのひび割れに沿って芯にクサビを打つ。短い材なら立ててやってもいいが、横に寝かせて足で押さえてハンマーを振り子のように使って叩くと安全で力も入る。クサビが奥まで刺さったら、2本目のクサビを入れて開いていく。すると最初のクサビが抜けるので、そのクサビをさらに前に入れて打っていく。

　芯をはずさなければ、節があってもこの方法で割れるし、ねじれのない素性の良い木なら2～3mの長さでも割ることができる。ただし材が長いとあとの加工が大変なので2mくらいが上限と考える。

はつりのコツ

　割れたほうの面をねじれや凹凸をオノではつって平らにしていく。材を立てて、上から振り下ろすのだが、このとき1撃目は木に刃を突き刺す感じ、2撃目でそのバリ（破片）を飛ばすようにする。この動きでリズムをつけるとよい。

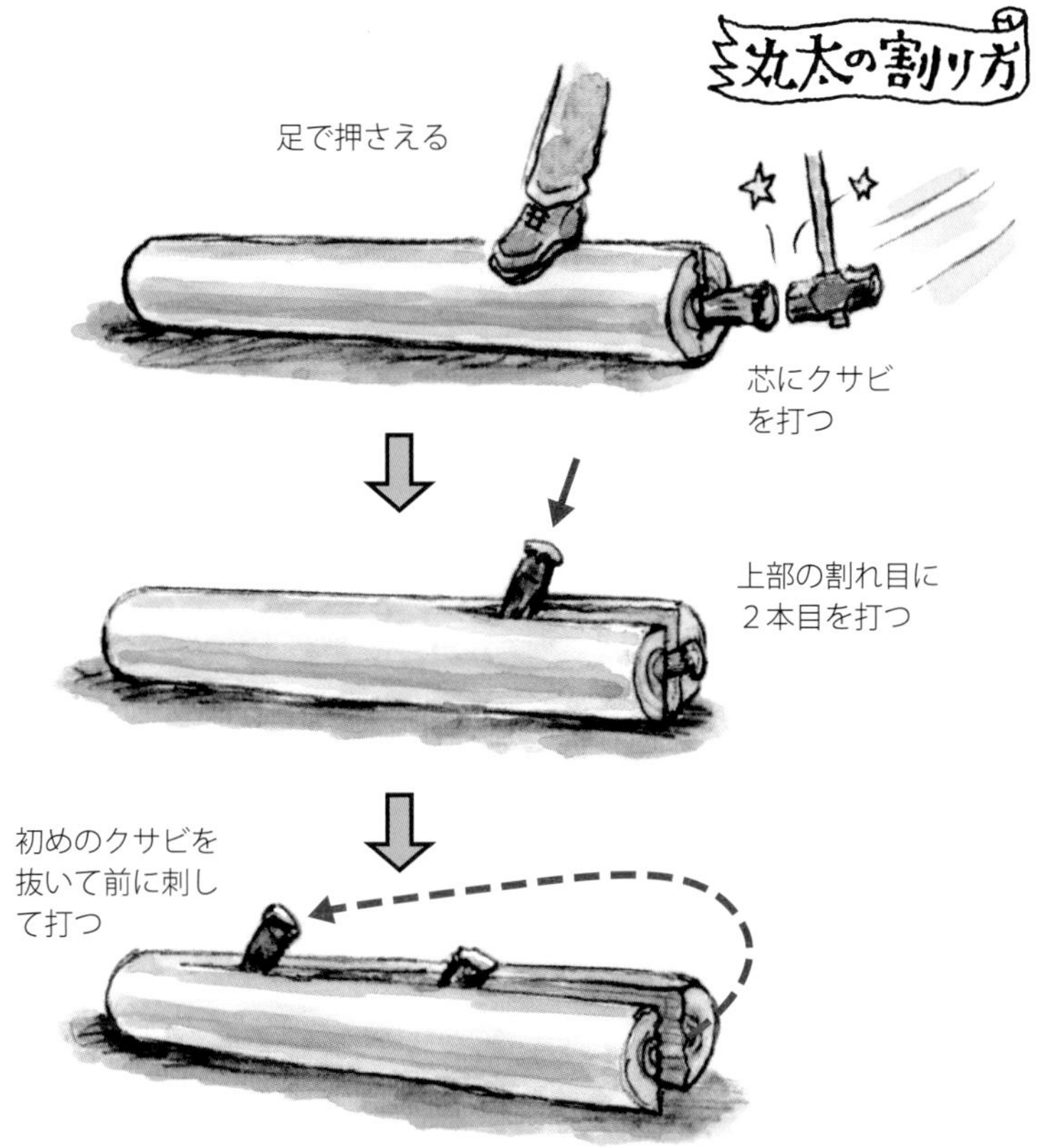
丸太の割り方
足で押さえる
芯にクサビを打つ
上部の割れ目に2本目を打つ
初めのクサビを抜いて前に刺して打つ

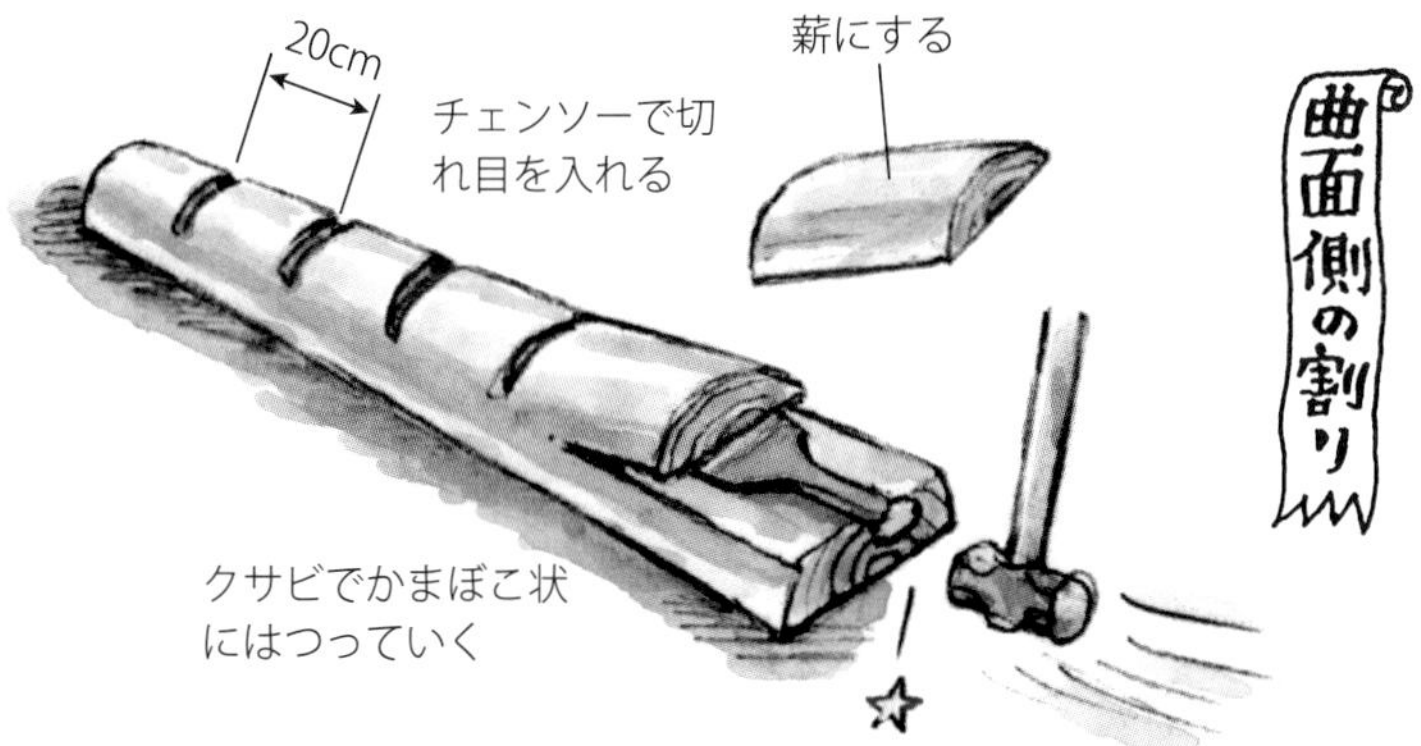
曲面側の割り
20cm
チェンソーで切れ目を入れる
薪にする
クサビでかまぼこ状にはつっていく

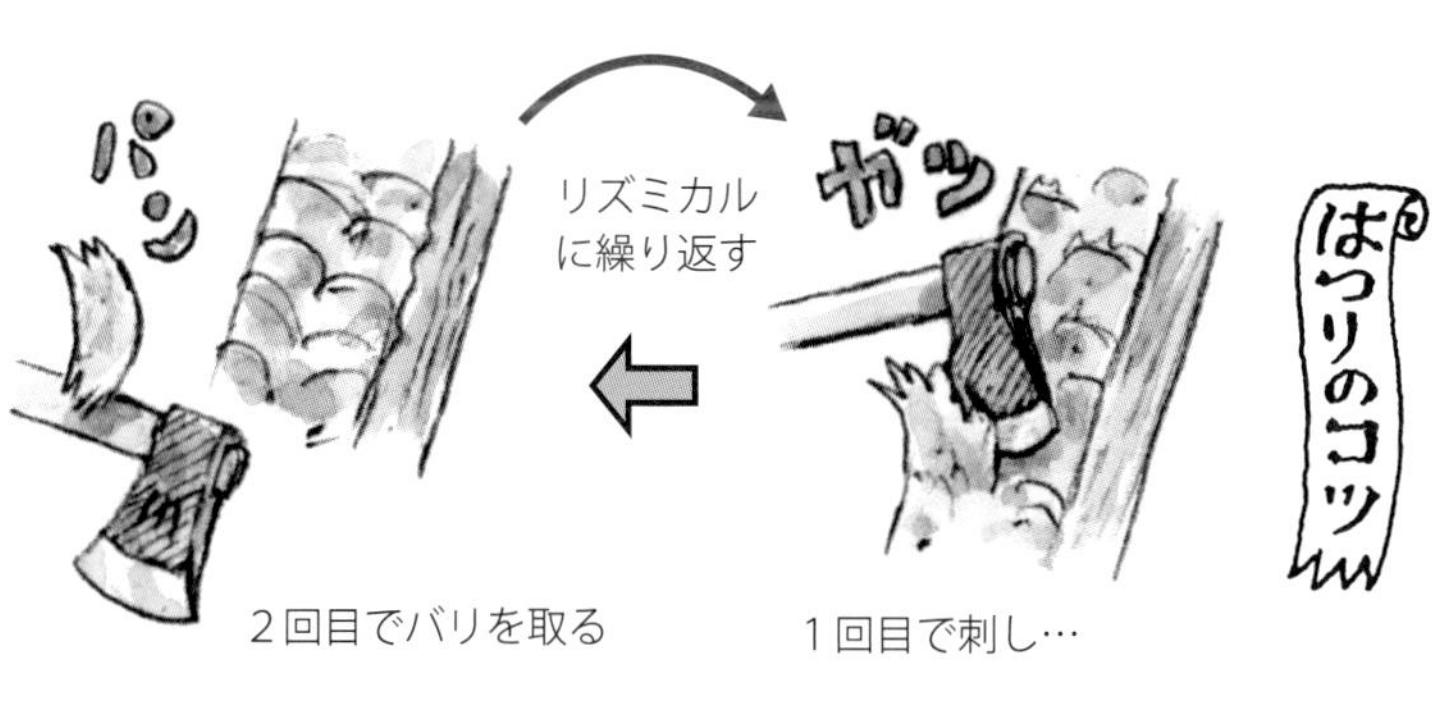
はつりのコツ
リズミカルに繰り返す
1回目で刺し…
2回目でバリを取る

台座の上に木を立て左手で押さえながら。位置が低くなったら腰を下ろして振る

※ヨキ（オノ）の重さは柄を含めた総重量

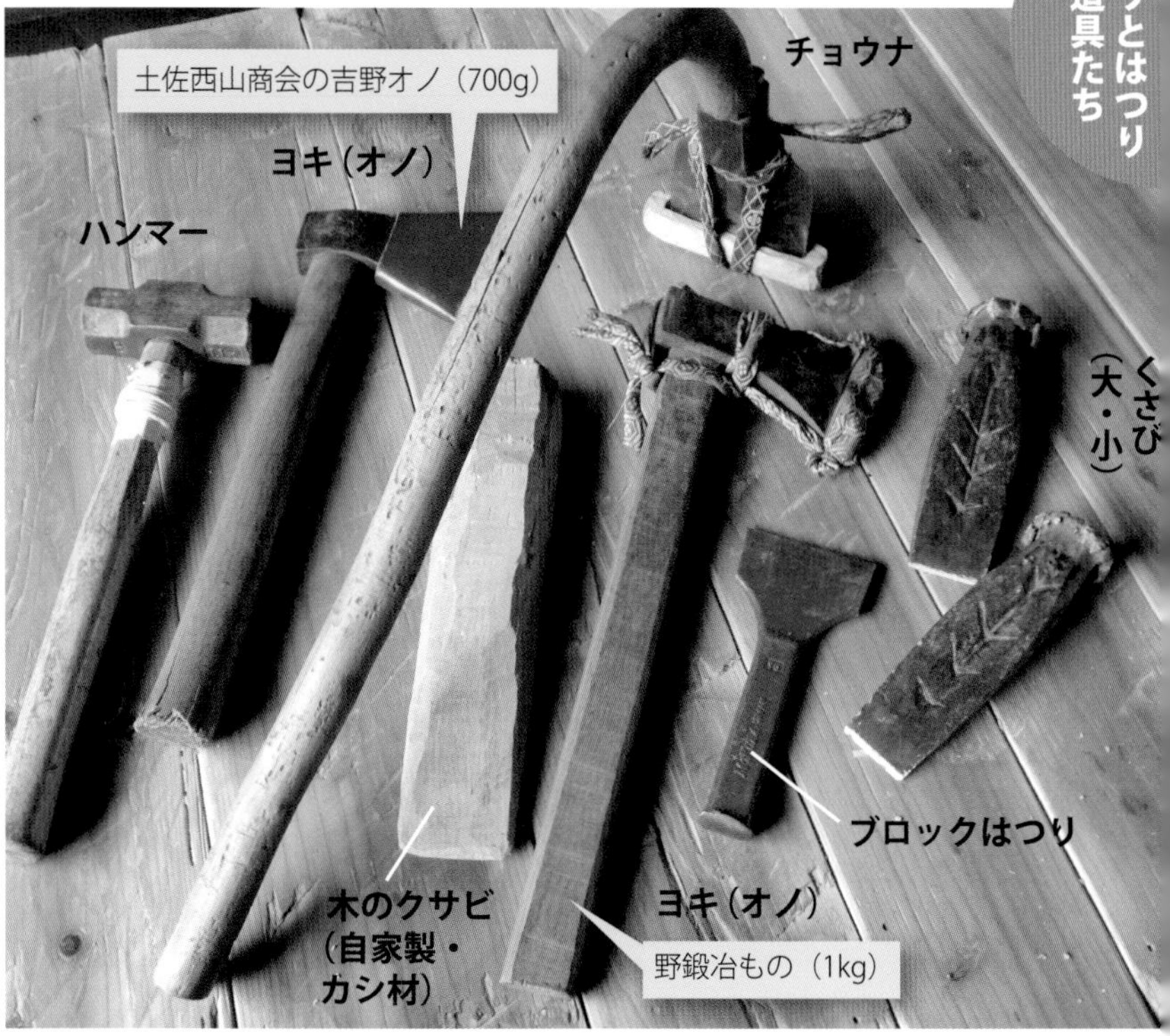

土佐西山商会の吉野オノ（700g）
ヨキ（オノ）
ハンマー
チョウナ
くさび（大・小）
ブロックはつり
木のクサビ（自家製・カシ材）
ヨキ（オノ）
野鍛冶もの（1kg）

はつりの位置を上から下へ少しずつ移動しながら面を平らにならしていく。慣れてくるとナタ目が波のような表情をつくる。チョウナ仕上げのような感じだ。左手の押さえはオノの当たる位置より上にあること。オノが振り下ろされる方向に手や足を絶対に置かない。

逆目になって刃が食い込んでしまうときは、材を逆さまにして逆方向からはつる（節の前後では必ず逆目になる）。

オノは自分の腕力にあったもので、ヘッドの重量の違うものを2本用意しておくとよい。重いほうが破壊力があるので、一撃で分厚い破片をはつることができる。それで粗削りしてから、軽くて切れ味のいいほうで仕上げると効率がいい。

平面は目測で見る。慣れるとこれが正確で早い

木表側（丸みのあるほう）は20㎝ピッチくらいにチェンソーで切れ目を入れてからクサビで割っていき、それからオノではつると速い。節の部分で刃が止まってしまうので細切れにするのだ。

最後に両側の耳の部分をオノではつって粗板の完成だ。

仕上げと塗装について

途中で電動カンナや丸ノコを使ってもいいが、正確な平面にこだわろうとすると板を削る量が多くなり、歩留まりが悪くなるので、仕上げはむしろ粗く手カンナをかける程度にし、オノ目や逆目の削ってしまったくぼみなどもそのままにするほうが面白い。バリが気になったり、段差が目立つようなら、その部分だけ小刀や彫刻刀で削ればいい。

直径20㎝の間伐材から厚み4～5㎝の板が2枚採れる。これを粗削りのままストックしておき、さまざまなDIYに使おう。スギ

裏側ははつりの凹凸を残したまま。木っ端はカマドや囲炉裏の燃し木に

表側だけをカンナがけする。多少の凹凸は「味」として残す

バリが立つ部分は丸ノミで削って修正

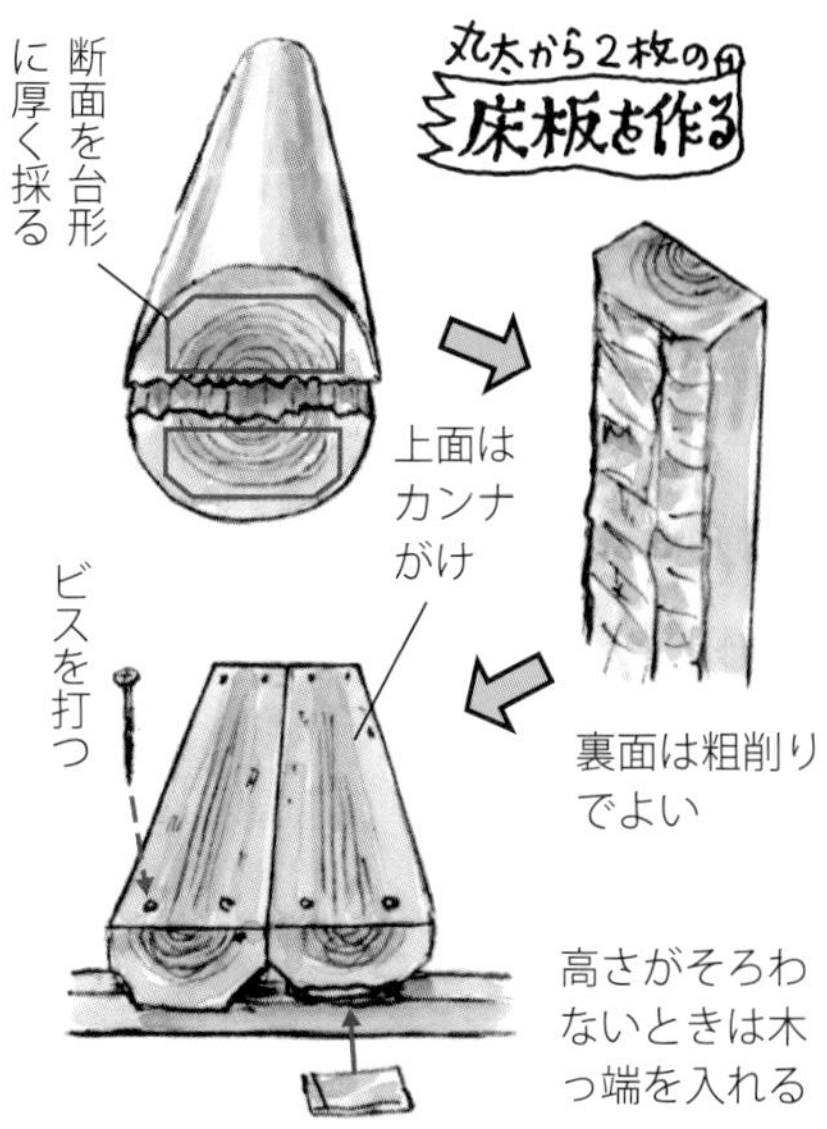
丸太から2枚の床板を作る
断面を台形に厚く採る
上面はカンナがけ
裏面は粗削りでよい
ビスを打つ
高さがそろわないときは木っ端を入れる

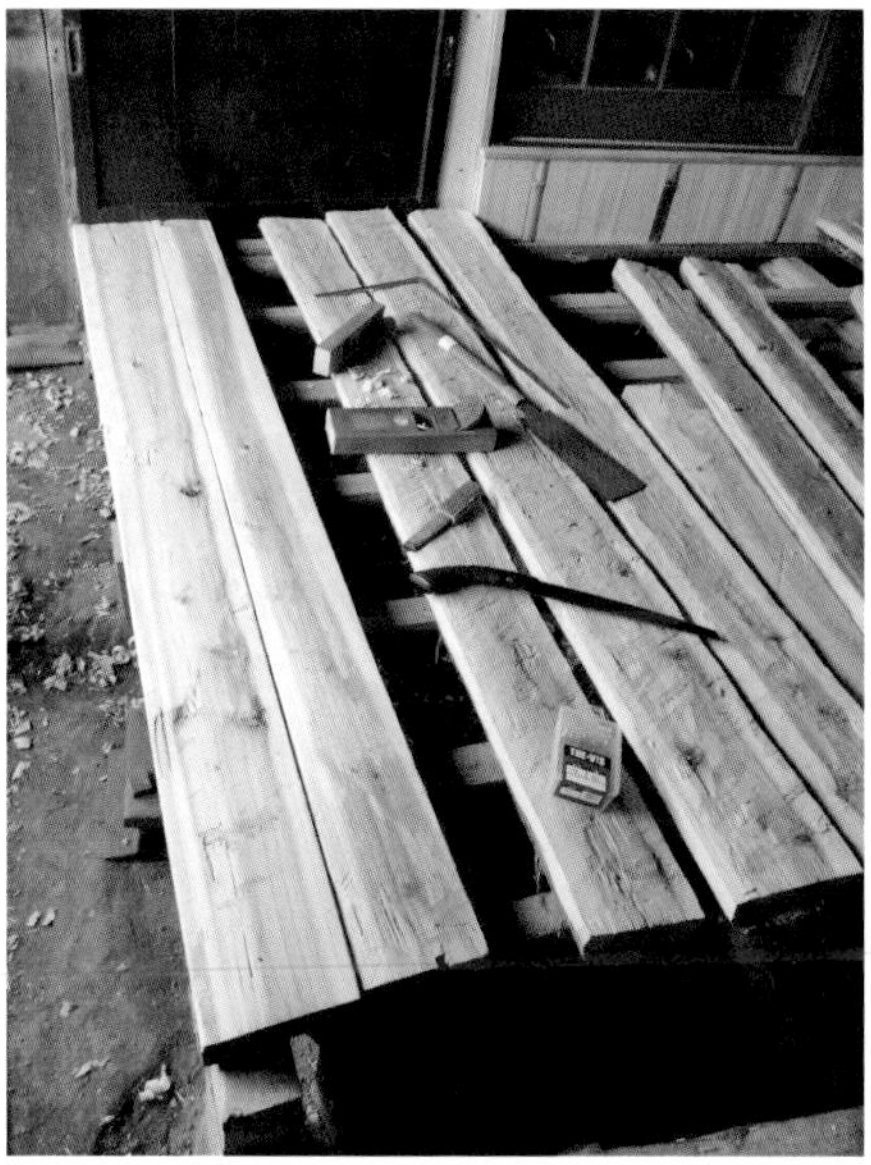

◀微妙に不ぞろいな板を1枚ずつ様子を見ながら張り合わせていく。傷や虫食い穴や節もデザイン要素

板を張り終えた囲炉裏部屋の床

▼囲炉裏部屋床張り10カ月後のツヤ

なら赤身の多い木裏側（はじめに割った面）を見せると美しい。

　アトリエの台所を囲炉裏部屋に改装するとき、床をこの厚板で仕上げてみた。裏側はカンナをかける必要はなく、断面は台形でもいいのでこの部分は手を抜く。厚みがあるのでサネを切ることもしない。板同士をつき合わせるところだけカンナで正確に合わせていく。それを根太にビスで留めていく。ビスがあるからできる手法でもある。

　床表面は塗装しない。そのほうが調湿してくれるので冬暖かく夏涼しい。葉枯らし天然乾燥のスギ材は油分を含んでいるので自然のツヤがある。囲炉裏を使いながら雑巾がけしていくうちに色合いの渋みを増してさらにツヤが出てくるのだ。

5. スギ板で相じゃくりと蟻桟にチャレンジ！

蟻桟＝ありざん

間伐丸太だからといってチェンソーで荒々しく加工するばかりが能じゃない。繊細な木組み「相じゃくり＋蟻桟」で吊り鍋のふたを作ってみよう。たかが鍋ぶただが、一度こなすと彫刻的木工の基本を学ぶことができ、豊かなバリエーションが広がる。

蟻桟の使われ方
老舗のそば屋のテーブルなんかはたいていこのアリザン
ケヤキ材の一枚板のテーブル
蟻桟が反り止めになっている

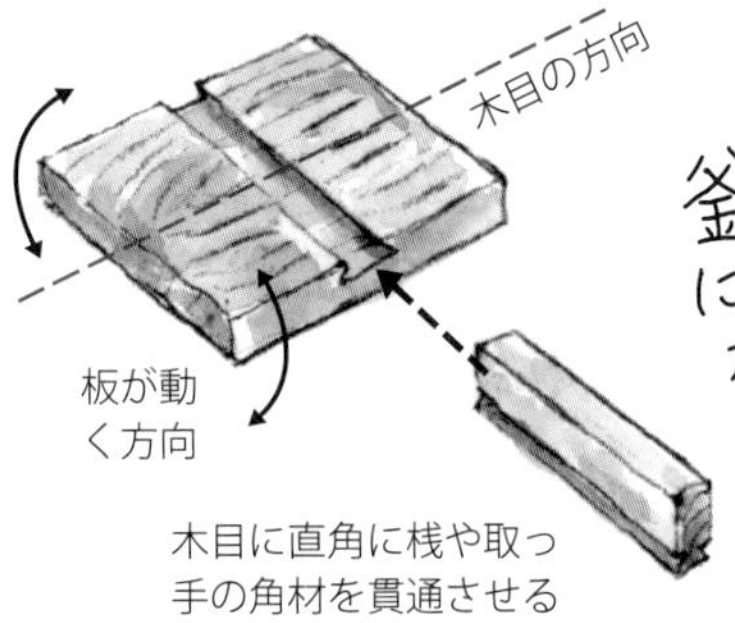
木目の方向
板が動く方向
木目に直角に桟や取っ手の角材を貫通させる

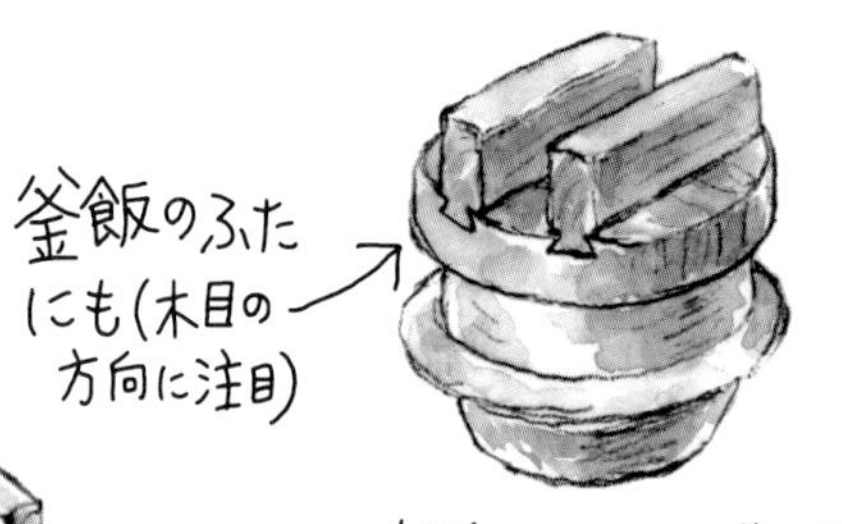
取っ手に蟻桟をつけることでふたの反りを防いでいる
釜飯のふたにも（木目の方向に注目）

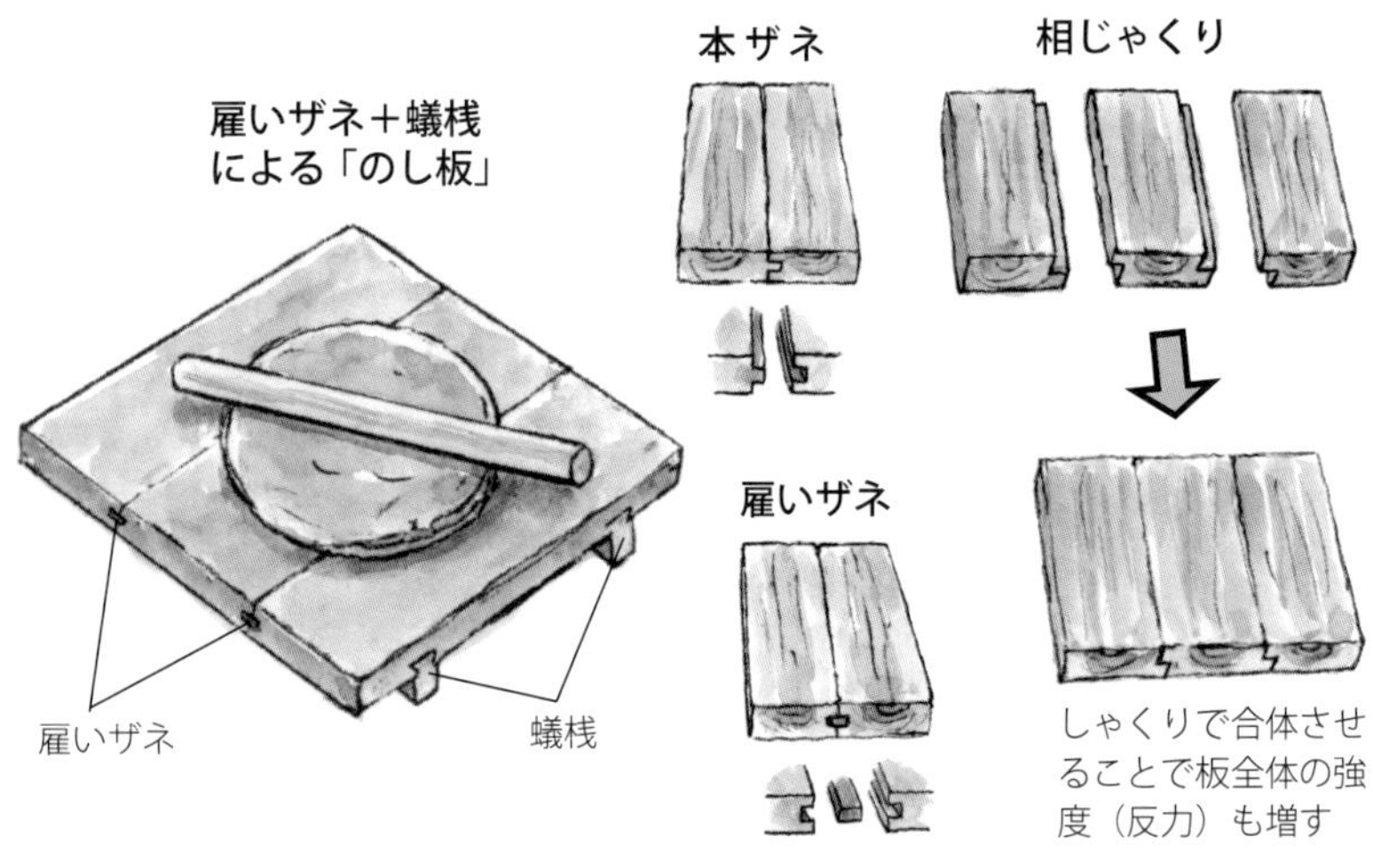
杓《しゃく》りで板《は》を接ぐ
雇いザネ＋蟻桟による「のし板」
雇いザネ
蟻桟
本ザネ
相じゃくり
雇いザネ
しゃくりで合体させることで板全体の強度（反力）も増す

鍋ぶたを「蟻桟《ありざん》」で

囲炉裏で使っている吊り鍋のふたを木で作ってみよう。直径が30㎝ちょっとの真円で、その上に木の取っ手がついているやつだ。吊り鍋の中古品はたいていふたがついていないから、山里暮らしで囲炉裏を始めようと思う人にはきっと必要になるものだ。

市販品の木の鍋ぶた（小さなものは落としぶたとして売っている）を見ると、円形の一枚板に取っ手の角材は「蟻桟」で入り込んでいる。ふたは湯気が当たるし料理に使うものだから合板や接着剤は使えないし、クギやビス留めもサビたりガタがきそうだ。それに熱気と水分を吸ったり吐いたりするから板が反りやすい。反りには点で留めるビスよりも、面で留める蟻桟のほうが絶大な効果がある。だから一枚板の天板をテーブルにするとき反り止めにも使われている。別名「吸い付き桟」という名称がその効果を物語っている。

机のような長い蟻桟の加工は素人には難しそうだが鍋ぶたくらいならなんとかなる。間伐材からは30㎝を超えるような板は採れない

◀はつりを終えたスギ板

小丸太から板を採る

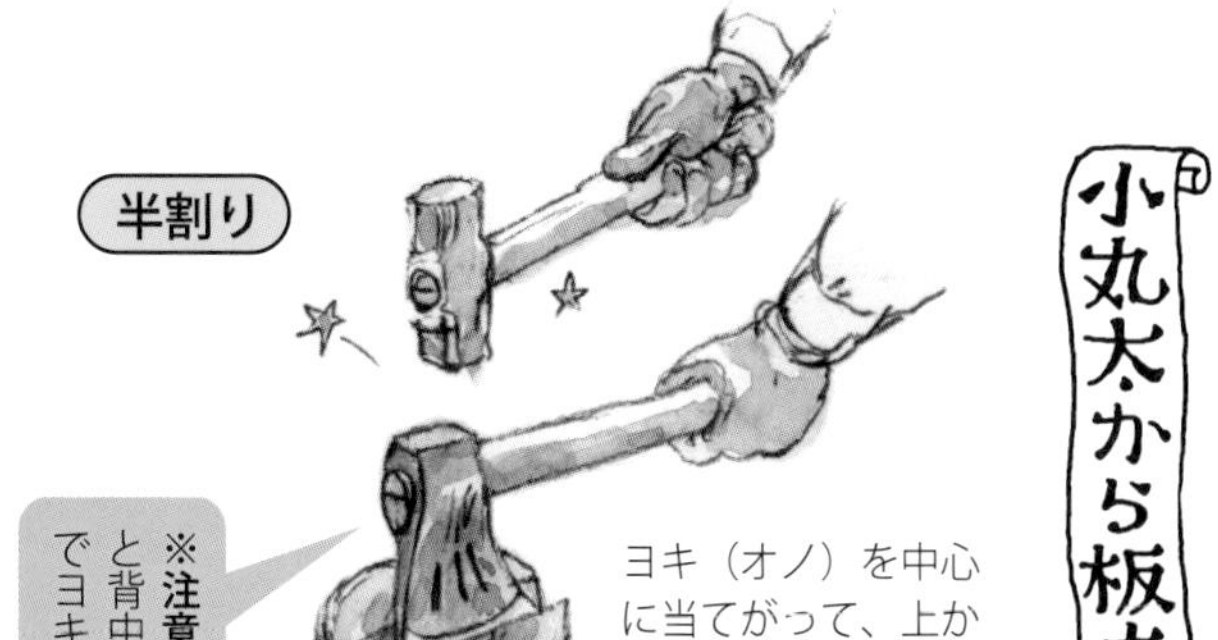
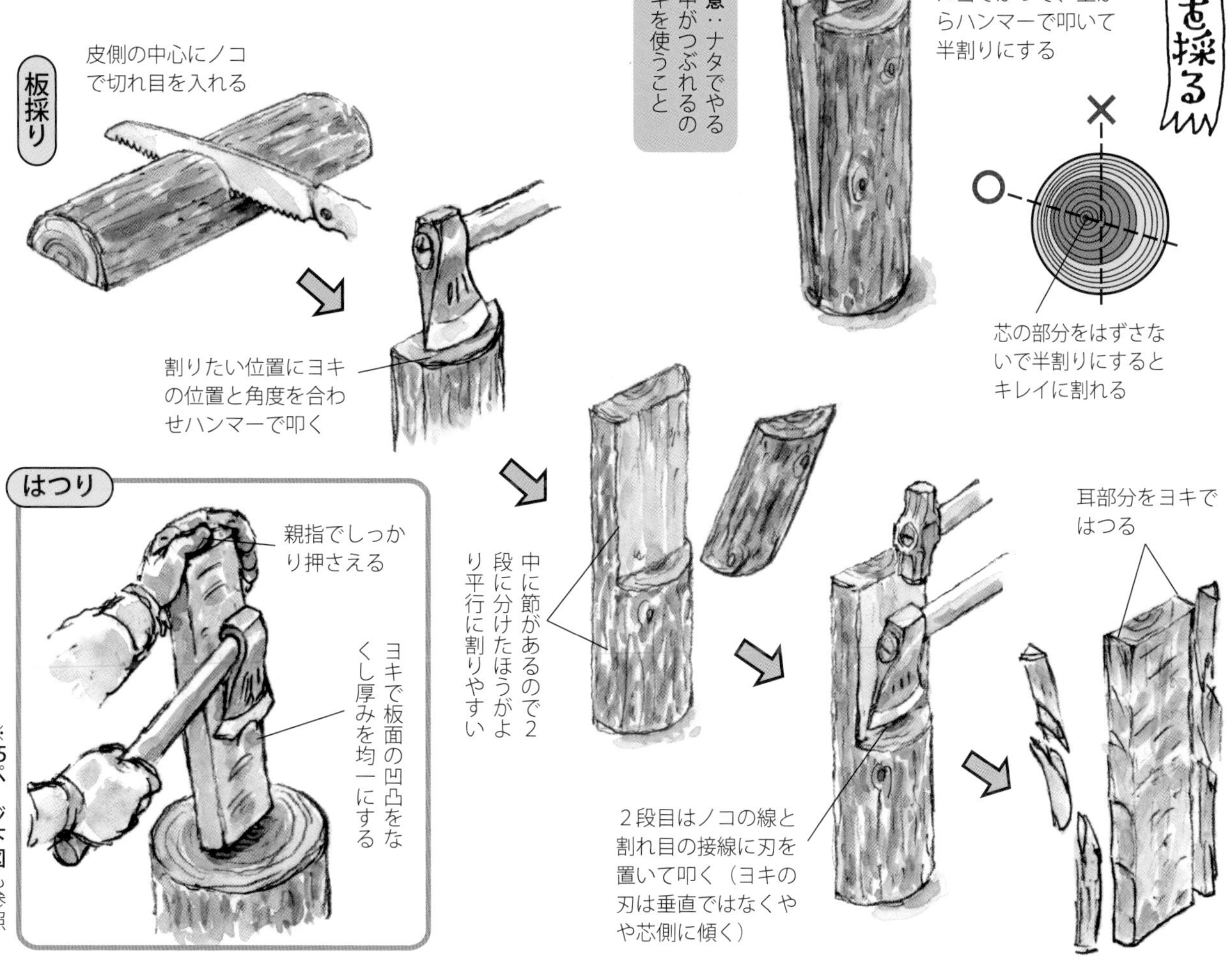

半割り
※注意：ナタでやると背中がつぶれるのでヨキを使うこと
ヨキ（オノ）を中心に当てがって、上からハンマーで叩いて半割りにする
×
○
芯の部分をはずさないで半割りにするとキレイに割れる
板採り
皮側の中心にノコで切れ目を入れる
割りたい位置にヨキの位置と角度を合わせハンマーで叩く
中に節があるので2段に分けたほうがより平行に割りやすい
耳部分をヨキではつる
2段目はノコの線と割れ目の接線に刃を置いて叩く（ヨキの刃は垂直ではなくやや芯側に傾く）
はつり
親指でしっかり押さえる
ヨキで板面の凹凸をなくし厚みを均一にする

※35ページ下図も参照

ので、小幅のスギ板4枚を「相じゃくり」でつないで、そこに蟻桟で取っ手を貫通させてみよう。スギは軽いからちょっと厚みがあってもいいだろう。厚みがあれば加工もラクだ。

相じゃくり・本ザネ・雇いザネ

さて、板と板を接《は》ぎ合わせるとき、互いの厚み半分を切り欠いて重ね合わせるとすき間ができないし、つなぎ目方向に一体になって強度も増す。これを「相じゃくり（杓り）」という。

また凹凸型に切り欠いて合わせるのを「本ザネ」といい、フローリングの継ぎ目によく使われている（加工は面倒だが、一体感の強度はさらに強い）。さらに「雇いザネ」というのもあり、これは凹凹の中に別の材を入れてつなぎ補強するものだ。

昔、ソバやうどん用の「のし板」は、4枚の板を雇いザネで継ぎ、下から2本の桟木（脚）を蟻桟で貫通させたものが多かった。雇いザネは切り欠きに板幅を食われないので、貴重な良材をつなぐとき長幅が稼げるのだ。

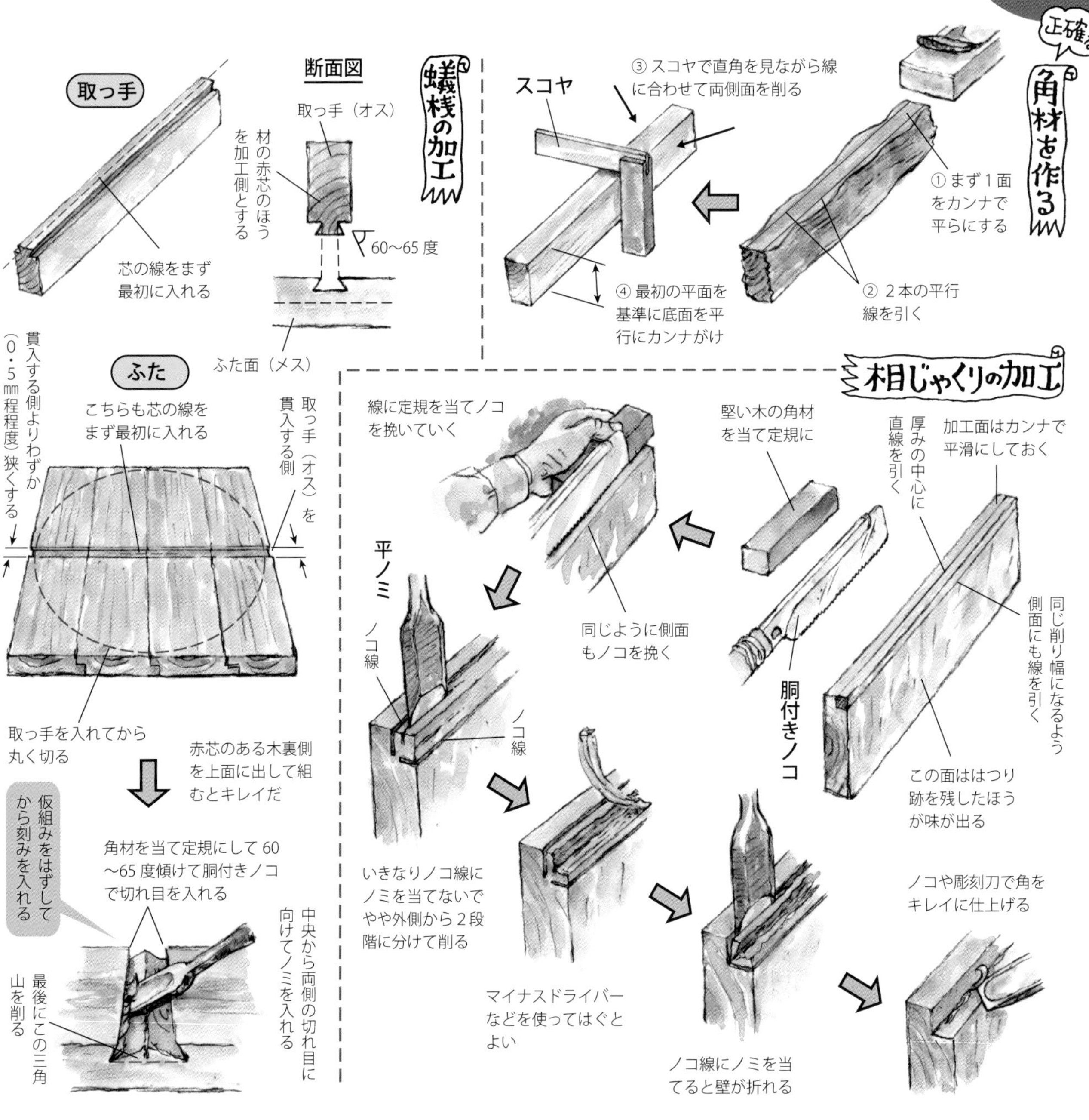
蟻桟の加工
取っ手
断面図
取っ手（オス）
材の赤芯のほうを加工側とする
60〜65 度
芯の線をまず最初に入れる
ふた面（メス）
ふた
こちらも芯の線をまず最初に入れる
貫入する側よりわずか（0・5㎜程程度）狭くする
取っ手（オス）を貫入する側
取っ手を入れてから丸く切る
赤芯のある木裏側を上面に出して組むとキレイだ
仮組みをはずしてから刻みを入れる
角材を当て定規にして 60〜65 度傾けて胴付きノコで切れ目を入れる
中央から両側の切れ目に向けてノミを入れる
最後にこの三角山を削る
正確な角材を作る
スコヤ
③ スコヤで直角を見ながら線に合わせて両側面を削る
① まず 1 面をカンナで平らにする
② 2 本の平行線を引く
④ 最初の平面を基準に底面を平行にカンナがけ
相じゃくりの加工
線に定規を当てノコを挽いていく
堅い木の角材を当て定規に
厚みの中心に直線を引く
加工面はカンナで平滑にしておく
同じ削り幅になるよう側面にも線を引く
同じように側面もノコを挽く
胴付きノコ
平ノミ
ノコ線
ノコ線
この面ははつり跡を残したほうが味が出る
いきなりノコ線にノミを当てないでやや外側から２段階に分けて削る
マイナスドライバーなどを使ってはぐとよい
ノコ線にノミを当てると壁が折れる
ノコや彫刻刀で角をキレイに仕上げる

さて、材料は**35ページの図**のようにクサビで割り、手オノではつった厚板である。相じゃくりの接合部は胴付きノコや畦引きノコで溝を作り（60〜65度傾ける）、ノミで彫っていく。

取っ手のほうはカンナがけしてスコヤで計りながらまず正確な角材を作る。断面は長方形で、その短辺の幅が丸板に刻む溝幅となる。

蟻桟のコツは、胴付きノコでメスの溝を彫るとき微妙なテーパーをつけて、オスの取っ手を打ち込むときギチギチに締まるようにすることである。最初に相じゃくりを彫って、板を並べて仮つなぎし、蟻桟の平行線を定規とシャープペンシルで正確に引く。それを基準にテーパーをつけた線を引き直す。鉛筆線が入れば彫りの加工は板をバラしてやればいい。

蟻桟と相じゃくり、加工のコツ

オス・メスの加工ができたら取っ手を木ヅチで叩きながらはめ込んでいく。硬くて入らないようなら彫り幅を彫刻刀で修正する。

取っ手が入ったら、糸を使って

木ヅチで叩いて組んでいく。きついときは溝を削りながら調整して

相じゃくりと蟻桟が噛む所はこのような複雑な彫りの形状となる

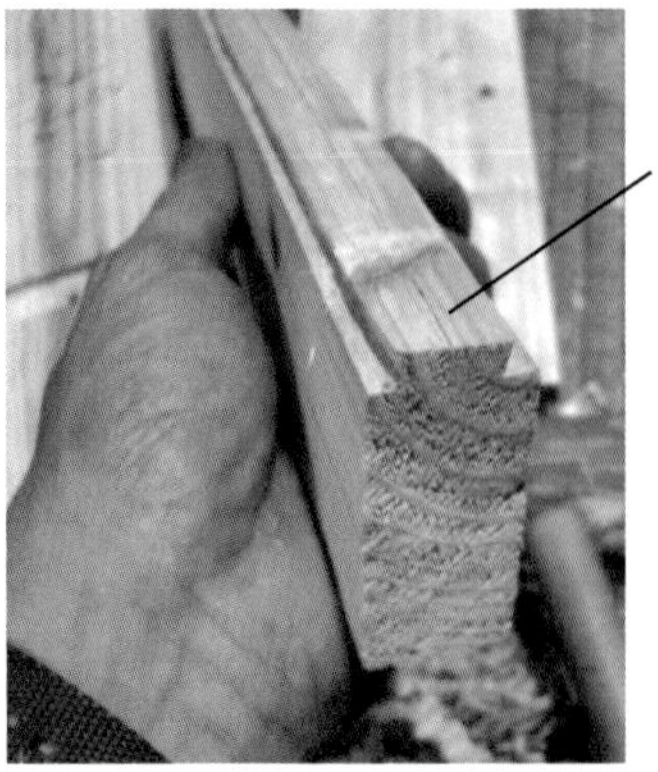

強度のある赤芯側にホゾを刻む

オス側の加工、取っ手にボリュームを持たせたいときは、ホゾ幅をやや狭くとるとメス側の刻みがラク

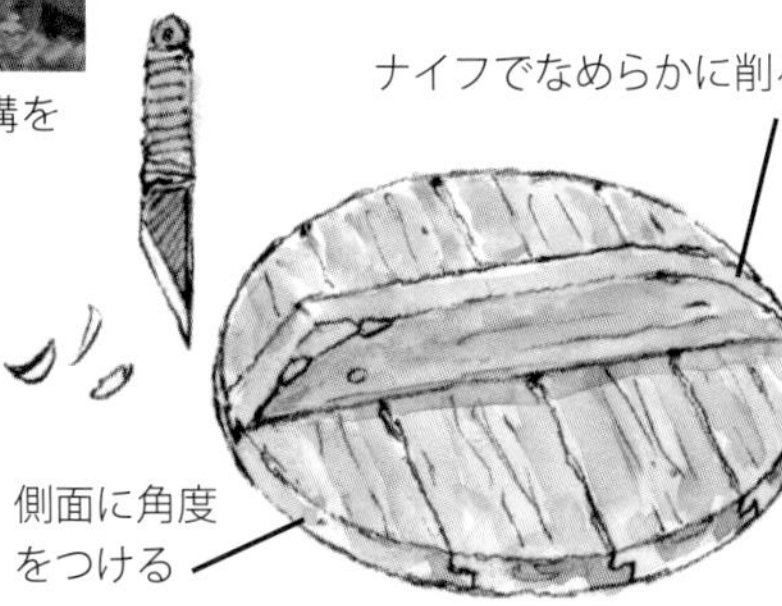
ナイフでなめらかに削る
側面に角度をつける

◀取っ手の角を切り落とす

完成！

回し挽きノコで裏から円形に切る

鍋の形状にマッチすれば立派な彫刻作品♬

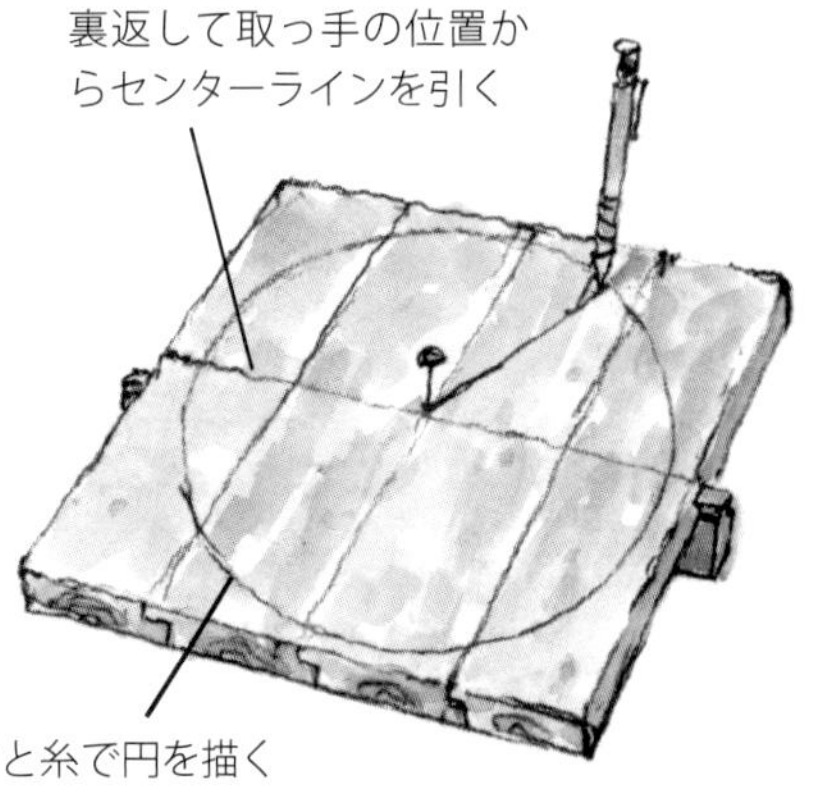
裏返して取っ手の位置からセンターラインを引く
ピンと糸で円を描く

真円を描き、回し挽きノコで丸く切る。そして取っ手の両側の山を切って、全体の角を切り出しなどでなめらかに削って、完成だ。

塗装やオイルフィニッシュは必要ない。バーナーで焼いて磨いて「焼き杉」加工なんてこともしないほうがよい。使い込むうちに、囲炉裏の燻しで茶褐色に染まっていき、やがて黒光りしてくる。自然乾燥の木は使い込むほどに内部から木の油がにじみ出てくるので、塗装は不要なのだ。そして、この効果を期待するときはサンダーをかけないことだ。ヤスリがけの表面は一見滑らかだが実は微細に毛羽立った凹凸がある。だから塗装をしないと水きれが悪くカビやすい。

板はカンナをかけて平滑にするより、はつりの凹凸を残しておいたほうが深い味わいが出る。

蟻桟と相じゃくりと組み合わせるとクギやビスがまったく不要でがっちり組めることに驚かされるだろう。また湯気で木が膨らむと木組みがますます締まる。このような木の動きにはビスや接着剤で固定しないことがむしろ重要なのである。

◀薪を割りながら木工素材の目で観察しよう

6. 丸太と薪材で作るスプーンから臼まで

山里暮らしは丸太や枝が簡単に手に入る。薪火の暮らしをしているとなおさらだが、なかには薪として使うにはもったいない材に出会う。さまざまな小物、生木から作るテクニック、小はスプーンから大はケヤキ材の臼まで、その作り方を紹介。

ジ〜

割り面のスジを残した円空彫

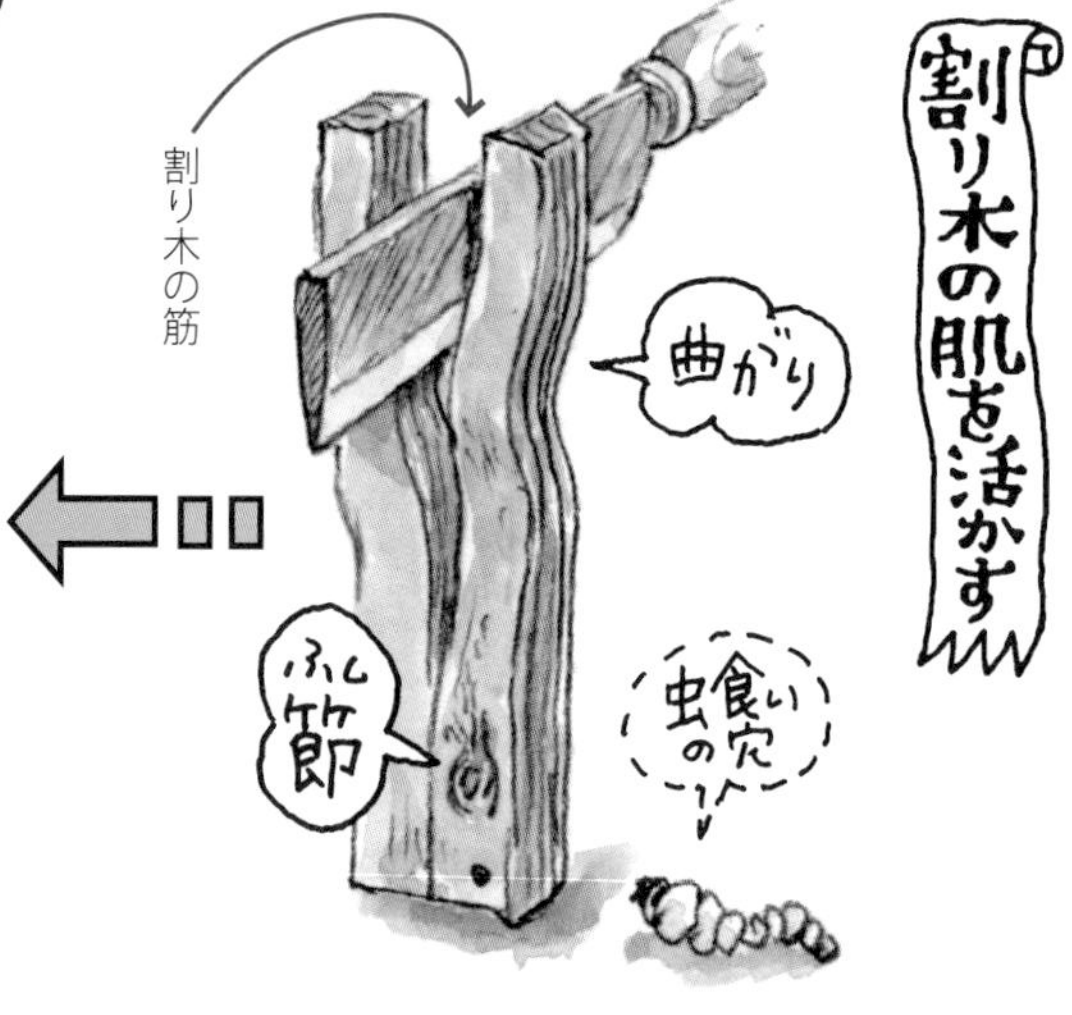
割り木の肌を活かす
割り木の筋
曲がり
ふム
節
虫食い穴の?

割りやすいスギで作る

田舎や山で暮らしていてもっとも手に入りやすい材はスギだろう。薪材としては火持ちが悪く、薪ストーブには敬遠されるが、カマドの煮炊きで使うには重宝する。スギはナタを使えば竹のごとく割れる。細かい薪の束をいじっているとスギのトゲに手を刺してしまうほど。

ところが細かく割った薪を足で踏んで折ろうとすると、これがなかなか折れない。割ったものは繊維を切断していないので、より反力が強いのだ。しかし、全体には軟らかなので刃物による加工がしやすい。直感的に扱えるので小物作りや古民家のちょこちょこした改装には実に便利な素材である。

割ったスギの肌にはビロードのような光沢が現れる。サンドペーパーをかけると消えてしまうこの光沢は、手ガンナやナイフで造形すれば活かされる。スギ薪を割ったときに、美しい赤身が現れたり、あるいは節のアクセントや曲がりが出たら燃やすのはもったいない。そのまま皿食器にしたり、箸やバターナイフ、ペーパーナイフに削って楽しもう。

彫刻刀でスギ材からサラダ用のナイフとフォークを彫る。持ち手の飾り彫りはアドリブで

ナイフの削り跡を味わいとして残す。仕上げに食用油を塗っておく

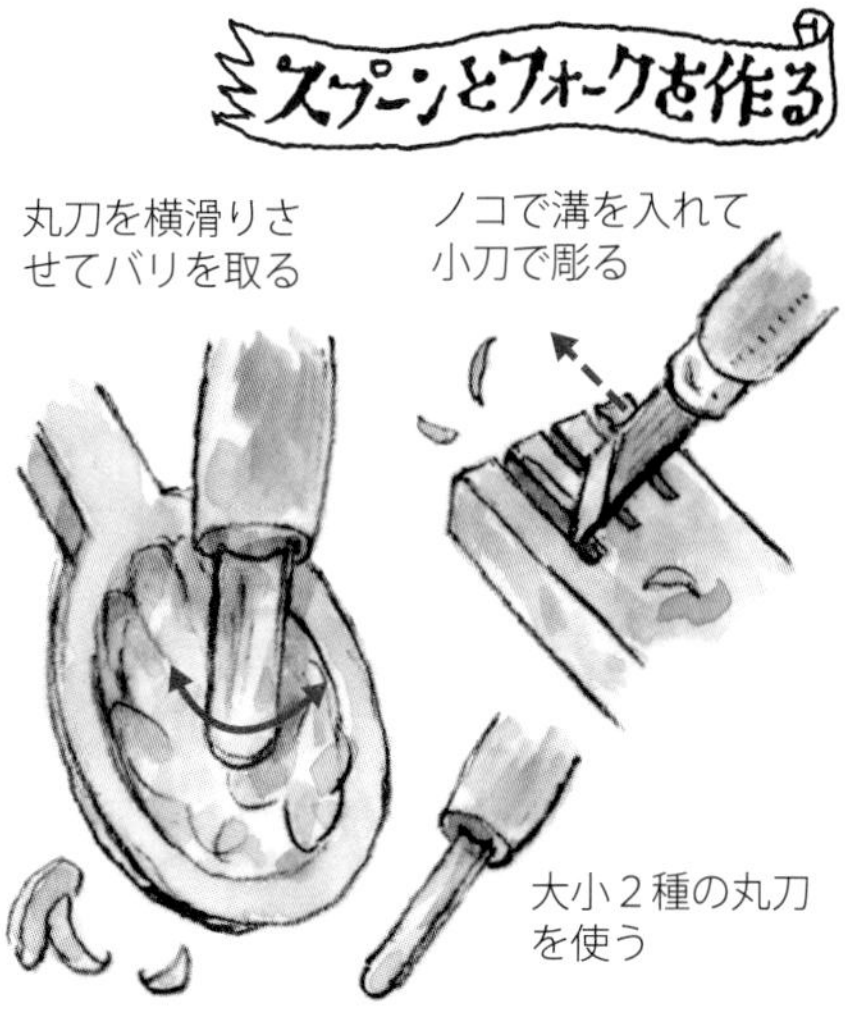

スプーンとフォークを作る
丸刀を横滑りさせてバリを取る
ノコで溝を入れて小刀で彫る
大小２種の丸刀を使う

横ズチ
叩いて豆の殻をはずす道具。ハンドルは削り出しの一体型が強い

大豆はこれにかぎる

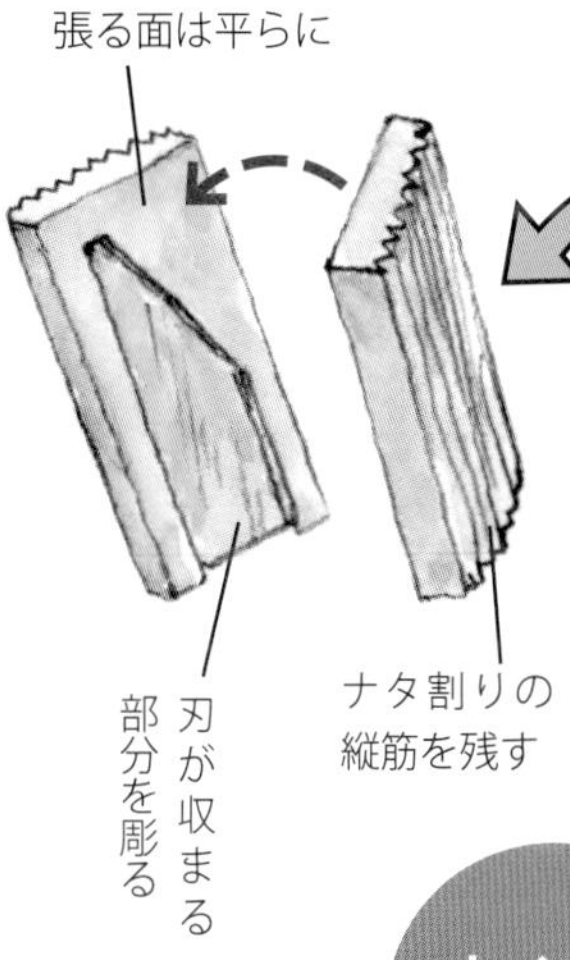

張る面は平らに
刃が収まる部分を彫る
ナタ割りの縦筋を残す

ナイフの鞘（さや）

縦筋を造形に

薪を割ると繊維の縦筋が出るが、スギの場合はとくに顕著だ。これは木目の冬と夏の部分の堅さの差が大きいからで、それゆえスギは平滑に仕上げた板でも長く使い込むと木目が立体化してくる（この特徴をわざと露《あらわ》にする手法に「うづくり」や「焼き杉」がある）。

円空が作る仏像は、このナタ割り面を活かして造形したものが多い。また、古い農具などには年月を経て木目が立体化したものが見られ、それが工芸的な美しさを醸し出す。

DIYを始めるとき、まずはカンナがけで全体に平滑面を出すことを心がけるけれど、むしろこの割りの縦筋や曲がりや節など凹凸のフォルムを活かしてしまうのも面白い。

ものを美味しくするスギ

割ったスギの厚板はそのまま板皿として食器に使ってもいい。焼きたてのパンやピザなどをスギのプレートに載せておけば、蒸気を吸ってくれるのでいつまでもパリパリ感が保たれる。プレートが汚

▶スギのバターナイフ2種

きりたんぽの平串を割りスギで

テーブルも台座も薪もスギ。せっかく山里なのだから、暮らしをスギ材で作る

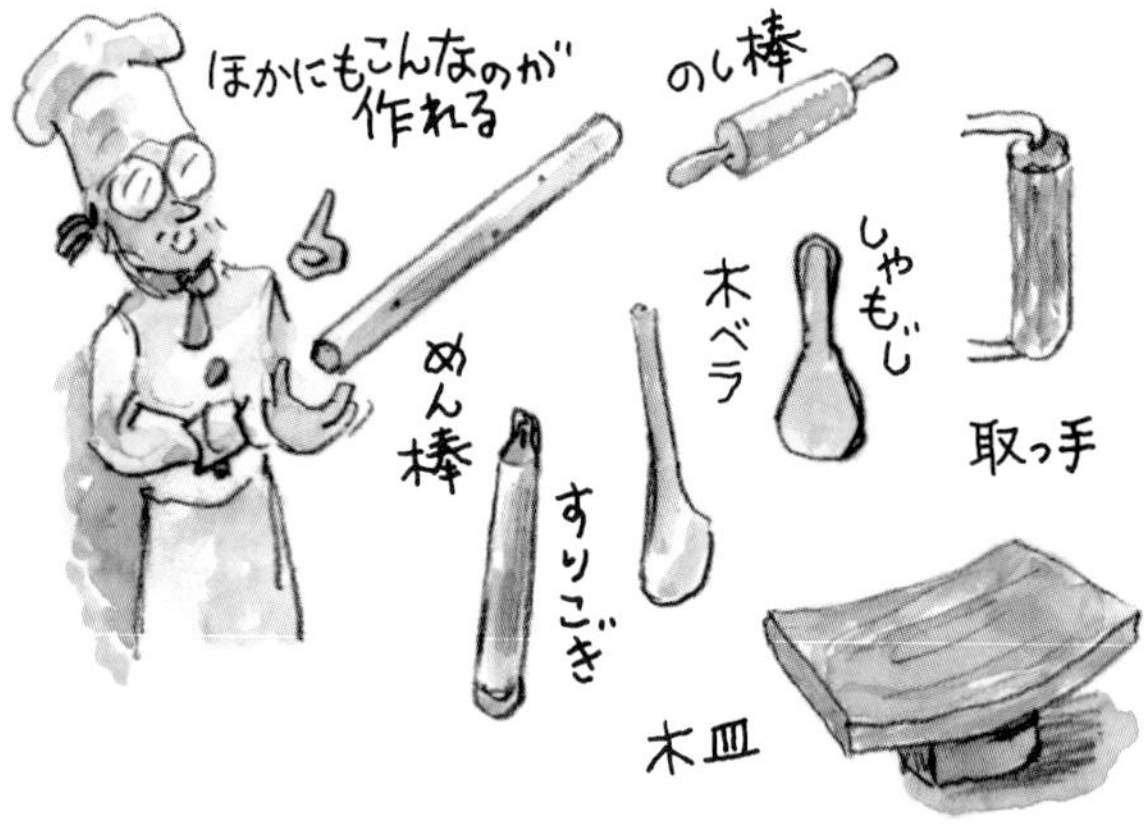
ほかにもこんなのが作れる
のし棒
しゃもじ
木ベラ
めん棒
すりこぎ
取っ手
木皿

焼き杉のコースター。作り方：スギ板を火であぶって焦し、ブラシでこすった後、よくしぼった布巾で拭き上げる

◀スギの箸。丸くするには豆ガンナが便利

れたら表面をナタで削って白木の面を新しくしてやるとよい。

　余談だが、スギは昔から樽や桶、菓子箱、経木などに使われ食品との関わりが深い。殺菌作用ばかりでなくその香りがものを美味しくし、味噌・酒・醤油・漬け物など発酵を促す性質を持っている。

　使い続けて板皿が薄くなったら、2枚の板で生肉や魚の切り身を挟んで冷蔵庫へ入れておくと、食品用脱水シートを使ったように余分な水分や臭みが取れ、食材が美味しくなる。もちろん、最後は薪にして燃やしてしまえばいい。

「生木木工」で器を彫る

　さて、単なる板皿やナイフ工作だけでは芸がないので、深く彫り込んでボールや木皿を作ってみたくなるだろう。

　それには木工ロクロが最適な手法なのだが、道具も技術も特殊な職人芸が必要なので、ここでは手彫りの可能性を紹介する。

　小さなスプーンやぐいのみは彫刻刀の丸刀で、やや大きな皿などは丸ノミと木ヅチで彫る。大小2種類の丸刀を使い分けるといい。外側は小刀や平ノミで形を出して

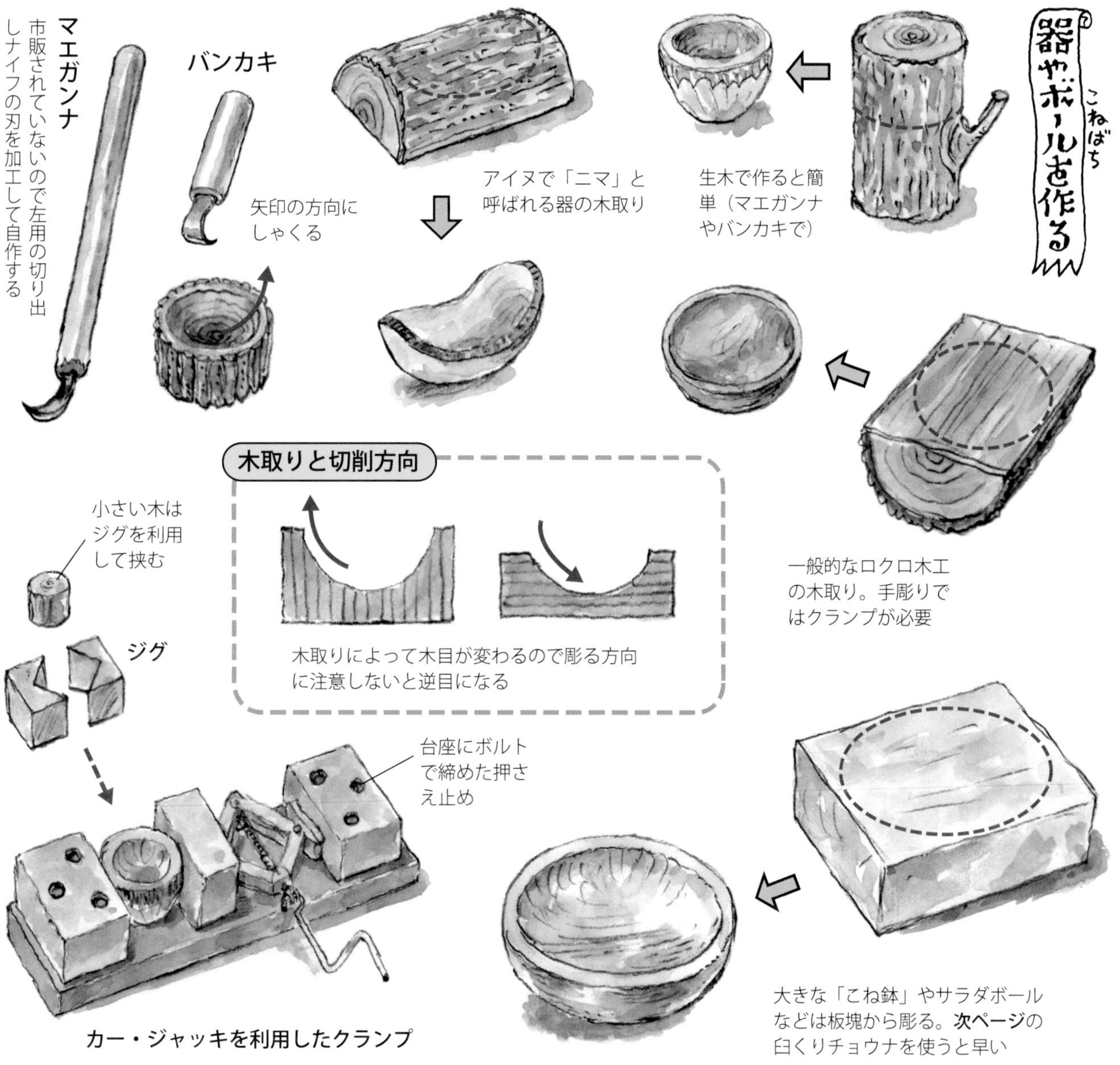
器やボール《こねばち》を作る
マエガンナ
市販されていないので左用の切り出しナイフの刃を加工して自作する
バンカキ
矢印の方向にしゃくる
アイヌで「ニマ」と呼ばれる器の木取り
生木で作ると簡単（マエガンナやバンカキで）
木取りと切削方向
木取りによって木目が変わるので彫る方向に注意しないと逆目になる
一般的なロクロ木工の木取り。手彫りではクランプが必要
小さい木はジグを利用して挟む
ジグ
台座にボルトで締めた押さえ止め
カー・ジャッキを利用したクランプ
大きな「こね鉢」やサラダボールなどは板塊から彫る。次ページの臼くりチョウナを使うと早い

いき、内側と外側の曲線を見ながら均一な厚みを出していく。

手彫りはかなりの労力を必要とするが、これを軽減させるアイデアがある。それは生木を使う方法だ。乾燥前の、伐ったばかりの木を使うと驚くほどサクサク彫れる。ただし彫り終えたあと、乾燥の過程で多少のゆがみが生じる。

サイズが大きくなると材を固定するクランプが重要だ。またマエガンナやバンカキという道具があると仕事が早くなる。

臼を彫る

里の古民家で暮らし始めたとき、近所に薪ストーブをやるお爺さんがいて、田んぼをつぶした土場に伐った木をさばいて積んでいた。ところが二又とか根っこのところ、あるいは細い枝の部分など、オノで割りにくいものは土場で燃やしていたのだ。囲炉裏をやるという私の噂を聞きつけ、「もらってくれりゃこちらも助かる」というわけで薪を得ることができた。

そのお爺さんから臼用にとっておいたというケヤキを譲り受けた。臼を彫るには「臼くりチョウナ」という特殊な刃物がどうしても必

バンカキ購入先（店での名称は「木けずり」）／広瀬重光刃物店 www.kajiyasan.com

田舎では丸太の大物が眠っていたりする 手彫りで臼作り

▶オノでブロックを割るように彫っていく

▶臼くりチョウナで粗彫りしていく。水で濡らすと彫りやすい

▲最後は四方反りカンナで仕上げる

くりこぎで穴をあけ、それをガイドにチェンソーで溝を彫る

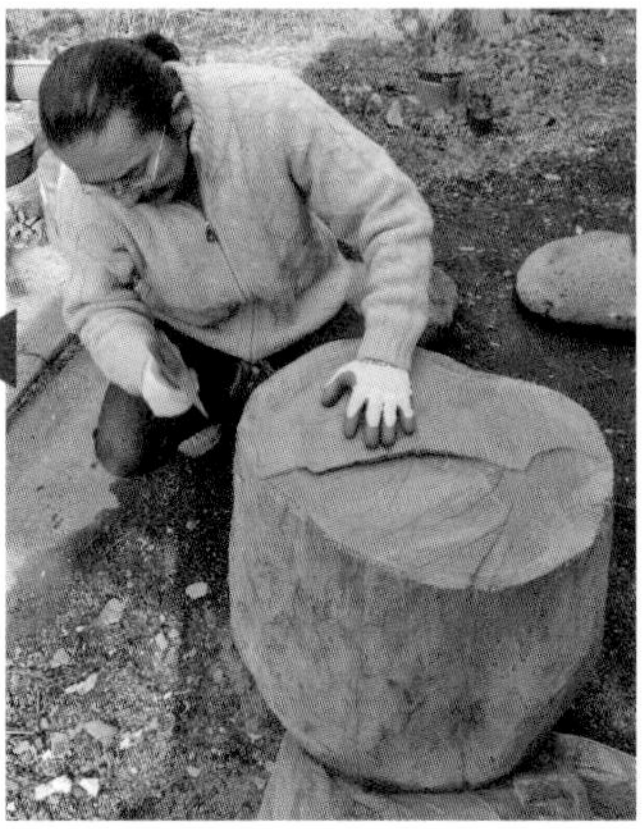

側面の白太の傷んだ部分を削る（虫食い穴があるので使えない）

チェンソーで格子状に溝を彫る。キックバックに十分注意

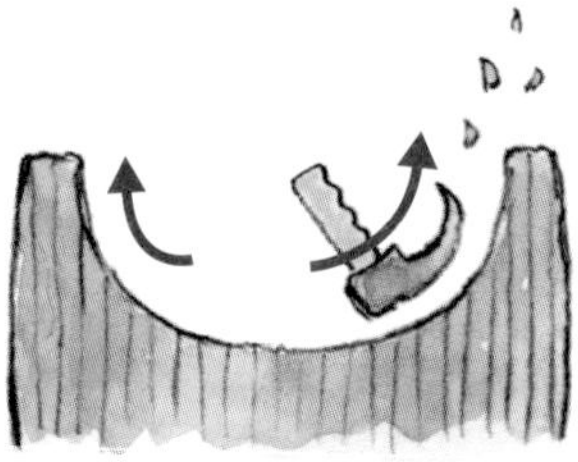

臼くりチョウナは横回し、もしくは下から上にしゃくるように使う

臼作りの必携道具

臼くりチョウナ
（重量 850g）

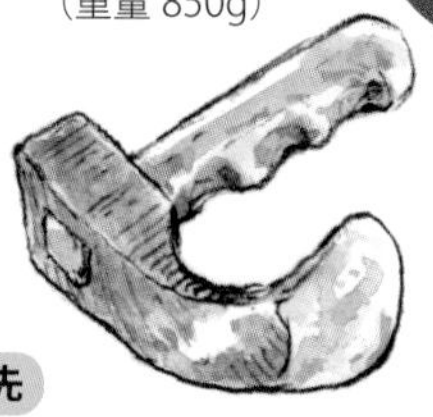

入手先

福井県大野市中挟 3-1304「安養寺屋」
http://www3.ocn.ne.jp/~hamono2/

四方反りカンナ

2方向が曲面になったカンナ。1台あると便利

要になる。骨董市や古道具屋で探してみたが、値段も高くしっくりいくものがない。結局インターネットで福井の鍛冶屋から新品を購入した（1万6000円だった）。

　ケヤキ材は繊維が斜めに交錯し生でも割れにくい材だ。まして乾燥したケヤキの木口は石のように硬く、チェンソーさえ弾き飛ばす。最初にくりこぎで穴の列をあけて、それをガイドにチェンソー（刃を硬材用に鈍角に研ぎ直しておくとよい）で溝を切っていく。

　編み目状に溝を入れたらオノでブロックを欠いていき、再びチェンソーで粗彫りをし（キックバックしやすいので十分注意しなければならない）、ここから臼くりチョウナの出番となる。

　下からしゃくり上げるようにチョウナで削っていくと、逆目にならず、削り面も非常に滑らかだ。最後は四方反りカンナで仕上げる。チョウナを使い始めてからは、思いのほか早く仕上がり、道具というものの偉大さを思い知った。

　その年の暮れは友人たちと盛大に餅つきをし、お爺さんに餅を届けると喜んでくれたのは言うまでもない。

古代の**臼作り**に学ぶ

くびれ臼

登呂遺跡など弥生時代の遺跡に展示されている木臼は中央がくびれた形をしている。当時は餅をつくのではなく、主に穀物の脱穀に使われていたのであった。写真は北海道アイヌのもので、アワやヒエなどの脱穀に明治期ごろまで使われていたものだ。合わせる杵は「縦杵《たてぎね》」と呼ばれる柄がない棒状のもの（ウサギが月で使っているやつだ）。臼の胴をくびれさすのはついた粉を傾けて取ったり、臼の移動に便利なように、軽くするためだ。縦杵はそれほどつく力は強くないし、餅つきのときのように練ったりする動作がないので、これでも安定するのだ。

アイヌにはひとり暮らしの老人が自家用に少量の穀物をつくための小さな臼と杵もあるが（**下図**）、これなどは東南アジアでニンニクやスパイスをすりつぶすのに使う石のすり鉢を連想させる。ケヤキが分布しない北国の臼はカツラ材が多い。

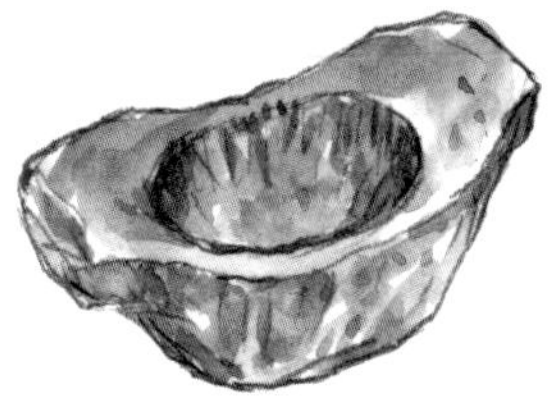

アイヌの小臼「**サマッキニス**」

古代のチョウナ

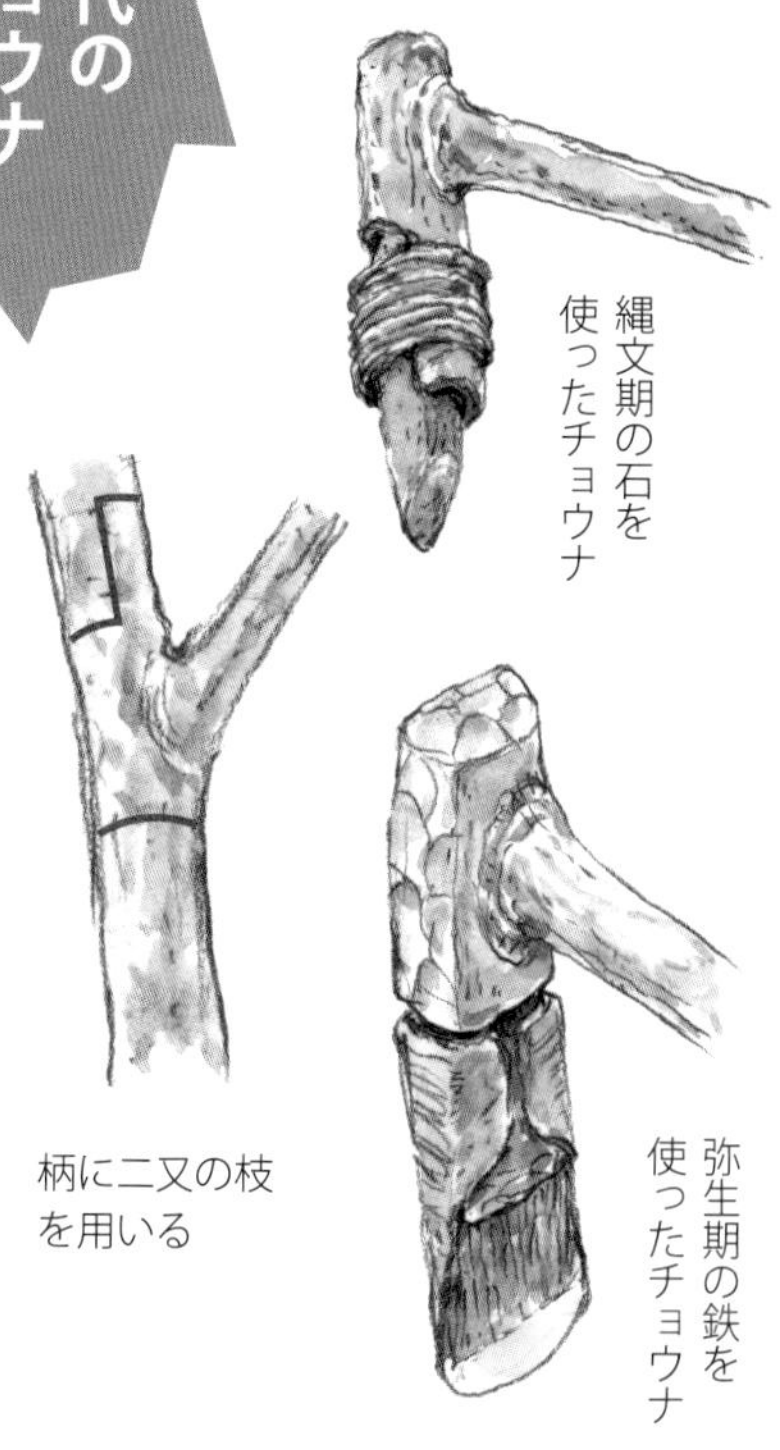
縄文期の石を使ったチョウナ
柄に二又の枝を用いる
弥生期の鉄を使ったチョウナ

臼の焼き彫り

直径30cmくらいのケヤキ丸太があれば焼き彫りで小臼を作ってみよう

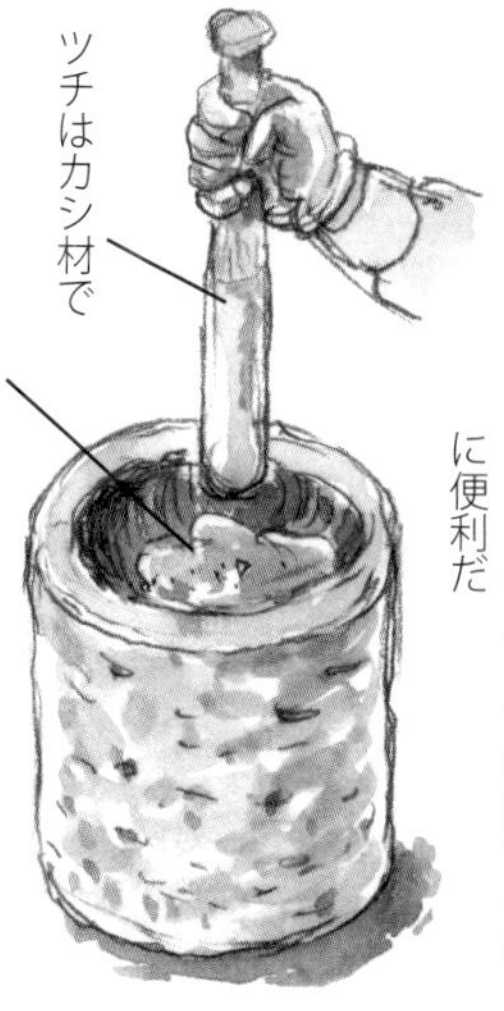
ツチはカシ材で
土などをつぶすのに使う

用途は本書「PART4」のピザ窯作りで山から粘土を採取してきたとき、中の小石などをつぶして精製するのに便利だ

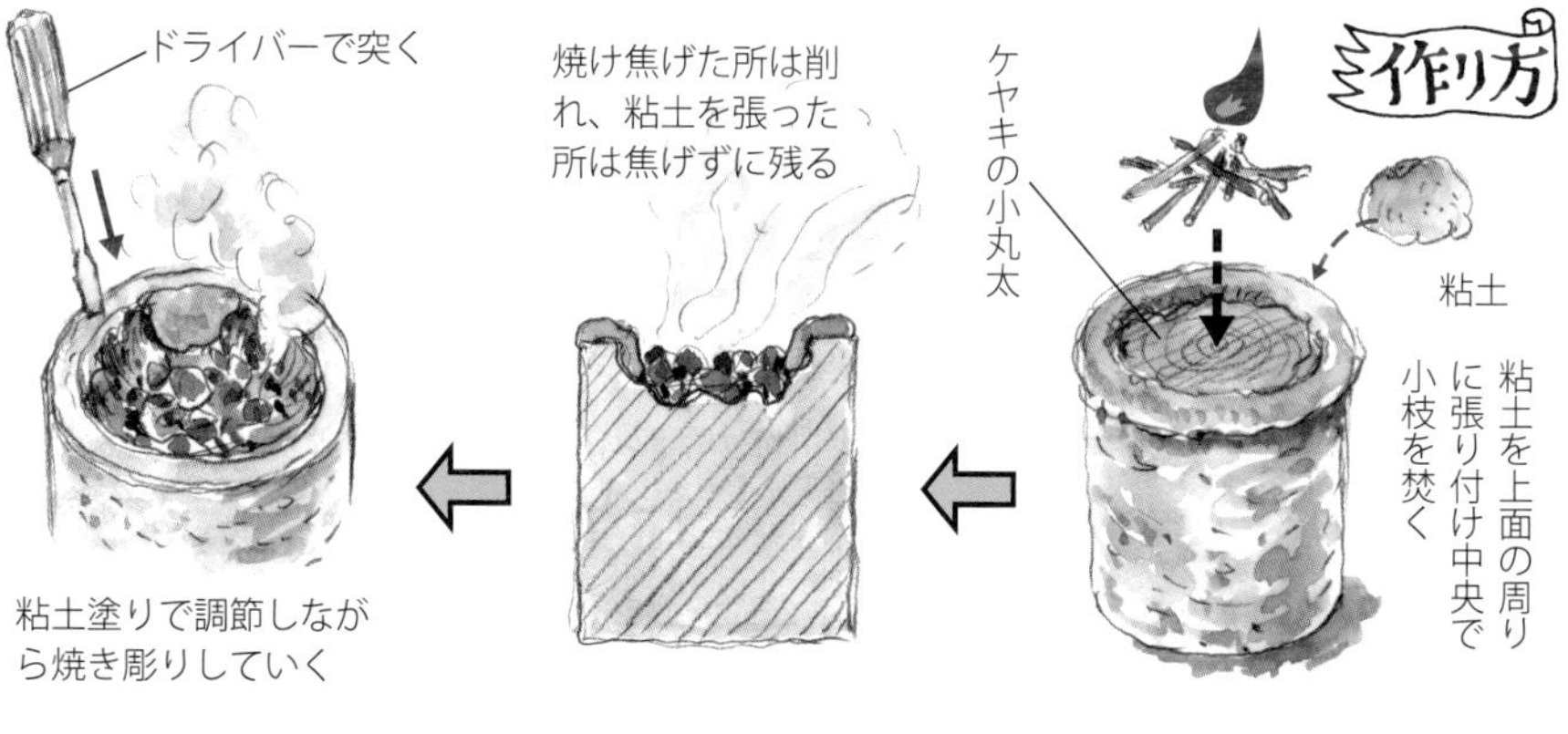
作り方
ケヤキの小丸太
粘土
粘土を上面の周りに張り付け中央で小枝を焚く
焼け焦げた所は削れ、粘土を張った所は焦げずに残る
ドライバーで突く
粘土塗りで調節しながら焼き彫りしていく

7. 掘っ立て柱で看板や小屋を建てる

縄文の昔からある「掘っ立て」の手法は驚くほど簡単で、丸太さえあれば最小限の道具と手間で小屋ができてしまう。２本の柱を立てれば看板ができ、４本柱で作る小屋は軽トラの車庫にもよし、あずま屋にして露天風呂や石窯にかけてもいい。

▶補強と反り止めに半割りの小丸太を

▼看板裏のサイン

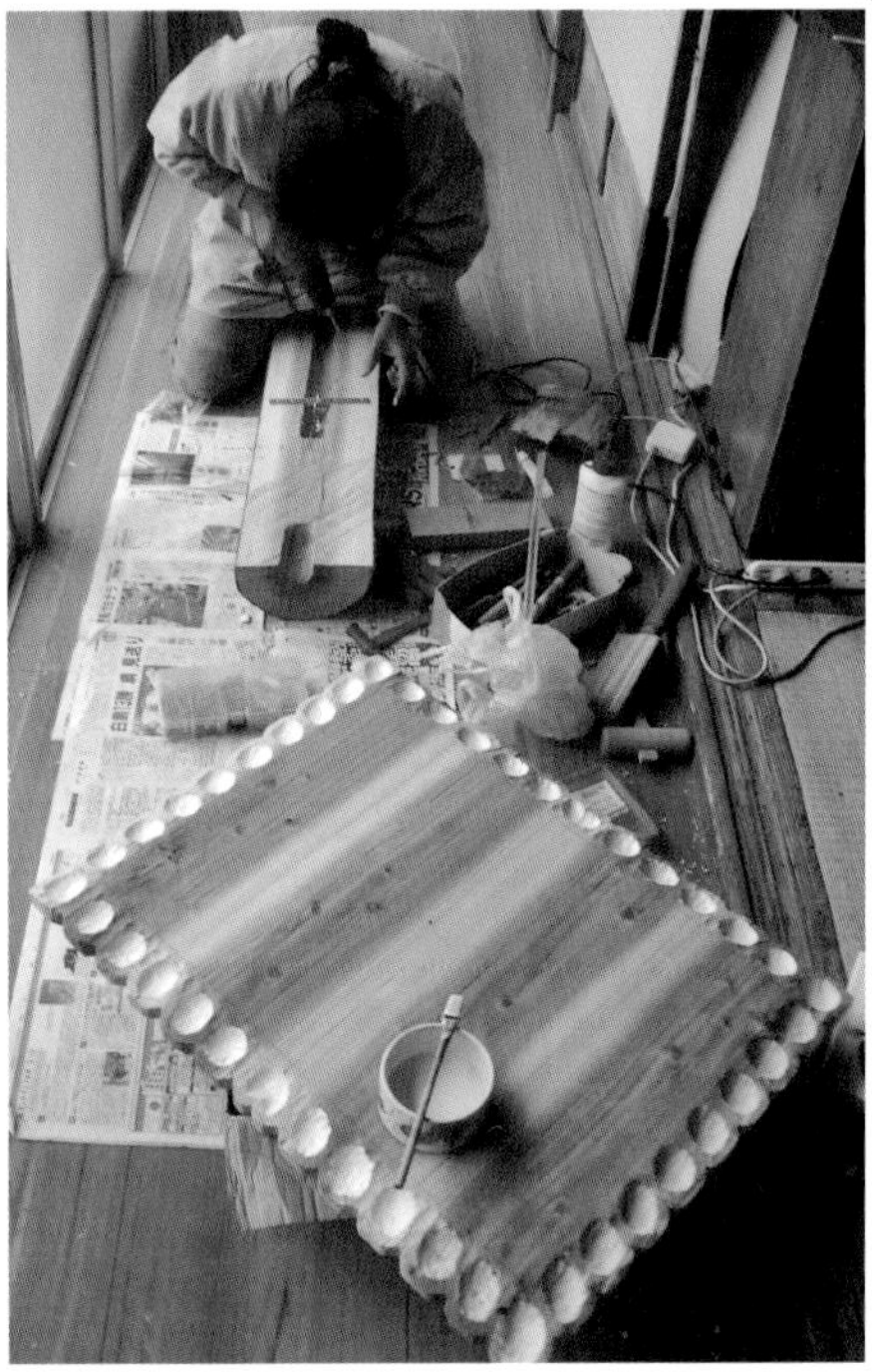
▶屋根部に金具を取り付け中

額縁はタマゴのイメージ

設計図
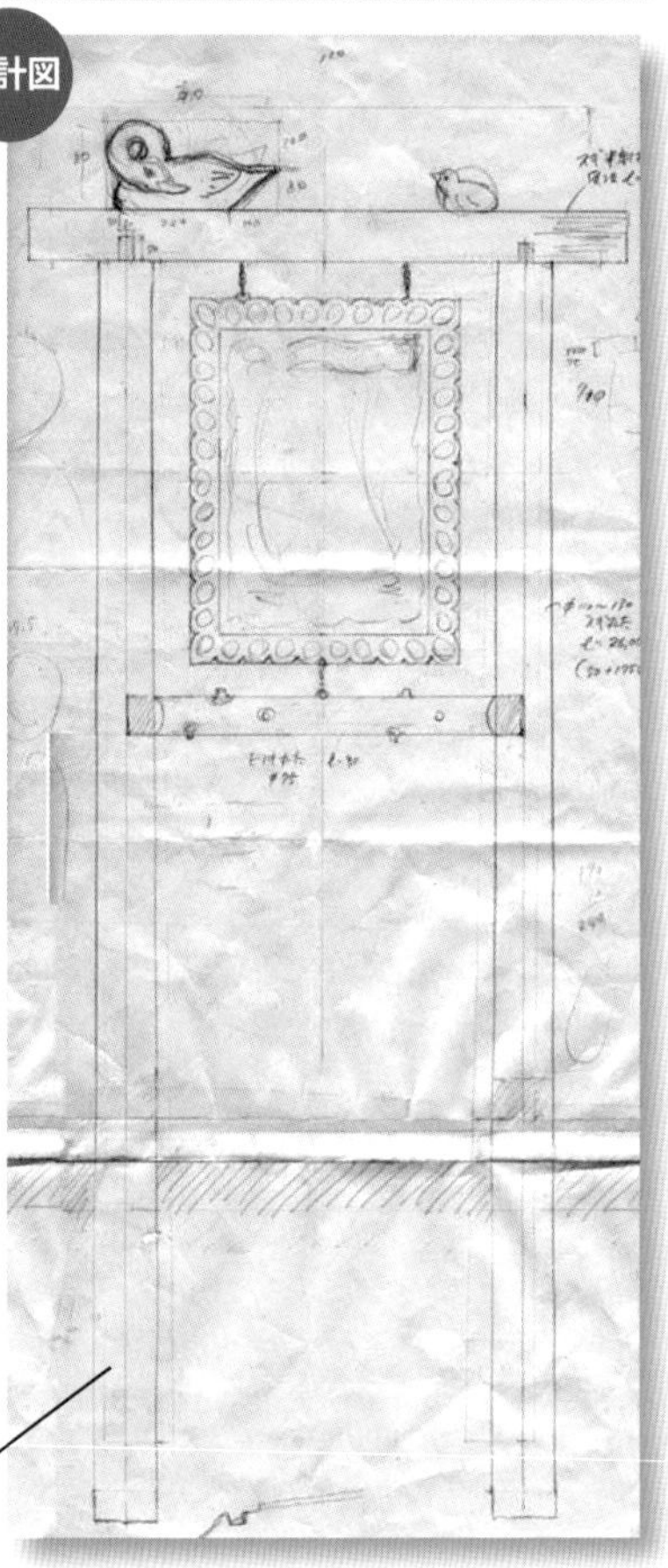

田の畦に設置するので
柱の埋め深は60cm

丸太は頑丈なのだ

丸太を製材せずそのまま使うと構造的にかなり強い。これは繊維を切断していないからだ。丸太同士を木組みで接続するのはかなり難しいけれど、山里には昔から「掘っ立て」という簡素な小屋づくりがあった。これはY字の枝分かれ部などを利用し、その上に梁を載せ、縄で垂木を縛ってしまうのだ。丸太は縄になじみ、よく締まる。

古くは縄文時代の竪穴式住居がそうであり、昭和30年代ごろまで各地で行なわれていた炭焼き師たちがこの手法で現地素材（縄はつる植物などを利用していた）で小屋掛けをしていた。現代でも山間部の納屋などにこの建て方を見ることができる（今は縄の代わりに番線を用いる）。

掘っ立て柱は土中に埋めて固定するので基礎との接続を考える必要がない。そして柱が自立しているので思ったより頑丈だ。

柱の選び方・立て方

掘っ立て建築の欠点は、埋めた柱の耐久性だが、埋める部分を焼

◀完成して屋根に載ったハクチョウ親子

◀4枚の角材を寄せ木（ボンド接着）してハクチョウを彫り、エナメル塗料で彩色（目は後付け）

◀4枚の割り板から額を作る

◀小丸太を半割りにする

写真左上：柱表面を焼いて炭化させる（腐食防止）。見栄えを考えアルミホイルできわをマスキング

写真左：屋根のほぞ穴を彫る。割れないように木目と直角方向をゆるく、木目の方向をきつく彫る。芯を内刳（うちぐり）しておく

完成！

▶設置半年後、育つ稲をバックに

いて炭化しておくとスギ・ヒノキでもかなり長持ちする（10～30年くらい※）。山村ではクリ材を使った掘っ立て小屋を見るが、水はけのいい場所ならクリだと50年以上保つという。ちなみに掘っ立て柱の場合はそれほど乾燥にこだわる必要はない。

　埋める深さは軟らかい土なら60㎝、硬い土なら40㎝くらい。穴の底に小石を入れて突き固め、柱を入れて埋め戻す。そのとき小石を入れながら段階的に突き固め、完全に柱が固定する前に、下げ振りで柱の垂直を確かめる。

※掘っ立て柱の耐用年数は素材によって大きく異なる。精油の抜けた「人工乾燥材」は当然のことながら朽ちるのが非常に早い。そうでない材でも伐り旬を守ることが重要で、幹にでんぷん質の多い春～夏に伐った木は虫食いを呼ぶ。伐り旬について詳しくは12ページ参照。

掘っ立て看板を間伐材で

　上の写真は水鳥飛来地で有名な湖に近い田んぼに設置した掘っ立て看板である。「冬水田んぼ」の説明看板なので、渡り鳥の象徴としてハクチョウの親子を彫刻し、皮つきの半割り丸太を用いた屋根に取り付けた。中のイラストはパ

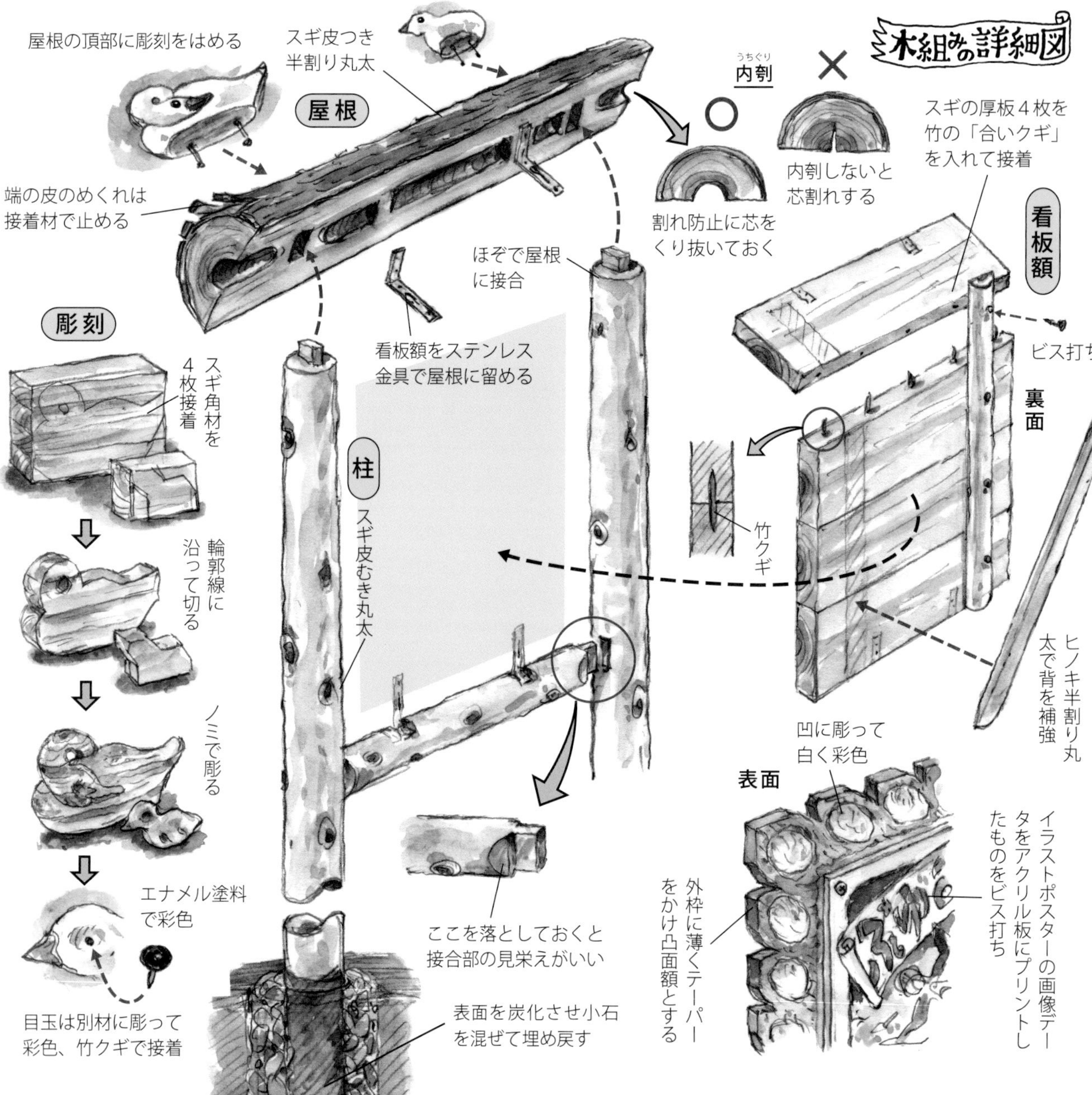

木組みの詳細図
屋根の頂部に彫刻をはめる
スギ皮つき半割り丸太
屋根
端の皮のめくれは接着材で止める
内刳《うちぐり》
○
×
割れ防止に芯をくり抜いておく
内刳しないと芯割れする
スギの厚板4枚を竹の「合いクギ」を入れて接着
看板額
ほぞで屋根に接合
看板額をステンレス金具で屋根に留める
ビス打ち
裏面
竹クギ
ヒノキ半割り丸太で背を補強
柱
スギ皮むき丸太
彫刻
スギ角材を4枚接着
輪郭線に沿って切る
ノミで彫る
エナメル塗料で彩色
目玉は別材に彫って彩色、竹クギで接着
凹に彫って白く彩色
表面
イラストポスターの画像データをアクリル板にプリントしたものをビス打ち
外枠に薄くテーパーをかけ凸面額とする
ここを落としておくと接合部の見栄えがいい
表面を炭化させ小石を混ぜて埋め戻す

ソコンの画像データを樹脂板に出力したものを、無垢のスギ板にビス打ちしている。

このような2本脚の看板の場合は、あらかじめ構造物を先に組んでおき、ふたつ穴を掘ってそこに差して固定すればいいわけだ。穴底のレベルを水平に合わせておけば、あとは垂直だけを確認しながら埋め戻して柱を固定すればいい。

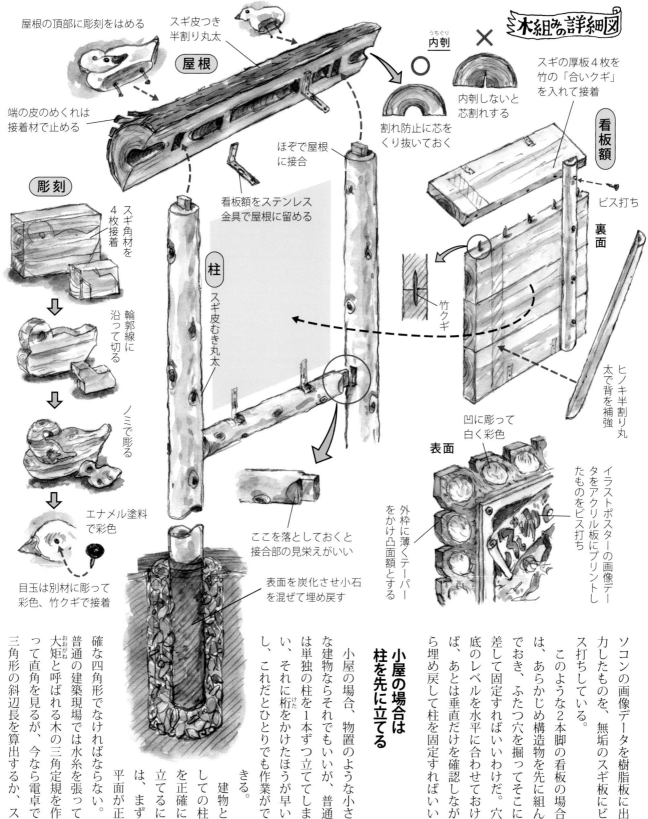

小屋の場合は柱を先に立てる

小屋の場合、物置のような小さな建物ならそれでもいいが、普通は単独の柱を1本ずつ立ててしまい、それに桁《けた》をかけたほうが早いし、これだとひとりでも作業ができる。

建物としての柱を正確に立てるには、まず平面が正確な四角形でなければならない。普通の建築現場では水糸を張って大矩《おおがね》と呼ばれる木の三角定規を作って直角を見るが、今なら電卓で三角形の斜辺長を算出するか、ス

ピザ窯にあずま屋

石と粘土とレンガで作ったピザ窯（**詳細は88ページ**）に掘っ立ての屋根をかけた。もっともシンプルな４本柱の片流れ屋根。柱は直径110～140mm、桁は100～140mmのスギ丸太を、垂木は廃材の角材を用いた

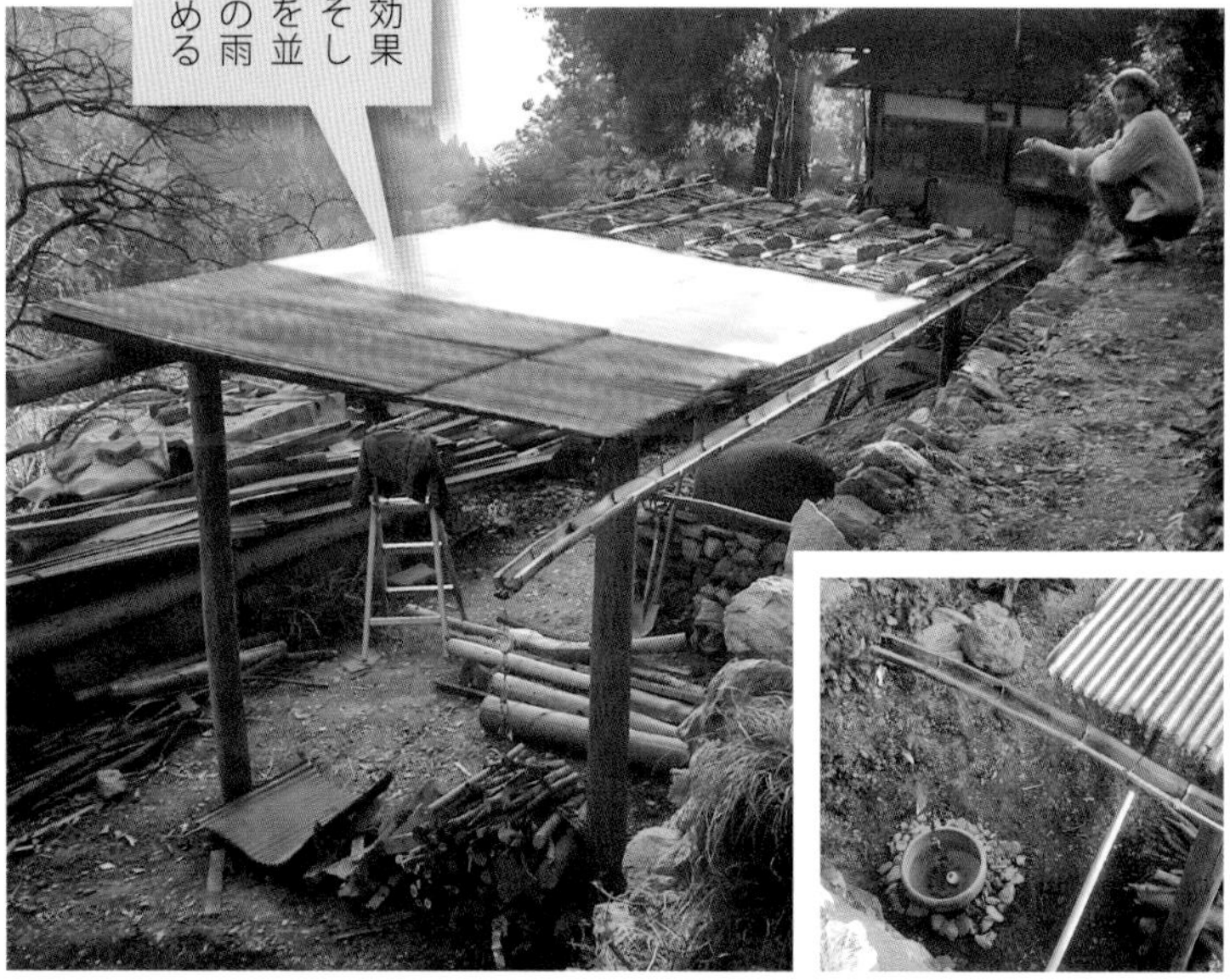

屋根はスギ皮と透過効果のあるポリカ波板、そして廃材のトタン波板を並列（３色屋根だ）。竹の雨どいでピンに雨水を溜める

スギ皮の屋根

廃材の野地板でベースを作る

廃材の紙パックで覆う

スギ皮を重ねて敷き割り竹を置く

竹を石で押さえる

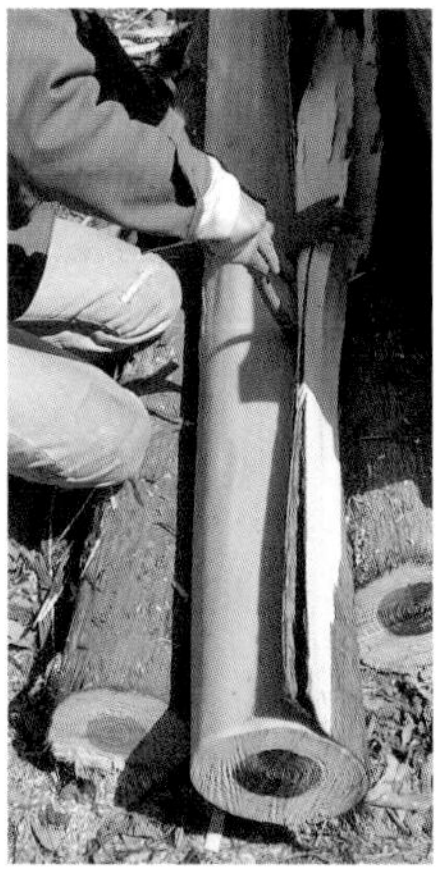

◀皮むきには木ベラやスクレイパーを使うといい

保存しておいたスギ皮は水に浸けると軟らかく戻る

柱の立て方

先端は桁が載りやすいイスカ切り（**次ページ**）
小石と土を入れながら突き固める

マートフォンならカシオの計算サイトで「ピタゴラスの定理」のフォーム（※）に入力すればよい。

柱のポイントが決まったらつぎに同じ深さの穴を掘る。埋める深さに印をつけた棒を穴に差し込んで測ってもいいが、正確を期すならやはり水糸を張って水平を取り、柱の同じ位置につけた印を糸に合わせるとよい。

桁を載せ、垂木をかける

先端をV字に切った4本の柱を埋めて桁を載せ、カスガイで留める。そこに垂木をかければもう骨組みは完成だ。垂木は伐採した間伐材の先端部を使い（**34ページ参照**）、桁に載せて番線で留めるといいだろう。

垂木の上に野地板をクギ打ちして、屋根材に波板をかける。波板は水切り水流れが良いので、屋根勾配をきつくする必要はない。むしろぎりぎりまでゆるくしたほうが、屋根上での作業が安全でラクだ。

屋根材にスギ皮を

波板はチープで嫌だと思うなら、スギ皮で葺くと趣が出る。スギ皮は、伐り旬の秋～冬に伐ったもの

※http://keisan.casio.jp/exec/user/1322628316

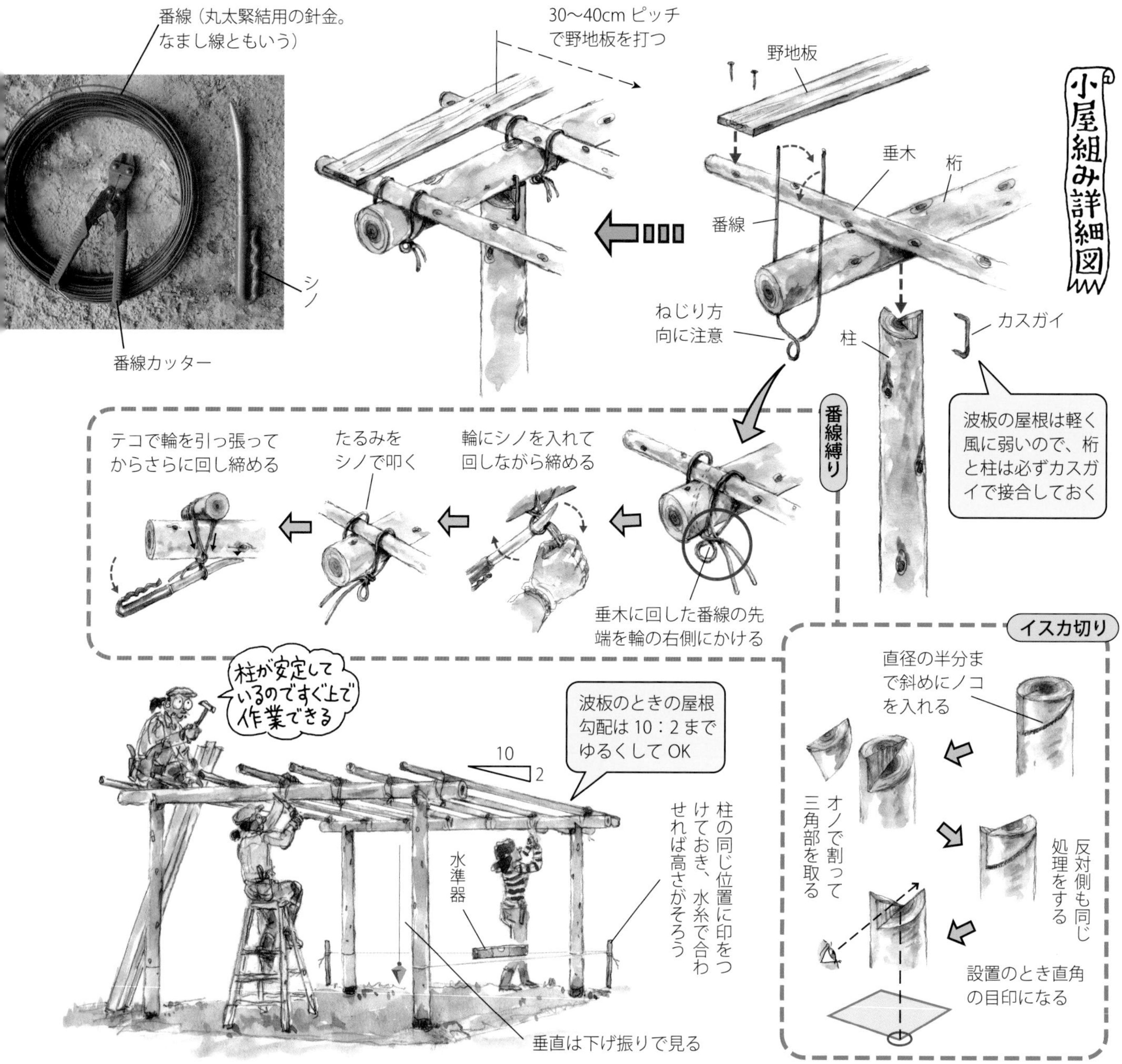
番線（丸太緊結用の針金。なまし線ともいう）
シノ
番線カッター
30〜40cm ピッチで野地板を打つ
小屋組み詳細図
野地板
垂木
桁
番線
ねじり方向に注意
柱
カスガイ
波板の屋根は軽く風に弱いので、桁と柱は必ずカスガイで接合しておく
番線縛り
テコで輪を引っ張ってからさらに回し締める
たるみをシノで叩く
輪にシノを入れて回しながら締める
垂木に回した番線の先端を輪の右側にかける
イスカ切り
直径の半分まで斜めにノコを入れる
オノで割って三角部を取る
反対側も同じ処理をする
設置のとき直角の目印になる
柱が安定しているのですぐ上で作業できる
波板のときの屋根勾配は 10：2 までゆるくして OK
10
2
柱の同じ位置に印をつけておき、水糸で合わせれば高さがそろう
水準器
垂直は下げ振りで見る

はなかなかうまくむけないが、春〜夏期なら面白いようにむけるので、薪用に大量に間伐したときなど皮を捨てずに保存しておくとよい。50㎝程度に裁断して束ねておき、使うときは水に浸けると平らに戻る。

目視で合わせていく

柱の高さをきちんとそろえても、そこに載せた桁丸太は元と末の直径が若干違うので、天端《てんば》は正確な水平にはならない。さらに垂木にも丸太を使うといっそうゴツゴツしてしまうが、そこはヨキで削ったり、木っ端《こっぱ》を挟んだりして調整し、目視で水平を見る。不ぞろいを承知でうまく収めていく。ここが規格角材のDIYと違うところで、面白さでもあるのだ。

野地板は屋根材に合わせて

波板は縦筋・雨流れ方向にはたわみにくく自立した素材なので、野地板はすき間をあけて打っていけばよい。スギ皮の場合はたわむので、野地板は密に打ち、さらに防水シートの下地材を敷いてからスギ皮を被せる。

野地板
波板屋根
桁
垂木

桁を避ける壁材の処理に注目

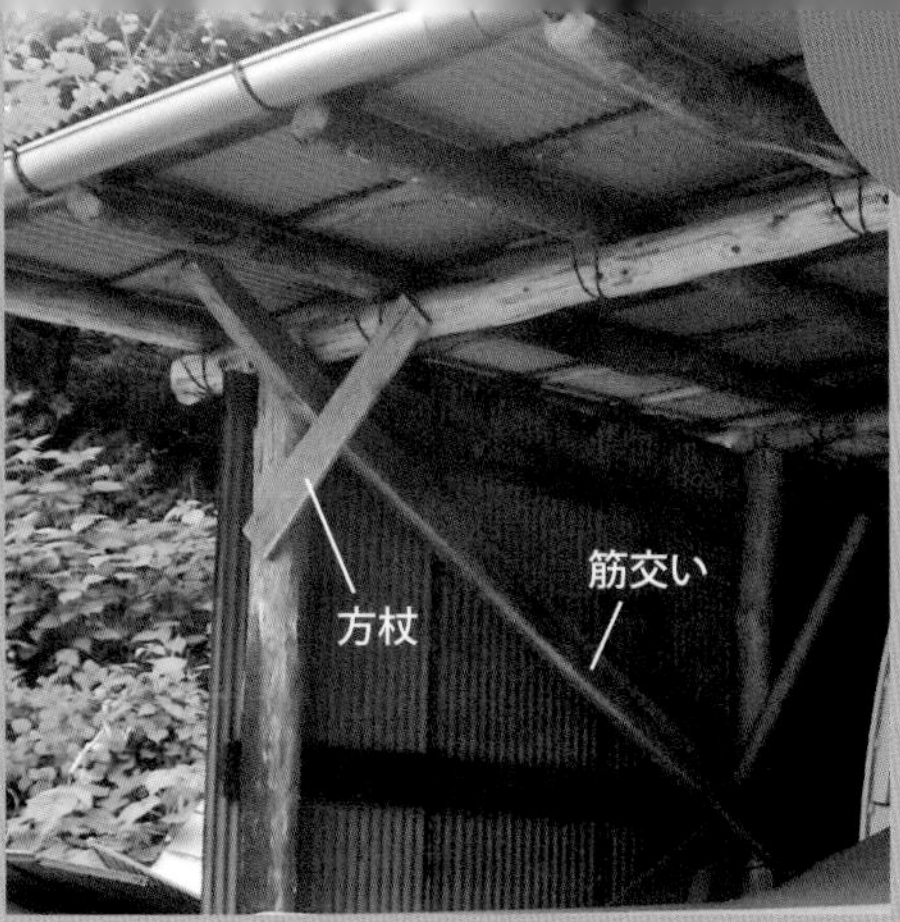
方杖
筋交い

垂木の木口に雨どい金物をつけ、方杖と筋交いで補強。壁も波板だがクギ打ちは最小限

母屋
梁
小屋束

柱にクリ材を用いた掘っ立て車庫（おそらく30年ほど経過している）。梁を後付けし、小屋束を立てて母屋を挿入している。壁はガラス戸建具

桁の上に梁を重ね、間柱がその梁を直接受ける。梁はボルト継ぎ（赤丸）。丸太を挟み込む方杖が資材置きの棚に

丸太の上部を削った束立て小屋のつくり。掘っ立てでここまでできる

柱の細部。クリ材の二又を利用して桁を載せ、両側からカスガイで補強

基本の片流れ屋根

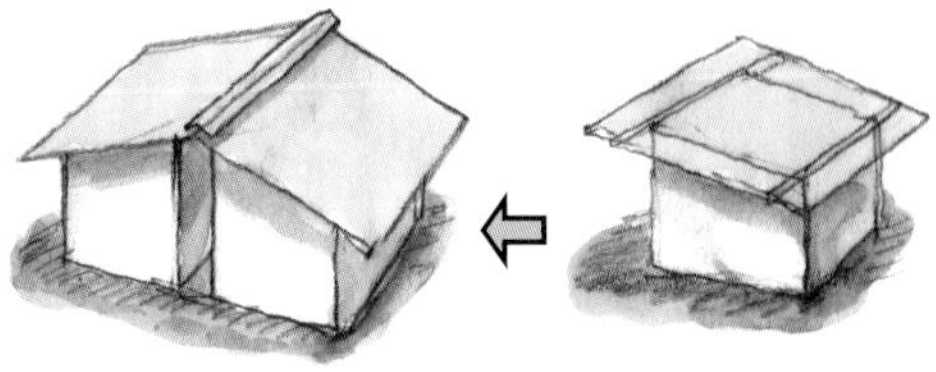

ふたつ合わせると切り妻屋根の小屋が作れる

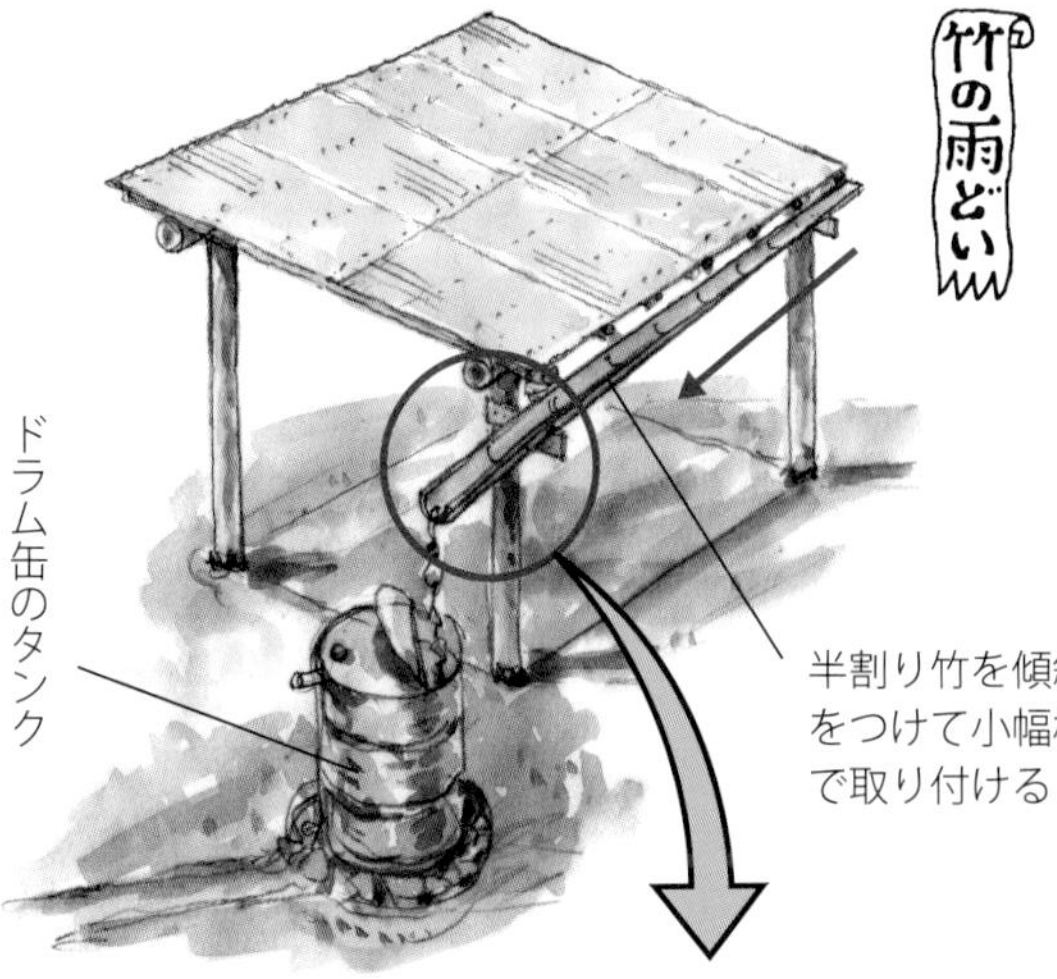
竹の雨どい
ドラム缶のタンク
半割り竹を傾斜をつけて小幅板で取り付ける

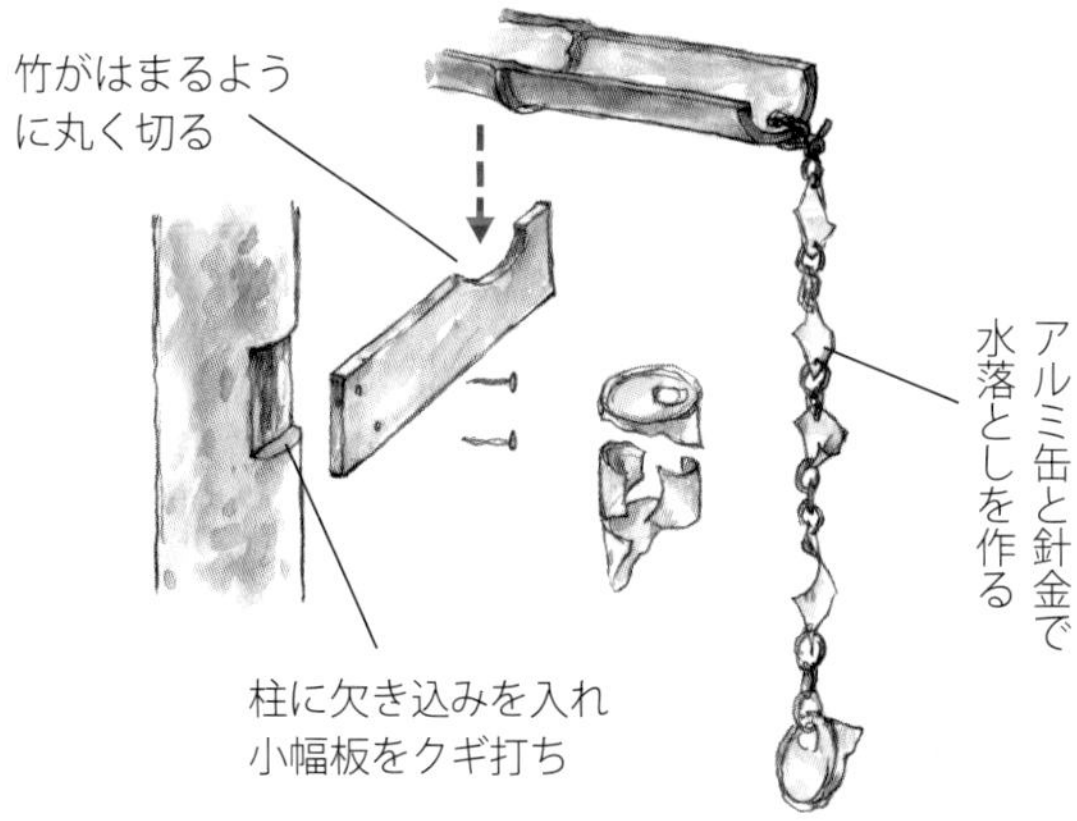
竹がはまるように丸く切る
アルミ缶と針金で水落としを作る
柱に欠き込みを入れ小幅板をクギ打ち

波板の打ち方

波板は専用のパッキンつきの傘クギで野地板に打っていく。重ね幅やクギ打ちの間隔など無駄がでないように、まずは設計時に既製品のサイズと屋根の大きさを勘案するとよい。

重ねの部分には必ずクギ止めが必要なので、その下には野地板がなければならない。クギ打ちは足場板などをわたして、その上で作業すると波板が傷まない。

間伐と年輪の関係

年輪のでき方をご存じだろうか？　樹木は幹と樹皮の間に「形成層」という部分があり、ここに太陽光からの光合成と、地中からの養分によって新しい細胞を作っていく。つまり外側に1枚1枚被さるように、木は太っていく。夏は成長が早く、冬は遅いから、縞々ができる――これが年輪である。

さて、この年輪幅だが、間伐しないと緑の葉が枯れて光合成量が少なくなり、地中の養分も激減するので、当然ながら成長が遅くなり、年輪幅は狭くなる。間伐遅れの木を伐採して年輪を調べてみると、中心部は幅広の年輪なのに、外側はかなり密になっている。間伐すればこの木はどれくらい太くなれたのか？　ということも、年輪幅から類推することができる。木材としてもっとも重要な赤身が増えないのも、間伐遅れの致命的な欠点だ。

間伐による年輪と心材（赤身）の変化

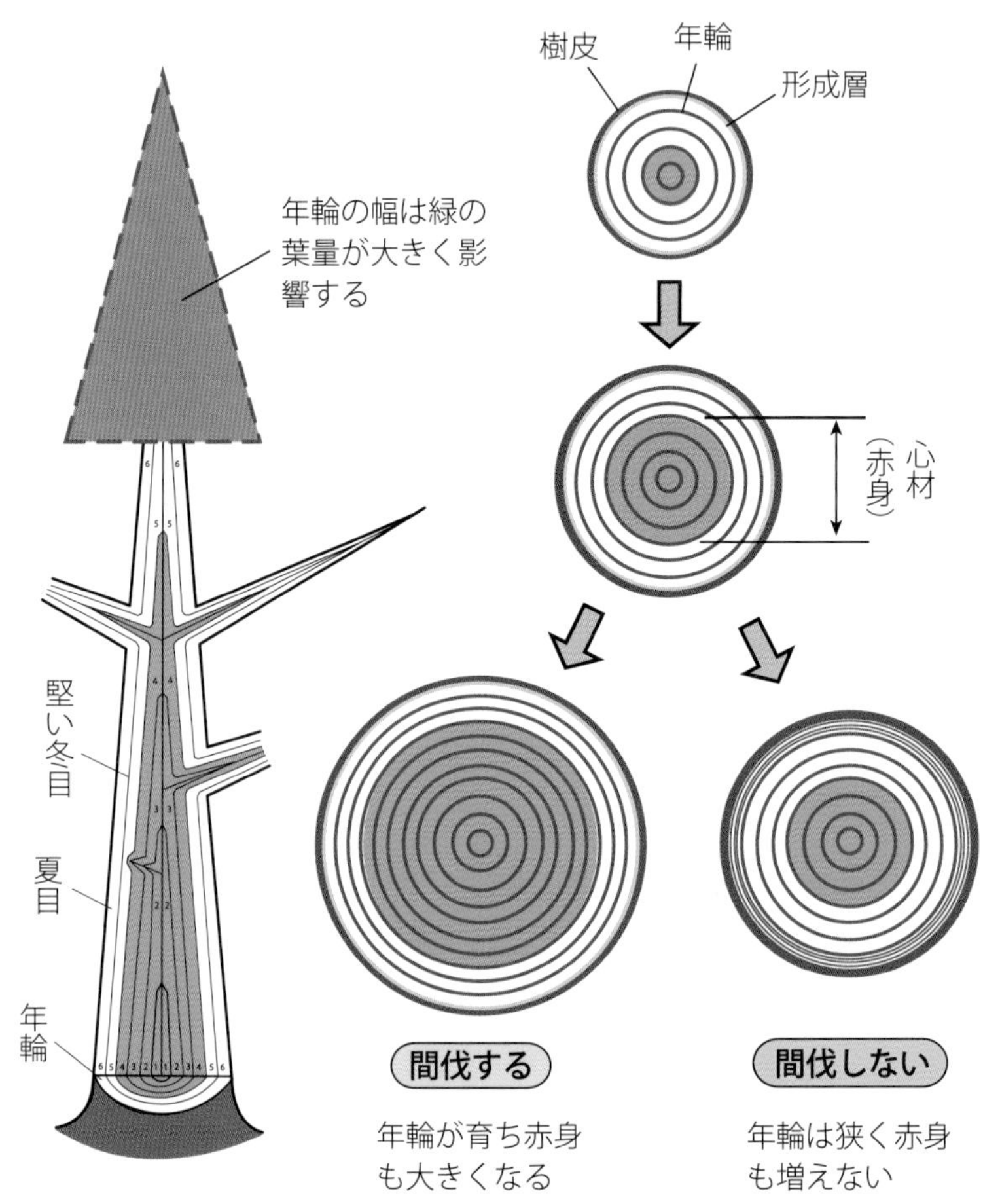

年輪の幅は緑の葉量が大きく影響する
堅い冬目
夏目
年輪
樹皮
年輪
形成層
心材（赤身）
間伐する
年輪が育ち赤身も大きくなる
間伐しない
年輪は狭く赤身も増えない

彫刻材の分類一覧

広葉樹は彫刻材として木目が目立つ材（環孔材）と木目が目立たない材（散孔材）に分類できる。前者はケヤキのお椀、後者は木版画で用いるホオノキを思い出してもらえばよい。浮世絵にはヤマザクラが使われたが、硬質ながら彫りやすく、逆目が出にくいので版木として最適なわけである。

大樹になるトチノキは大盤が採れるのでこね鉢に最適。鎌倉彫りはカツラ材が多い。図鑑と照らし合わせ、山で彫刻材を見つけるのも面白い。

環孔材	**a. ケヤキ系** ニレ、ケヤキ、シオジ、ハリギリ、クリ、ヤマグワなど	木目が明瞭に現れる。堅いが靭性もあり、木皿など薄手ものにも適する
散孔材	**b. サクラ、カエデ系** イタヤカエデそのほかのカエデ類、ヤマザクラ、ウワミズザクラ、ミズメなど	白木で美しい光沢があり、やや堅さはあるが加工は容易。塗りものにもっとも適する（下地が少量で足りる）
	c. ブナ、トチノキ系 トチノキ、ブナ、ミズキ、カツラ、ホオノキなど	柔らかくて加工しやすいが、乾燥しにくく狂いも出やすい。しかし量は多く入手しやすい
	d. エゴノキ系 エゴノキ、アオハダなど	白く軽く柔らかいので加工は容易。彩色もしやすいので彫刻・玩具に向く。とくにエゴノキは割れにくく、雑木林に多いので入手しやすい

PART2
水を使って

水は山で生まれ、土を通じてまた浄化される。良質の水をタダで得られる山里は、その水を下流に流す水源地であり、水田を満たす始まり……。水に集うさまざまな生き物のことを忘れずに、きらめく水と戯れてみる。

1. 山の清水を家に引く 簡単設備と配管法

森の国、日本の山の水は美味しい！　山の廃屋を再生したり森に小屋を作るなら、沢から水を引くことをぜひおすすめしたい。取水から中継タンクを通して家まで水を引く基本知識と配管。さらに濁った水の浄化装置とその作り方を紹介する。

日本の軟水
急峻な地形で水の流れが速く、火成岩なのでミネラルが少ない
水の硬度はミネラル分(無機塩類)の量で表わす
火成岩
バシャ
鰹節
昆布
出汁がよく出る。水を使った料理が美味しい
流れが砂の中を潜りながら生物が水を浄化する
石についた苔が酸素を溶かす
欧米の硬水
なだらかな大陸を川がゆっくり流れる。石灰岩なのでミネラルが豊富
石灰岩
海
ワインや脂、オーブンの料理が発達
モ～
牛乳
硬水は肉のアク汁が取りやすいので肉の煮込み料理に向く。パスタはコシが出る
バター
パン

山の水は軟水

日本各地に名水や湧水があり、山の集落ではいまも沢水を水源としている場所も多い。昔は石組みの水路や竹のといなどを使い、そのメンテナンスは苦労があったが、現在では塩ビ管や黒パイプなど、軽く堅牢な素材があるので、かなり遠方からでも水を引けるようになった。

私はそのような山の水で何年か暮らしたことがあるが、なにしろ水道代がタダのうえに素晴らしく美味しい。この水を使った料理がまた非常に美味しく、とりわけ麺類やスープ類が抜群だ。茹で水や洗い水にふんだんに使えるし、同じ素材を使っても出汁の美味しさは都会の水道水とは比べものにならない。薪火を使うとさらに美味しさは増幅し、山水と薪で炊いたご飯は誰もが感嘆する。

日本の山の水はおおむね軟水である。口当たりがまろやかで生で飲んで美味しく、出汁のうまみ成分をよく引き出す。コーヒーやお茶も味と香りが素直に出てくる。淡白な料理に向き、浸透性にすぐれているので体にも負担をかけな

オーバーフローの水を受ける鉄釜

水源に設置された最初の集水枡。ここから黒パイプで自然流下

◀黒パイプの水が落ちる中継タンク。渇水期には沢水を塩ビ管で引き入れる

中継タンクからさらに大きなタンクへ落として溜めれば、数軒で共同利用できる

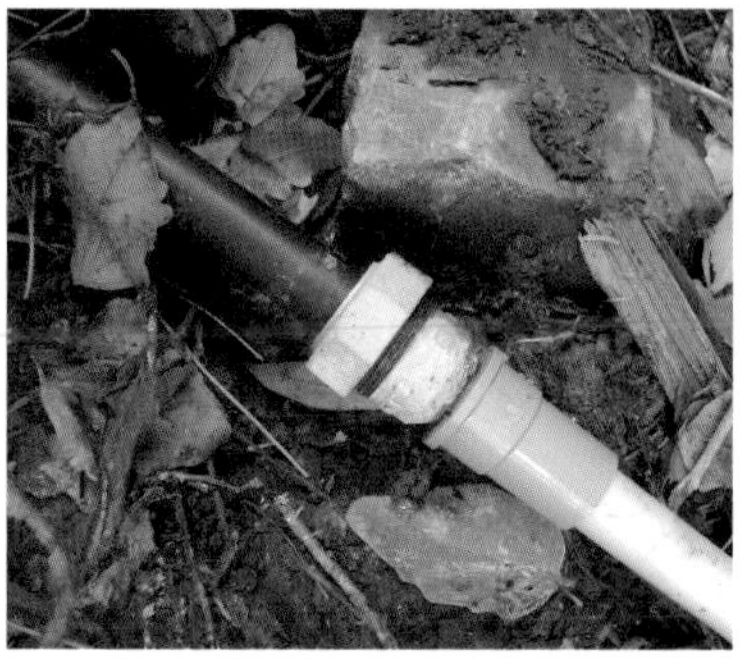

黒パイプから塩ビ管へ、専用の継ぎ手を使って接続する

オーバーフローの排水路は小さな湿原になり、ワサビやクリンソウを増やすのが楽しい

管詰まりの修理。水のトラブルは即解決しなければならない

い（逆に、地下に長く滞留する平地の井戸水などは、硬水が多い）。

苦労話も多いが……

ところが、この沢水の水源はメンテナンスはなかなか厄介だった。取水地点や中間タンクの掃除があり、大雨のたびに見回りに行かねばならない。地下配管されていたところが詰まって水が出なくなり、結局断水箇所がわからず（40年前に埋設工事されたので）黒パイプを購入して地表配管に換えたこともある。また、渇水時期には水源の集水だけでは足らず、沢水を中間タンクに継ぎ足す配管を整えたりと、結構な時間を取られるのである。

　とどめは凍結である。山水暮らしの水道凍結ほど恐ろしいものはない。配管が北側にあれば春まで融解せず使用不可ということにもなりかねないのだ。山の水は水道代はタダなのだから、蛇口から水を出しっ放しにしておけばいいだけの話だが、都会からの新参者はついつい蛇口を締めてしまうのだ。

　さて、そんな時々に水道工事を業者に依頼していたらとんでもなく散財することになる。現在ホー

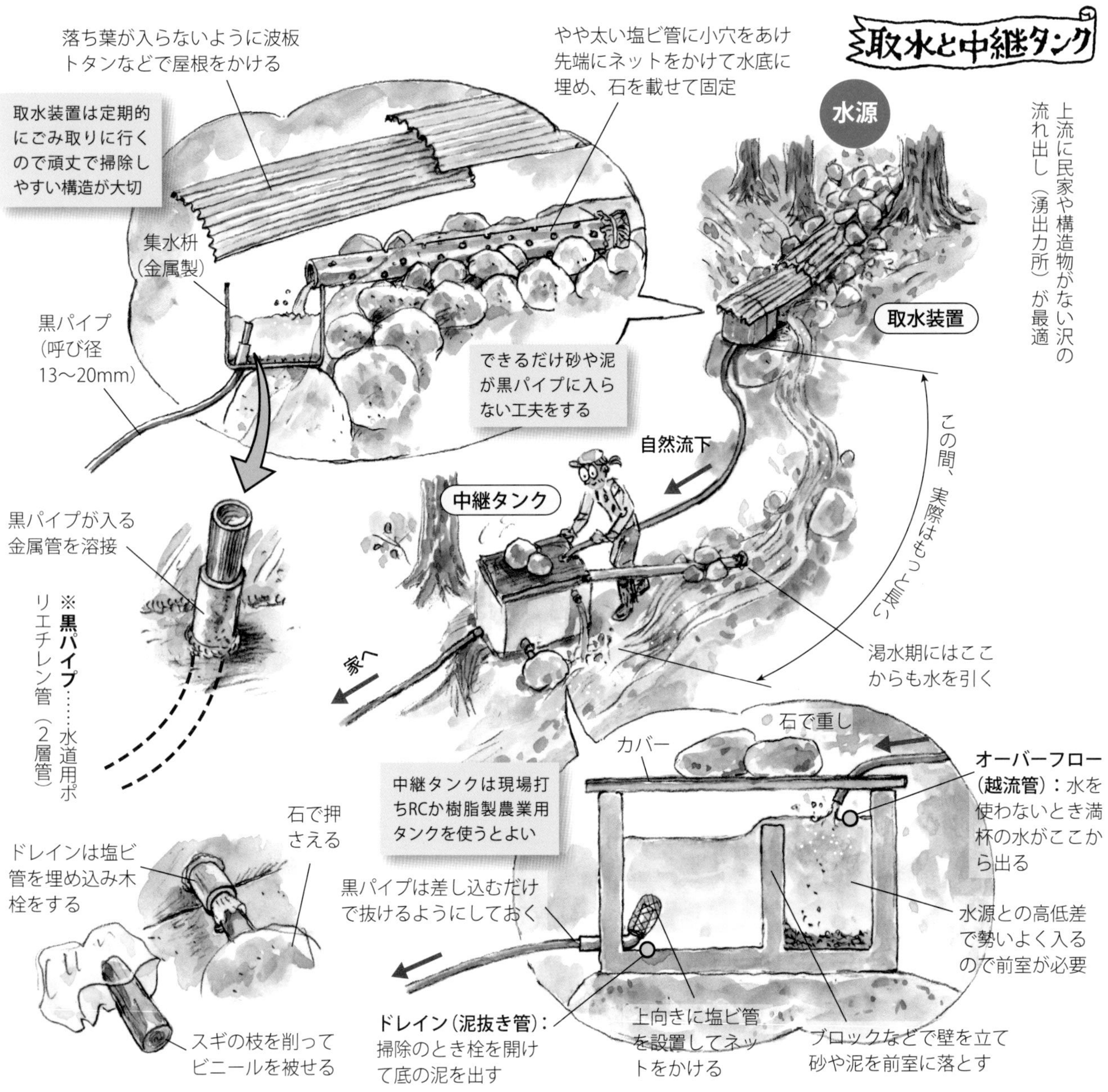

ムセンターに行くと配管材料はほとんどそろっているのだから、自分でやってしまうに限る。自分で補修することで、生命線である自前水道の知識や技術が身についてくる。水源と水道工事を知るというのは、山里暮らしではとても重要なことだ。

山水配管の基本

水道は大きく分けて4つのポイントがある。①水源、②中継タンク（受水槽）、③配管、④蛇口（室内配管）だ。

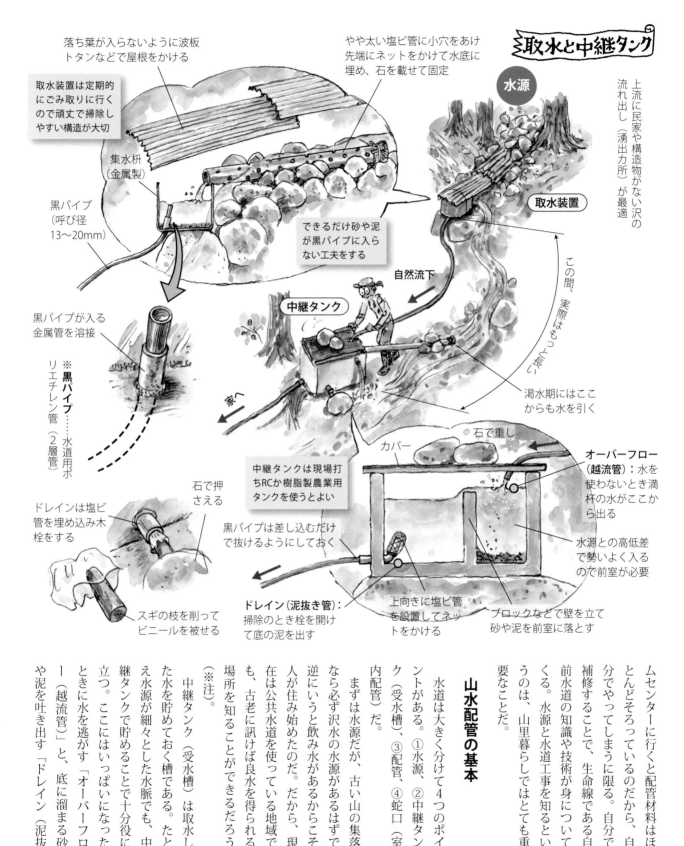

まずは水源だが、古い山の集落なら必ず沢水の水源があるはずで、逆にいうと飲み水があるからこそ人が住み始めたのだ。だから、現在は公共水道を使っている地域でも、古老に訊けば良水を得られる場所を知ることができるだろう（※注）。

中継タンク（受水槽）は取水した水を貯めておく槽である。たとえ水源が細々とした水脈でも、中継タンクで貯めることで十分役に立つ。ここにはいっぱいになったときに水を逃がす「オーバーフロー（越流管）」と、底に溜まる砂や泥を吐き出す「ドレイン（泥抜

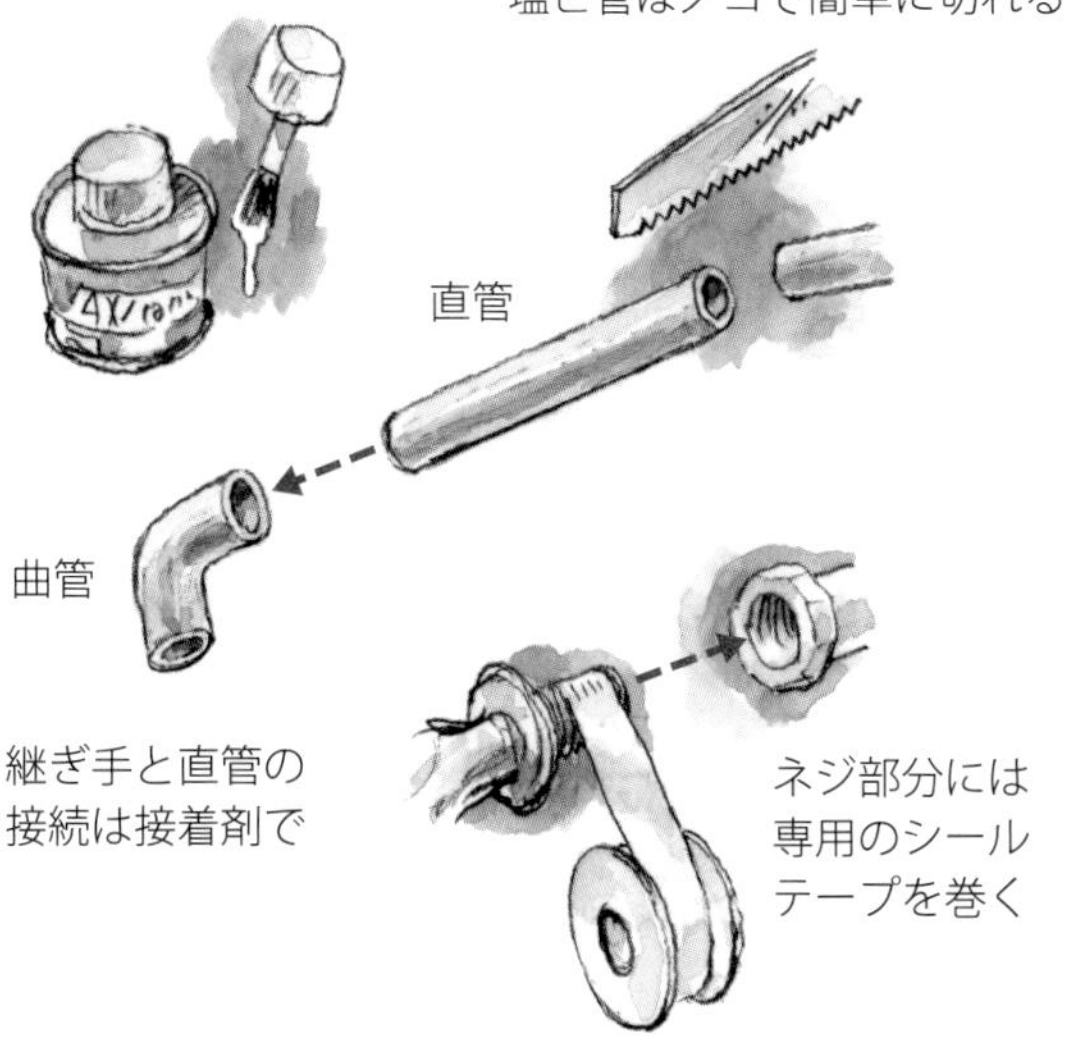
専用の接着剤
（フタにハケつき）
塩ビ管はノコで簡単に切れる
直管
曲管
継ぎ手と直管の接続は接着剤で
ネジ部分には専用のシールテープを巻く

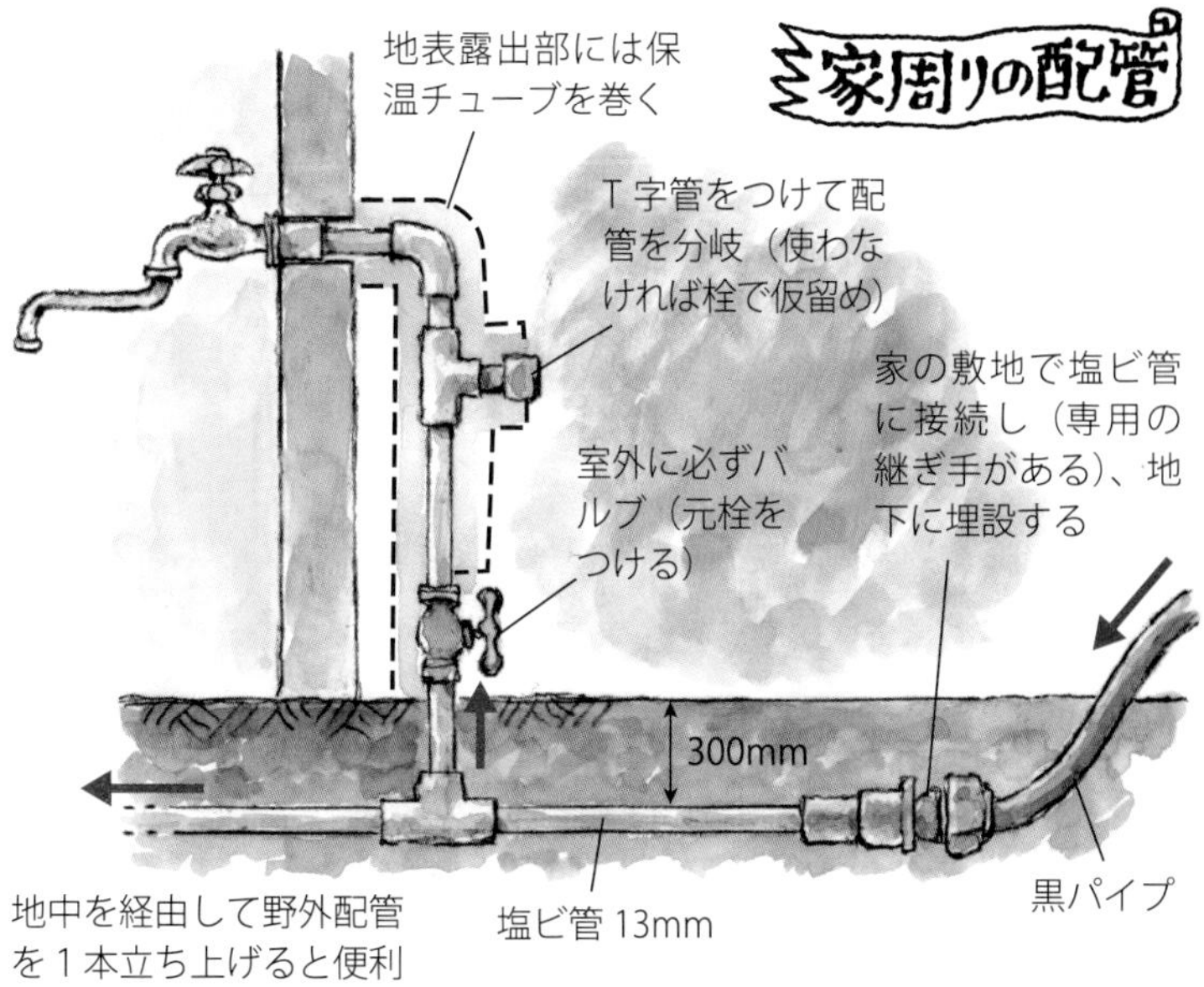
家周りの配管
地表露出部には保温チューブを巻く
T字管をつけて配管を分岐（使わなければ栓で仮留め）
家の敷地で塩ビ管に接続し（専用の継ぎ手がある）、地下に埋設する
室外に必ずバルブ（元栓をつける）
300mm
地中を経由して野外配管を1本立ち上げると便利
塩ビ管 13mm
黒パイプ

蛇口をつけ、保温チューブを巻いていく

塩ビ管を接続して伸ばしていく。色違いの塩ビ管の接続には接着剤を専用のものに変える必要がある

鋼管に塩ビ管を接続する専用の継ぎ手

濃紺色の塩ビ管は「HIVP管／耐衝撃性塩化ビニル管」と呼ばれるもので、衝撃・割れに強い

パイプレンチの使い方

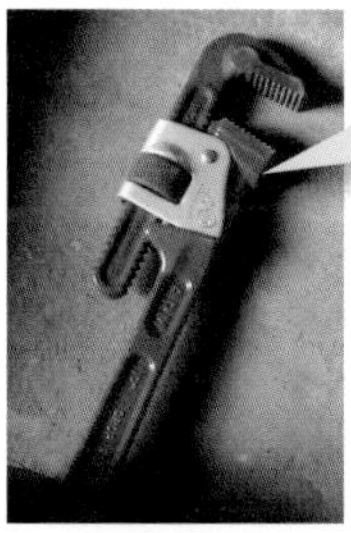
古い鋼管のきついネジはずしにはパイプレンチ２本を写真のように噛ませ、矢印部を足で踏む

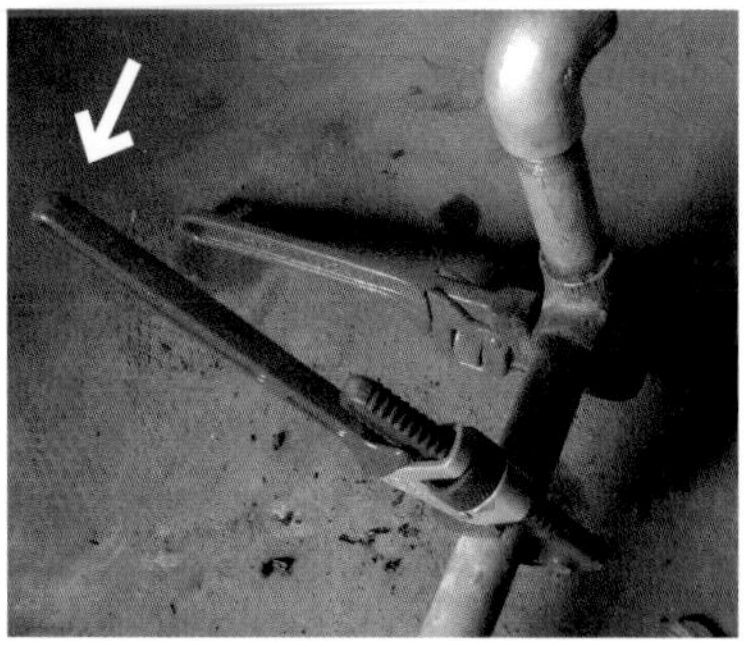

※塩化ビニル管・継手協会「技術資料<施工編>」（26ページ～）が参考になる。http://www.ppfa.gr.jp/05/data09/05.pdf

き管）」をつける必要がある。

配管は地表配管なら「黒パイプ」を、地中配管なら「塩ビ管」を使うのが常道だ。主に水源から中継タンク（受水槽）までは地表配管で、タンクから家周りまでは地下配管にすると管理しやすく安全でもある。

蛇口（室内配管）の手前で必ずバルブをつけておく。元栓というやつである。そこから室内配管の枝分かれをしていけば室内で破裂故障してもすぐに断水できる。塩ビ管はノコギリと接着剤で簡単につなげるので室内配管は複雑にしてしまいがち。でも、凍結故障のことを考えたら配管はできるだけシンプルなほうがいい。

※注　敷地内に沢水を引くことは、ごく小規模でなら周囲に大目に見てもらえるが、地域の了解は必要。土地購入の際は沢水の水利権つきかを確認する。新規に持続的に使うなら、役場や農業委員会などに相談し、了解を得ること。

濁った水を浄化する方法

雨で水源が濁ったとき、あるいは最初から濁り水を水源にしなければならない災害時などは、砂、シュロ皮、炭などを使ったろ過器があると便利だ。簡単なものはペ

※黒パイプ、特殊継ぎ手入手先：群馬管材センター（群馬県高崎市）☎027-363-1572

緩速ろ過浄水場見学記

長野県上田市の染屋浄水場は大正時代に造られた「緩速ろ過」の浄水場。この池の下の砂の層（高さ90cm平均）が水を浄化する

自然発生する藻が酸素を供給し浄化に重要な役割を果たす

砂は南木曽の花崗岩系のもの。メンテナンスでかき取った砂は洗浄して再利用される

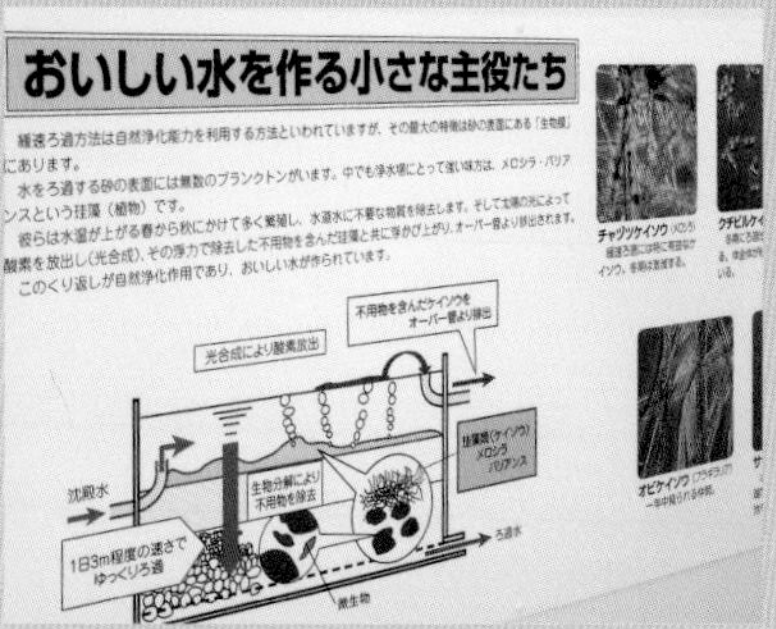

おいしい水を作る小さな主役たち

場内の水道資料館に生物浄化の説明（主要微生物の写真なども）や、ろ過池の砂層の断面模型などが展示されている。「緩速ろ過」は薬を使わず自然の力（生物群集の働き）で水をきれいにする。**森の土壌がきれいな水を生み出す自然界の仕組みをコンパクトに再現したもの**、といえる。

トラブル解決法

詰まり

管の詰まりはT字部分に多い

ごくまれに植物の根状の繊維が詰まることがある。管を掘り出して切断し、ゴミを取り出す

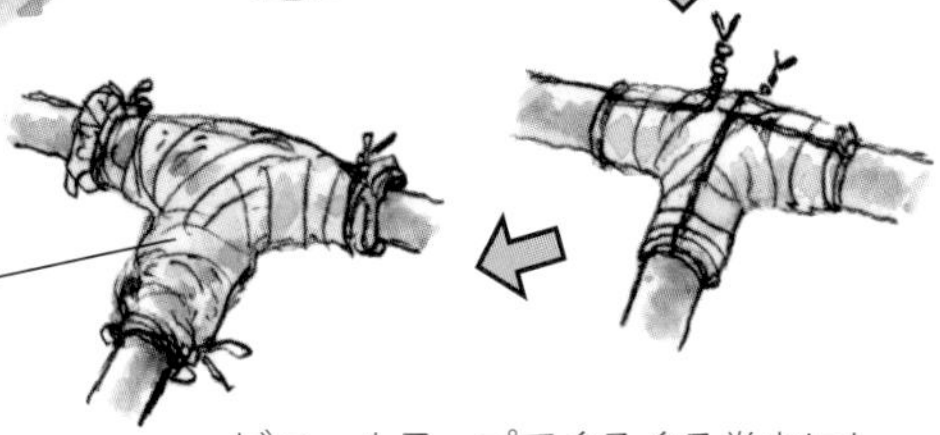

ビニールテープでぐるぐる巻きにし、ステンレスの針金で締め上げる

さらに布を巻いてナイロンひもで縛り上げる。最初は漏っていてもやがて止まる

凍結

蛇口は炭火かキャンプ用ガスバーナーで温める

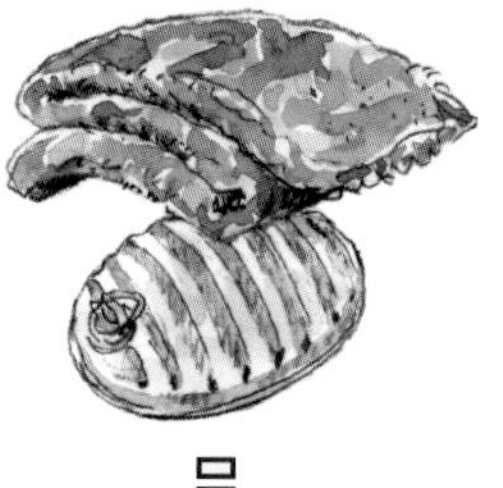

冬の沢水は冷たいので風呂は太陽熱併用がオススメ

バルブや蛇口などの金属露出部を温める。バルブは湯たんぽをくっつけ毛布を巻く

ットボトルを利用して自作することができる。しかし、これだけでは細菌などは通過してしまうから、生で飲むなら塩素消毒、もしくは煮沸する必要がある。

ところが、菌を含んだ水でもきれいに浄化してしまう画期的な方法がある。浄水場で古くから使われている「緩速ろ過」という手法である。砂の層をろ過させるだけなのだが、その砂の表面層に自然発生する微生物によって不純物（濁りや細菌）を食べてもらうのだ。

小石と砂で作る薬品いらずの浄水装置

産業革命時代のイギリスで生まれたこの浄化法、実は戦前は日本でもたくさん実用化されていたのだが、戦後はアメリカの指導や高額な浄水機械を入れたがる業界の圧力もあって減ってしまった。しかし、原理さえわかればミニモデルを自作することも可能だ。この浄水法の伝道者である中本信忠先生（信州大名誉教授）は東日本大震災を機に、新聞で自作の緩速ろ過装置の作り方を紹介している（『東京新聞』２０１１年５月２日）。材料は河原などで拾った小石や

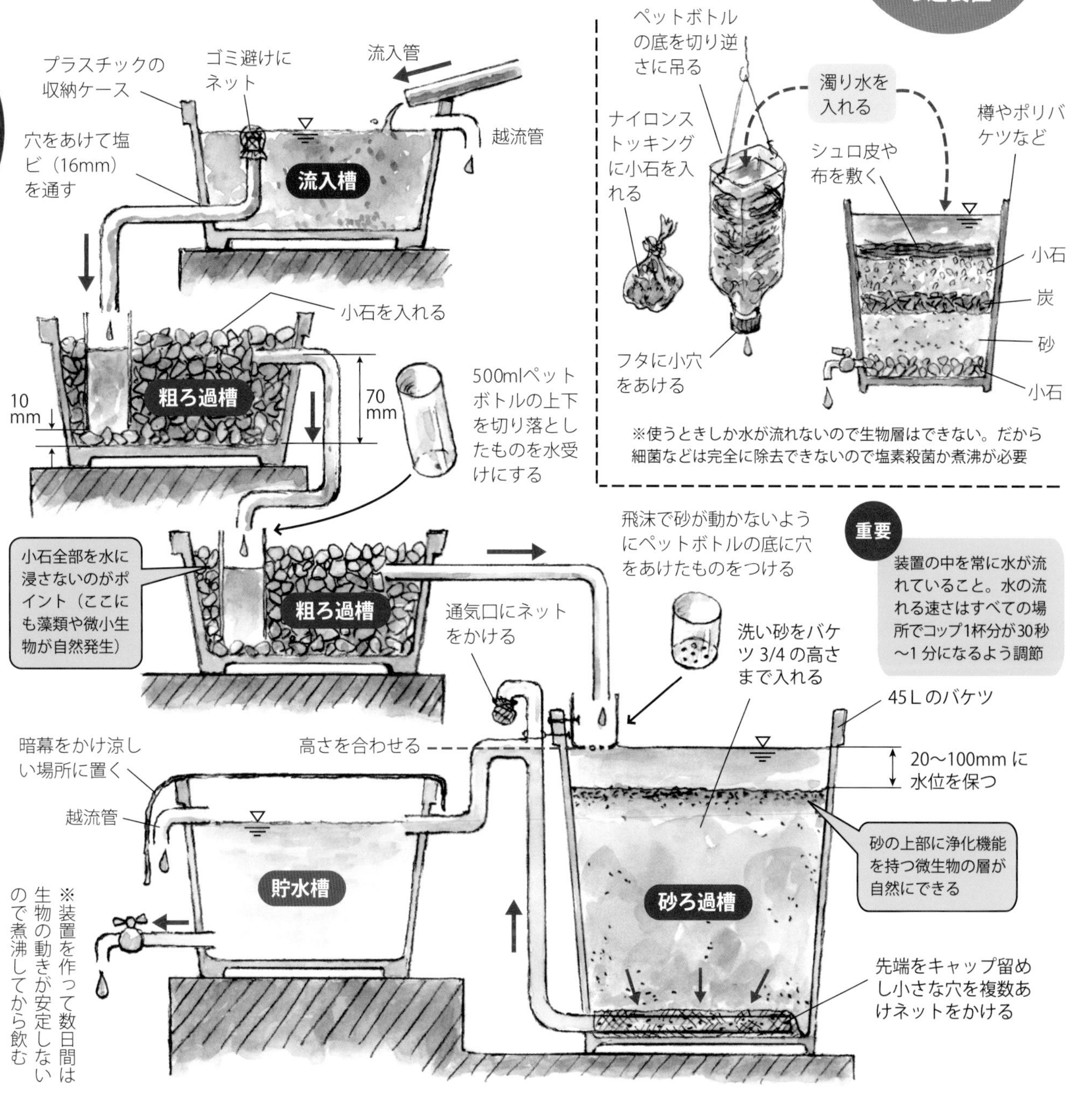

砂、家庭にあるプラスティックの収納ケース、ごみバケツなど身近な素材だ。「手作りのろ過装置で河川や雨、風呂の水を浄化すれば、ほとんどの場合、飲むことが可能だ。1日にドラム缶1本分の水を確保できる」と話している。

細菌が入りそうな状況の河川水でも、この装置を使えば美味しい生水を得ることが可能なのだ。

緩速ろ過は生物ろ過、一定のスピードが重要

この装置で重要なのは常に一定のスピードで水が装置を流れ続けていることで、そうすることで砂中の生物群集が働き続けてくれる。つまり最終槽の蛇口が閉じられているときでも、常に越流管から水が流れ出ている必要がある。

水源が池などで自然流下で取水できないときは、装置よりも高い位置に源水貯留槽を作ってポンプで上げればよい。フロートを用いて水位低下で自動でポンプが動く仕組みを作ると便利だ。中本先生のブログ「現場から学んだ知恵と技術——おいしい水を求めて」にさまざまなアイデアが開示されている。

参考：中本信忠先生のホームページ　blogs.yahoo.co.jp/cwscnkmt サイドメニュー「Modelモデル・小規模」に装置写真あり

2. 手押しポンプの井戸再生法

昔は町中にもたくさんの井戸があったが、今は塞がれ使われていないものが多い。自分で手押しポンプをつければ電気もいらず、タダで水を得ることができる。庭の水やりや洗車にも便利。災害時にも安心だ。実践、私の井戸再生レポート。

ココ
ポンプ設置前の井戸▶

すそ野の広い
独立峰は地下水
や湧水が豊富
なぜか？……
酒蔵も多いよ
（大きな谷に水を取られないから）

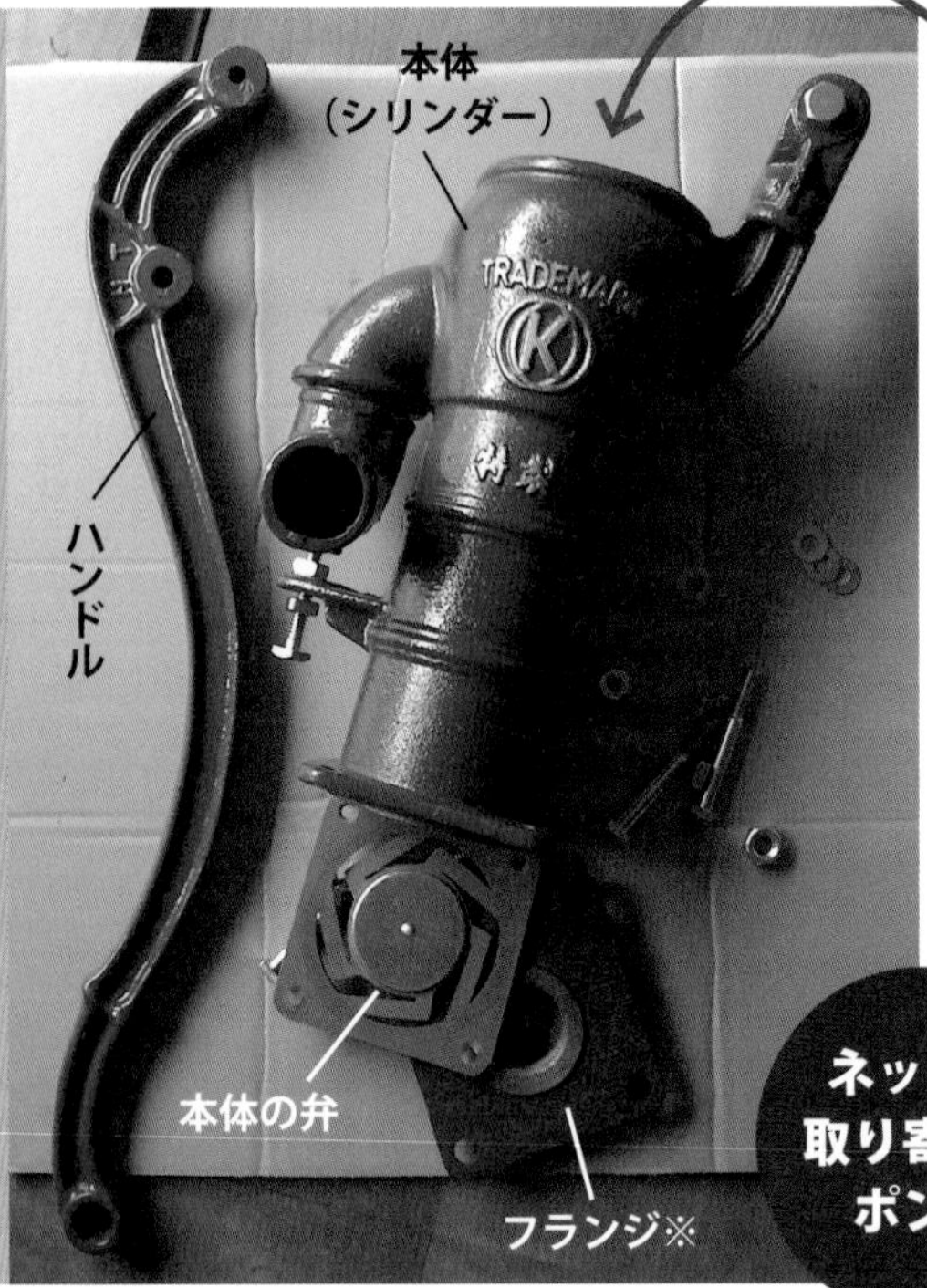
本体
（シリンダー）
TRADEMARK
ハンドル
本体の弁
フランジ※
ネットで
取り寄せた
ポンプ
▶本体はどっしりとした鋳鉄製。組み立ては簡単

ゴムに金属板
が張られた弁
ピストン部品
シリンダーの中に入る
水の通る穴
ピストンは木製で
皮が巻いてある

町の井戸と緩速ろ過の関係

私の母方の実家は水戸の町中《まちなか》の古い木造民家で、子供のころは手押しポンプの井戸があった。井戸の周りはいつも土の匂いがし、小さな庭には季節の花が咲いていたのをよく覚えている。昔は町のそこかしこに井戸があり、近所の豆腐屋さんも井戸水を使っていたことだろう。

いま思えば水戸の上市《うわいち》は馬の背の台地にあり、手押しポンプが使えるほどの深さで水が出ていたのが不思議だ。しかし、昔は土の露出した地面が多く、雨水を下水管にまとめて流すこともなく、地下に浸透させていたのだし（だから雨の日はぬかるみがひどかった）生活排水なども打ち水や庭木にかけるなどして大切に使っていたから、それが**前ページ**の「緩速ろ過」と同じような原理で、地下水の供給を助けていたのかもしれない。

こうして消えた井戸

その井戸は昭和の高度成長期のころ、手押しポンプがはずされてふたがかけられ、電動ポンプで室

今回は浅井戸で深さを計測すると（**右図**）必要な管長は約3.5m。定尺の2m管を２本と直管用の継ぎ手、フランジに接合する継ぎ手をホームセンターで購入（全部で1000円弱）

注意！

普通の手押しポンプが対応できるのは水深７mまで

手押しポンプの原理

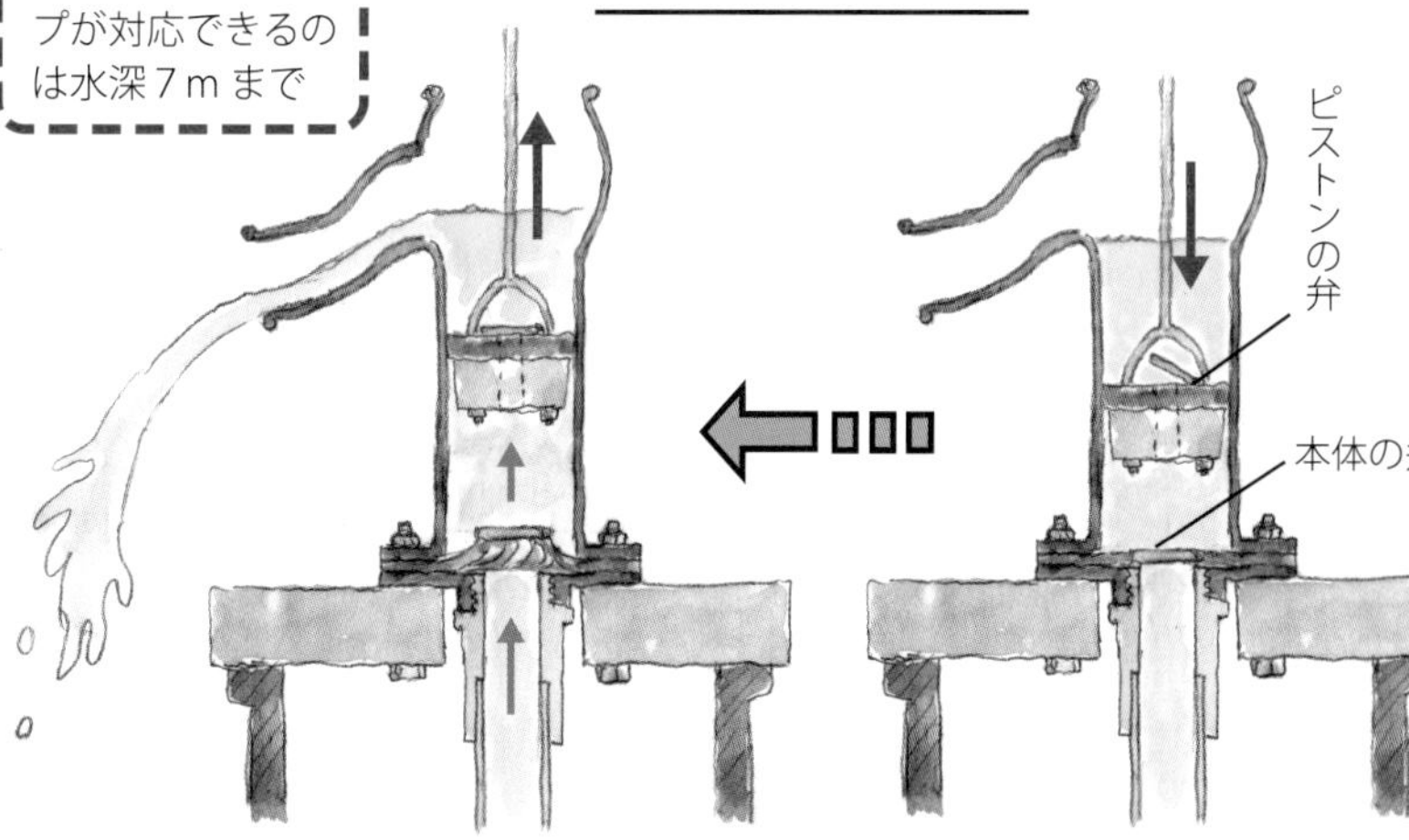

ピストンの弁
本体の弁

ピストンが上がるとき▶ピストンの弁が閉じ、本体の弁が開く（水位が上がり水が出る）

ピストンが下がるとき▶ピストンの弁が開き、本体の弁が閉じる（水位は動かない）

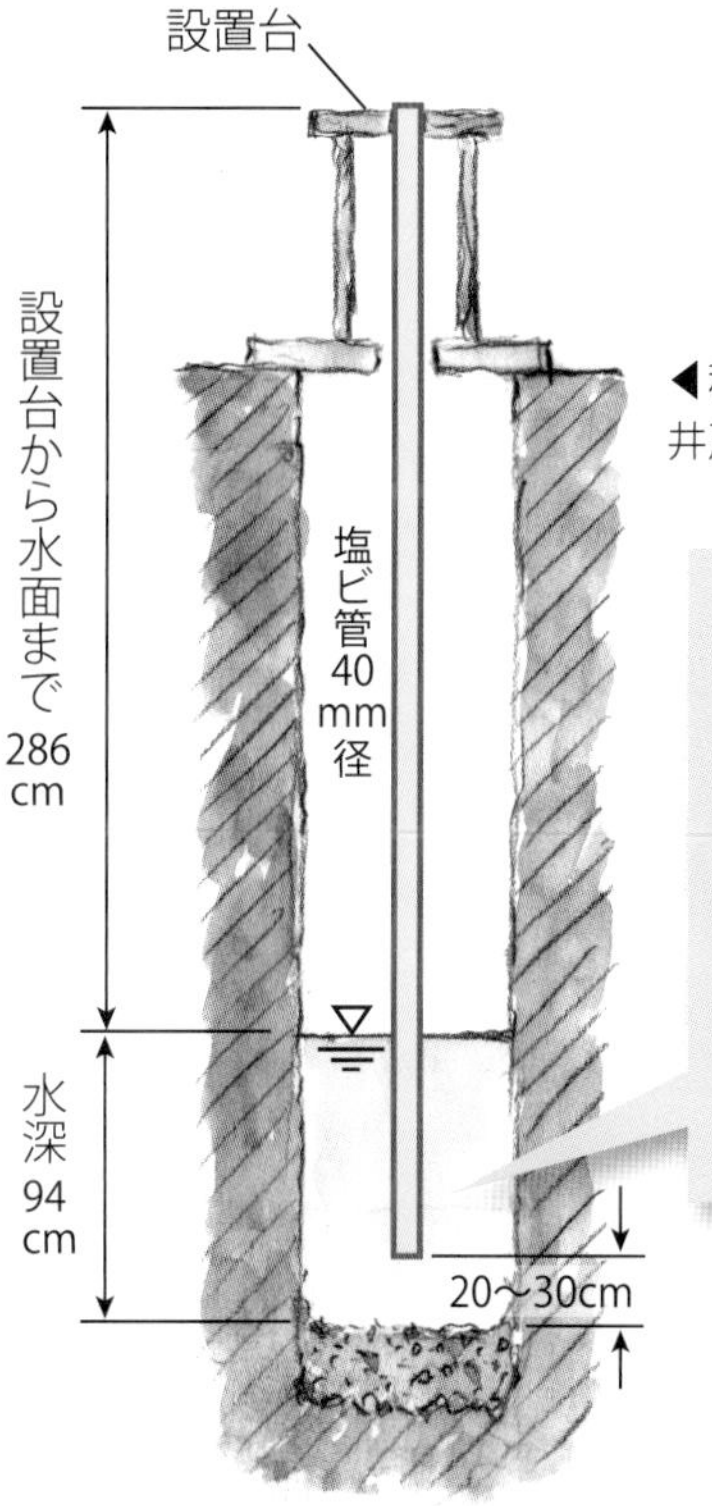

設置台
設置台から水面まで286cm
塩ビ管40mm径
水深94cm
20〜30cm
物干竿などで設置台の天端から水面までの深さと水深を計り、水底から20〜30cmの所に管の吸い口が来るようにする

◀私が再生した井戸の実測値

ネジ部は専用のシールテープを巻く

※フランジ：本体と配管の接続部品の名称

中央の穴はあいているがフランジの接続ネジ穴は自分であけるようになっている

◀木の台座がセットで送られてくる

内の蛇口から井戸水が使えるようになった。つまみをひねると遠くでかすかに「クイィーン」というモーターの機械音がして、蛇口から水がほとばしるのは便利ではあったが、子供心としては手押しポンプで野外で水と戯れるのが楽しいのだった。そして井戸水は保健所から使用禁止令を経て、事実上消滅。上水道化にいたる。

　という経過をたどって各地の都市の井戸は壊滅していくのだが、ふたをされた井戸は決して死んでいるわけではない。

手押しポンプをネットで取り寄せる

　山里に借りた一軒家に閉ざされた井戸があり、ポンプは壊れてからだいぶ経っているようで、修理を相談してみると数万円かかるという。古道具屋に手押しポンプを探してみたが、実用に堪えるようなものは皆無。というわけでインターネットで探すと、新品を製造している会社があるのを発見した。中国で作らせ関西で販売している。値段は問屋なので安い（2万円台）。取り寄せて使ってみることにした。

　面白いのはポンプの心臓部であ

配管

継ぎ手類を接着した塩ビ管を下ろしていく

フランジに管をねじ込んでボルトに固定

▶ゴムの弁をはめ込む。水質によっては弁に鉱物成分が析出付着し、すき間ができることがあるので掃除をする

台座

角材を4本合わせ台座を広げる

ドリルでフランジを留めるネジ穴をあける。角材の一辺を垂直のガイドに

裏側に円を描き角材の隅を斜めに切る

ボルトを入れ、それが落ちないように角材を打つ。ノミでボルトの頭の分だけ彫りを入れる。これが回り止めにもなる

土管に当たる部分にクッションとしてゴムホースを切ったものをクギ打ちする

◀ひっくり返して土管に被せる

るピストンが木製で（木目の感じからケヤキのようだ）、その周りのパッキンが革製であったことだ。

配管材料はさすがについてこないのでホームセンターへ買いに行き、台座の木部が足りない部分は角材で継ぎ足してあっさり完成。

これで水が上がって来なかったらどうしよう？　と、呼び水をしてから期待と不安を胸にハンドルを上下すると……出てくる出てくる、実にあっけなくジャバジャバと水が上がってくるではないか！

その感動と言ったら、初めて薪ストーブに火をつけたとき、煙が煙突穴に吸い寄せられ炎が立ち上がるのを見たのに匹敵する。

井戸の面白さと使い方のポイント

長年放置された井戸水なので、最初は白濁りがあり、飲んでみるとあとで舌が痺れてきた。かなりケミカルな物質が入っている感じだった。しかし、井戸は使い続けることでいい水に変化していく。2～3日すると、やや金っ気は感じるものの、井戸水らしい美味しさに変わった。コーヒーを入れてみると美味しい。

本体組み立て

本体を設置する

4本のボルトナットは対角線から締めていく

出口の首をつける

ピストン部品を入れてハンドルをつける。ナットのはずれ止めに針金で締めた

▶上から水を入れないと最初は水が上がってこない。これを「呼び水」という

ヤッター！
出たぁ〜

台座揺れ止めのアイデア

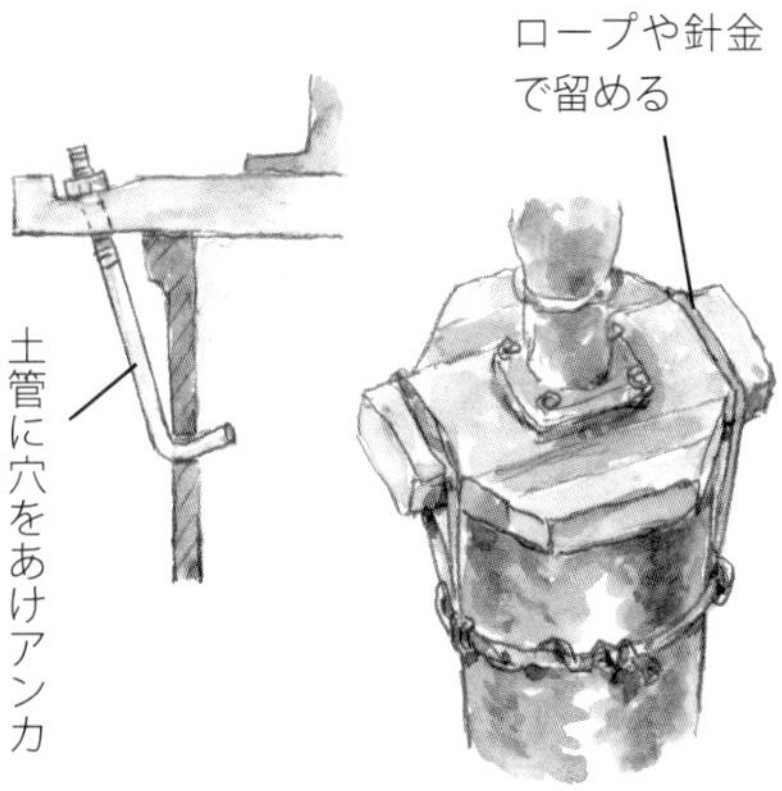
ロープや針金で留める
土管に穴をあけアンカーボルト金具で留める

山水とちがうのは冬期に水温が温かく感じることで、おかげで炊事の洗いものが楽だ。水温が15℃程度で一定なので、冬は体感から温かく感じるのである。

困ったのは厳冬期の朝にピストンの上の水が凍ってしまい、動かなくなること！　これはお湯をかけて溶かしながら使ったが、昔はポンプにワラなどで保温カバーをかけて凍結を防いだそうだ。

山水とちがってメンテナンスはほとんど必要ない。底に泥が溜まっている場合でも使いながら吸引・撹拌することで濁りは出てしまう。ただし小石が底に溜まりすぎたときは、何らかの方法で砂礫をかき出す必要があるだろう。

1年ほど使い込んだころ、水の吸い上げが悪くなった。調べてみると本体の弁の裏側に、金っ気の茶色い成分が塊になってくっつき、すき間ができて空気が漏れている。金タワシで洗って元通りにはめ込むと調子が戻った。

緩速ろ過の原理が浅井戸の水質に関係していると考えるなら、土中の微生物を傷める除草剤などは使わない配慮が欲しい。

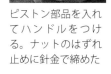

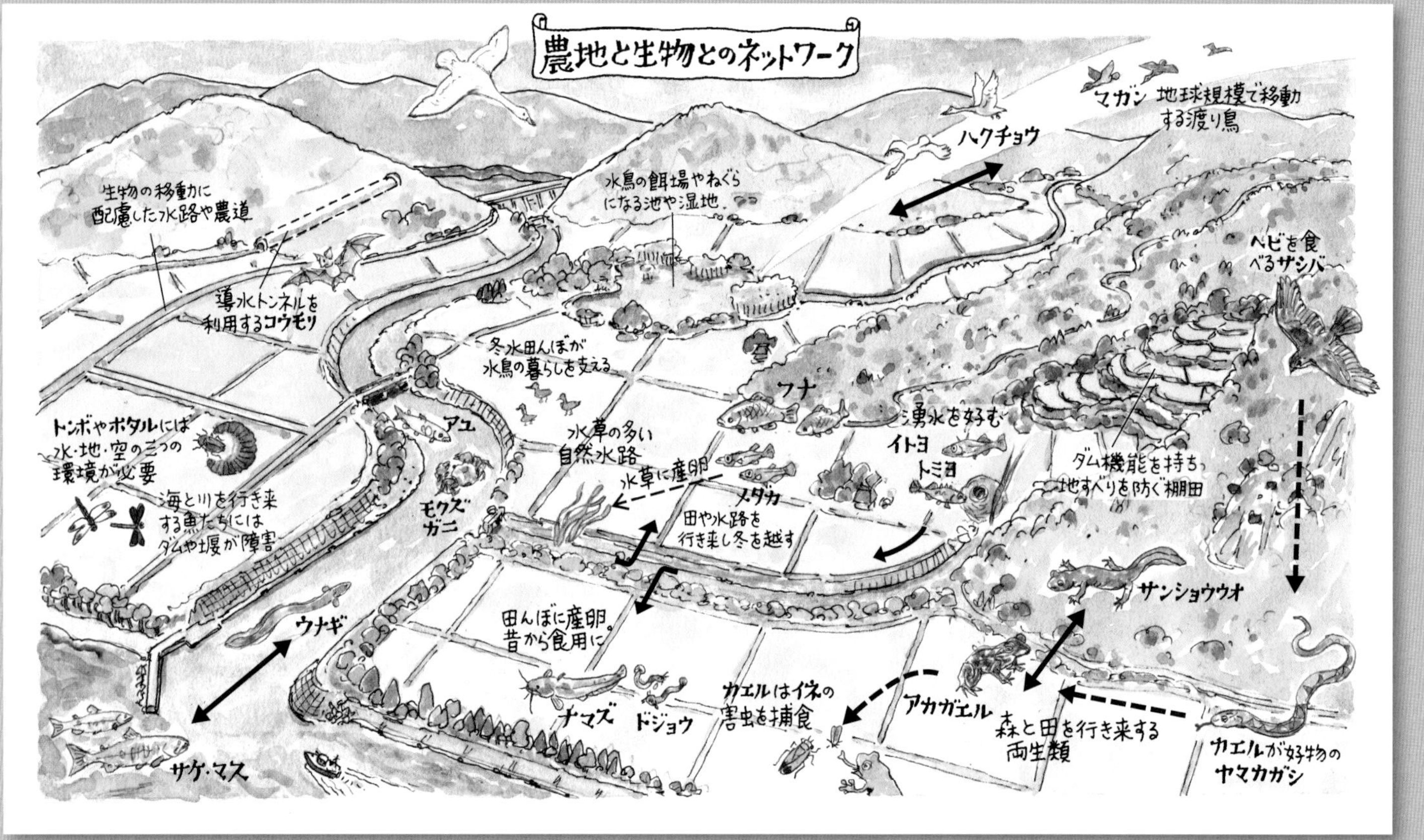
農地と生物とのネットワーク
生物の移動に配慮した水路や農道
導水トンネルを利用するコウモリ
水鳥の餌場やねぐらになる池や湿地
ハクチョウ
マガン
地球規模で移動する渡り鳥
ヘビを食べるサシバ
冬水田んぼが水鳥の暮らしを支える
フナ
湧水を好む
イトヨ
トミヨ
ダム機能を持ち地すべりを防ぐ棚田
トンボやホタルには水・地・空の三つの環境が必要
アユ
水草の多い自然水路
水草に産卵
メダカ
海と川を行き来する魚たちにはダムや堰が障害
モクズガニ
田や水路を行き来し冬を越す
サンショウウオ
ウナギ
田んぼに産卵。昔から食用に
ナマズ
ドジョウ
カエルはイネの害虫を捕食
アカガエル
森と田を行き来する両生類
サケ・マス
カエルが好物のヤマカガシ

日本は雨の多い国だ。たとえば山間部の年間降水量は3000〜4000㎜。台風や集中豪雨のときは1日に500㎜も降ることがあるが、これはヨーロッパ諸国の年間降水量に匹敵する(!)。しかも1年でもっとも日照の長い夏至の周辺で梅雨《つゆ》があり、植物の成育に最も適した条件を持っているのだ。

この豊かな水と旺盛な植物の勢いが、日本の自然を特徴づけているのは言うまでもなく、山に入れば無数の沢が流れ、平地や緩斜面においては水田の王国である。

この田んぼは国土総面積の7%もあり、全国の湖沼総面積0・2%をはるかに凌ぐ。水は不思議なもので、水があると微生物が豊かになり、微生物の底辺が大きいと、生き物の食物連鎖が太くなる。地球規模で旅する渡り鳥たちにとって、田んぼは重要な食料庫なのだ。

山に入って間伐作業をしていると、水の源《みなもと》は森なのだなぁ…としみじみ思う。森の木々が雨から山崩れを防ぎ、腐葉土を作り、そこに微生物を抱いて、水晶のような水を、また産み出している。

この本のタイトルにもある「山里」という言葉は、森をのせる山と水を溜める田んぼの両取りができる、もっともオイシイ場所なのだから、そんな水と生き物との関係を、意識し、感受し、またDIY暮らしの中で、創造していきたい。

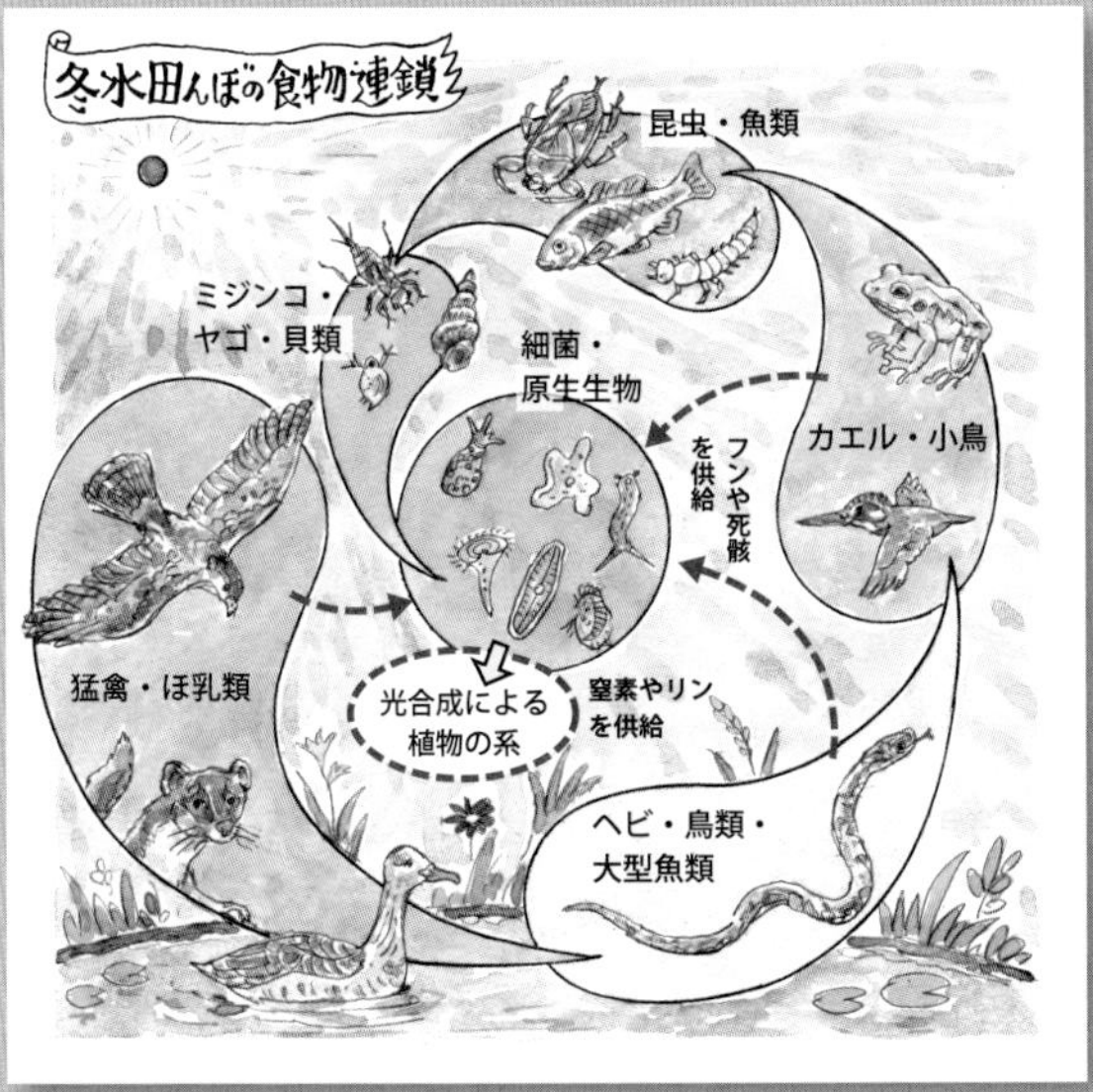
冬水田んぼの食物連鎖
昆虫・魚類
ミジンコ・
ヤゴ・貝類
細菌・
原生生物
カエル・小鳥
フンや死骸を供給
猛禽・ほ乳類
光合成による
植物の系
窒素やリン
を供給
ヘビ・鳥類・
大型魚類

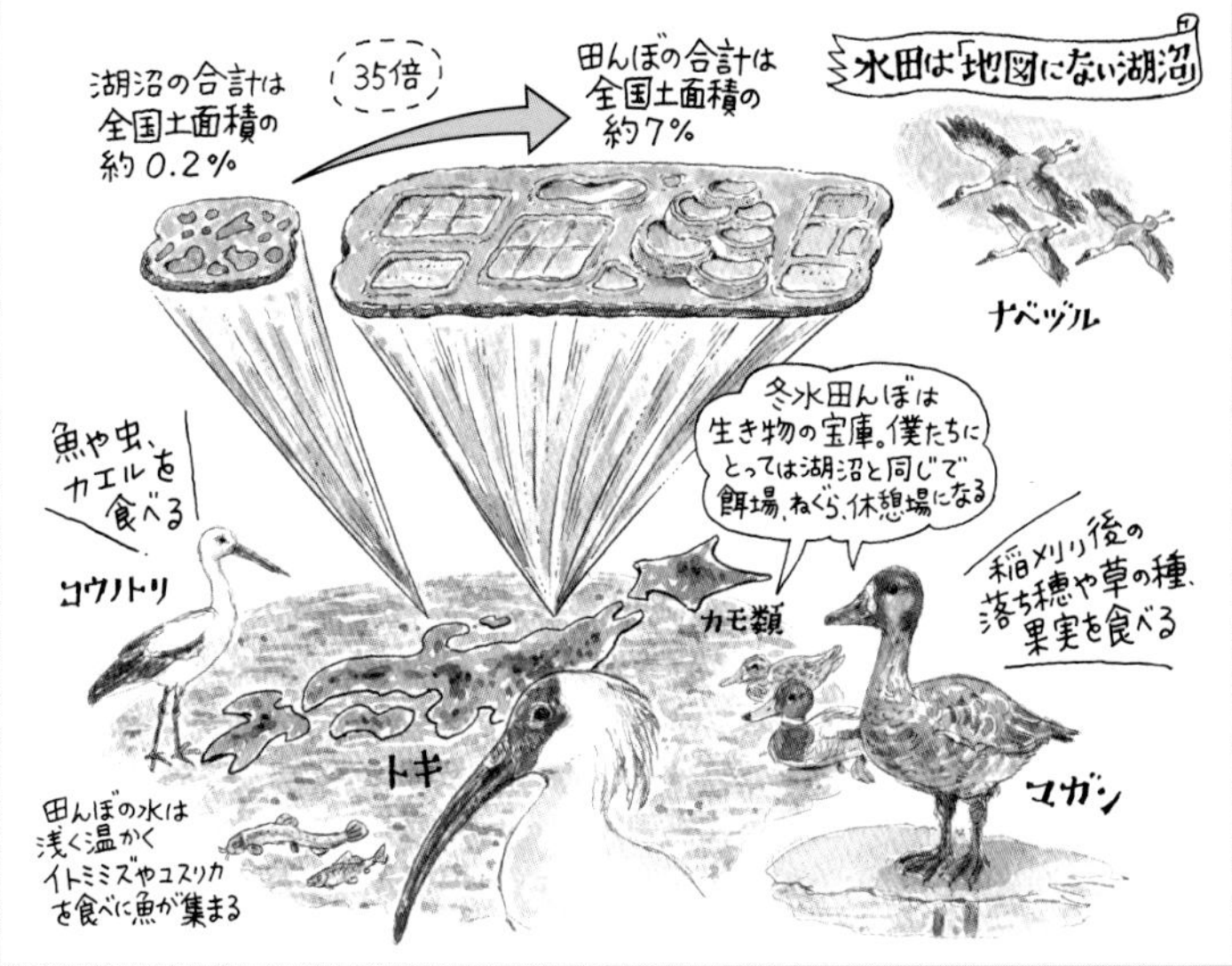
水田は「地図にない湖沼」
湖沼の合計は
全国土面積の
約0.2%
35倍
田んぼの合計は
全国土面積の
約7%
ナベヅル
魚や虫、
カエルを
食べる
コウノトリ
冬水田んぼは
生き物の宝庫。僕たちに
とっては湖沼と同じで
餌場、ねぐら、休憩場になる
稲刈り後の
落ち穂や草の種、
果実を食べる
カモ類
トキ
マガン
田んぼの水は
浅く温かく
イトミミズやユスリカ
を食べに魚が集まる

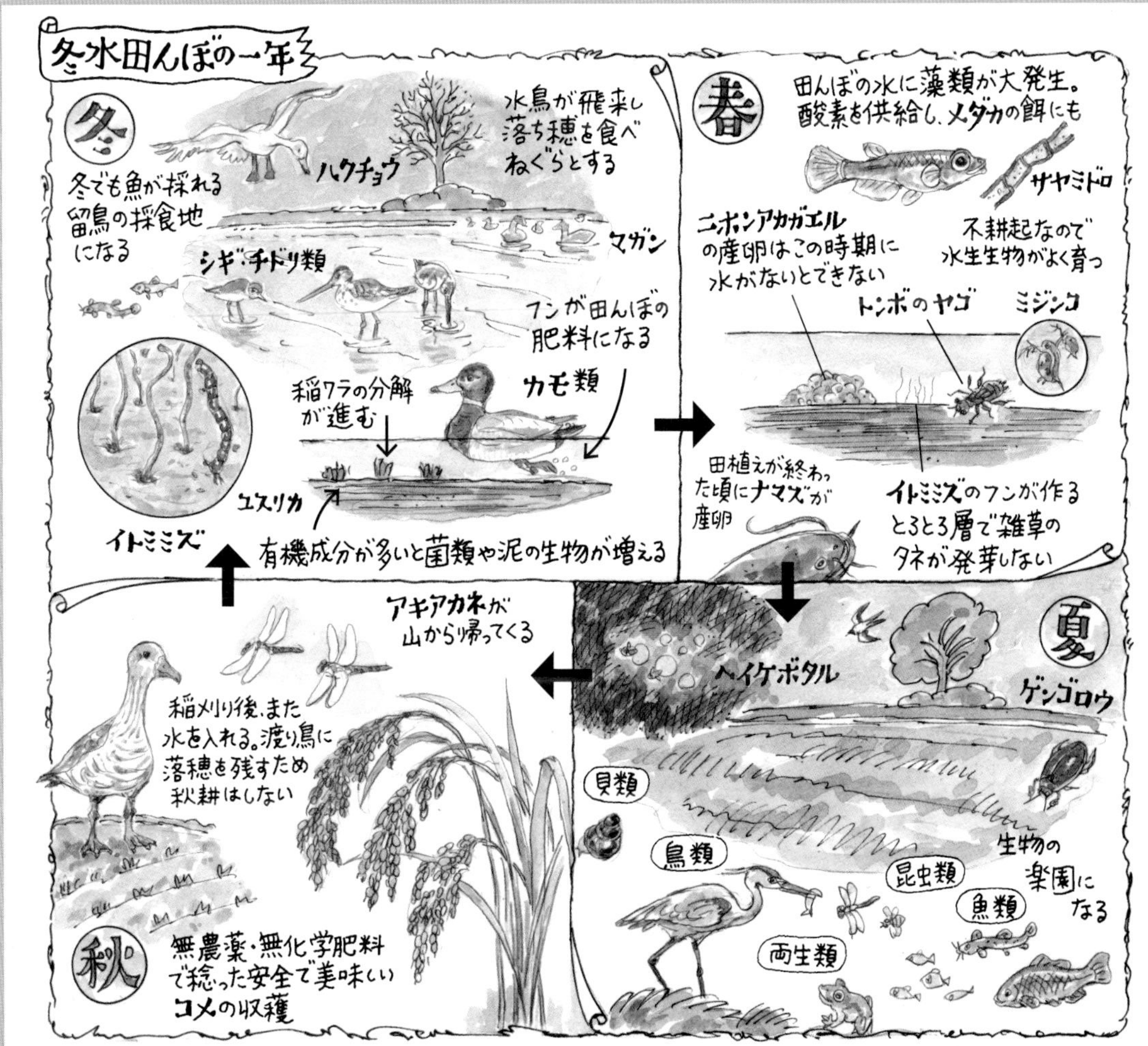
冬水田んぼの一年
冬
水鳥が飛来し
落ち穂を食べ
ねぐらとする
冬でも魚が採れる
留鳥の採食地
になる
ハクチョウ
マガン
シギ・チドリ類
フンが田んぼの
肥料になる
稲ワラの分解
が進む
カモ類
ユスリカ
イトミミズ
有機成分が多いと菌類や泥の生物が増える
春
田んぼの水に藻類が大発生。
酸素を供給し、メダカの餌にも
サヤミドロ
ニホンアカガエル
の産卵はこの時期に
水がないとできない
不耕起なので
水生生物がよく育つ
トンボのヤゴ
ミジンコ
田植えが終わった頃にナマズが
産卵
イトミミズのフンが作る
とろとろ層で雑草の
タネが発芽しない
夏
ヘイケボタル
ゲンゴロウ
貝類
鳥類
昆虫類
魚類
両生類
生物の
楽園に
なる
秋
アキアカネが
山から帰ってくる
稲刈り後、また
水を入れる。渡り鳥に
落穂を残すため
秋耕はしない
無農薬・無化学肥料
で稔った安全で美味しい
コメの収穫

普通はイネを栽培するときだけ水を入れるのだが、収穫後も水を張って水鳥を呼び込む。その結果、生き物の楽園になるだけでなく、豊かな土壌で美味しい米ができてしまう「冬水田んぼ」

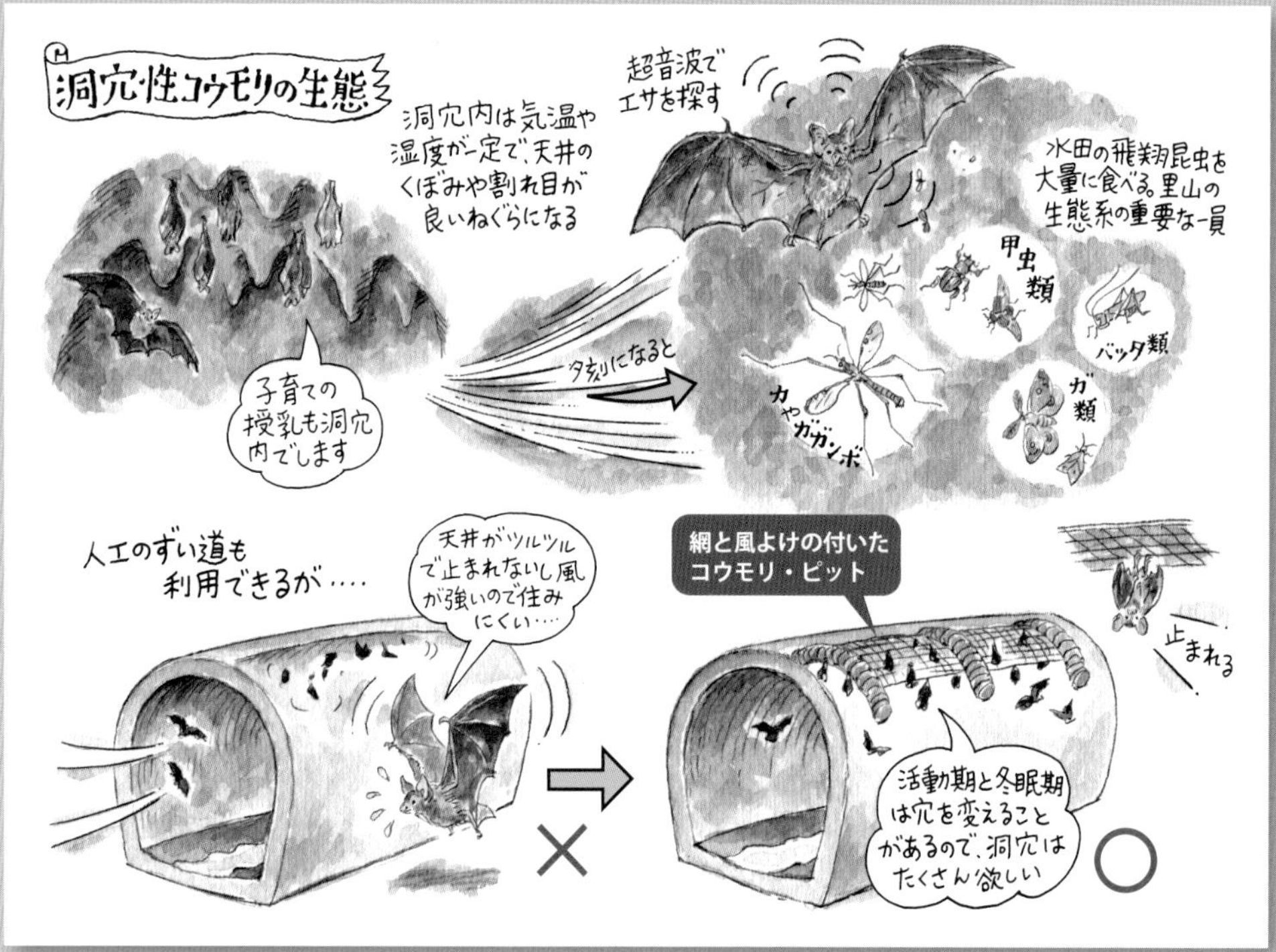

洞穴性コウモリの生態
洞穴内は気温や湿度が一定で、天井のくぼみや割れ目が良いねぐらになる
超音波でエサを探す
水田の飛翔昆虫を大量に食べる。里山の生態系の重要な一員
甲虫類
バッタ類
ガ類
カやガガンボ
夕刻になると
子育ての授乳も洞穴内でします
人工のずい道も利用できるが……
天井がツルツルで止まれないし風が強いので住みにくい…
網と風よけの付いたコウモリ・ピット
止まれる
活動期と冬眠期は穴を変えることがあるので、洞穴はたくさん欲しい

コウモリなんて実にマイナーな動物だけど、実は山里を支える重要な生態系の一翼を担っている。いま、山村の廃屋が彼らの重要なすみかになっていると推察するが（以前借りていた古民家の2階でムササビのミイラを見たことがあるので…）、ほとんど車の通らないずい道などを見つけたらコウモリ・ピットのDIYなんぞもオツな新時代の遊びじゃないか？

コンクリート水路は農業をやるものにとっては便利だが、両生類やヘビにとっては移動路を断つ場所であり、落ちたら二度と地上に戻れない。そこで落下防止のふたを設けたり、小さな「はい上がりスロープ」をつける。コンクリートにはスギ板を敷いて上がりを導いてやろう

両生類の移動経路
サンショウウオ類は夜行性で昆虫やミミズなどを食べ、森と水辺を移動する
水中に産まれたサンショウウオの卵
サギ類
人工池（産卵池）
樹林帯の土中や落ち葉の中で越冬
湧水を活かす人工池
タガメ
フナ
③
落下防止ふた
大量のオタマジャクシはさまざまな生き物の餌になる
水田や湿地の浅い水たまりや土中に産卵。オタマジャクシは春先まで水中で育つ
はい上がりスロープ
①
イモリ
ニホンアカガエル
カエル大好き！
成長すると肺呼吸になり、田の畦や近くの草原・山林などで生活
サシバ
ヤマカガシ
両生類の豊かさはヘビの暮らしを支える
②
ヘビは猛禽やほ乳類の重要な餌になる

スギで作られた小さな魚道（まだ造成中なので水が入っていません）

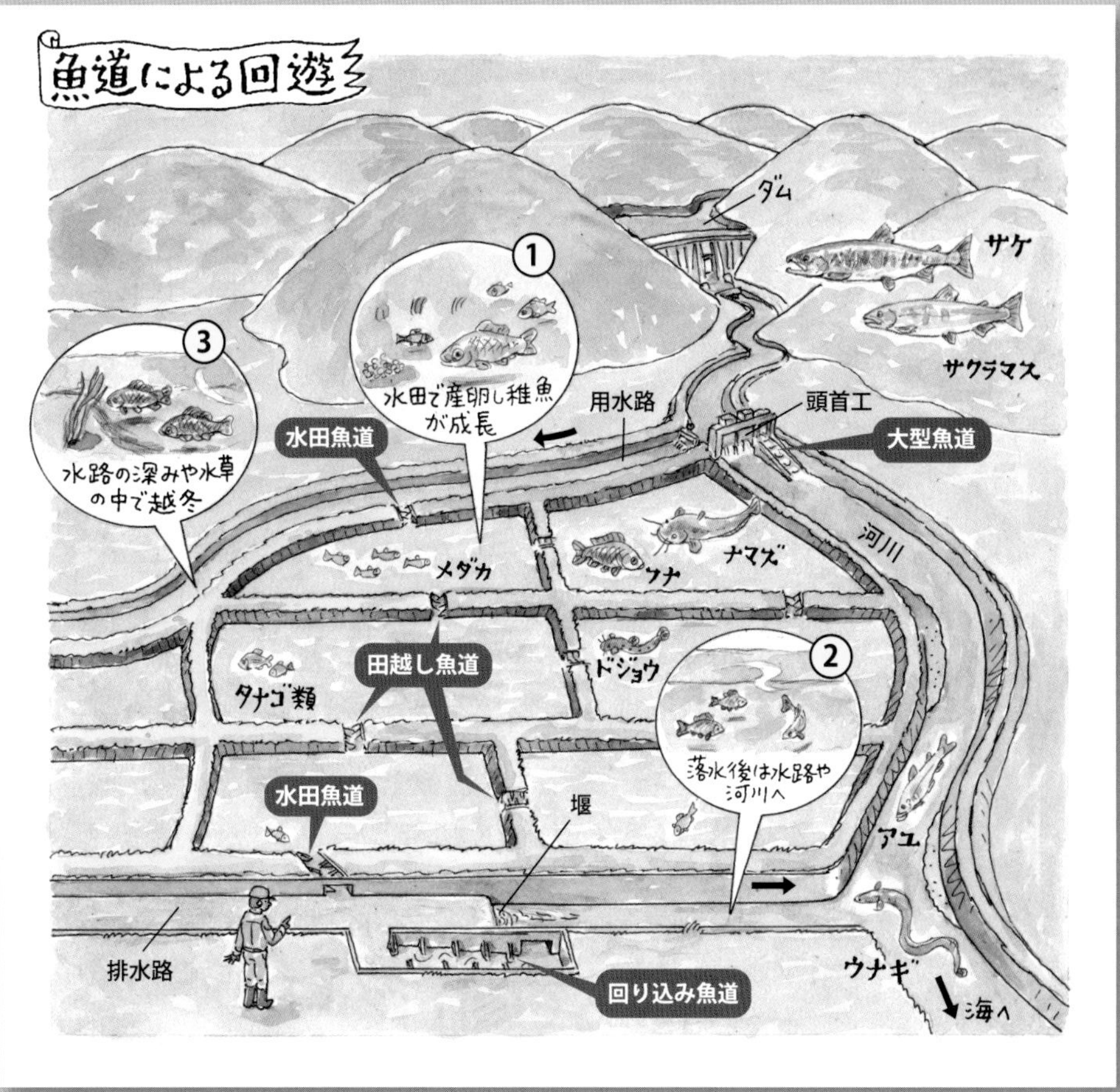
魚道による回遊
ダム
サケ
サクラマス
①
水田で産卵し稚魚が成長
③
水路の深みや水草の中で越冬
用水路
頭首工
大型魚道
水田魚道
メダカ
ナマズ
フナ
河川
ドジョウ
タナゴ類
田越し魚道
②
落水後は水路や河川へ
水田魚道
堰
アユ
排水路
ウナギ
海へ
回り込み魚道

道模型

基盤整備によって田んぼはイネ製造工場と化してしまったが、「水田魚道」はもう一度魚たちを呼び込もうという試み。昔は田んぼでウナギが捕れたとか、ナマズが田んぼで産卵するの、知ってた？

金属羽を木のといにビス打ちして作る小さな魚道。羽の裏側で魚が休める

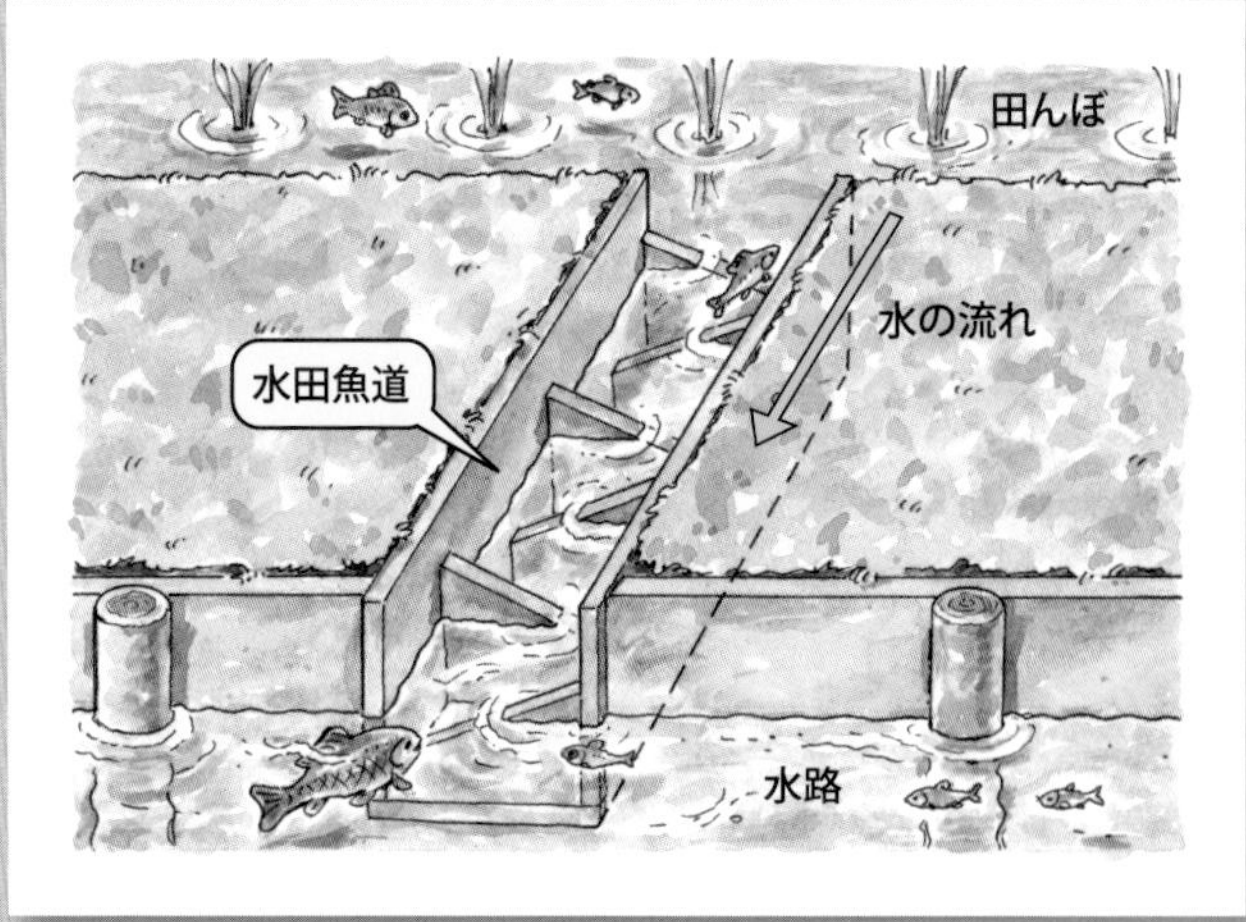
田んぼ
水の流れ
水田魚道
水路

田んぼ同士の畦を貫いて設置する「田越し魚道」。これでけっこう魚が上がってくるから面白い

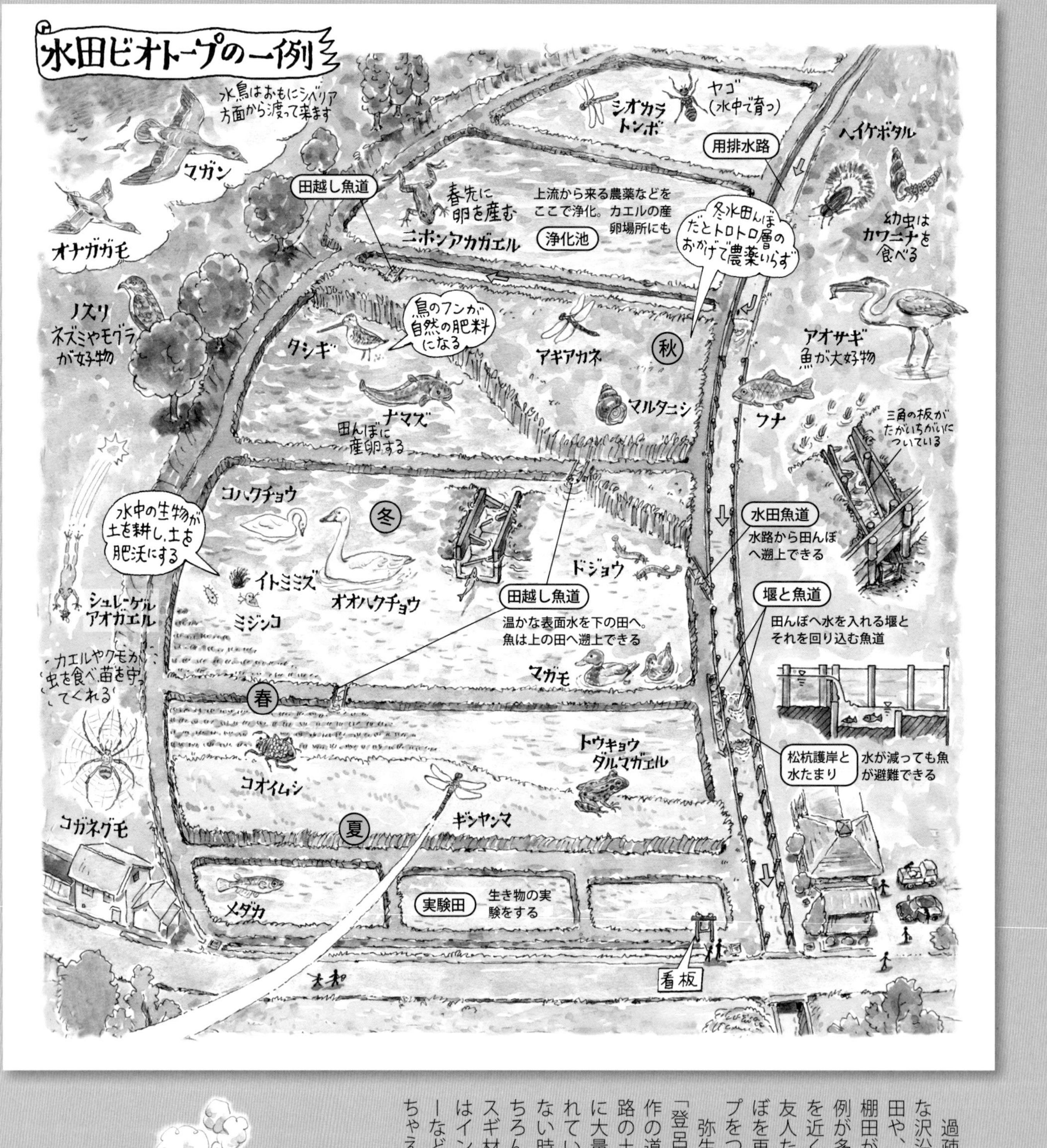
水田ビオトープの一例
水鳥はおもにシベリア方面から渡って来ます
マガン
オナガガモ
田越し魚道
春先に卵を産む
ニホンアカガエル
上流から来る農薬などをここで浄化。カエルの産卵場所にも
浄化池
シオカラトンボ
ヤゴ（水中で育つ）
用排水路
ヘイケボタル
幼虫はカワニナを食べる
冬水田んぼだとトロトロ層のおかげで農薬いらず
ノスリ
ネズミやモグラが好物
タシギ
鳥のフンが自然の肥料になる
アキアカネ
秋
アオサギ
魚が大好物
ナマズ
田んぼに産卵する
マルタニシ
フナ
三角の板がたがいちがいについている
コハクチョウ
冬
水中の生物が土を耕し、土を肥沃にする
水田魚道
水路から田んぼへ遡上できる
ドジョウ
イトミミズ
オオハクチョウ
田越し魚道
温かな表面水を下の田へ。魚は上の田へ遡上できる
堰と魚道
田んぼへ水を入れる堰とそれを回り込む魚道
シュレーゲルアオガエル
ミジンコ
カエルやクモが虫を食べ苗を守ってくれる
マガモ
春
トウキョウダルマガエル
松杭護岸と水たまり
水が減っても魚が避難できる
コオイムシ
ギンヤンマ
コガネグモ
夏
メダカ
実験田
生き物の実験をする
看板

＊水田魚道の設置・休耕田の利用には、地元の農業委員会や農政課に声をかけて了解を得ること

過疎の山村では小さな沢沿いに広がる谷地田や、石垣で組まれた棚田が放置されている例が多い。そんな場所を近くに見つけたら、友人たちと共同で田んぼを再生し、ビオトープをつくるのも面白い。

弥生時代を代表する「登呂遺跡」では稲耕作の道具（たとえば水路の土留め矢板や杭）に大量のスギ材が使われていた。ノコギリのない時代のそれは、もちろん割ってはつったスギ材なのだが、僕らはインパクトドライバーなどをどんどん使っちゃえばいいのだ（笑）。

PART3
石と土を使って

植物と分ち難い関係を持ち、壁土や石垣でその土地を美しく表現する石と土は、時の風に朽ちてもまた誰かが使える永遠の素材。耐火性も抜群で、造形の自由度も高い。うまく扱えれば山里暮らしの力強い友となる。

1. 土留めの基本と自然石で作る石垣

DIYガーデニングでは花壇の土留めにレンガを使うことが多いが、野石（自然石）でやるのも味わい深い。土留めや石垣の基本を知っておけば、山の斜面に平坦地を造って小屋を建てたり、道づくりにも応用できる。

植物で土留めする
表土ブロック工法断面図
1.5mまでは直切りOK!
20cm
地表20cmくらいまでが表土
切土
盛土
山から採ってきた表土をサンドイッチ
ここも1回削ってから転圧するとよい
平らに掘る

石がたくさん出たら石垣を作ろう!
切り株があれば盛土の中に入れるといい
自然にやさしい!
表土の層から植物が生えてくる

自然に優しい土留めの基本

斜面をならして平地を造るとき、山側の土を掘って（切土）その土を谷側に盛ればよい（盛土）。そのときお互いの土量を同じにしないと、土が余ったり足りなくなったりする。

切土は高さ1・5mくらいまでなら垂直に切ってもそれほど崩れない。しかし盛土部分は斜面にただ載せただけでは崩れやすい。

まず土を盛る基礎の部分を平らに掘っておき、そこに土を盛っていくと安定する。盛土は垂直に積むのではなく、多少の傾斜をつける。また雨で法面《のりめん》（※）が叩かれると土が流れやすいので、草などを生やして緑化する必要がある。

むかし日本の山村で養蚕が盛んだったころは、ここにクワの木を植えてその根で土を押さえた地方も多い。

※法面：切土・盛土で造られた人工的な斜面

草木の根で崩れを防ぐ

緑化のアイデアとしては、近所の山に行ってスコップで表土（地表から深さ20㎝までの土）を採取し、盛土の外側にサンドイッチ状に挟み込んでやるといい。

　この工法を「表土ブロック工法」という。表土は土壌微生物や菌類、植物のタネや球根、そして植物の生育に必要な養分が豊富に含まれているので、この方法だと法面にすぐに草が生え、雨でも崩れない。

　また木の切り株があるなら、盛土に挿入してもよい。根の張りが、土をつかんで土崩れを抑えてくれるし、根と幹の付け根からほかの植物や木が自然に発芽してくれることもある。

　法面に近隣の山の植物が生えると、バッタやチョウや甲虫類など、さまざまな生物の棲息地にもなる。思わぬ野草や灌木（たとえばサンショウなど）も生えてきたりして、それも楽しいものである。

野石（自然石）で石積み

　土留め造成の際にたくさんの石が出てきた場合は、その石を使って法面に石垣を作ると美しい。そうすれば平地の部分は土だけになるので土地の管理（草刈りなど）もやりやすくなる。

▶小型の野石を谷積みしたもっともよく見られるタイプの石垣

これは裏側をコンクリートで固めてある
花崗岩の玉石をセリ矢で割った跡がある

角ばった大型の山石を使った荒々しい石垣

開口部の屋根まで石でできた平積み石垣

その形から「矢羽根積み」とも呼ばれる

　野石（自然石）を上手に積んだ石垣は、風景に調和するだけでなく、雨や地震にも強い。崩れても部分補修が可能で、穴のすき間は小動物のすみかになる。
　湿った場所なら苔が付き、すき間にシダが生え、沢ガニがやってきたりする。乾いた場所の石垣にはベンケイソウやマツバボタン、サボテンなどの多肉植物を植え込んでもいい。ヤマユリは盗掘で少なくなったが、石垣の球根には手が出せない。それら石垣の植物たちが、季節には美しい花を咲かす。

積み方の種類

　石積みには大きく分けて「平積み」と「谷積み」の2種類がある。平積みは平行な節理のある角石をレンガのように交互に積んでいくやり方で、丸石や不定形の石には向かない。谷積みは石と石の間に常に谷をつくり、そこに新たな石をはめ込んでいくやり方で、あらゆる形の石に対応できるのでもっとも多く見られる。

　おそらく河原から採ってきたであろうサイズの同じ丸石を、1列ずつリズミカルに積んでいる石垣

石を割る

ハンマーで
割る

ドリルで
穴あけ
セリ矢で割る

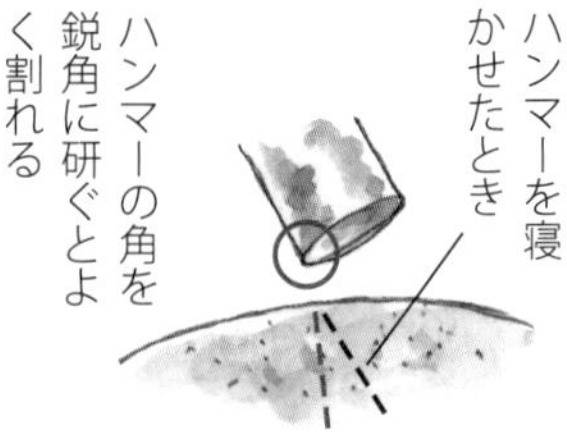
ハンマーを寝
かせたとき
ハンマーの角を
鋭角に研ぐとよ
く割れる

ハンマーを打つ場所によって割れ面は外に逃げる

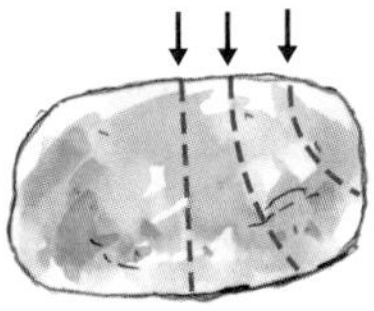

目や節理のある石はその筋に沿って割れやすい

玉石を半割りにして平らなツラを出した石

同じ大きさの玉石を用いた「谷積み」。ひとつの石を六つの石が囲む「六ツ巻き」はもっとも安定する組み方

石垣の断面図

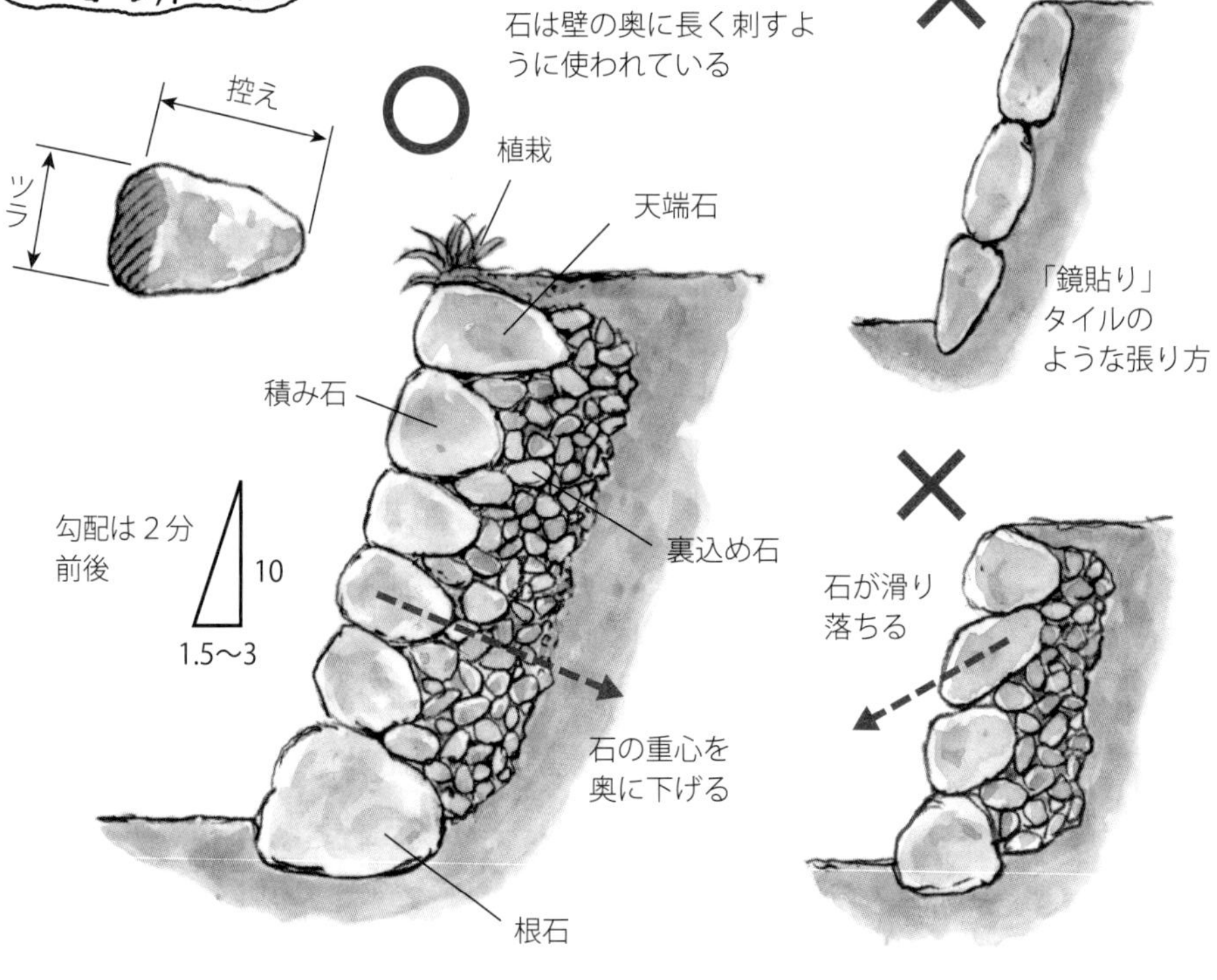
控え
ツラ
石は壁の奥に長く刺すように使われている
植栽
天端石
積み石
裏込め石
勾配は２分
前後
10
1.5〜3
石の重心を
奥に下げる
根石
「鏡貼り」
タイルの
ような張り方
石が滑り
落ちる

もよく見られる。その形から矢羽根積みなどとも呼ばれる。

石垣の構造

石垣は、ただ土に張り付けたような石の使い方をすると簡単に崩れてしまう。

　石を組む場合は基礎の部分にもっとも大きくて重い石を置く。これを「根石」という。積まれる石は**上の断面図**のように長手方向を奥に向かって刺すように使い、石が滑り落ちないように奥を下げる。石垣の表面に出る部分を「ツラ」といい、奥に入り込む部分を「控え」という。積み石はツラの長辺に対して控えが1・5倍以上ある石を使いたい。高さ50㎝程度の花壇などの場合は控えが20㎝程度あれば十分だが、高さ1ｍ以上の本格的な石垣に取り組む場合は、控えが25〜30㎝以上の石が望ましい。

　さらに、その奥には「裏込め石」という小石を埋め込む。この小石があることで、積み石が安定し、水はけも良くなる。「石垣は裏込めで保つ」といわれるほど重要で、崩れた石垣の原因を探ると裏込め石が薄いことが多い。

　この部分にモルタルやコンクリ

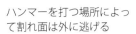

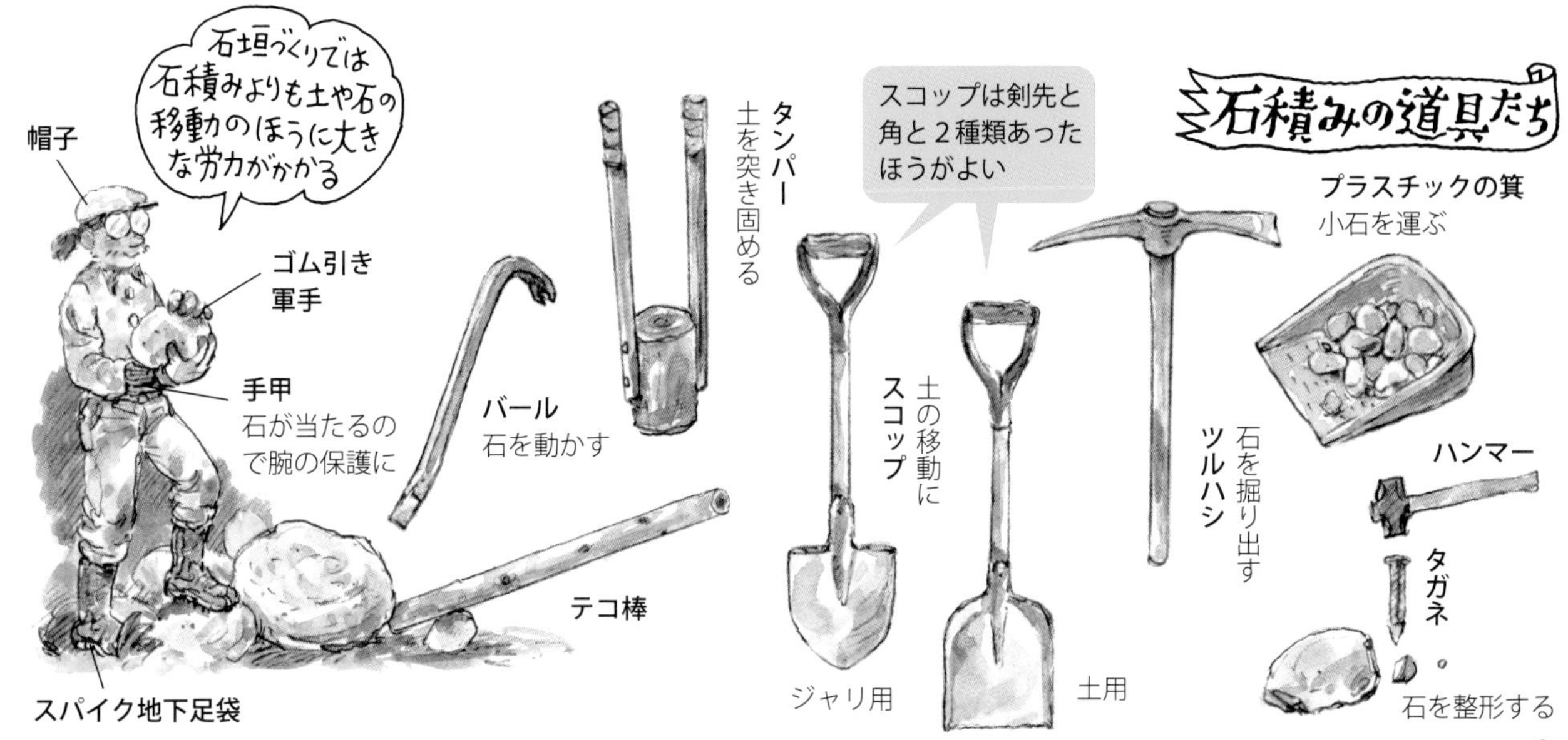

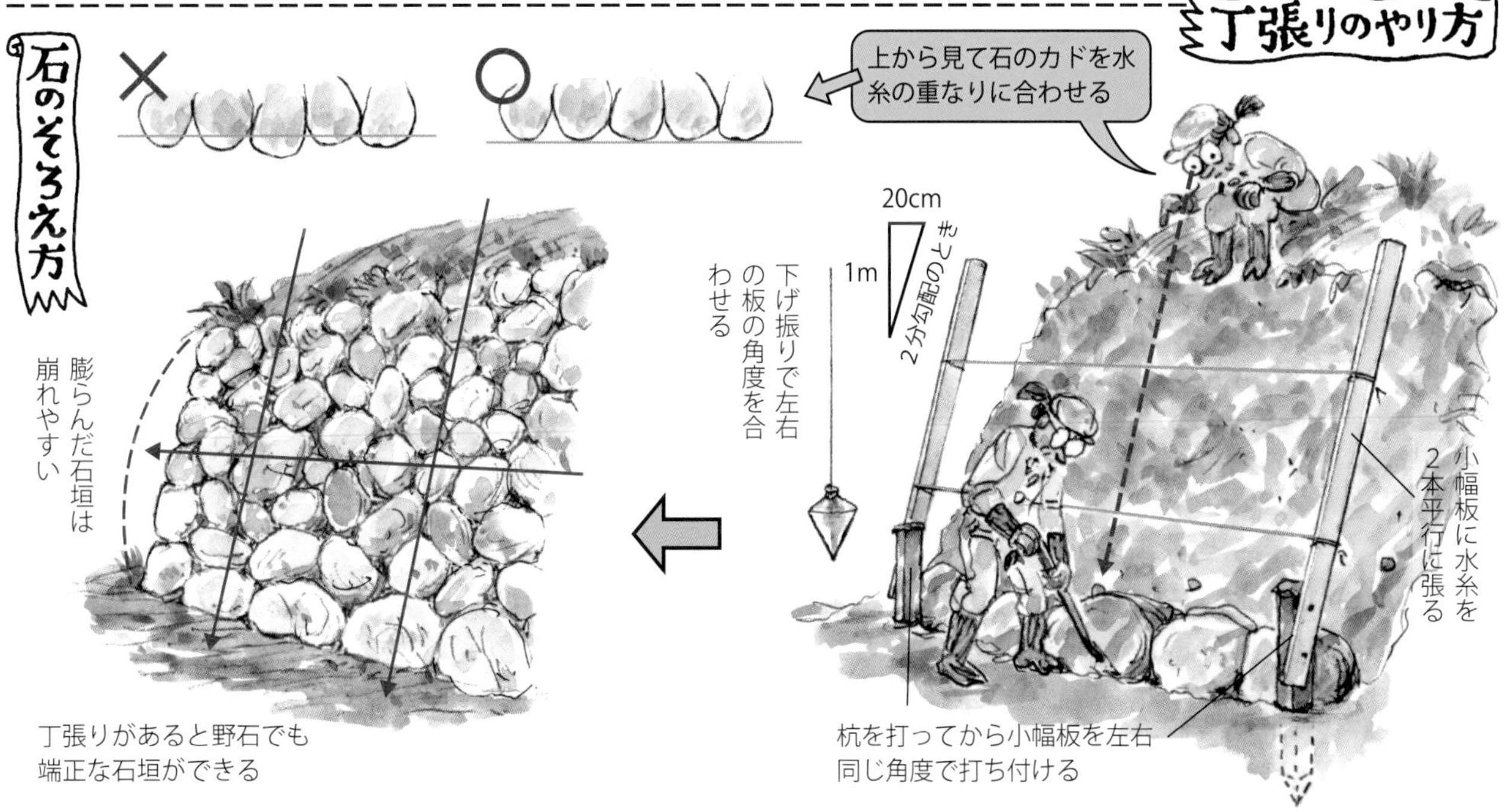

ートを流し込めばそれが接着・固定材となって石が一体化するが、水はけが悪くなるので排水パイプを埋め込む必要がある。

積みの準備と手順

野石はツラが平らではないので最初に「丁張り」という基準の水糸をセットして、それに石の先端を合わせるとキレイに仕上がる。高さのある石垣は水平方向だけでなく垂直方向の角度と直線が不安定になるので、高さをずらした2本の「丁張り」をつくる（最初は1本で、高くなってから2本目を張ると作業しやすい）。

まず根石を据える場所をやや掘り下げ、タンパーなどでよく突き固めておく。根石が大きければ崩れにくく、積みの面積を稼いでくれる。重い石を動かすにはテコを使う。間伐材の丸太や大きめのバールがあると便利だ。

基本は下から1段ずつ大きめの石から積んでいく。1カ所だけ高く積んでいくようなことをすると、下の石が重みでズレてしまう。また、石を重ねると下の石はもう動かせない。慎重にバールで位置を微調整する。

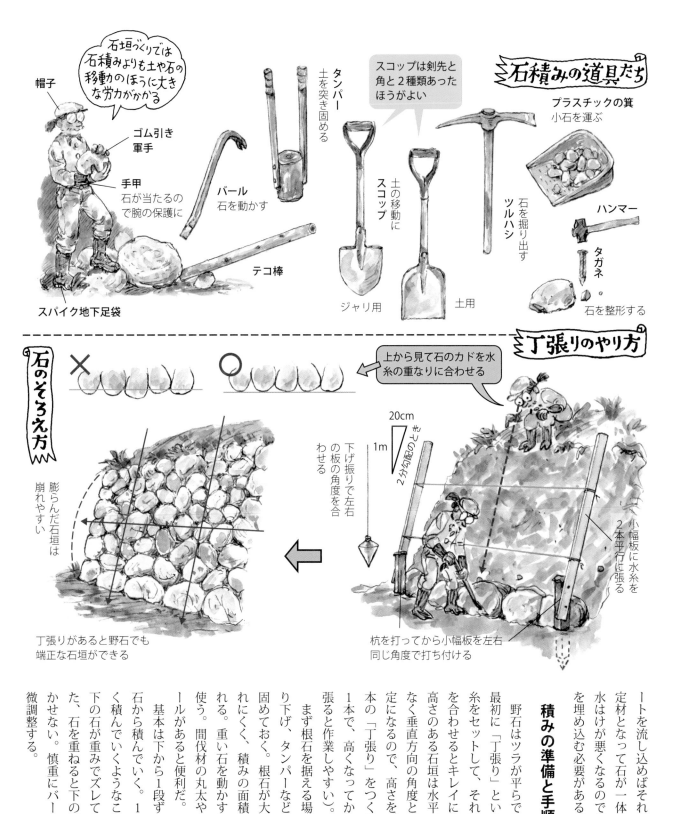

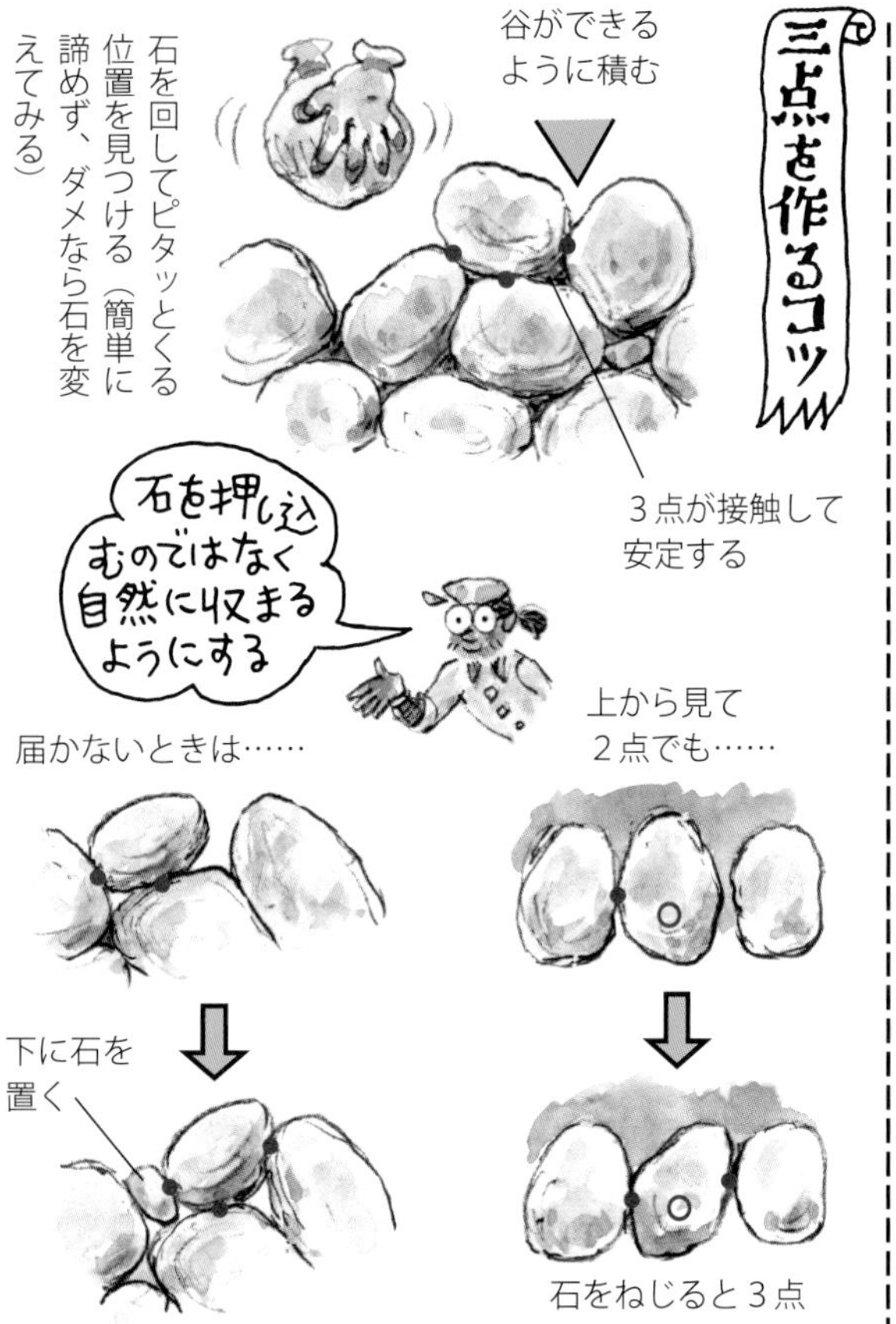
三点を作るコツ
谷ができるように積む
石を回してピタッとくる位置を見つける（簡単に諦めず、ダメなら石を変えてみる）
3点が接触して安定する
石を押し込むのではなく自然に収まるようにする
届かないときは……
下に石を置く
上から見て2点でも……
石をねじると3点

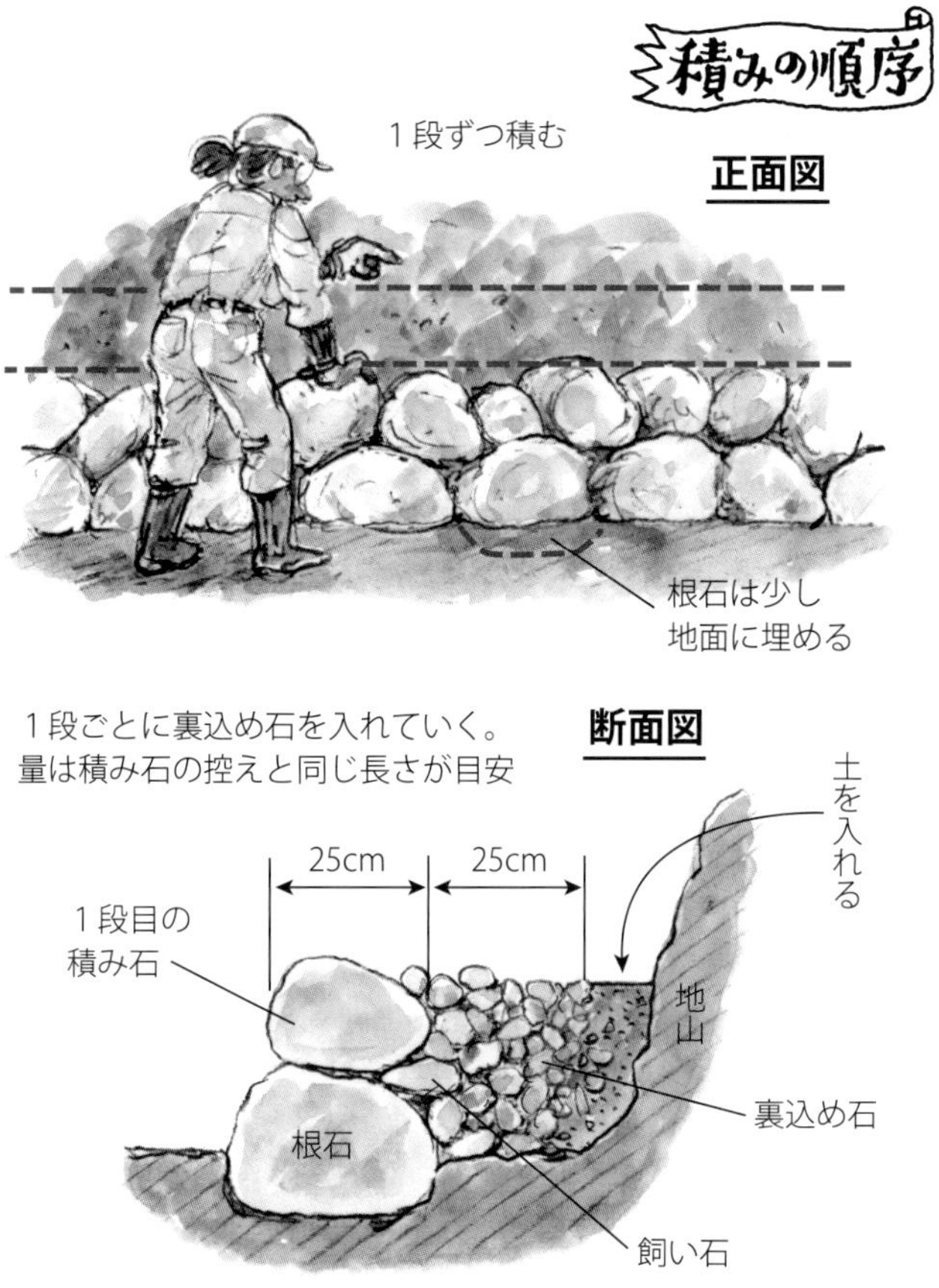
積みの順序
1段ずつ積む
正面図
根石は少し地面に埋める
1段ごとに裏込め石を入れていく。量は積み石の控えと同じ長さが目安
断面図
25cm
25cm
土を入れる
1段目の積み石
地山
裏込め石
根石
飼い石

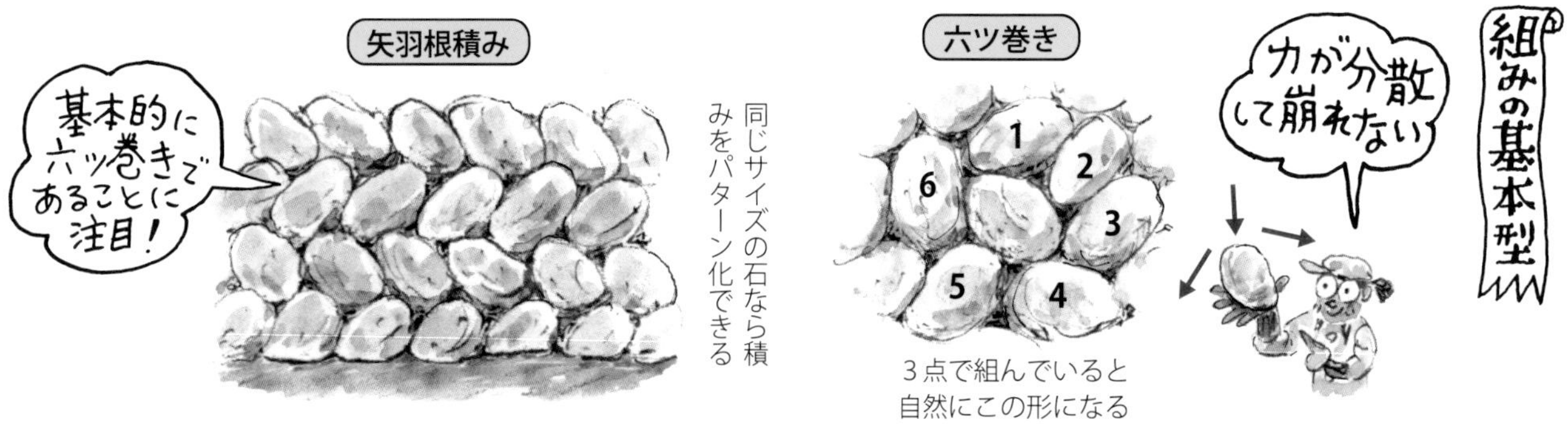
組みの基本型
矢羽根積み
基本的に六ツ巻きであることに注目！
同じサイズの石なら積みをパターン化できる
六ツ巻き
1
2
3
4
5
6
力が分散して崩れない
3点で組んでいると自然にこの形になる

谷積みの場合は、常に谷ができるように積んでいくわけだが、隣の石とのすき間ができないように石を選ぶ、あるいはその位置に合うまで石を回してみる。3点でカチッと固定されると石は安定する。載せた石の下に3個の石が接触しているのが望ましい。

裏込め石と埋め戻し

1段積んだら裏込め石をすき間なく入れていく。積み石のお尻に大きなすき間があれば先にそこに大きめの石を挟み込む（これを飼い石という）。石のツラがよく合うのに、どうしても3点がとれないときは、この裏側の飼い石で調整してもよい。

高くなるにしたがって、背後の土壁とのすき間が大きくなるだろう。全部裏込め石を入れては石が足りなくなるので、土で埋め戻してその空間を補うようにする。土は足で踏んだりタンパーを使って十分転圧する。ただし裏込め石の部分には土をかけない。排水をよくするためにすき間が必要なのだ。

これを予定の高さまで繰り返す。いちばん上（天端）の石はやや大きめの石で押さえるといい。土を

▶3本の角材で足場をかけた例

左端の支点は重ねたコンクリートブロック、赤点に廃材のガス管を打ち込んで支点にしている

さらに高くなったら天端に上がって作業する。助手に手渡ししてもらうか、回り道を確保して自分で上がる

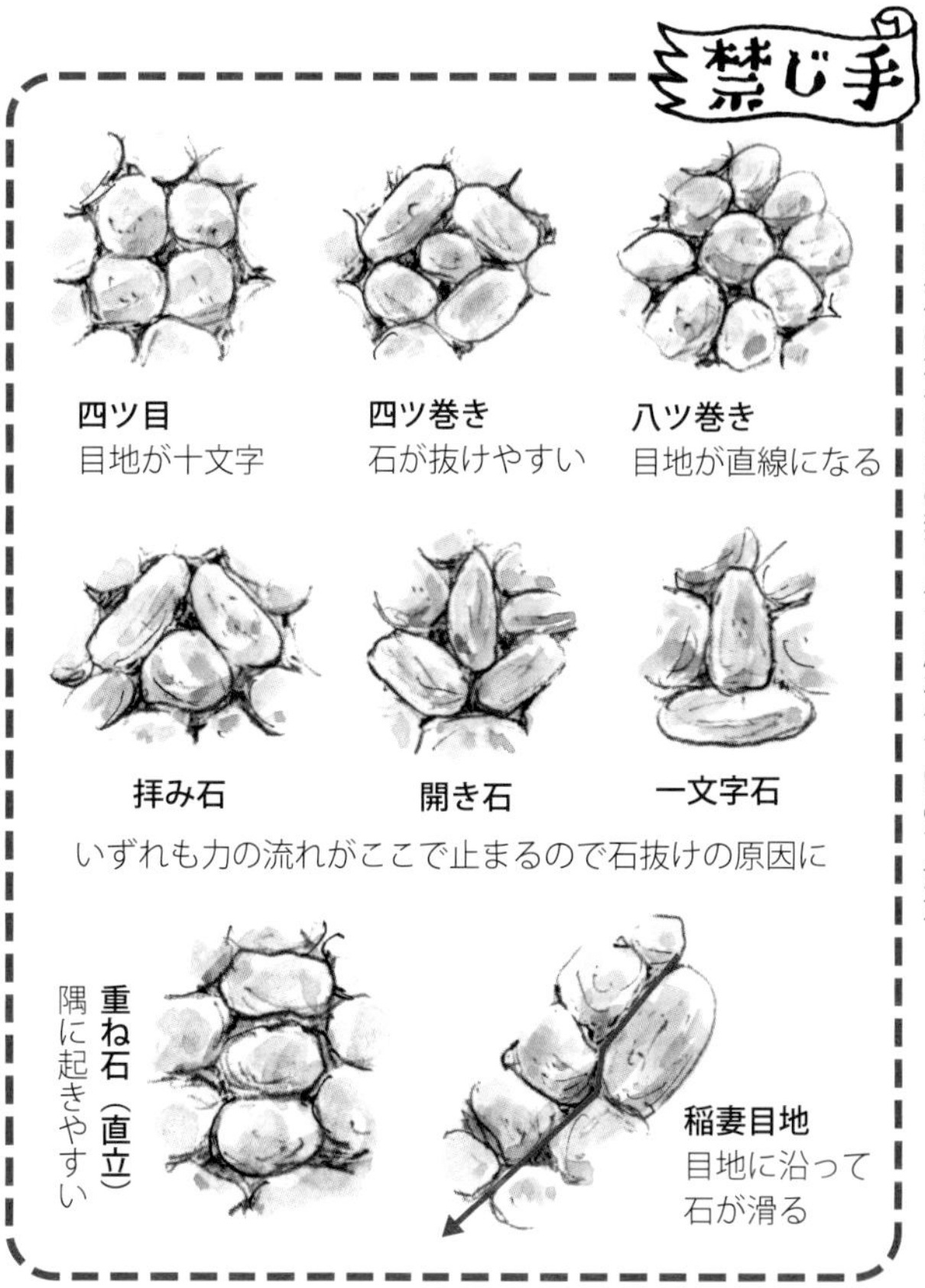
禁じ手
四ツ目
目地が十文字
四ツ巻き
石が抜けやすい
八ツ巻き
目地が直線になる
拝み石
開き石
一文字石
いずれも力の流れがここで止まるので石抜けの原因に
重ね石（直立）
隅に起きやすい
稲妻目地
目地に沿って
石が滑る

※とくに丸石の場合はこの禁じ手で崩れやすいので注意

かぶせて植物を植え込むと土がこぼれない。

高い石垣は足場を組む

石垣積みは自分の胸の高さを超えると非常に労力を要するので、高い石垣の場合は途中から足場を組む。

太目の鉄棒（異形鉄筋やガス管などの金属管でもよい）を石垣のすき間からハンマーで打ち込んでそれに足場板をかけ、ロープで固定する。重い石も足場へ一旦下ろしてから、足場に登ってもう一度上げたほうが労力が少なくてすむ。

それでも細かな組石の調整や裏込め石を入れるときは、天端へ登って作業したほうがよいので、ふたり上下に別れ、足場を介して手わたしするか、ひとりの場合は天端に回り込むルートを作っておく。

メンテナンス

長年のうちに裏込め石の奥の土が雨で抜け、天端の裏側の土が沈むことがあるので、くぼみに小石を補給する。

新しい石垣には草木はなかなか生えてこないが、生えてきたら適度に草取りをする。

※**石の入手について**：山里に土地を所有しているなら敷地を造成する際に出る大小の石を集める。また、河原に行けばその土地で産する石がちょうどいい大きさになって転がっている。しかし河川から石を大量採取するには許可が必要なので、それでも石が足りない場合は、石が不要で捨て場に困っている人を探したり、石の産地の町に行って、石材屋さんに分けてもらうといいだろう。最近はホームセンターでも自然石を扱う店が出てきた。積み石のほかに大量の裏込め石が必要になるので（積み石と同体積が目安）それも準備する必要がある。

2. 山に道を入れる方法とそのメンテナンス

山小屋へ通う道のデコボコやぬかるみにタイヤを取られたり、豪雨のたびに補修が必要な山道に悩まされていないだろうか？　雨に強く、メンテナンスがラクな道をどうしたら造れるのか？　すぐれて環境親和的な、新しい道づくりのアイデアを紹介。

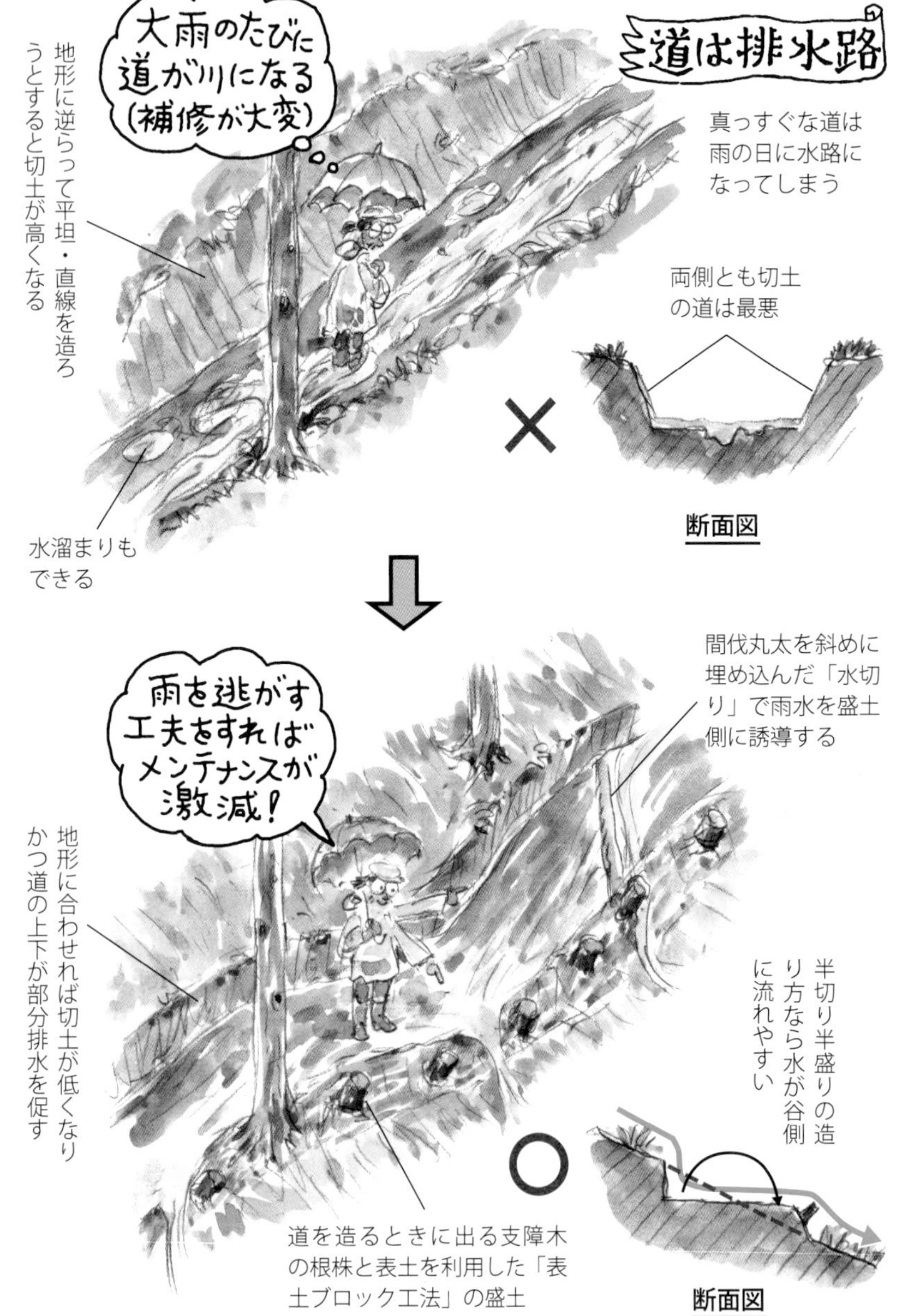

大雨のたびに道が川になる（補修が大変）
道は排水路
真っすぐな道は雨の日に水路になってしまう
地形に逆らって平坦・直線を造ろうとすると切土が高くなる
両側とも切土の道は最悪
×
断面図
水溜まりもできる
間伐丸太を斜めに埋め込んだ「水切り」で雨水を盛土側に誘導する
雨を逃がす工夫をすればメンテナンスが激減！
地形に合わせれば切土が低くなりかつ道の上下が部分排水を促す
半切り半盛りの造り方なら水が谷側に流れやすい
○
道を造るときに出る支障木の根株と表土を利用した「表土ブロック工法」の盛土
断面図

道で広がる山利用の可能性

山に道があれば伐採した木を出材するときとても便利だし、その後の山の管理もすごくラクだ。手軽に山に入れるので、丁寧な選木の間伐もできるし、その後どんどん変わる森の美しさを楽しむことができる（森の照度が変わることで新しい稀少な花が咲き始めることが多い）。山菜やキノコの採取、あるいはＤＩＹ材としての粘土や石などを出すことができる。そして小屋を作る可能性、山から水を引く可能性も大きく広がる。

いま山林の価値は低く、先祖から相続した山を放置している「不在村地主」が増えているが、これは「道がないので山をどうすることもできない」という諦めも大きな理由なのではないだろうか。

荒れない・崩れない、管理しやすい道を造る

確かに実際山に道を入れようとするとそれなりに難しい。日本の山は急峻で、雨が多い。とくに山間部では強烈な雨が続くときがあり、これが山道をいとも簡単に壊

数年後の緑化状況。半切り半盛りの道は雨水を逃がしやすい。そして草木の根が崩れを防ぐ。メンテナンスは山側からこぼれた石の除去と、道の中に伸びすぎた草木を切るだけ

完成直後の表土ブロック工法で造られた山道。軽トラや軽箱バンの移動なら道幅はこれで十分。垂直切土の低さと、道際まで残された木、そして路肩に埋め込まれた根株（矢印）に注目

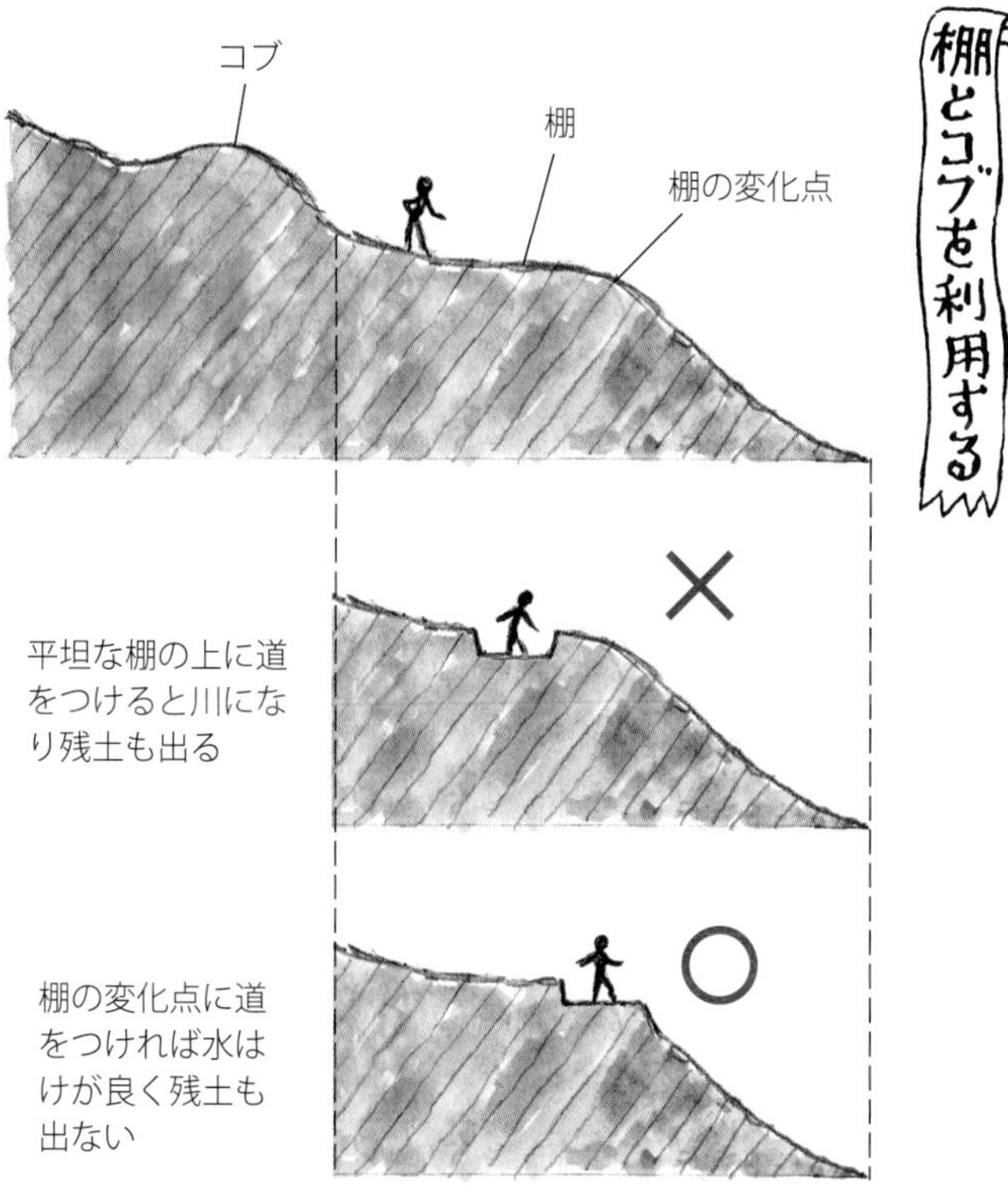

棚とコブを利用する
コブ
棚
棚の変化点
平坦な棚の上に道をつけると川になり残土も出る
×
棚の変化点に道をつければ水はけが良く残土も出ない
○

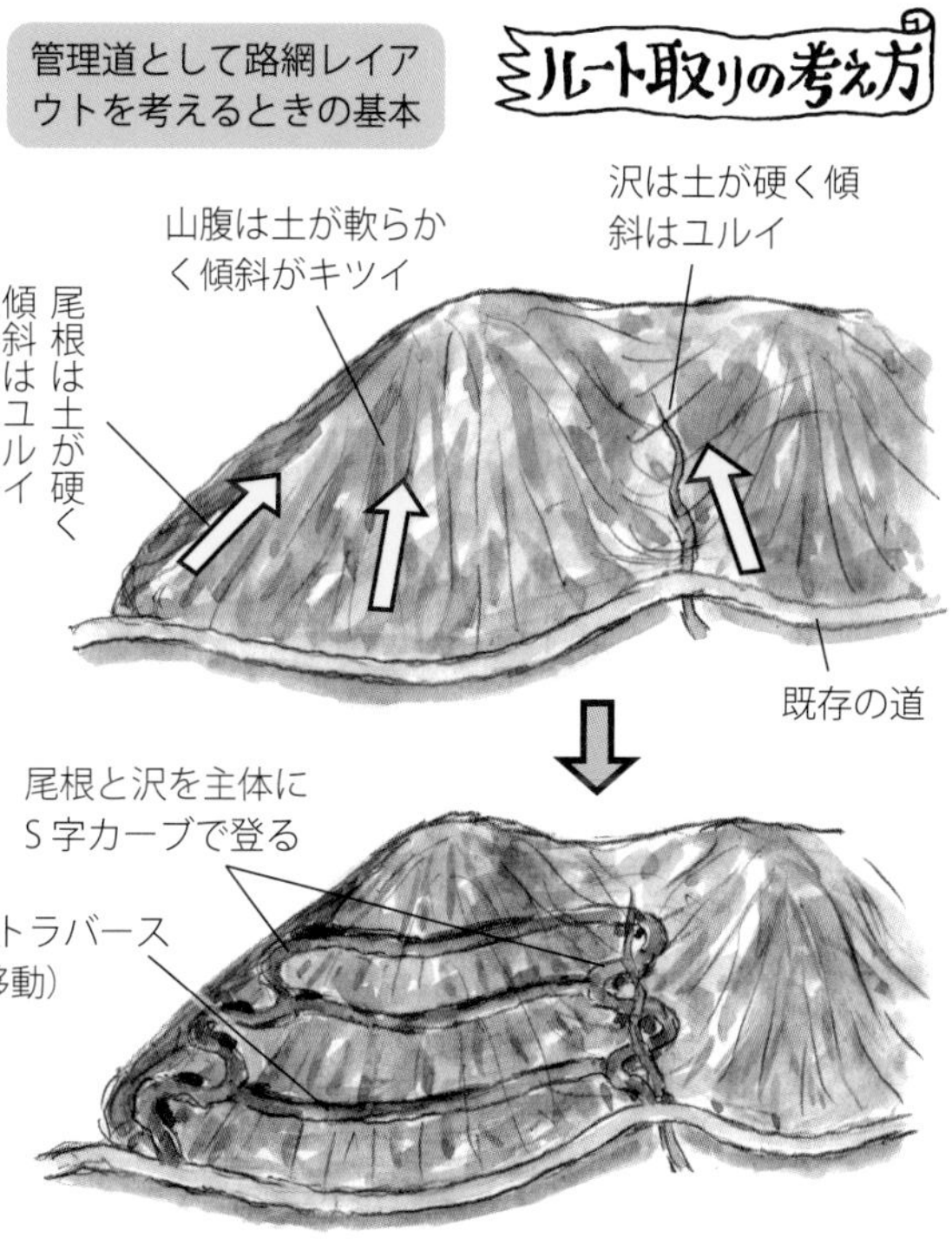

管理道として路網レイアウトを考えるときの基本
ルート取りの考え方
山腹は土が軟らかく傾斜がキツイ
沢は土が硬く傾斜はユルイ
尾根は土が硬く傾斜はユルイ
既存の道
尾根と沢を主体にS字カーブで登る
山腹はトラバース（横道移動）

上り下りの道は尾根と沢で取り中腹は横道にすると造りやすく崩れにくい

してしまう。

道路を造るときはまず地形を測量して図面を描き、一定の勾配やカーブの基準パターンを保ちながら斜面を切り盛りする（運転のしやすさを優先）。そして路面に砂利を敷いたり法面をコンクリートで覆い、水みちを水路に集めて排水していくのが常道だが、山中の林道にそんなお金をかけることはできない。

それほど頻繁に通ることのない林道は、まず荒れない道を造ること、管理のしやすさを優先し、「道を壊すのは雨」を十分理解したうえでルートを選定するのがよい。

今の車は性能が良くなっている。そしてバックホー1台あれば現地素材だけで造れるアイデアがある。現行の4WD軽トラが木材を積んで、危険なく通れる道を基準として道づくりを考えてみよう。

低い切土で盛土も重視

昔の林道は切土だけで造られたものが多く、その際に出た残土は谷に捨てられた。ブルドーザーしかなかった時代には、斜面では走行に耐えうる盛土ができなかったからだ。今はバックホーがあるの

✕
崩れる盛土
ただ土を移動して載せただけ！これじゃすぐ崩れる
盛土に枝や葉など伐採残滓を入れちゃダメ！
表土
心土

○
崩れない盛土
最強の盛土
床掘りの上にしっかり積み上げ根株と表土をサンドイッチ
表土
心土
心土の切削面はバックホーが水平なら階段状になる
表土をブロック状に挟んで法面の緑化を促す
盛土のベースとなる床掘り
ルート上の支障木の根株をバックホーで引き抜き、谷側の根の長いほうを道の中心に向け盛土に挟む

で強固な盛土ができる。切土で出た土を盛土に転用していけば残土が出ない。盛土で道幅が稼げるので、道づくりのために移動する土量を最小限にすることができる。

　また72・73ページで解説した表土ブロック工法を用いて表土を緑化に活かせば捨てるものは何もない（一般の土木工事では表土はふわふわしているので盛土用土に不適とされ捨てられる）。

道幅を最小限に

　まず重要なのは開削するとき道幅を広くしないことだ。軽トラが行き来するには幅員2・5mあれば十分で、急カーブやUターン場だけやや広く造っておけばよい。

　ルートを見きわめ、切土を1・5m以下に抑えれば斜めに切る必要はない。これだけで開削幅が減る。

　そして周囲の木は道のキワまで残しておいたほうがよい。伐るのは道幅をとるために邪魔になる木だけだ。とくに切土側に残した木はやがて根を伸ばして切土を防護してくれるので大切だ。さらに木を残すことで、道の上が急に明るくならないので、草刈りの管理手間が減るのである。

引き抜いた根株を土留め構造物に

　間伐の遅れたスギ・ヒノキ人工林の場合、道を拓く際に支障木がたくさん出る。この根株は土や石を噛んでいるのでチェンソーで薪にしようとすると刃がズタズタになる。また繊維が斜めに絡んでいるのでオノでも割りにくい。というわけで林道脇によく捨てられているのだが、これをバックホーで引き抜いたら、上図のように盛土の中に差し込むと非常に有効な土留め素材となる。

　またこの埋めた切り株ふたつを支点にして丸太をかけると強固な路肩ができる（「丸太アンカー工」次ページ下図）。

バケットで細かく積む「表土ブロック工法」

　盛土の手順はまず「床掘り」といって、盛土を積み上げる最初の

バックホーの動き

少しずつ前進しながら丁寧に道を造っていく

丸太アンカー工

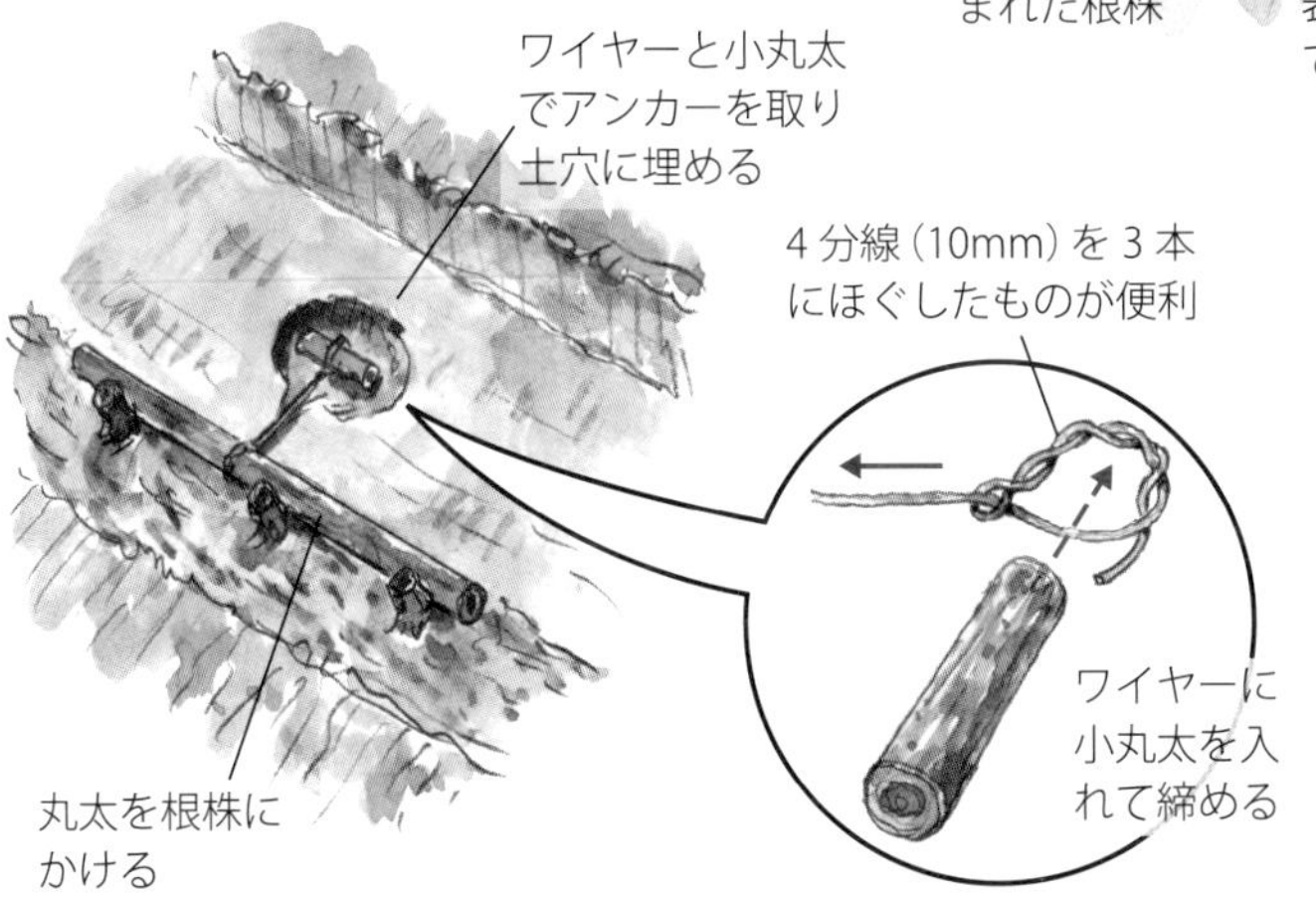

バックホーについて

この道づくりにはバケット容量0.18〜0.25㎥、車重4〜8トン程度の小・中型バックホーが適する。大きすぎては細かい作業ができないし、小さすぎると根株を抜くとき車体が浮き上がってしまう。また路面の転圧が効かない。アームは長いもの、ボディーは小旋回で排土板つき、キャタピラはゴム製ではなく金属製がよい。運転には「車両系（整地・運搬・積込及び掘削用）建設機械」の技能講習を受けて「技能講習修了証」を持つ必要がある（各重機メーカーの教習所を利用）。

基礎を平らに掘り、バケットで叩くようにして十分転圧する。床掘り面は水平であることが重要だが、バックホーの車体が水平であれば、バケットの底はおのずと水平になる。つまり、常に平らな道を造りながら、じわじわと道を切っていく、という手順になる（一度に長い距離を開削して部分的に盛土をする手法は不可）。

床掘りの上に、山側からの土を、床掘りに近い位置からバケットで順次積んでいくわけだが、そのとき斜面のいちばん上部にある「表土」と、その下にある地山の土（心土）をごちゃ混ぜにせず、表土をできるだけ法面側に置き、地山の土とサンドイッチになるように積んでいく。この際、バケットの背で必ず1回ごとに転圧をかける。

この作業をアームが届く範囲内で行ないながら（距離にして2〜3m）、徐々に進んでいくのである。

転圧（踏み固め）の重要性

この表土ブロック工法が5〜6ピッチ進んだところで一度区切りをつけ、道の上をバックホーで行ったり来たりしながら路面を転圧

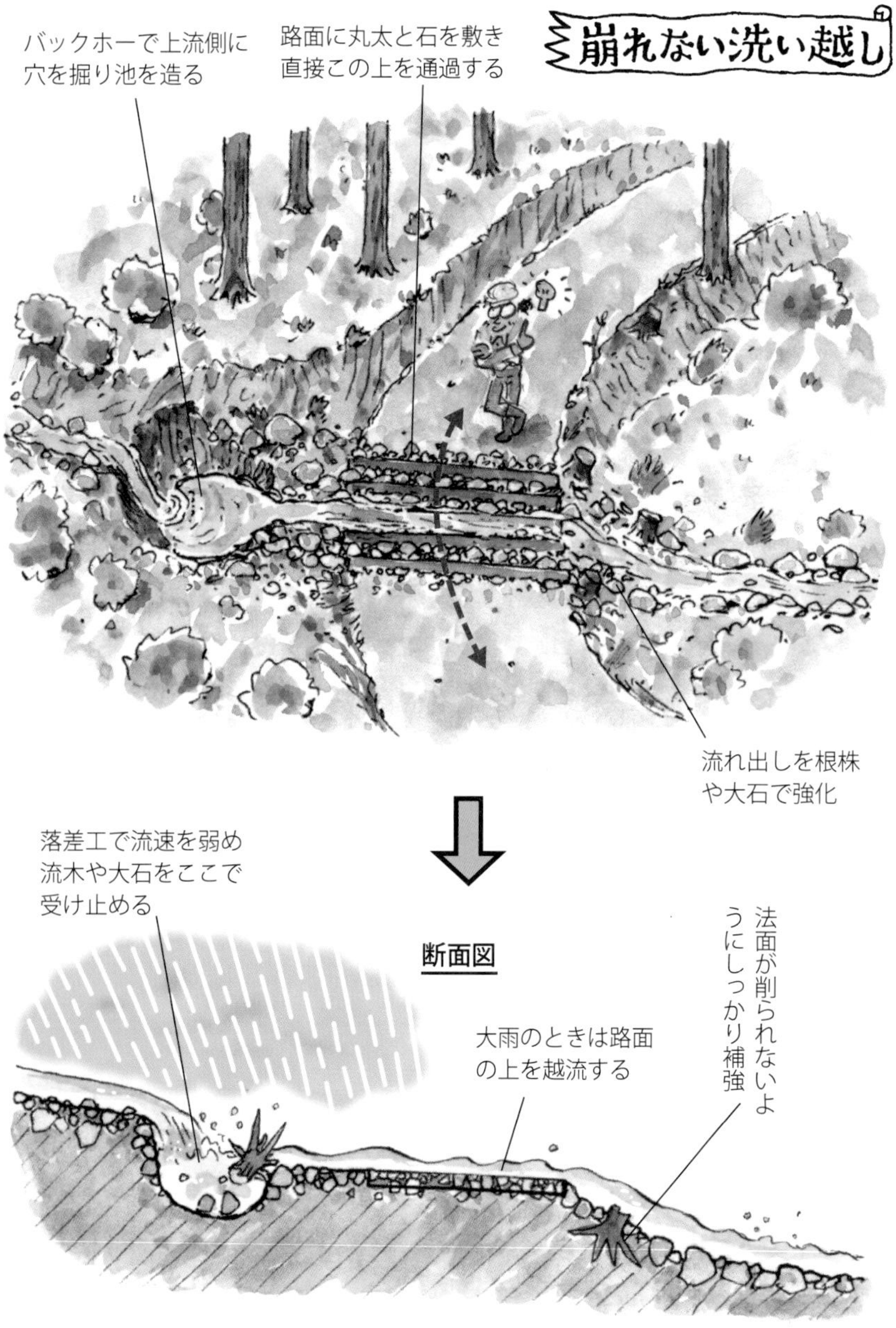
崩れない洗い越し
バックホーで上流側に穴を掘り池を造る
路面に丸太と石を敷き直接この上を通過する
流れ出しを根株や大石で強化
落差工で流速を弱め流木や大石をここで受け止める
断面図
大雨のときは路面の上を越流する
法面が削られないようにしっかり補強

崩れるヒューム管
沢は管を埋めて盛土すれば簡単だが……
豪雨で上流から流木などが管を塞ぎ
道を流してしまうことが多い（修復が大変）

する（踏み固める）。真っすぐだけだと轍《わだち》の部分が残るので、やや斜めに、盛土の天端を踏み抜く感じでジグザグに前後するとよい。

切土の部分は最初は荒く造っておき、この転圧のときに正確に直切りする。切土側の路面も一度浅く掘ってから転圧をかけると路面が均一になる。

その日に行なった工事の区間はしっかり転圧をかけておく。持ち越して雨に降られると泥沼化する場合がある。軽トラを小刻みに移動するだけでもけっこう転圧できる。タイヤは接地面が小さい分意外に荷重がかかる。

沢のわたり方

小沢をわたるとき、あるいは枯れ沢でも豪雨の際には川になりそうな凹地を通るときは、普通は橋を架けたりヒューム管を通してその上に道を通すが、大雨のときに詰まって破壊されることが多いので、現地素材で「洗い越し」にするとよい。石や丸太を並べて川床を上げてその上を車で横断するのだ。これだと豪雨の際は道の上を川が流れていくので道が壊れないし、その後のメンテナンスもラクだ。

丸太組みの土留め

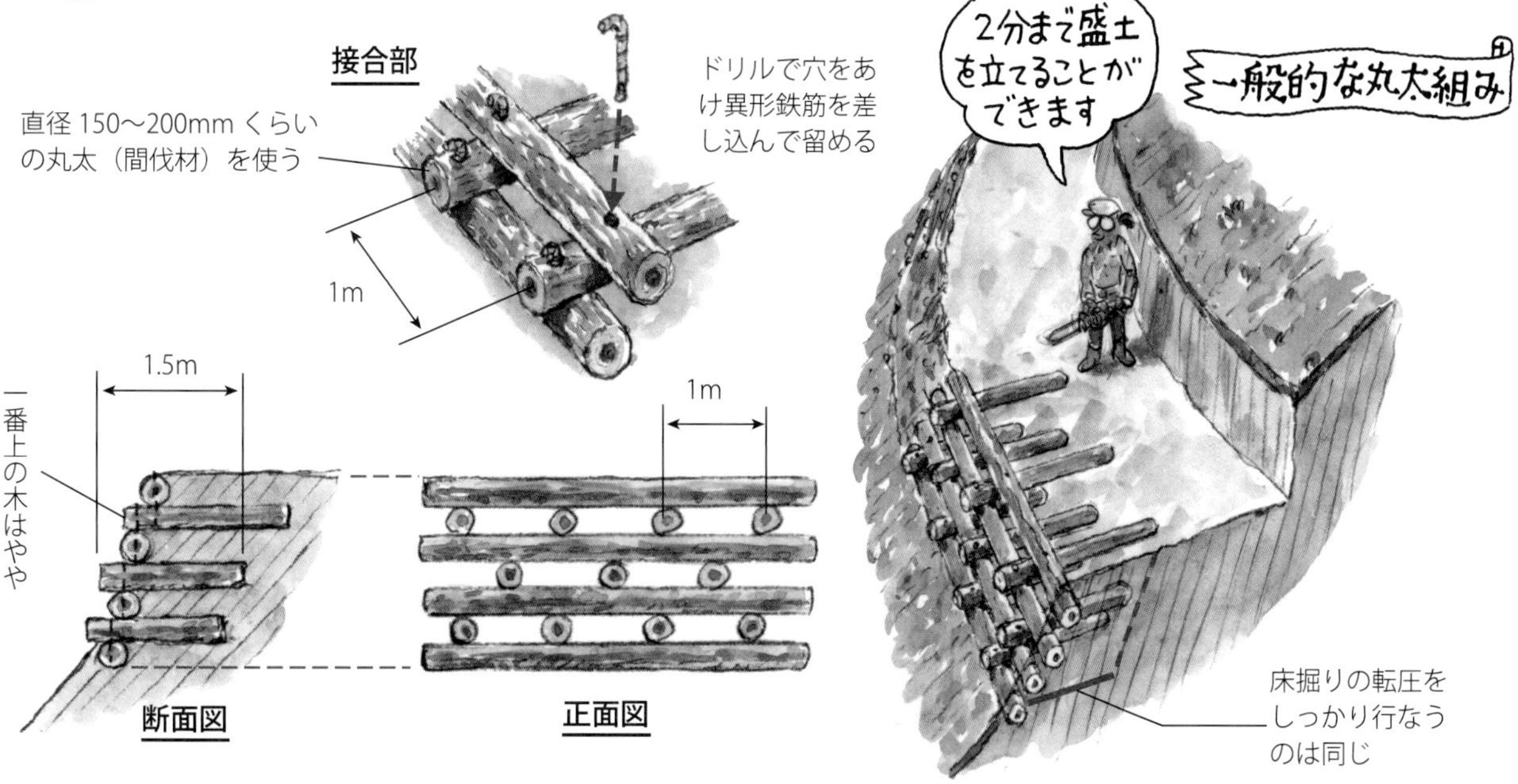
接合部
直径150〜200mmくらいの丸太（間伐材）を使う
ドリルで穴をあけ異形鉄筋を差し込んで留める
1m
1.5m
一番上の木はやや長めにする
1m
断面図
正面図
2分まで盛土を立てることができます
一般的な丸太組み
床掘りの転圧をしっかり行なうのは同じ

丸太組みが有効な場面：急斜面で崩れやすい場所をどうしても通らざるを得ないとき（基礎のレベルを上げる）／切土面が崩れやすい土質で土留めをしたいとき／洗い越しで河床を上げたいが石が足りないとき（流れ出しに造る）／造った道が崩れたときの復旧に。**ただし丸太組みの表面に露出している部分はいずれ腐る。だから棚の部分に表土や広葉樹株や苗を埋め込むようにする。**

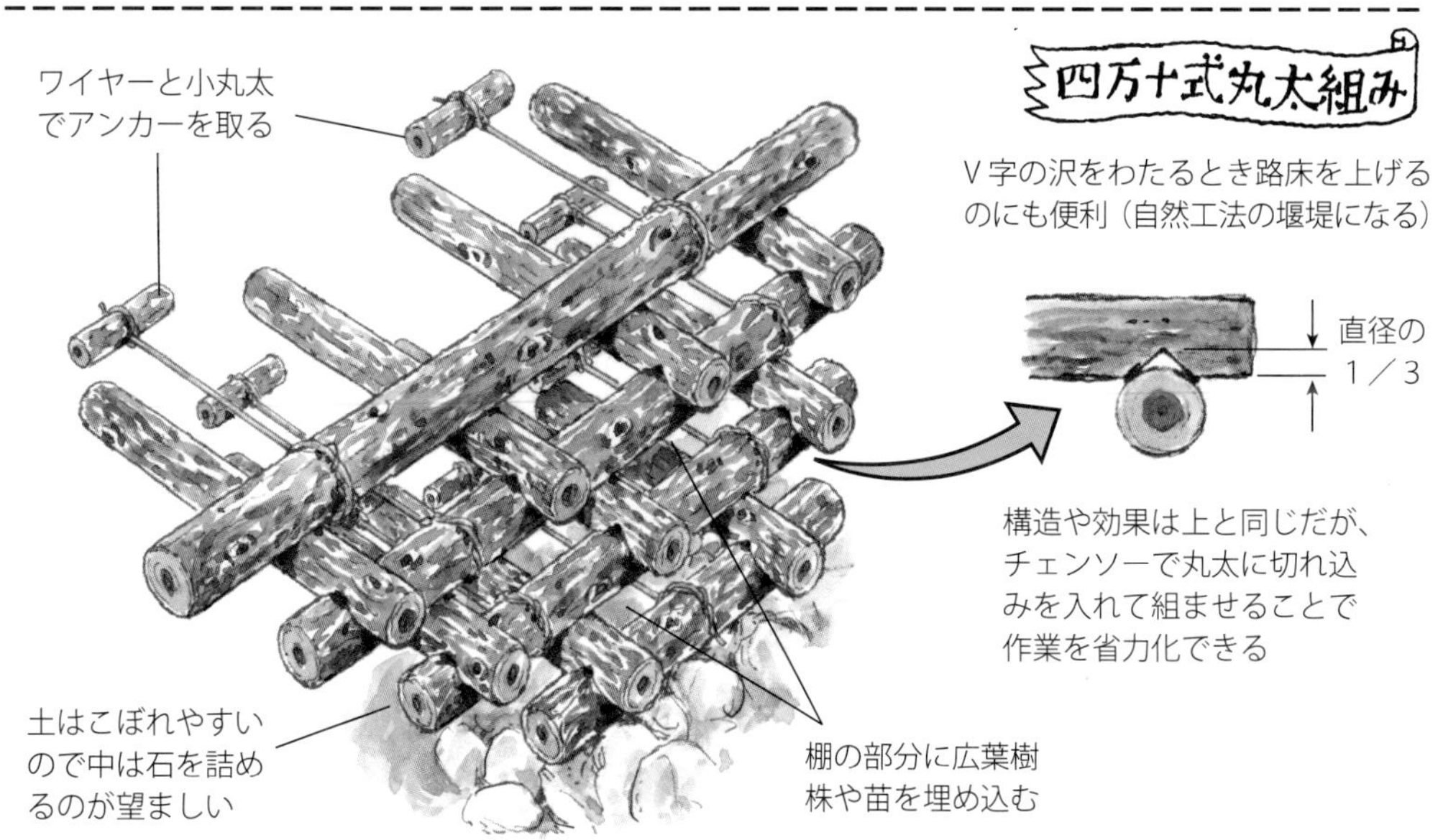
四万十式丸太組み
ワイヤーと小丸太でアンカーを取る
V字の沢をわたるとき路床を上げるのにも便利（自然工法の堰堤になる）
直径の1／3
構造や効果は上と同じだが、チェンソーで丸太に切れ込みを入れて組ませることで作業を省力化できる
土はこぼれやすいので中は石を詰めるのが望ましい
棚の部分に広葉樹株や苗を埋め込む

ポイントは道の上流側で沢を深く掘って落差をつくり流速を下げる。道の下流側を根株や石でやや強固に造っておく。傾斜が強い場合や谷が深い場合は丸太組み（上図）を併用するとよい。

広葉樹の苗木も捨てない

支障木の根株や表土を有効に使い切るのがこの道づくり（※）の画期的なところだが、もし小さな広葉樹の株があったらそれも捨てずに路肩に移植するとよい。

慣れるとバックホーのバケット操作だけで一連の動作ができるものだ。また大きな広葉樹の根株は埋め戻すと株から萌芽する（死なずに新しい芽が吹き出てくる）ので、それを見越してここぞという場所にうまく使うとよい。

切土の上部に残した広葉樹については小さなものは倒れやすいので頭をナタかノコで切っておくとよい。やがて萌芽して根は生き続け、切土の崩壊を防いでくれる。

道ができたら、見回りながら木々の育ちを見守るのも楽しい。

路肩に埋めた広葉樹の根株の萌芽枝が込みすぎたときは少し間引いてやるとよい。

※この道づくりは「四万十式作業道」と呼ばれ近年各方面で採用されている。詳しくは拙著『山を育てる道づくり』（農文協）参照

「青石《あおいし》」を追って

事の起こりは私が最初に住んだ山暮らしのアトリエが、三波《さんば》石の産地（群馬県藤岡市・旧鬼石町）だったことに始まる。三波石は全国的に有名な庭石で、伊勢神宮の内宮の石段にも使われているのだ。変成岩の一種で「結晶片岩／緑泥片岩」といい、全体に緑色で石英の白い筋が入り込んだものが美しく、雨に濡れるとまた深みを増す。私が借りて住んでいた古民家は、この三波石の石垣の上に載っていて、周囲も同じ石垣だらけだった（**77ページ**で私が積んでいるのもそのひとつ）。

ところが、相方の故郷である四国を訪れるとそっくりな石がたくさんあるではないか。こちらでは「青石」と呼び、庭石として盛んに使われている。この石は片理があって薄く平行に割れやすいので、石垣が積みやすく、四国の山岳地帯には青石の見事な石垣がたくさんある。その姿は群馬の石垣に酷似しているのだ。

正面図
三波石の青い石垣は迫力満点!

アトリエの石垣（この上に築100年超の古民家が建っている）

調べてみると、青石（結晶片岩・緑泥片岩）は中央構造線に沿って分布する「三波川変成帯」の構成石であるという。とくに四国を貫く中央構造線の南側に広く分布しており、吉野川流域では「阿波の青石」、愛媛では「伊予青石」と呼ばれている。吉野川の名勝「大歩危《おおぼけ》・小歩危《こぼけ》」は青石の露出地だし、西日本最高峰の石鎚山は、この青石を基岩としているのだ。青石は四国ではポピュラーであり、むしろ関東でこそ稀な石なのであった。

そして地質用語として定着している「御荷鉾《みかぼ》構造線」や「三波川変成帯」は、群馬のアトリエのすぐそばにある御荷鉾山や三波川から名づけられたことを知った。これは明治の中ごろ、初めて関東山地（秩父の長瀞周辺）で岩石や地層が研究されたからで、群馬南部は古生代の地層が複雑に入り組んでおり、日本地質学の揺籃の地なのであった。

＊

それからというもの、青石地帯を旅するのが楽しみになった。いやむしろ、車窓から青石の石垣を発見し、いま中央構造線・三波川変成帯のライン状にいるということを、教えられることがたびたびあった。

青石地帯はすなわち名石の産地でもあり、石材屋さんがたくさんある。青石は石垣だけでなく、建築資材として壁や塀などにも使われる。また京都の有名なお寺の庭はこの青石のものが多い（たとえば大徳寺、龍安寺など）。しかし極めつけは岬全体が青石の佐田岬だ。ここはただ石を見に行くだけでも価値がある。

写真右：群馬県神流町の畑の石垣。急斜面の畑でコンニャクなどが作られている。**写真中**：四国、徳島市で見つけた阿波青石を使った置物。**写真左**：和歌山県海南市で見つけた青石の石塀。切り石を積んだ珍しい例

佐田岬の岩はみな青石で、映える海も美しい

高知県の吉野川源流の青石。このまま庭石に使えそうだ

長野県大鹿村「分杭峠」の中央構造線露頭部。右の青色が三波川変成帯

海岸の青石は層状になっている

中に家がある！
佐田岬の石垣。片理によって板状になった青石を積んだ風よけ石垣。上は谷積み、下は平積み

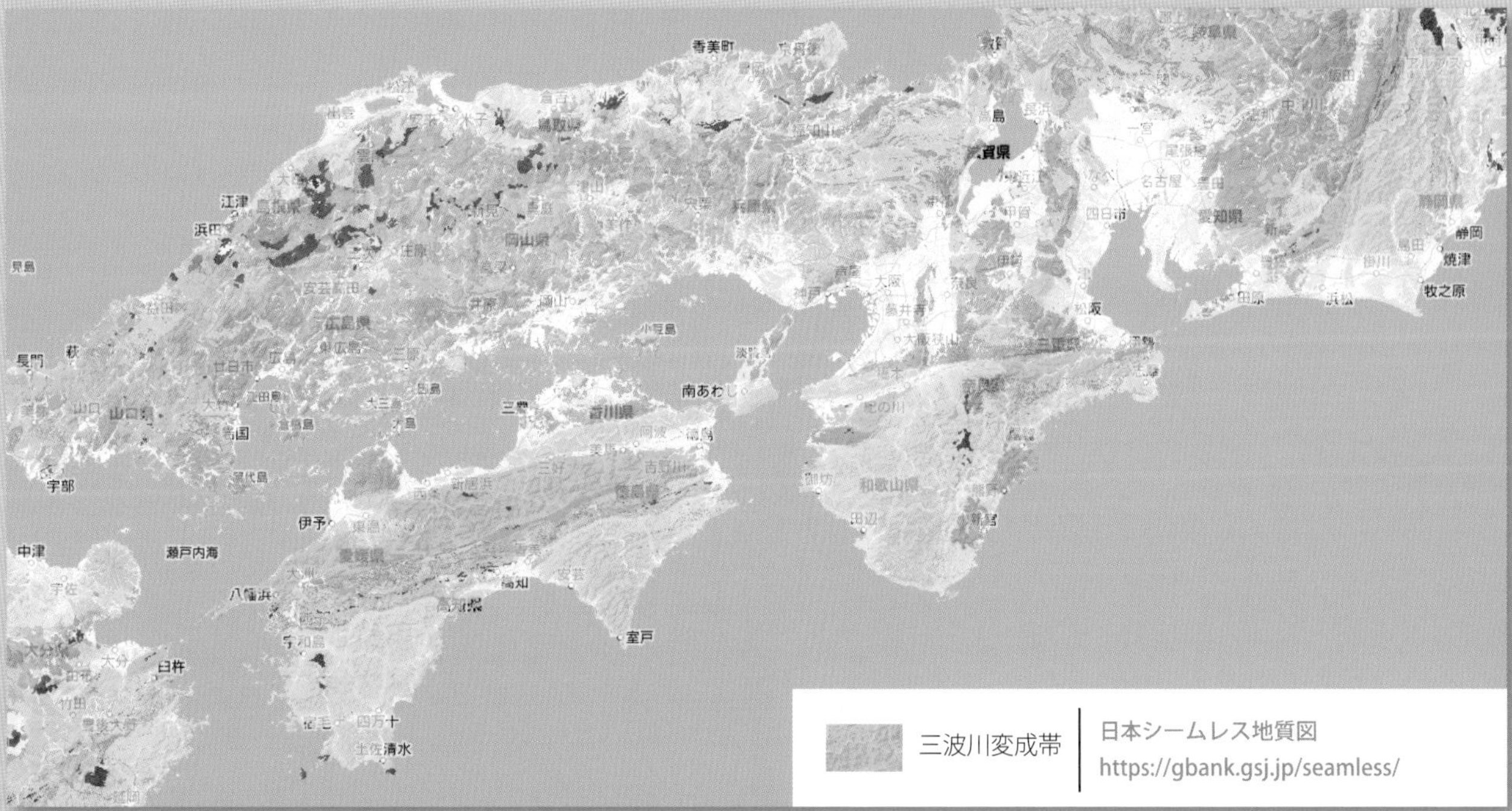
三波川変成帯
日本シームレス地質図
https://gbank.gsj.jp/seamless/
産業技術総合研究所　地質調査総合センター発行　5万分の1地質図幅を使用　承認番号　第60635130-A-20130315-001号

参考：日本石材工業新聞
http://www.nskonline.jp/

青石以外の 日本の銘石産地

大谷石の蔵カフェ（栃木県宇都宮）

五稜郭石垣（北海道函館）

重森三玲による増井家庭園（香川県高松）
庵治石・香東川自然石・阿波青石

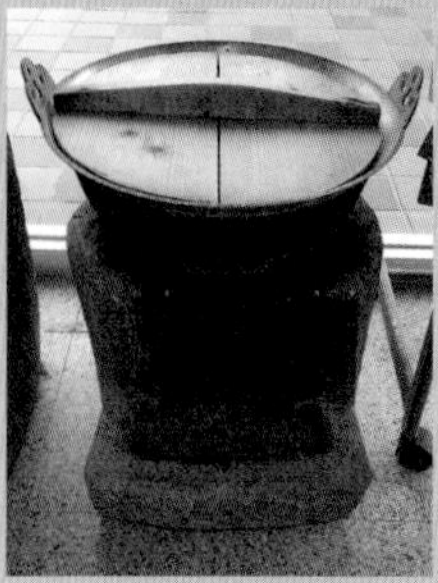

豊島石の置きカマド（香川県豊島）

北海道 札幌軟石（凝灰岩）

岩手 姫神小桜石（花崗岩）

宮城 吾妻みかげ／磐梯みかげ（花崗岩）伊達冠石（安山岩）稲井石（粘板岩）

秋田 男鹿石（安山岩）十和田石（凝灰岩）

福島 花塚みかげ／東山みかげ／十万石青みかげ／紀山石／深山ふぶき石／中山石／滝根石／高太石／大倉みかげ／白河石／浮金石／青葉みかげ／白馬石（花崗岩）江持石（安山岩）

新潟 草水みかげ（花崗岩）千草石（安山岩）

石川 戸室石（安山岩）滝ケ原石（凝灰岩）

福井 笏谷石（凝灰岩）

大阪 能勢黒みかげ（斑レイ岩）

京都 鞍馬石（閃緑岩）

広島 倉橋議院石（花崗岩）

愛媛 伊予大島石（花崗岩）

島根 来待石（凝灰岩質砂岩）

山口 徳山石（花崗岩）

群馬 沢入石（花崗岩）多胡石（砂石）

栃木 芦野石（安山岩）大谷石（凝灰岩）

茨城 坂戸石／やさとみかげ／羽黒青糠目石／稲田石／真壁石（花崗岩）寒水石（大理石）

東京 抗火石（石英）

神奈川 本小松石（安山岩）

長野 御嶽黒光真石／柴石／安原石／佐久石／鉄平石（安山岩）有明桜みかげ（花崗岩）

山梨 本山崎石（安山岩）甲州鞍馬石（閃緑岩）

香川 庵治石／青木石（花崗岩）豊島石（凝灰岩）

長崎 諫早石（砂岩）

佐賀 天山御影石／椿石（花崗岩）

愛知 花沢石／足助みかげ／牛岩青石／小呂青石／宇寿石／額田中目石（花崗岩）

静岡 伊豆若草石（凝灰岩）

宮崎 飫肥石（凝灰岩）

鹿児島 花棚石（凝灰岩）大隅白御影石（花崗岩）

沖縄 琉球トラバーチン（サンゴ石灰岩）

兵庫 本御影石（花崗岩）竜山石（凝灰岩）

岐阜 蛭川石（花崗岩）

三重 那智黒石（粘板岩）

岡山 白石島みかげ／万成石／北木石／備中青御影石（花崗岩）

福岡 内垣石／唐原石（花崗岩）八女石（凝灰岩）

花崗岩の蔵（茨城県真壁）

伊勢神宮内宮石段（三重県伊勢市）

石造の水路橋「明正井路一号幹線一号橋」（大分県竹田市）

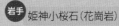

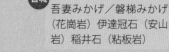

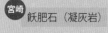

PART4
火を使って

間伐木や剪定枝が燃料となり、煙は防腐効果で家を長持ちさせ、灰は畑土に還る。火を扱うことは山里暮らしの核心。重要なのは空気の流れを読むこと。それを学ぶための材料と時間はここにたっぷりある。

1. 自然素材（石＋粘土）で作るエコピザ窯

昔の炭焼き師が山中に大きな炭焼き窯を作ったように、石と粘土で石窯を作ることができる。この窯は土を型にするために曲面を自由に造形でき、流体力学の原理で開口部から排煙して燃え続ける。煙突がないので蓄熱も早いエコピザ窯なのだ。

地元のジイサンに尋ねると粘土の在処を教えてくれるかもしれない…

粘土を準備する

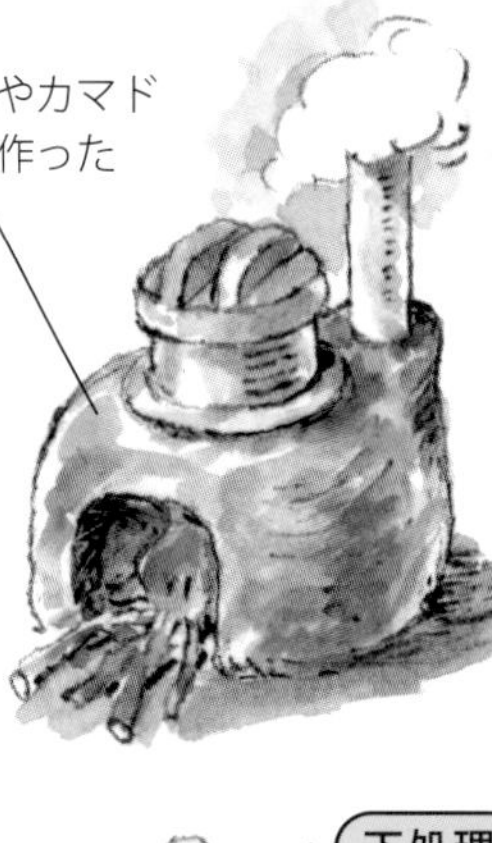

昔は炭窯やカマドを粘土で作った

下処理

小石やゴミを取り、小さな臼で粘土を突いて塊をほぐす

※小臼の作り方は 47 ページ

粘土をトロ舟に入れてスサと水を適宜入れ、長靴で何度も踏んで混ぜ合わせる

稲ワラを切ってほぐしてスサを作り粘土に混ぜる

薪の負荷の小さいピザ窯

石窯が大流行りだけど、実際に作って運転してみると窯が温まるまで薪を大量に使う。日常的に薪を使う山里暮らしではこの薪の浪費はかなりムダでもったいないと感じる。ところで同じ石窯でも、パンを焼きたいとなれば重厚な材料が必要だが、ピザだけが目的の石窯ならもっと簡素でいいし、薪も少なくてすむ。少ない薪で調理できる窯を作るには「窯を大きくしない（とくに天井を高くしないこと）」「煙突をつけないこと」が大事で、これで蓄熱が早くなる。煙突なしでうまく燃やすには窯の形を流線型にして空気の流れが自然に起きるようにしてやればよい。これはレンガ組みでは難しいが、粘土を使うとラクにできる。

材料を集める

自然素材の窯のいいところは、壊したあとに何度でも再使用できることだ。石や粘土を入手するには山林を所有している地主に了解を得て掘ってくれればよいが、家屋の解体現場などから入手する方法もある。昔の家、とくに蔵を解体

石の土台とレンガの床

石で土台を積む。最初は長方形に水糸を張って、基礎と１段目（根石）を正確に配置し、２段目以降を積み上げる

中にはコンクリートのガラや土を詰め、棒などで突いて固める

したときは大量の粘土が出る。それを土のう袋に入れてもらってきて、水で練り直せばそのまま窯作りに使える。

壁土には「スサ」といってひび割れを防ぐために植物の繊維が練り込まれている。主に稲ワラが使われるのは土の中で発酵して粘りを出す成分が生まれるからだ。山から粘土を掘ってきた場合は、小石や落ち葉などの有機物を取り除き、小さな臼で突きながら塊をほぐしておく。それを水で練って稲ワラを切って混ぜて、ブルーシートをかけて1カ月ほど寝かせておくと粘りが出る。古い土を長く保存しておくとスサの繊維が溶けてなくなってしまうことがあるが、そのときは切りワラを新たに加えて混ぜればよい。スサが入ると粘土のべとつきが減って扱いやすくもなる。あらかじめこの粘土を水で練って用意しておく。

石土台は角がポイント

まずは自然石で土台を作る。地面に位置決めし、少し土を掘ってからダンパーなどで地ならしして砕石を敷く。外周から石を、73ページで紹介した石垣の積み方（谷積み）で積んでいき、中に土などを詰める。今回は裏込め石は必要ない。コンクリートのガラやブロックのカケラなどがあればそれらを中に詰めてもよい。

土台の石組みの際、角の部分にはちょっとしたコツがいる。長方形の形をしたいい石を角用に取っておき、それを交互に積んでいくのだ。これを「井桁積み」といい、石垣の角もこの方法が使われる。実際にはそれにふさわしい形の石ばかりはないので、この基本を頭に入れつつ崩れないように積んでいく。モルタルで固めれば形に合わない石を強引に配置することもできるが、石組みの本当の美しさは空積みで自然に石が収まることで現れるものだ。

▼レンガの間には粘土を詰める

レンガを並べる（普通サイズ20個＋キューブ40個）

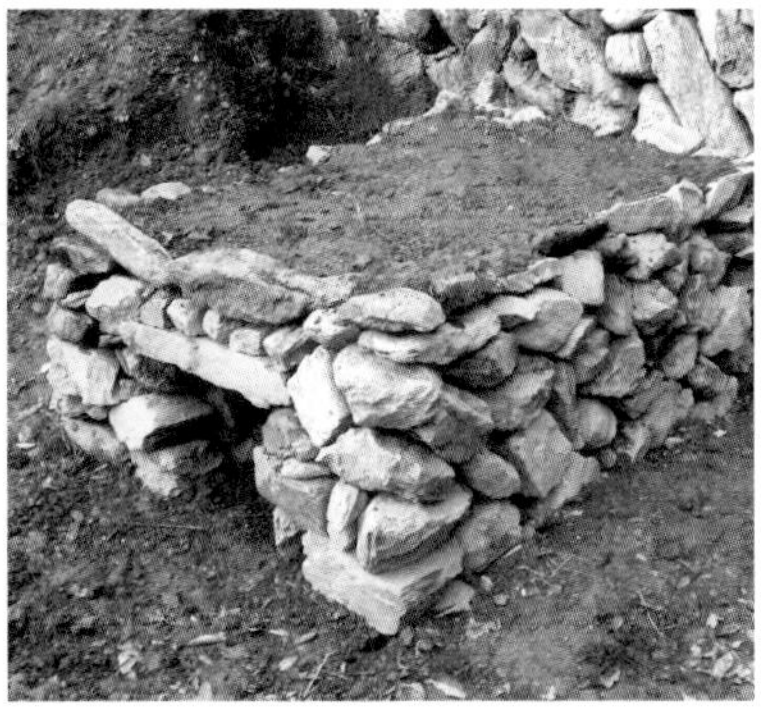

積み上がったら土を被せ上面がなだらかになるように丸棒などで叩く

床はレンガで作る

50～60㎝高さまで積み上げたら中の土をならして床のレンガを敷く。全体が平らになるようにするのはもちろんだが、入口よりも奥を高く緩い勾配（3％くらい）をつけると火が窯の奥に流れやすい。下の土を突きながらならしつつ、レンガを配置していく。

四角形にきれいに敷き詰める必要はなく窯の底だけにレンガがあればいい。私は埼玉県深谷市にある「日本煉瓦史料館」でお土産（無

土台と床を作る

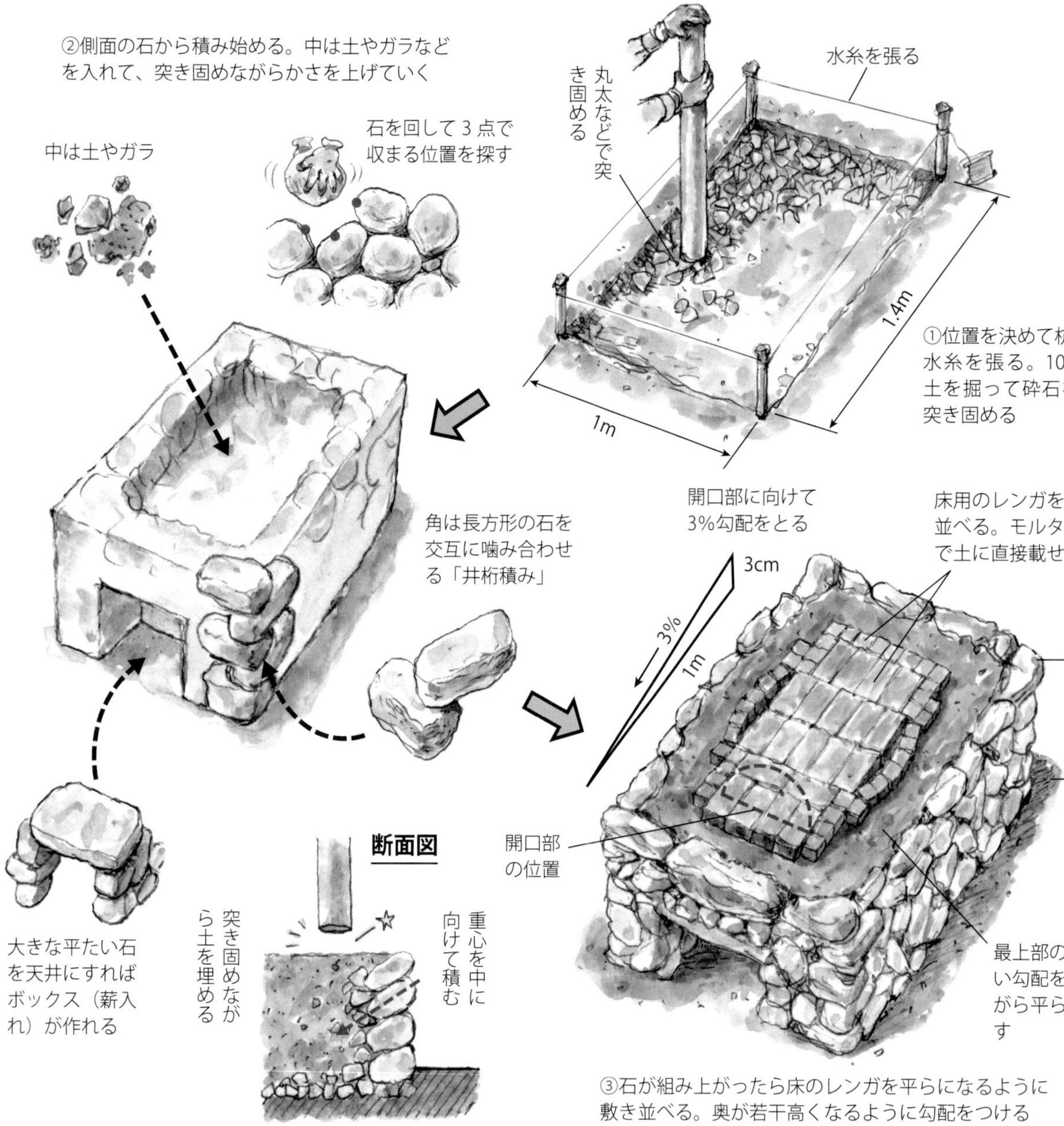
②側面の石から積み始める。中は土やガラなどを入れて、突き固めながらかさを上げていく
中は土やガラ
石を回して３点で収まる位置を探す
丸太などで突き固める
水糸を張る
1.4m
1m
①位置を決めて杭を打ち水糸を張る。10cmほど土を掘って砕石を敷き、突き固める
角は長方形の石を交互に噛み合わせる「井桁積み」
開口部に向けて3%勾配をとる
3cm
3%
1m
床用のレンガを平らに並べる。モルタルなしで土に直接載せる
50〜60cm
開口部の位置
最上部の土は緩い勾配をとりながら平らにならす
大きな平たい石を天井にすればボックス（薪入れ）が作れる
断面図
突き固めながら土を埋める
重心を中に向けて積む
③石が組み上がったら床のレンガを平らになるように敷き並べる。奥が若干高くなるように勾配をつける

料）でもらったレンガ片（通常のレンガの長辺1／3程度のキューブ状）が多数あったので、それを床の隅と開口のアーチ部に利用した。形のそろった自然石があればそれで作っても面白いだろう。敷き詰めたらレンガの周囲を粘土で固める。

土を盛って型を作る

粘土でドームを作るための型枠は、木で作ってあとで燃やしてしまう方法もあるが、「土まんじゅう＋濡れ新聞紙」でやると美しい流線型を簡単に作ることができる。土でまんじゅう型を作って濡れ新聞紙を貼り、その上に粘土を貼り付けて乾いたら土を開口部から取り出すという方法である。型の土は粘土ではなく普通の土を使う。

その前に壁の下部（内周部）にレンガ破片を1列ぐるりと回して粘土で固着させよう。内部補強の意味もあり、これがあると土まんじゅうが立ち上げやすい。

開口部は**次ページ左上図**のような型をボール紙と合板で作り、ブロックなどで押さえておく。

床に新聞紙を敷いてから土を盛っていく。中に大石を入れておく

アーチの型を作る

アーチに使うレンガを並べて曲線をボール紙に写す

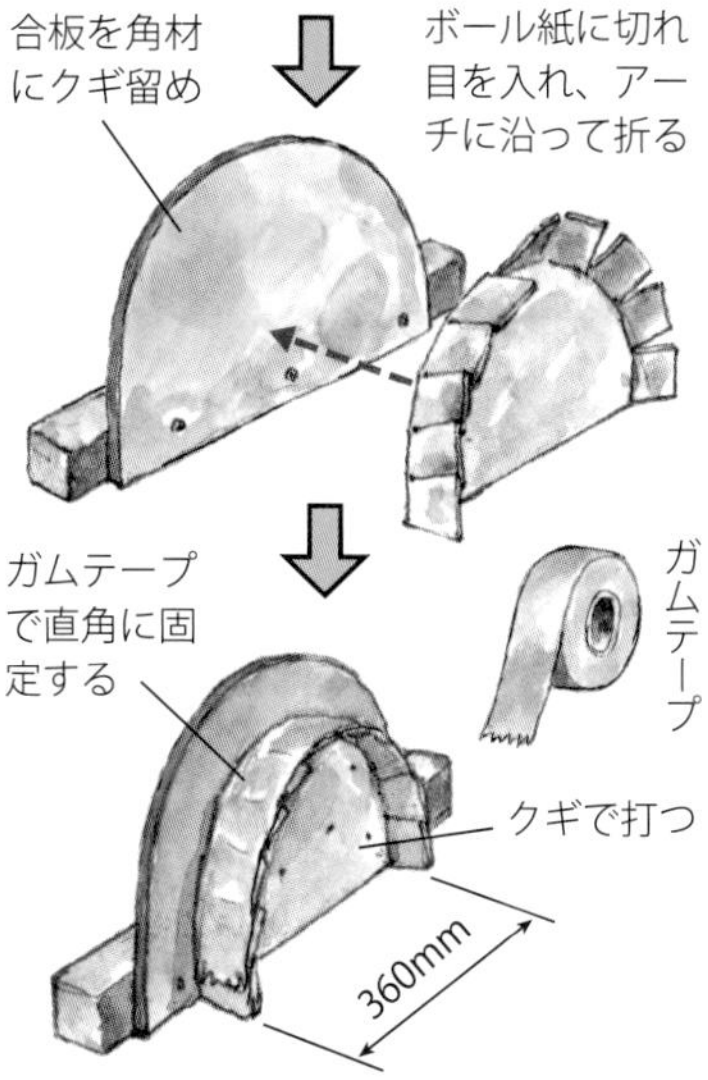
合板を角材にクギ留め
ボール紙に切れ目を入れ、アーチに沿って折る
ガムテープで直角に固定する
ガムテープ
クギで打つ
360mm

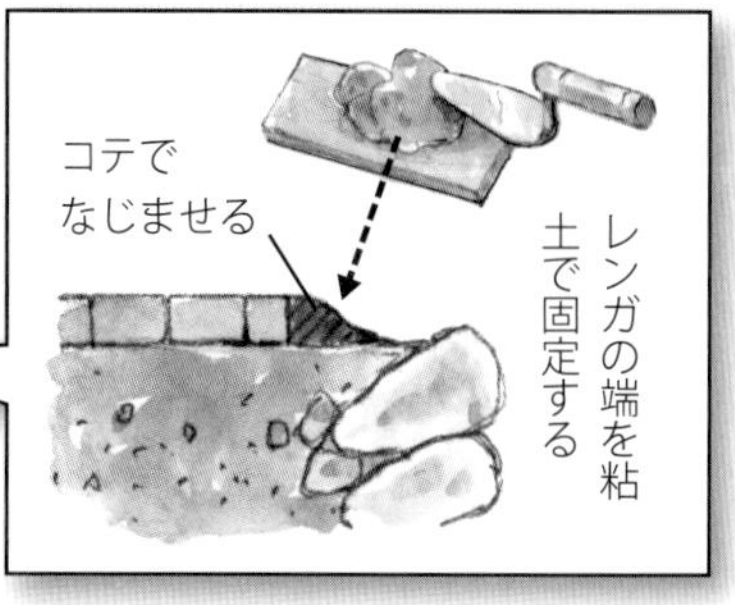
コテでなじませる
レンガの端を粘土で固定する

600mm
850mm

開口部にアーチの型を置いて馬蹄（ばてい）型にキューブ・レンガを並べ粘土を塗って固着させる

新聞紙を敷き型用の土と石を入れていく。アーチ型の内側はビニールで保護する

400～450mm

滑らかなナスビ型に土まんじゅうを整形する。アーチ型はブロックや石などで押さえる

板で側面を押さえ、棒で突いてやると土まんじゅうを立ち上げやすい
板で押さえる

濡れた新聞紙を土まんじゅうに貼っていく。その後、もう一周キューブ・レンガを並べ、粘土で固着させる

とカサも増えるし取り出すときラクだ（ただし開口部から取り出せる大きさであること！）。まんじゅう型作りは立ち上がりの垂直に近い部分が難しいが、板と突き棒を使って土を押さえながらやるとうまくいく。最高部で40～45㎝。形が決まったら、その上に濡らした新聞紙をすき間なく貼っていく。

開口部のアーチを作る

新聞紙が貼れたら外周をもう一段、キューブ状のレンガで積み、連続させるように開口部のアーチを積む（接続部は3段で補強）。アーチ型に沿ってレンガを並べ、外側のすき間は粘土だけでなく平たい石や植木鉢の破片などを差し込んで、間を粘土で塞ぐようにすると強いアーチができる。

粘土で本体を作る

さて、開口部ができたらいよいよ粘土を張っていく。そのやり方だが、壁塗りのように平面的になすっていくのではなく、まず粘土の塊を手にとってソフトボール大に丸く固め、ハンバーグ作りの手裁きの要領で空気を抜いてから、その塊を土まんじゅうの型に叩き

粘土を塗る

▼粘土を団子状にして張り付け手で叩いて一体化

アーチのレンガのすき間に平たい石と粘土を挟む

▶団子は上から叩き付ける感じで投げる

一層目が天井まで埋まった。この後、さらにもう一層粘土団子を張り付ける

土型（**写真右**）と粘土を塗り終えた後部（**写真左**）

２週間ほど乾燥させる。雨は厳禁なのでブルーシートでタープをかけ、その後、掘っ立てのあずま屋をかけた（**51ページに写真**）

付けていくのだ。それをいちばん下の外周から始めて、てっぺんまで、すき間なく埋めていく。手で叩いてならしたあと、もう一回同じようにして、2層目を叩いて重ねていく（下のレンガが回してある部分は一層でいい）。

　厚みが出ると土の自重で側壁に垂れてくる。つまり天井部の土が側壁側に移動しようとする。そこで羽子板のような道具で側壁を叩いて締めてやるとよい。これは団子同士の土を一体化させるし空気を抜く役割もする。最後にもう一層、団子を叩き付けて、全体を手や羽子板で叩き締めて完成だ。

屋根をかける

　粘土が乾くまで2週間ほどかかる。野外なら雨がかからないようにテント状に（風が流れるように）シートで覆っておく。開口部の型枠を取り、そこから土まんじゅうの土を取り出していく。移植ゴテなどを使って、壁を突かないようにきれいに土を取り出していく。床を濡らした布で拭き清めて完成だ。完成後も屋根がないと雨で土が溶けるので、掘っ立て柱で片流れ屋根をかけるとよい。

燃焼の仕組み

入口が絞ってあるので出口で空気の流れが速くなる

◀土型から見る縦断面形状

粘土を２週間ほど乾かしてから、中の土型をかき出す

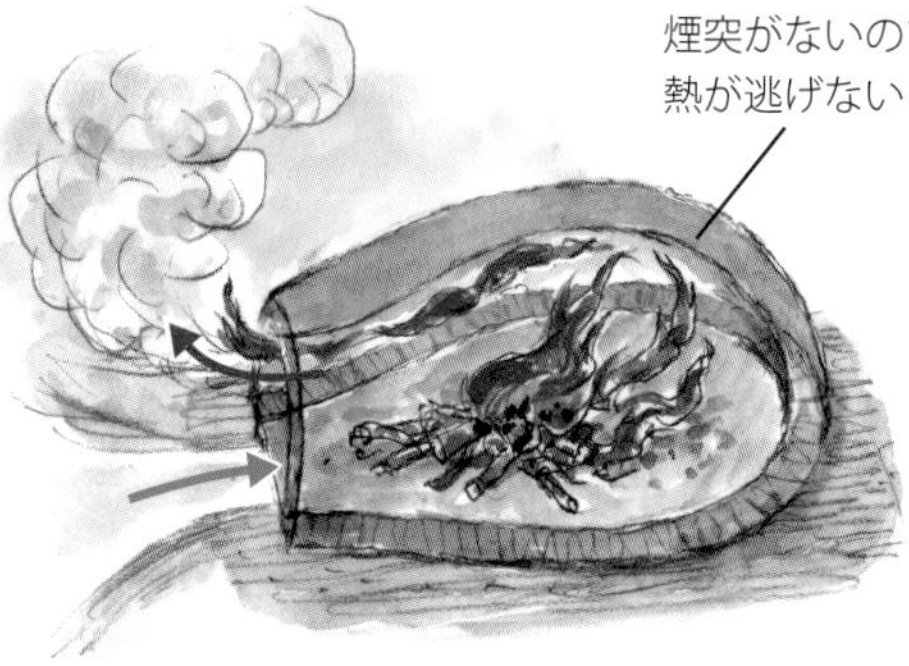
煙突がないので熱が逃げない

火が一旦中に入るとあとは薪をくべるだけで燃え続ける

火の焚き方

最初は入口の近くで燃やし始め、内部が温まったら徐々に薪と火を奥へ送っていく

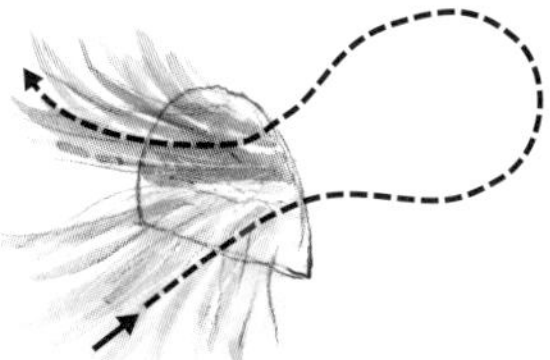

開口部にふたつの流れができる

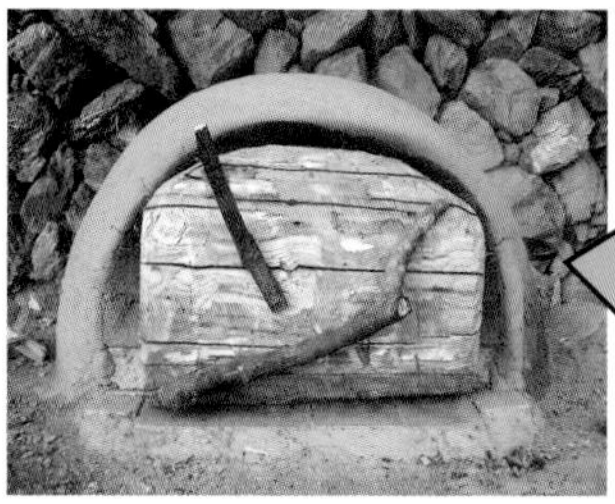

木の取っ手をつけた木製ぶた

一度内部が温まると空気を引き込んでよく燃える

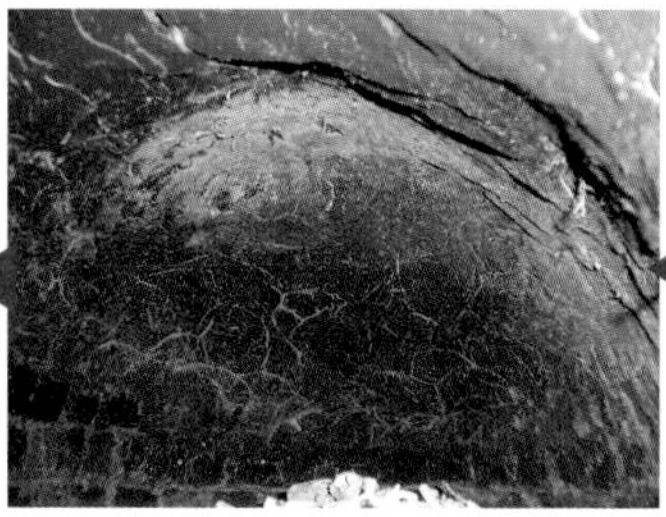

天井が白くスス切れしたら調理開始

熾き炭を寄せてピザ投入。いい匂い！

火の焚き方 ピザの焼き方

内部にはまだ水分が残っているので、火を焚くならし運転を30分ほどやったあとしばらく置いて、翌日から本格的に使うといいだろう。天井に張り付いた新聞紙は焼けてしまうので問題はない。

火の焚き方だが、最初入口近くで火を熾しておいて、徐々に奥に火を送っていくと、自然に風を吸い込みながら燃えてくれる。煙突がないのに不思議なことだが、流体力学でいうと開口部を絞ることで空気の流れが速くなる。内部の曲面が自然の風道をつくり、熱い煙は開口部の上側を抜け、外気から冷たい空気が下側から入るという、ひとつの開口部にふたつの流れができる。こうして蓄熱体としてもっとも重要な最奥部は煙突による熱欠損がない。

30〜40分程度で天井のススが切れて白くなるので、燃えている薪と熾き炭を片側に寄せ、トングでつまんだ濡れ布巾で床をサッと拭いて、ピザを入れる。2〜3分で焼き上がり。味は最高ですよ！

2. 炎を立てる本格囲炉裏の作り方・使い方

囲炉裏の本質は炎にあり。炭を焚いて趣味的に使うのではなく、炎を立てて暮らしの核として囲炉裏を使ってみたい。薪と炎、灰や熾き炭を自在に扱うことができれば、細い薪も戦力になる囲炉裏ほど便利なものはない。その作り方と使い方を伝授しよう。

煙抜きの形

棟に小さな屋根を飛び出させ２方向から煙を抜く。茅葺き民家に昔からある方法

瓦屋根に煙抜きを設置した例

入母屋では 破風の所が煙抜きの穴になる

季節や時間帯で風向きが変わるので２方向に穴をとるのが常道

吹き抜けにして頂上に窓穴をあけるのが基本形

片流れ屋根や合掌造りでは壁の最上部に煙抜きの穴を作る

炎は排煙と掃除に工夫を

いま野外の焚き火くらいしか体験の機会はないが、薪の直火(炎)というものは非常に力強いパワーを与えてくれるものだ。炭だけの囲炉裏では本当の実力は出ない。ただし炎を立てると煙が出るし鍋底はススで汚れ、床には灰が降り積もる。だから排煙や掃除の工夫がいる。

室内で炎を立てるには煙抜きを設けて、自然に屋外に煙が抜けていく工夫をする。昔の囲炉裏部屋は吹き抜けで頂上に煙抜きの開口部があった。壁の最上部に穴をあけられたタイプもある。現在はダクトと換気扇で排気誘導することもできるだろう。煙抜きはその住まいの風向きの変化を考慮し、違う2面の開口部を取っておく。

囲炉裏を組み込むには？

囲炉裏を作るには、燃えない材料（コンクリートブロックやレンガ、金属板など）で炉箱を組んで、四周を木枠で囲めばいいわけだが、古い家を改装して囲炉裏を組み込みたいときは、畳や床板をはがして根太と大引の位置を確認する。

およそ90㎝間隔の大引の上に、30〜45㎝間隔で根太が配されているので、大引の間の根太を2〜3本ノコで切ると囲炉裏スペースができる。その四角を利用して囲炉裏を作っていく。床下まではけっこう深いのでブロックなどでカサ上げして炉箱を組む。

石と粘土で作る

　昔ながらの方法で、石と粘土を使ってもよい。**73ページ〜・89ページ〜**で紹介した石積みの要領で、囲炉裏の木枠の下に四角い石積みを作る。赤土や砂などでカサ上げしてから内面に粘土を塗り、中に灰を入れる。

　囲炉裏を新設するとき、灰は薪ストーブを使っている人から譲ってもらうのがいいだろう。中のゴミをざるでふるってから入れる。

　炉縁《ろぶち》（木枠）は暖房目的が強ければ幅狭の木で、飲食目的が強いなら幅広の木を使って組む。昔の実用囲炉裏は細い木枠のものが多い。「箱膳」を使っていたのでここをテーブル代わりにする必要はなかったのだろう。

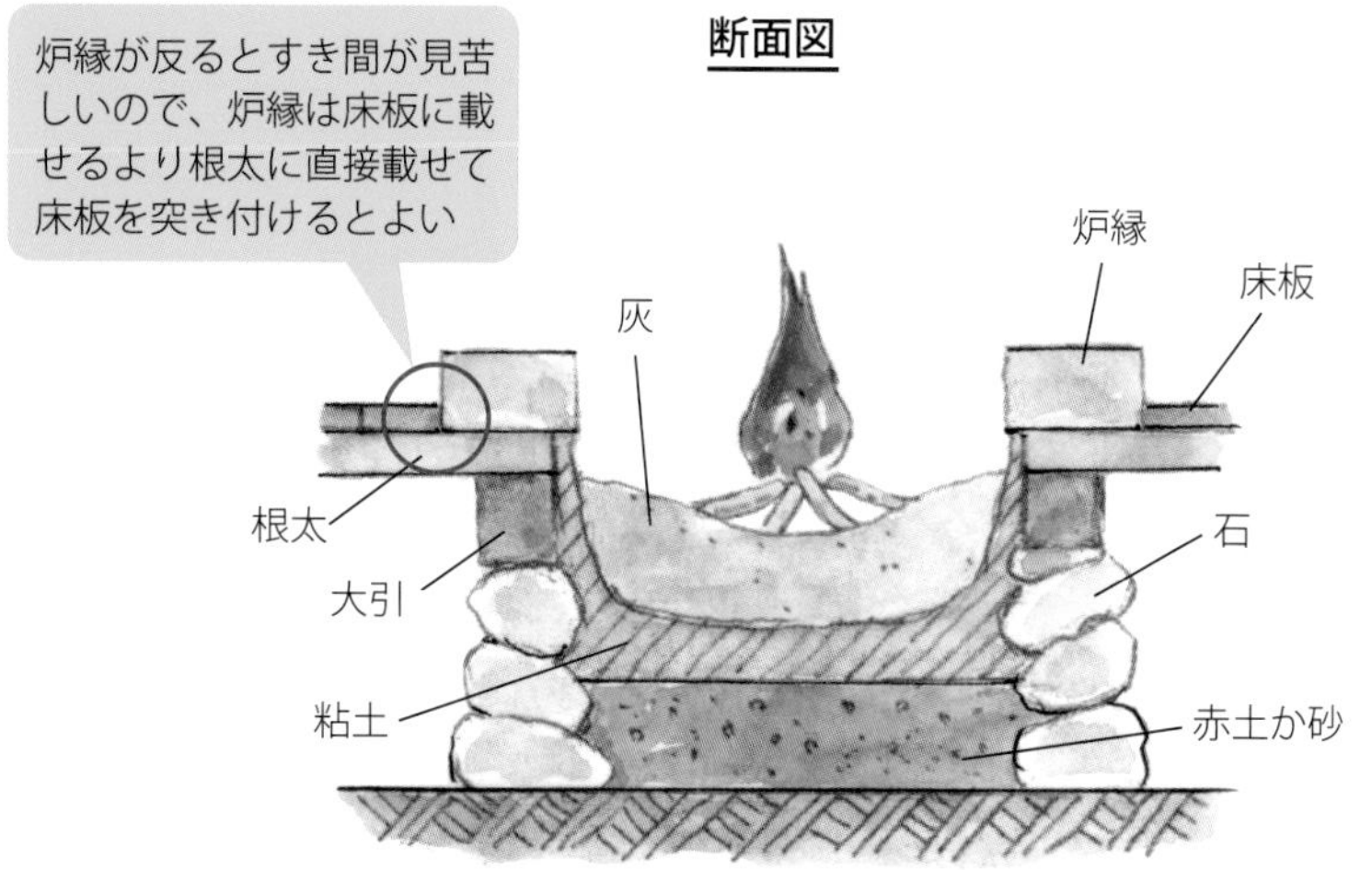

断面図
炉縁が反るとすき間が見苦しいので、炉縁は床板に載せるより根太に直接載せて床板を突き付けるとよい
炉縁
床板
灰
根太
大引
石
粘土
赤土か砂

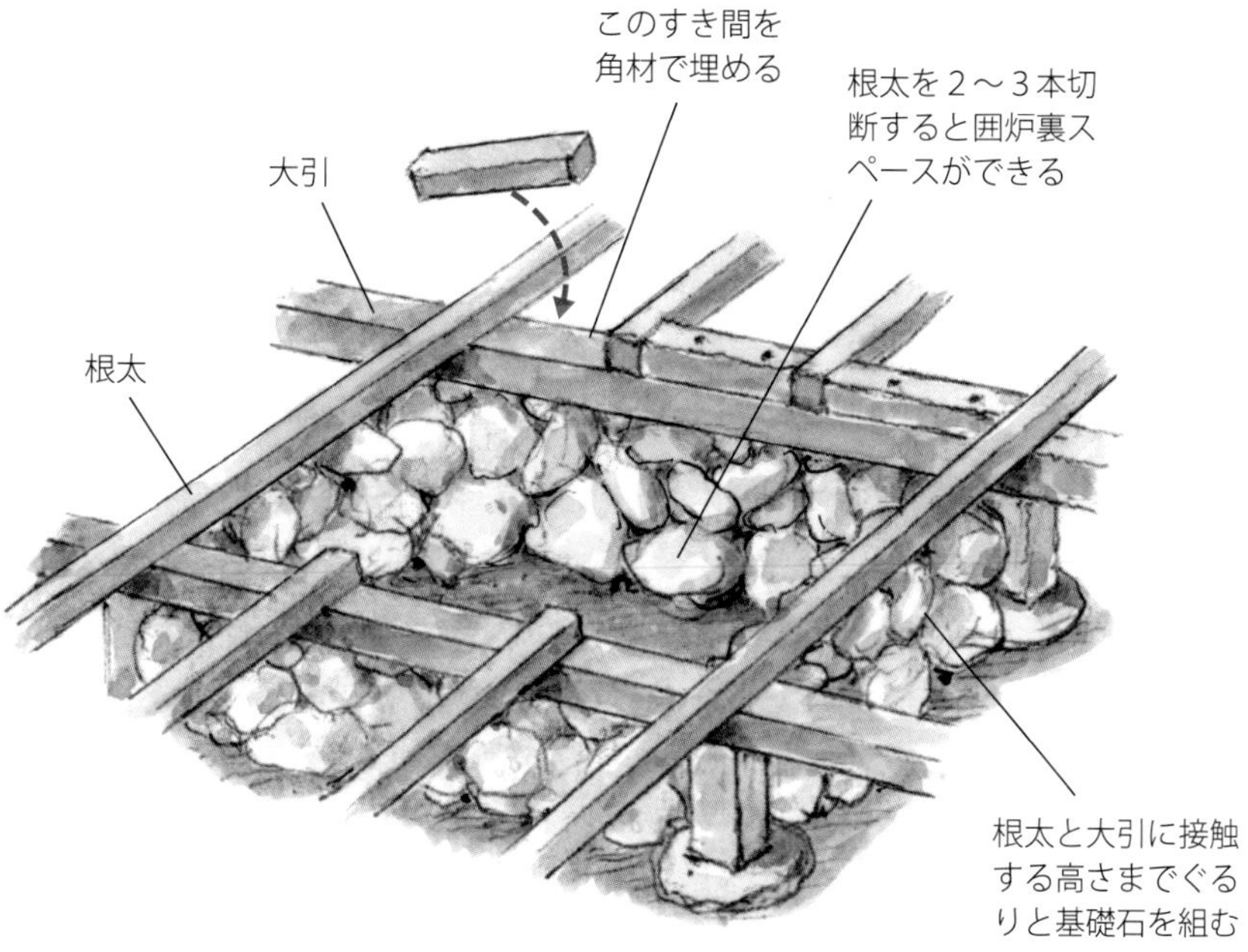

このすき間を角材で埋める
根太を2〜3本切断すると囲炉裏スペースができる
大引
根太
根太と大引に接触する高さまでぐるりと基礎石を組む

必須の囲炉裏グッズ

囲炉裏には自在カギがなくてはならない。自在カギは梁に縄か番線を回して囲炉裏の中央にくるように設置する。やや大きく長方形の囲炉裏を作った場合、センターを少しずらして自在カギが下りるようにすると五徳でのもうひとつの料理スペースが生まれ使いやすい。吊す真上に梁がなければ丸太や竹竿を使って一方を**次ページ**のように壁に留める方法もある。

　そのほか、囲炉裏ライフを楽しむのに以下の道具が便利である。

吊り鍋……骨董市や古道具屋で入手するとよい。鍋底の修理穴に注意（漏れるものアリ）。

五徳……田舎町の金物屋へ行くとシンプル・頑丈でいいものが売っている。

ワタシ……湾曲した金網状のもの。熾き炭を下に置き、焼き物をする。

火箸……トングよりも細かい作業ができ、熾き炭をワタシに移動するのにも便利。

十能……小型のスコップ。灰や熾き炭の移動に。

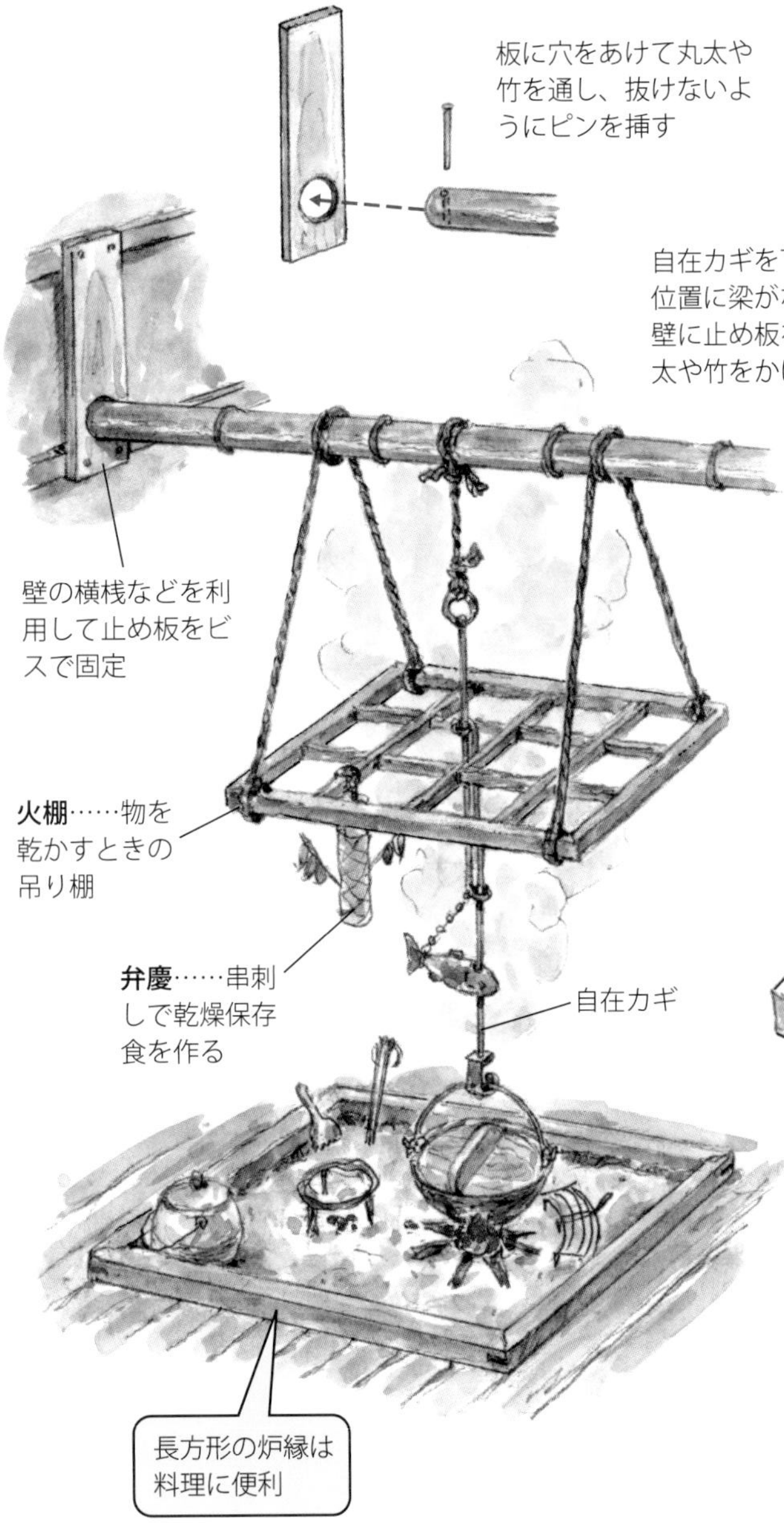
板に穴をあけて丸太や
竹を通し、抜けないよ
うにピンを挿す
自在カギを下ろしたい
位置に梁がないときは
壁に止め板を打って丸
太や竹をかける
壁の横桟などを利
用して止め板をビ
スで固定
火棚……物を
乾かすときの
吊り棚
弁慶……串刺
しで乾燥保存
食を作る
自在カギ
長方形の炉縁は
料理に便利

炉縁の形

和服は
背中が温かいの
で囲炉裏むき
暖房優先なら
幅狭の木で組む
円座
箱膳

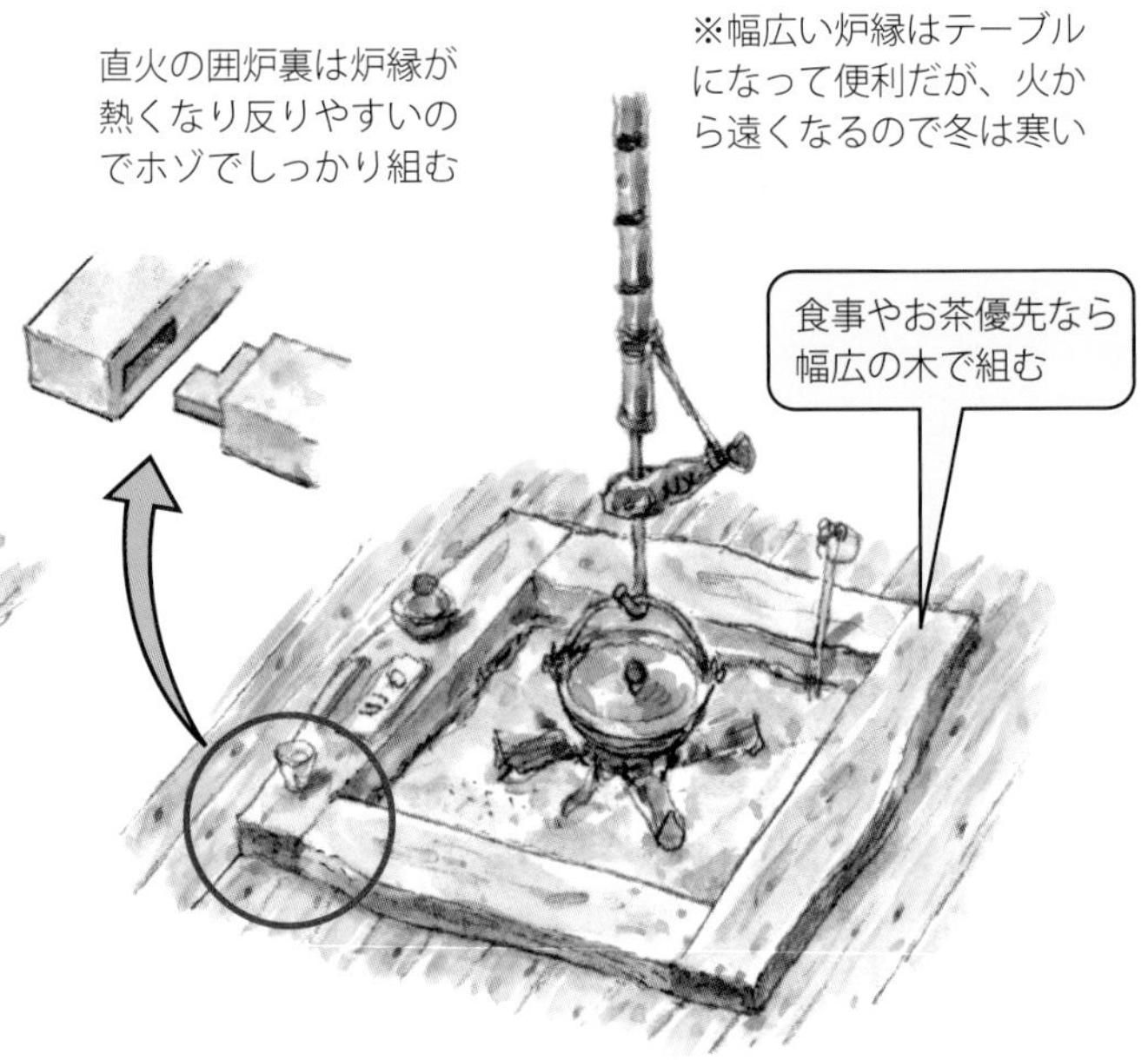
※幅広い炉縁はテーブル
になって便利だが、火か
ら遠くなるので冬は寒い
直火の囲炉裏は炉縁が
熱くなり反りやすいの
でホゾでしっかり組む
食事やお茶優先なら
幅広の木で組む

火消し壷……熾き炭を消して保存する壷。不要になった金鍋でも代用可能。

取っ手付きのざる……炭のクズやゴミなどを掃除する。

灰ならし……これで灰をかいているとゴミが浮かんでくる。模様も描ける。

使い方の基本、灰を清浄に

煙を最小限に抑えるには燃えやすい薪を使うのがいちばんで、よく乾いた薪を使うことだ。また太い薪より、細い枝のような薪のほうが煙を出さずよく燃える。薪ストーブでは焚き付けにしかならない細い薪も、囲炉裏では立派な戦力になる。だから敷地の庭木の剪定枝なども囲炉裏に使える。

いま山に行くと枯れ枝がたくさん落ちているが、これもよい薪になる。薪を乾燥させるには最低でも半年から1年積んでおかねばならないが、枯れ枝はすでに乾燥済みなので、2~3日風干しすればすぐに使える。

野外の焚き火ではゴミも一緒に燃やすことが多いが、囲炉裏では無垢の木以外を燃やすのは厳禁だ。

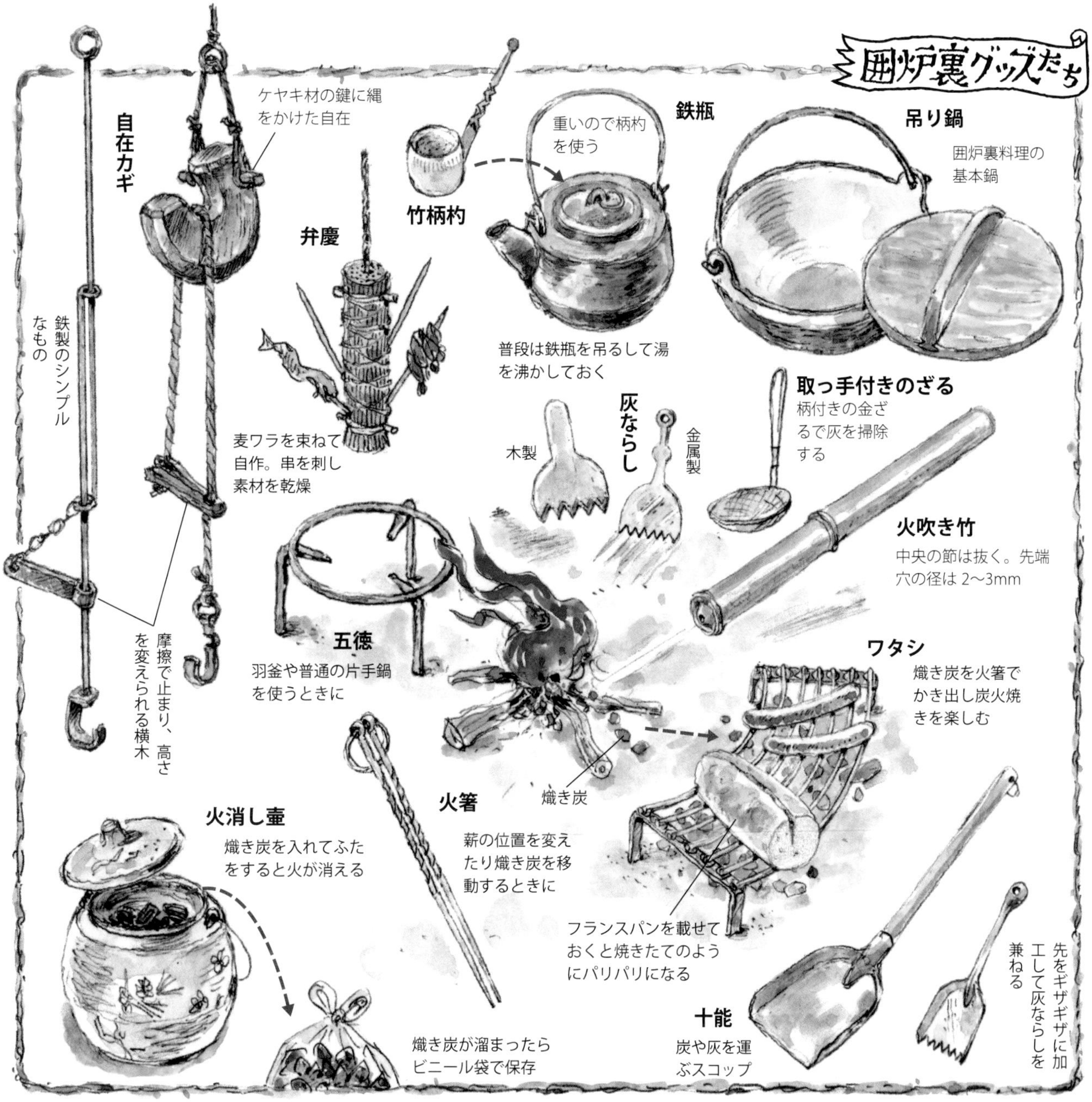

囲炉裏グッズたち
自在カギ
ケヤキ材の鍵に縄をかけた自在
鉄製のシンプルなもの
摩擦で止まり、高さを変えられる横木
竹柄杓
弁慶
麦ワラを束ねて自作。串を刺し素材を乾燥
鉄瓶
重いので柄杓を使う
普段は鉄瓶を吊るして湯を沸かしておく
吊り鍋
囲炉裏料理の基本鍋
取っ手付きのざる
柄付きの金ざるで灰を掃除する
灰ならし
木製
金属製
火吹き竹
中央の節は抜く。先端穴の径は 2〜3mm
五徳
羽釜や普通の片手鍋を使うときに
熾き炭
ワタシ
熾き炭を火箸でかき出し炭火焼きを楽しむ
フランスパンを載せておくと焼きたてのようにパリパリになる
火箸
薪の位置を変えたり熾き炭を移動するときに
火消し壷
熾き炭を入れてふたをすると火が消える
熾き炭が溜まったらビニール袋で保存
十能
炭や灰を運ぶスコップ
先をギザギザに加工して灰ならしを兼ねる

塗装された廃材や合板、紙も燃やさないほうがいい。煙に有害で嫌な化学臭があるからで、燃やしたときにできる灰にも臭いや成分が残る。囲炉裏では灰に埋める料理法(※)もあるので、常に清浄にしておきたい。

灰は放置すると空気中の水分を吸う。炉床が湿って（冷えて）いるとよく燃えないのでやはり煙が出る。囲炉裏は毎日使い続けることで常に灰が乾く。壁のないあずま屋の囲炉裏はどうしても灰が湿りやすい。

燃やし方のコツ

炎が立ってよく燃えていれば煙は少ないが、炎が消えればとたんに煙り出す。常に炎が立つように時間とともに薪を動かしてやる。消えそうになったら風を送ってやると炎が立つが、団扇《うちわ》などでやると灰が舞い上がってしまうので、火吹き竹を作って火の中心に細く強い風を送るとよい。

スギ・ヒノキなど針葉樹の薪は木口から燃やすようにすると爆ぜにくい。スギ・ヒノキでも細枝は爆ぜないので囲炉裏のいい薪になる。ちなみに囲炉裏部屋の床が畳

※囲炉裏の料理については拙著『囲炉裏と薪火暮らしの本』（農文協）参照

薪の燃やし方

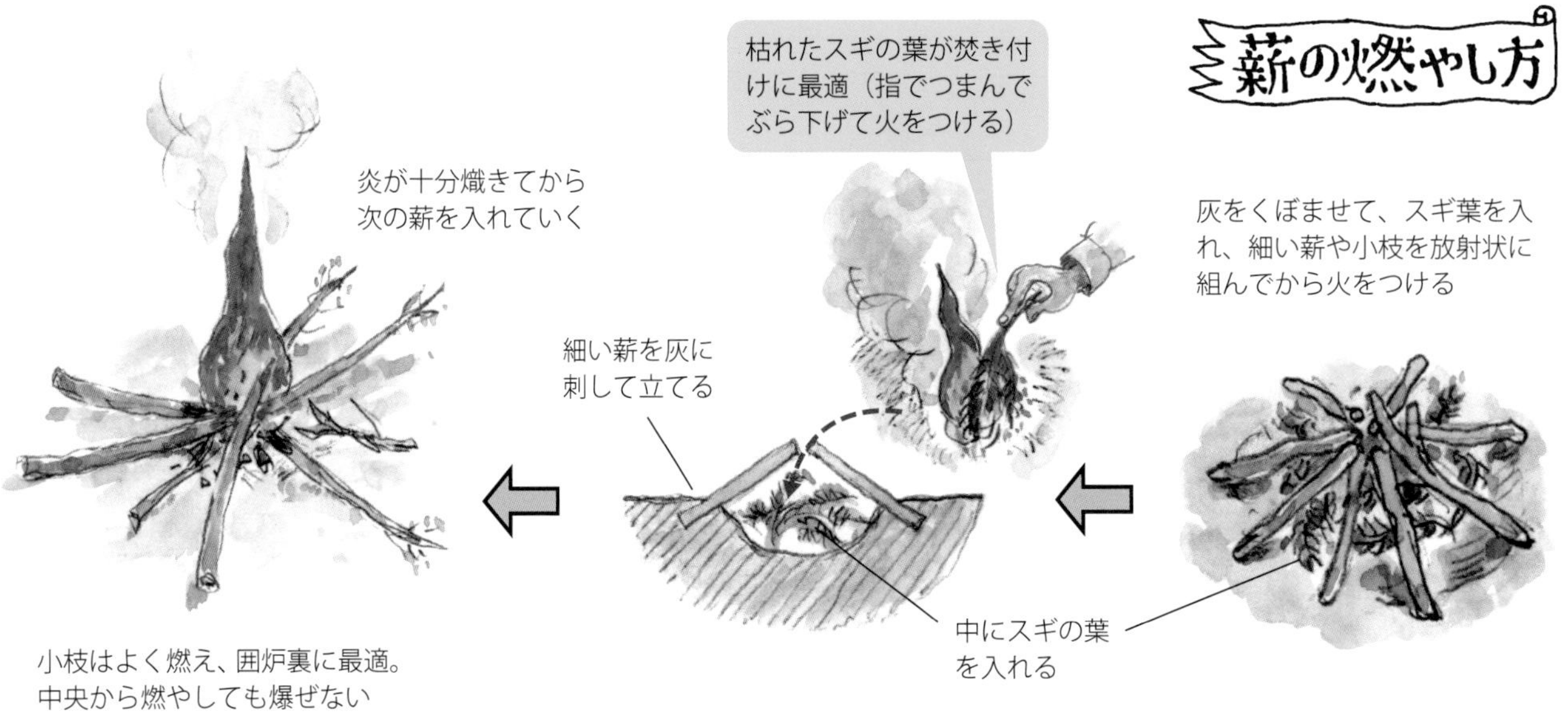
灰をくぼませて、スギ葉を入れ、細い薪や小枝を放射状に組んでから火をつける
中にスギの葉を入れる
枯れたスギの葉が焚き付けに最適（指でつまんでぶら下げて火をつける）
細い薪を灰に刺して立てる
炎が十分熾きてから次の薪を入れていく
小枝はよく燃え、囲炉裏に最適。中央から燃やしても爆ぜない

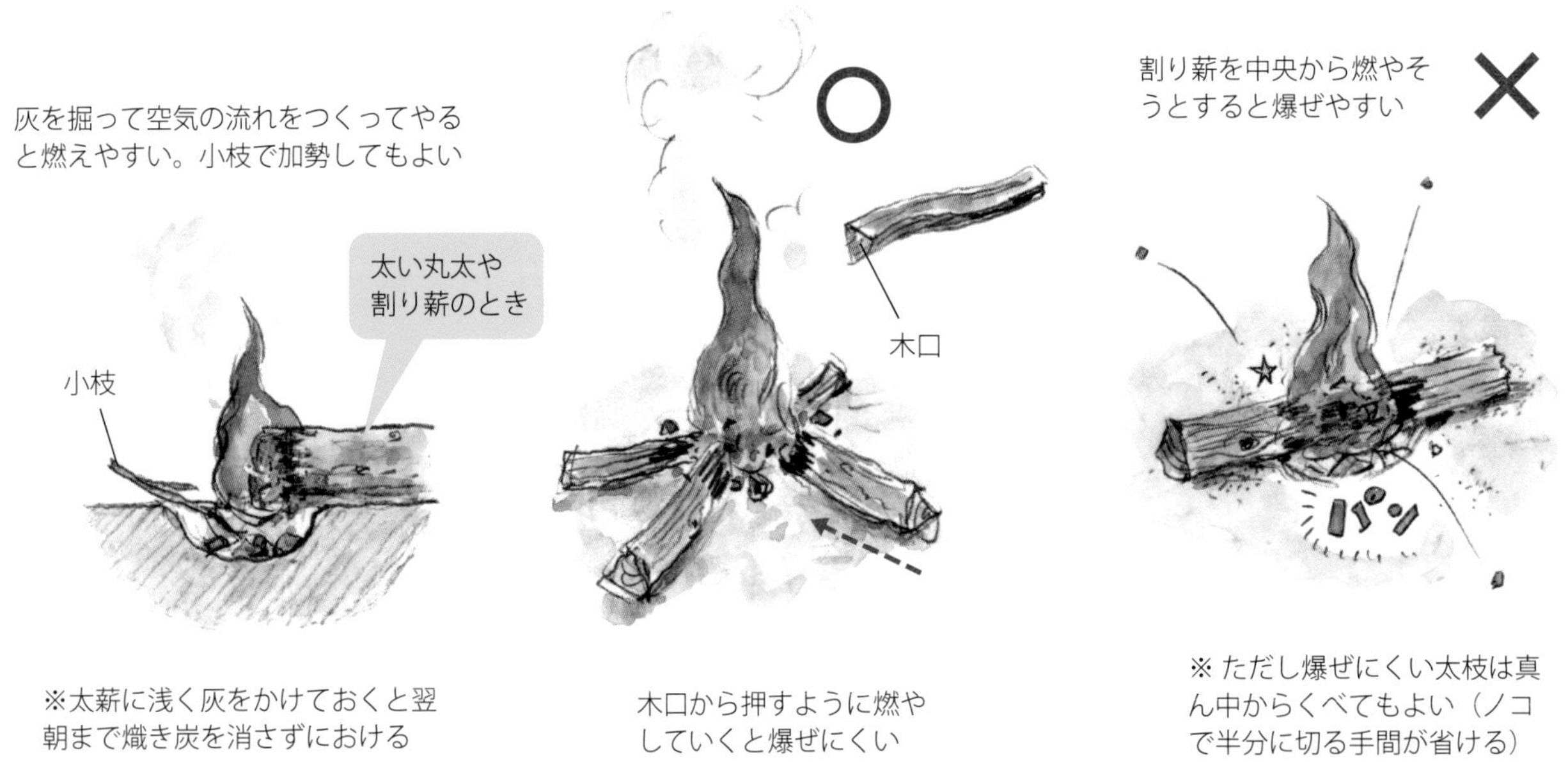
割り薪を中央から燃やそうとすると爆ぜやすい
パン
※ただし爆ぜにくい太枝は真ん中からくべてもよい（ノコで半分に切る手間が省ける）
木口
木口から押すように燃やしていくと爆ぜにくい
灰を掘って空気の流れをつくってやると燃えやすい。小枝で加勢してもよい
太い丸太や割り薪のとき
小枝
※太薪に浅く灰をかけておくと翌朝まで熾き炭を消さずにおける

でなく板の間、座布団でなく円座が使われていることが多いのは、爆ぜた木っ端からの引火の対策でもある（座布団に落ちると火が消えにくく燻り続ける）。

太い薪を使うときは中央の灰を少し掘ると空気が流れて燃えやすい。細い枝を併用して常に炎が立つようにするのも有効だ。

炎と熾き炭の関係

囲炉裏で薪を燃やしていると先端が赤く灯る部分ができる。これが熾き炭である。火箸でコンと叩くと熾き炭が落ちるが、燃やし続けていれば自然にこの熾き炭が炉床に溜まってくる。これを火箸で灰の上の一カ所にかき集めて、その上にアミを置けば「炭火焼き料理」が楽しめる。ワタシはそんな調理に大変便利な道具だ。

熾き炭は火消し壷に入れてふたをすれば火が消える（そのまま保存ができる）。いっぱい溜まったらビニール袋に入れて保存しておき、冬場に火鉢などに使ってもよい。普通の炭ほど火持ちや火力はないが、なにしろ薪を燃やす過程でタダでできるのだから便利だ。

ところで消火するときは炎に厚

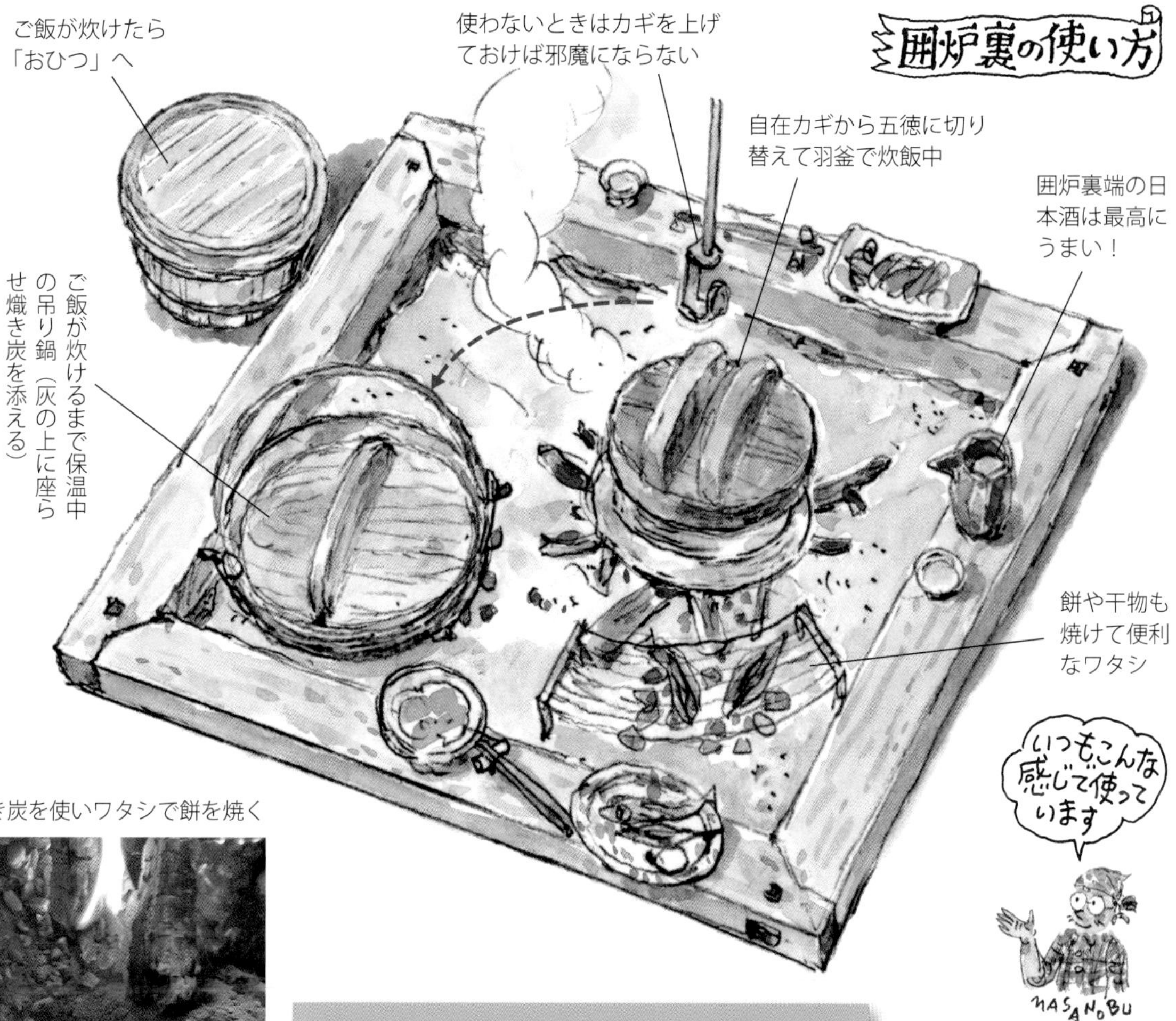
囲炉裏の使い方
ご飯が炊けたら
「おひつ」へ
使わないときはカギを上げ
ておけば邪魔にならない
自在カギから五徳に切り
替えて羽釜で炊飯中
囲炉裏端の日
本酒は最高に
うまい！
ご飯が炊けるまで保温中
の吊り鍋（灰の上に座ら
せ熾き炭を添える）
餅や干物も
焼けて便利
なワタシ
いつもこんな
感じで使って
います
MASANOBU

▼熾き炭を使いワタシで餅を焼く

囲炉裏グッズは現在市販されていないものが多いので、古道具屋や各地の骨董市で探すのがよい。自在カギ、吊り鍋、鉄瓶はけっこう見つかるだろう。しかしワタシは骨董価値がないためか古道具屋でもなかなか見ない。写真のものは某金物屋のオヤジさんが特注で作らせていたステンレス製だが、最近店をたたんでしまった(泣)。コの字の金物にステンレス線を溶接、五徳と同じように脚は灰に刺すだけ、簡単。ＤＩＹしてみる？

く灰をかければすぐ消えるが、灰を薄くかけると薪がくすぶったまま熾き炭が消えずに残る。太い薪なら翌朝大きな熾き炭ができていて、囲炉裏が温かい。昔はわざとこうして火種を残したのだった。

メンテナンス

炎の囲炉裏を日常使うにあたって重要なのは部屋の掃除だ。よく絞った雑巾や布巾を常に用意しておき、マメに床や炉縁を拭く。灰ホコリは掃除機をかけるとすぐに目詰まりし灰が舞い続けるので、雑巾がけがいちばんいい。ガラス戸がある場合はヤニで黄ばんでくるので、こちらも拭く必要がある。梁の上にも灰ホコリが溜まりやすいので適宜掃除する。掃除しやすいように部屋にごちゃごちゃ荷物を置かないことも大事。

床に自然乾燥の無垢板を使えば雑巾がけでツヤが出て古色になっていく（**37ページ下写真**）。拭き清められた囲炉裏部屋に火を灯すとき、なんともいえない清々しさを感じる。掃除されない囲炉裏部屋はチープで惨めな感じだが、磨かれた囲炉裏部屋はさながらモダンな茶室のようである。

3. 移動カマドとロケットストーブ

天気のいい日は外でお茶を飲んだり料理したいもの。まずは石で作る野外カマドの基本と、もっともオススメの「三又&自在カギ＋移動カマド」、そしてお役立ち「ロケットストーブ」。便利な外カマドそれぞれの構造、作り方、使い方を紹介したい。

石のカマドを作る

炎が風を引くので風向きによらずよく燃える
石で丸く囲うときは風道を1カ所あけておく

三ツ石を使った最小型

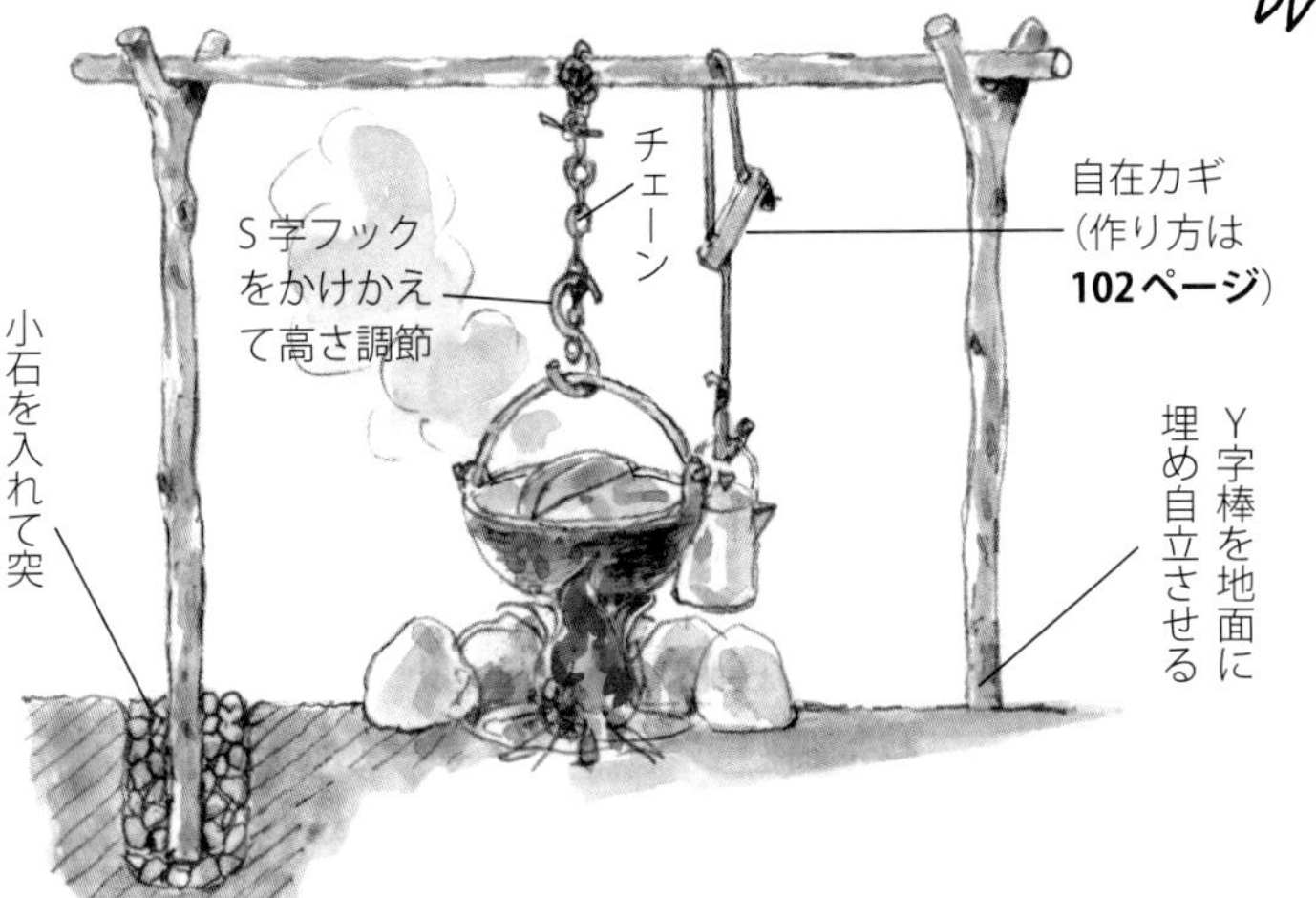
チェーン
S字フックをかけかえて高さ調節
自在カギ（作り方は**102ページ**）
小石を入れて突き固めるとよい
Y字棒を地面に埋め自立させる

吊り鍋は熱効率が良い

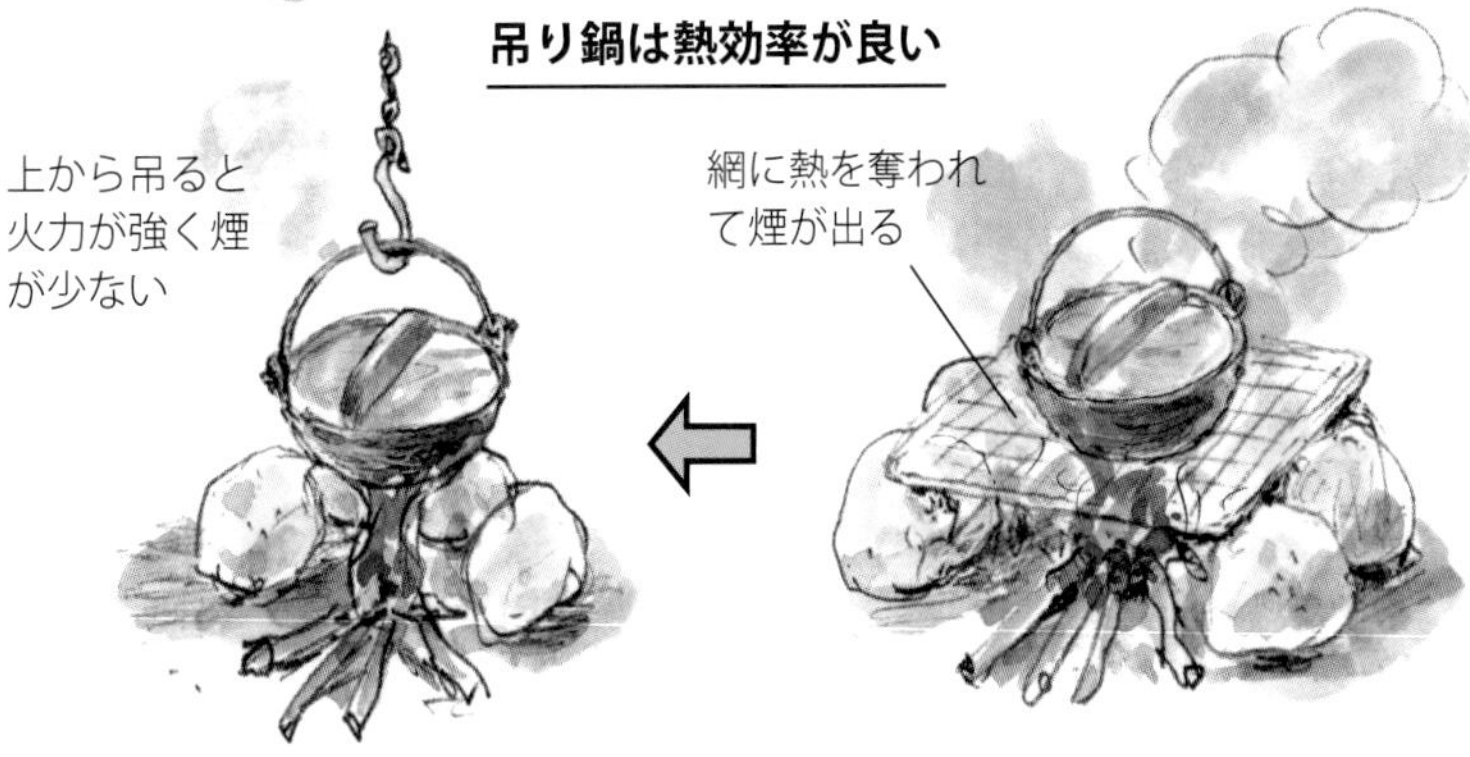
上から吊ると火力が強く煙が少ない
網に熱を奪われて煙が出る

風を呼ぶ石のカマド

広いスペースで誰にも気兼ねなく火を楽しめるのが田舎暮らしの醍醐味のひとつだ。庭が大きいなら石を組んで専用の焚き火場をひとつ作っておくといい。定番は石をコの字形に組んでカマドを作り、Y字棒を2本立ててそこに棒をわたして鍋を吊す方法だ。火からの高さ調節は金属チェーンとS字フックを使うといい。

石をコの字に組むと風が吹いても灰が周囲に飛ばないし、どの方向の風でも炎が安定する。燃えることで空気の流れが起き、コの字開口部から自然に風を引いてくるからだ。

たぶん、山里暮らしを始めると最初にやってみたくなるのはこのアウトドアキャンプの延長上にある焚き方だろう。しかし、この方法は常に野ざらしなので、雨が降ると燠き炭や灰が濡れて、焚き火を始めるたびに前の湿った炭・灰を取り除かねばならないのが面倒だし非効率だ。毎日のように焚き火と対峙してお茶や調理をしようとすると、つぎの「三又&自在カギ＋移動カマド」が断然便利である。

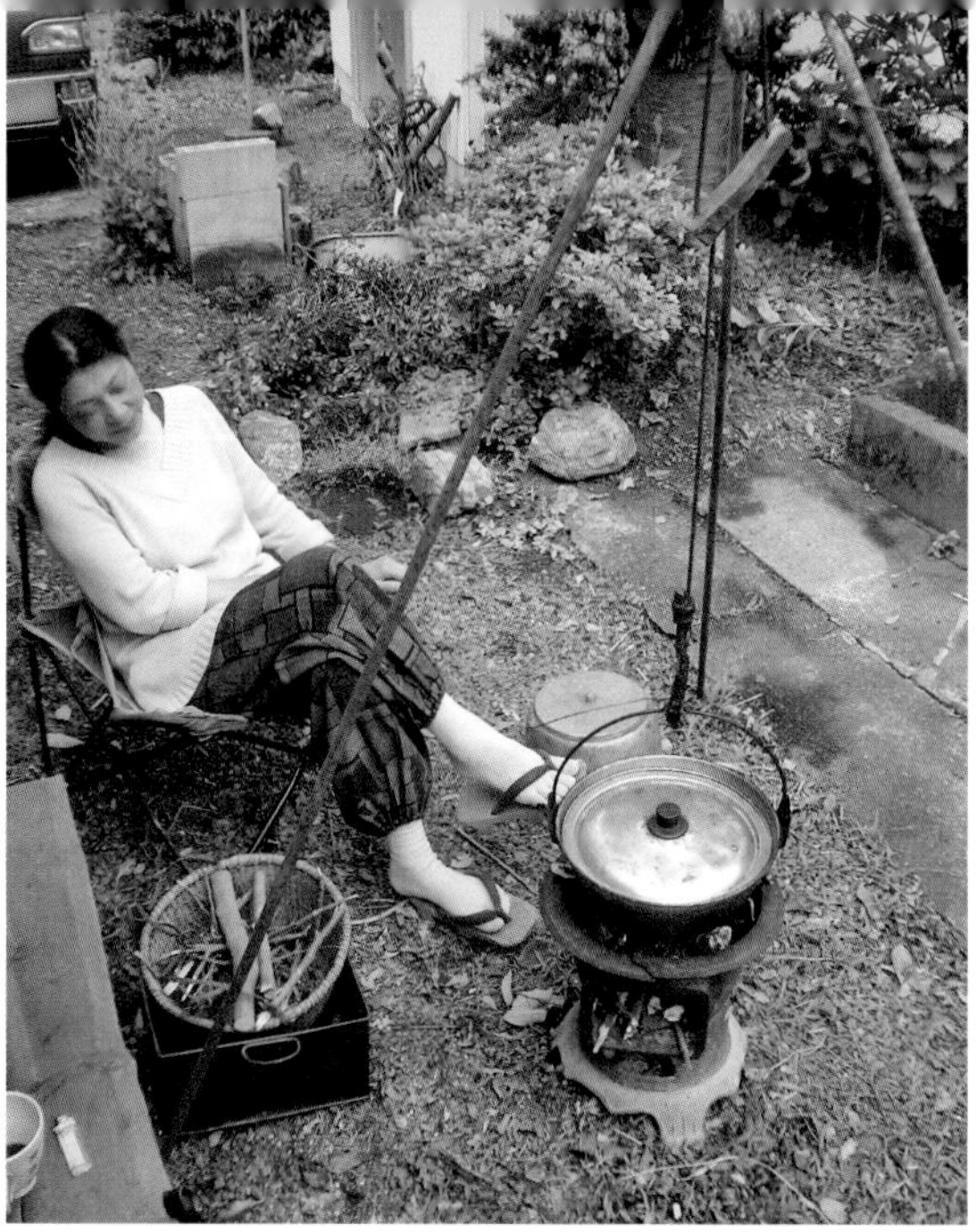

三又に自在カギをつければ移動式の囲炉裏を得たようなもの。もちろん金網を載せて調理することもできる

ロストル
分解して運べる

これが「ちびカマ」だ!

鋳物カマドは堅牢で、大事に使えば一生モノ

愛用の「ちびカマ君」はこの間くらいのサイズ
大小サイズがいろいろある

煙突がつけられるタイプもある(羽釜が使える)

移動できるカマドが便利

移動カマドの良さは地面を汚さないこと。それに使わないときは収納しておけばいいので庭が広く有効に使えることだ。カマドの上に網を載せておけば鍋も置けるが、三又で吊るしたほうが熱効率がいい。炎を網で遮断すると熱をかなり奪われるので煙も出やすい。しかし片手鍋や中華鍋を使うとき、そして炭火焼きにするときは網も有用なのでアイテムとしてぜひ用意しておこう。

三又は木でもいいが中空の金属パイプ（軽量で強度のあるもの、農業資材の廃品などを見つけるとよい）がコンパクトで便利である。3本をロープで束ねてから正三角形に開き、中央から自在カギを下ろす。これも木とロープで軽くて便利なものを自作しよう。

私は3つに分解できる昔の鋳物のカマドを使っている。これは蔵の解体現場からもらってきたものだが大きさ重さがとても使いやすく「ちびカマ君」と呼んで愛用している。このカマドはかつて埼玉県川口市の鋳物工場で大小サイズが大量に作られ全国に出荷されてい

◀一斗缶の口に吊り鍋がそのまま収まる

三又と自在カギを作る

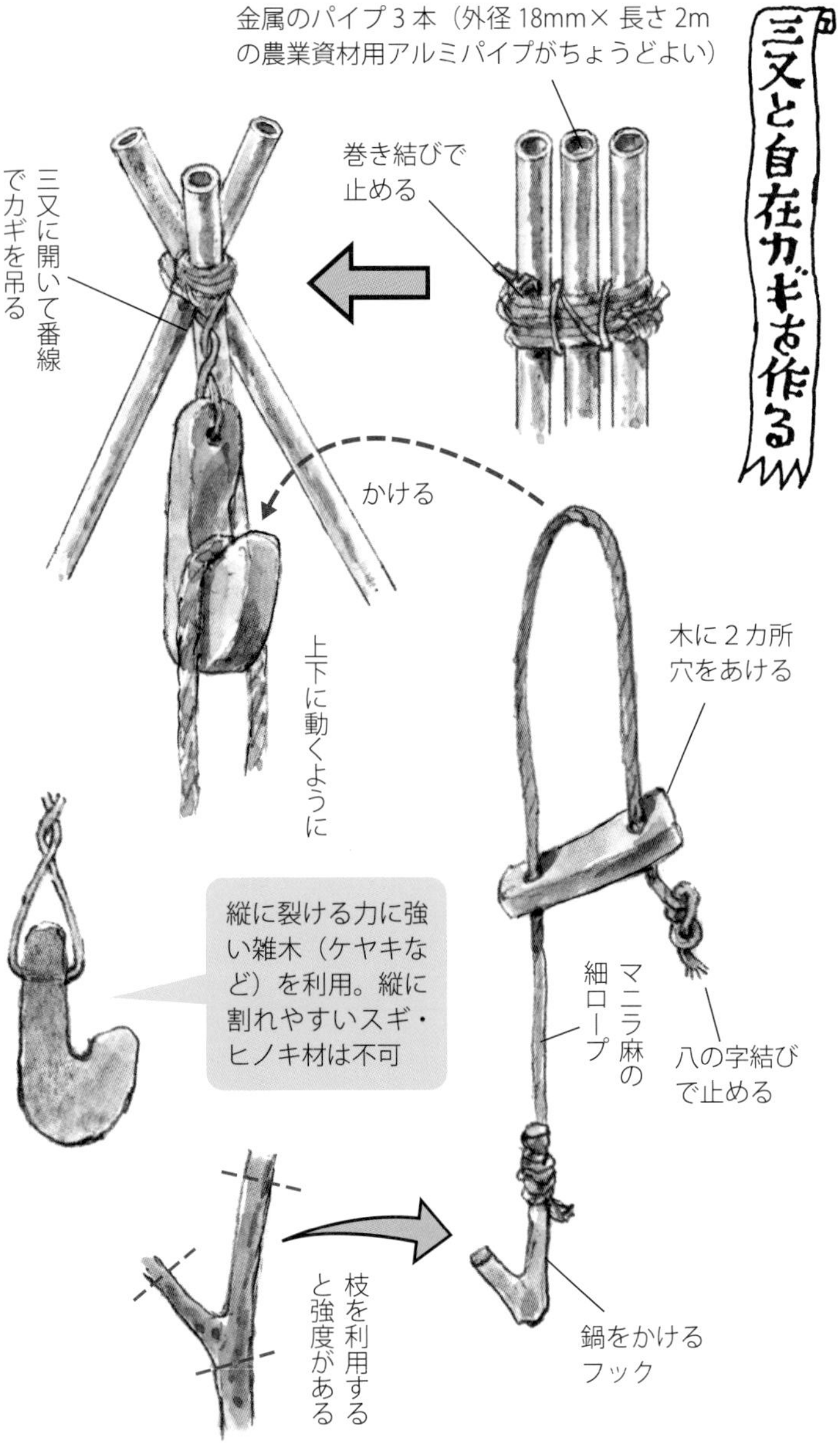
金属のパイプ3本（外径18mm×長さ2m
の農業資材用アルミパイプがちょうどよい）
巻き結びで
止める
三又に開いて番線
でカギを吊る
かける
上下に動くように
木に2カ所
穴をあける
マニラ麻の
細ロープ
八の字結び
で止める
縦に裂ける力に強い雑木（ケヤキなど）を利用。縦に割れやすいスギ・ヒノキ材は不可
枝を利用する
と強度がある
鍋をかける
フック

簡易カマドを作る

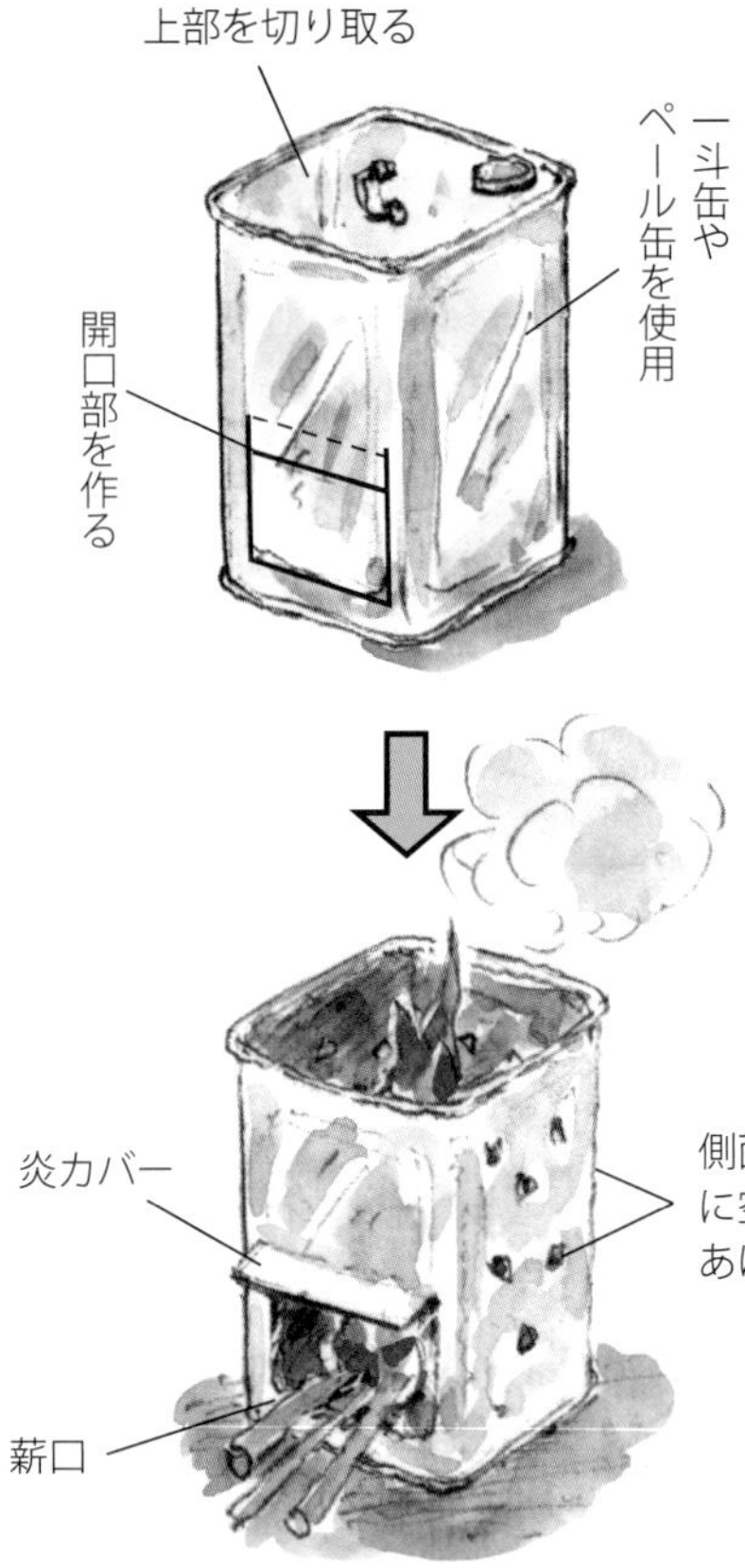
上部を切り取る
一斗缶や
ペール缶を使用
開口部を作る
炎カバー
側面と背面
に空気穴を
あける
薪口

た。著書の中でこのカマドを紹介し「リバイバル求む！」と書いた2009年は、餅つきイベントなどの炊き出しに需要のあるやや大きめのサイズ（5号）のみが細々と作られていたが、震災の影響もあるのか今ではこれに似たさまざまなサイズが売り出されているようだ。

一斗缶やペール缶で同じようなものを作ることができ、ステンレス簡易カマドがホームセンターでも売っているが、座りや使い勝手は鋳物カマドのほうがいいし長く使える。日常使うなら3〜4号の小型がおすすめだ。

新しい発想のロケットストーブ

もうひとつ、ユニークな原理で大人気の「ロケットストーブ」を紹介しよう。始まりは1980年代にアメリカの環境NGOのディレクター、ラリー・ウィニアルスキー博士が、発展途上国の木質燃料軽減のために開発したというカマドである。

アメリカでは商品化もされているようで、途上国でもいま盛んに作られ、使われているようだ。原理は断熱された内部煙突を炎の通

ロケットストーブの欠点と注意点

1）焚き口が狭いので細い薪しか使えないので絶えず薪を入れる作業が必要（焚き口を広くすると吸い込みが悪くなる）
2）火力調節ができないので弱火やトロ火の調理には向かない
3）高温になり煙道が掃除しにくいので腐食しやすい（とくに厚みのない鉄製の一斗缶、ペール缶、ドラム缶などを使う場合、耐久性は著しく乏しい）
4）煙は出ないが鍋にススはつくし、煙臭はするので室内で調理カマドを使うときは換気が必要
5）ストーブとして使う場合、蓄熱までの時間が長くかかる。また、煙突の低温部で結露することがある

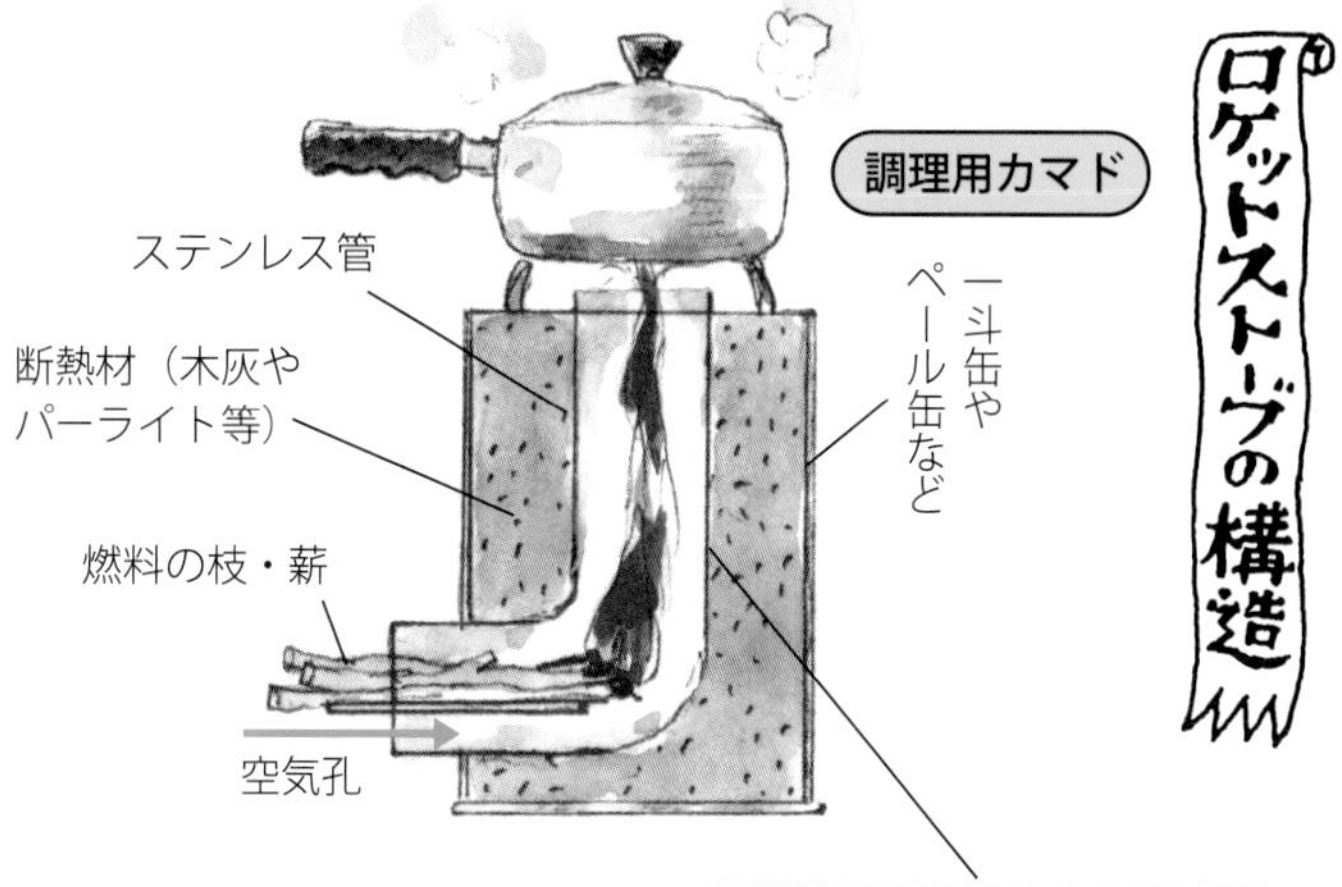
ロケットストーブの構造
調理用カマド
ステンレス管
断熱材（木灰やパーライト等）
燃料の枝・薪
空気孔
一斗缶やペール缶など

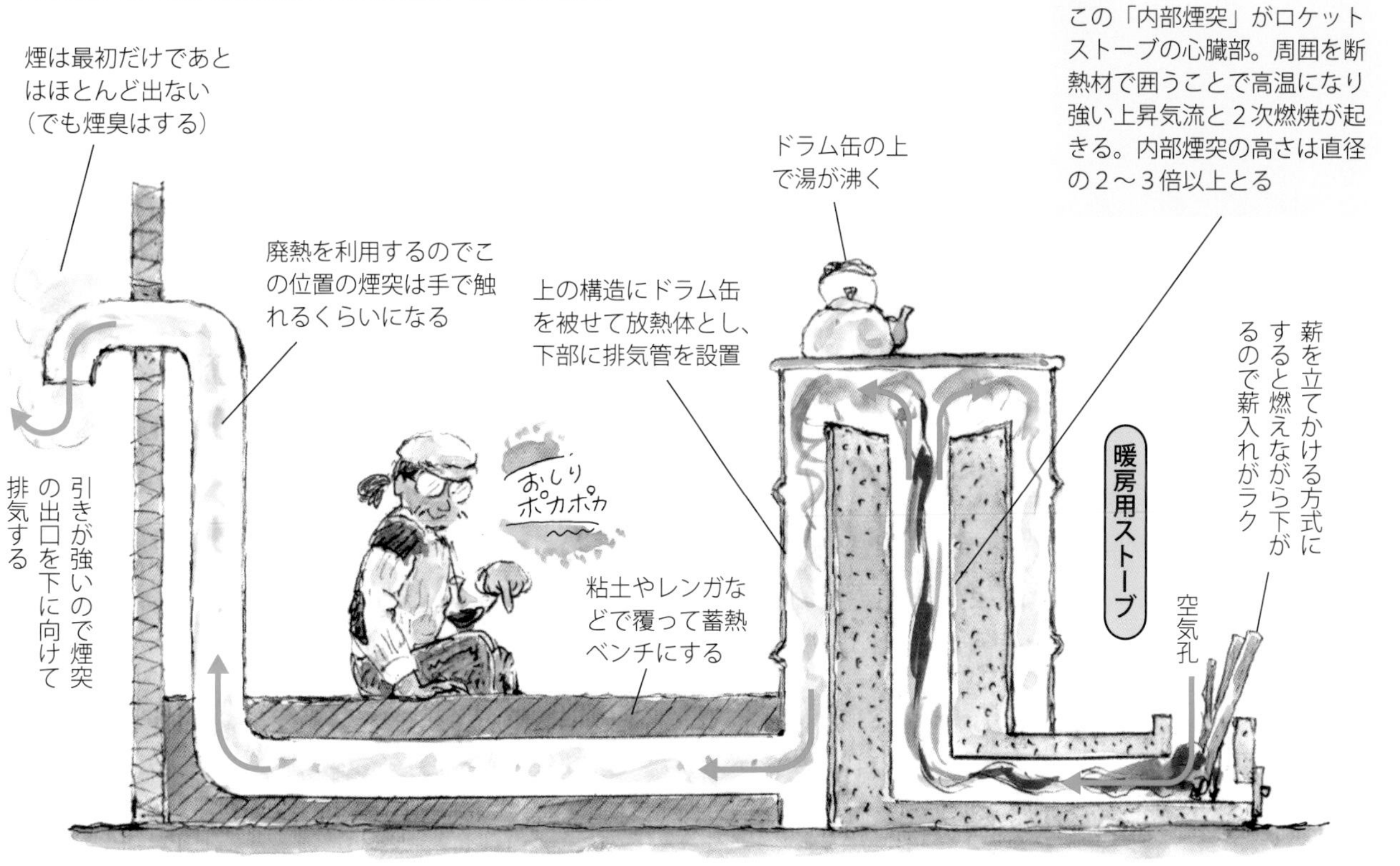
この「内部煙突」がロケットストーブの心臓部。周囲を断熱材で囲うことで高温になり強い上昇気流と２次燃焼が起きる。内部煙突の高さは直径の２〜３倍以上とる
煙は最初だけであとはほとんど出ない（でも煙臭はする）
廃熱を利用するのでこの位置の煙突は手で触れるくらいになる
ドラム缶の上で湯が沸く
上の構造にドラム缶を被せて放熱体とし、下部に排気管を設置
薪を立てかける方式にすると燃えながら下がるので薪入れがラク
暖房用ストーブ
おしりポカポカ
粘土やレンガなどで覆って蓄熱ベンチにする
空気孔
引きが強いので煙突の出口を下に向けて排気する

り口にすることで、より発熱して炎の勢いが増し、２次燃焼が起きて煙も少ない。その炎はまさにロケットの噴射のごとくである。細い枝でも効率よく燃え、完全燃焼に近く灰もほとんど残らない。

　廃品のペール缶や一斗缶など金属の缶と、ストーブの煙突を組み合わせ、中に断熱材として木灰、園芸用のパーライトかバーミキュライトを詰める。薪を入れる穴の下側に空気孔を設ける。原理さえわかればレンガや瓦などを組み合わせてもできるし、粘土でこねて作ることも可能だ。

　炎の微妙な調節はできないので、一気に火力が必要な煮炊きに向く。またこのストーブにもうひとつ金属の覆いを被せて、煙を下から引き出せば、暖房用ストーブを作ることもできる。排気の引きが強いので**上図**のように煙突を横に這わせ、蓄熱材で覆ってベンチにする工夫もある。

　このロケットストーブ、日本では２００８年に『日本ロケットストーブ普及協会』が立ち上げられ、製作マニュアル本も作られている（※）。現在ではインターネットでさまざまな作例を見ることができ、

※日本ロケットストーブ普及協会 https://sites.google.com/site/rocketstovejapan/

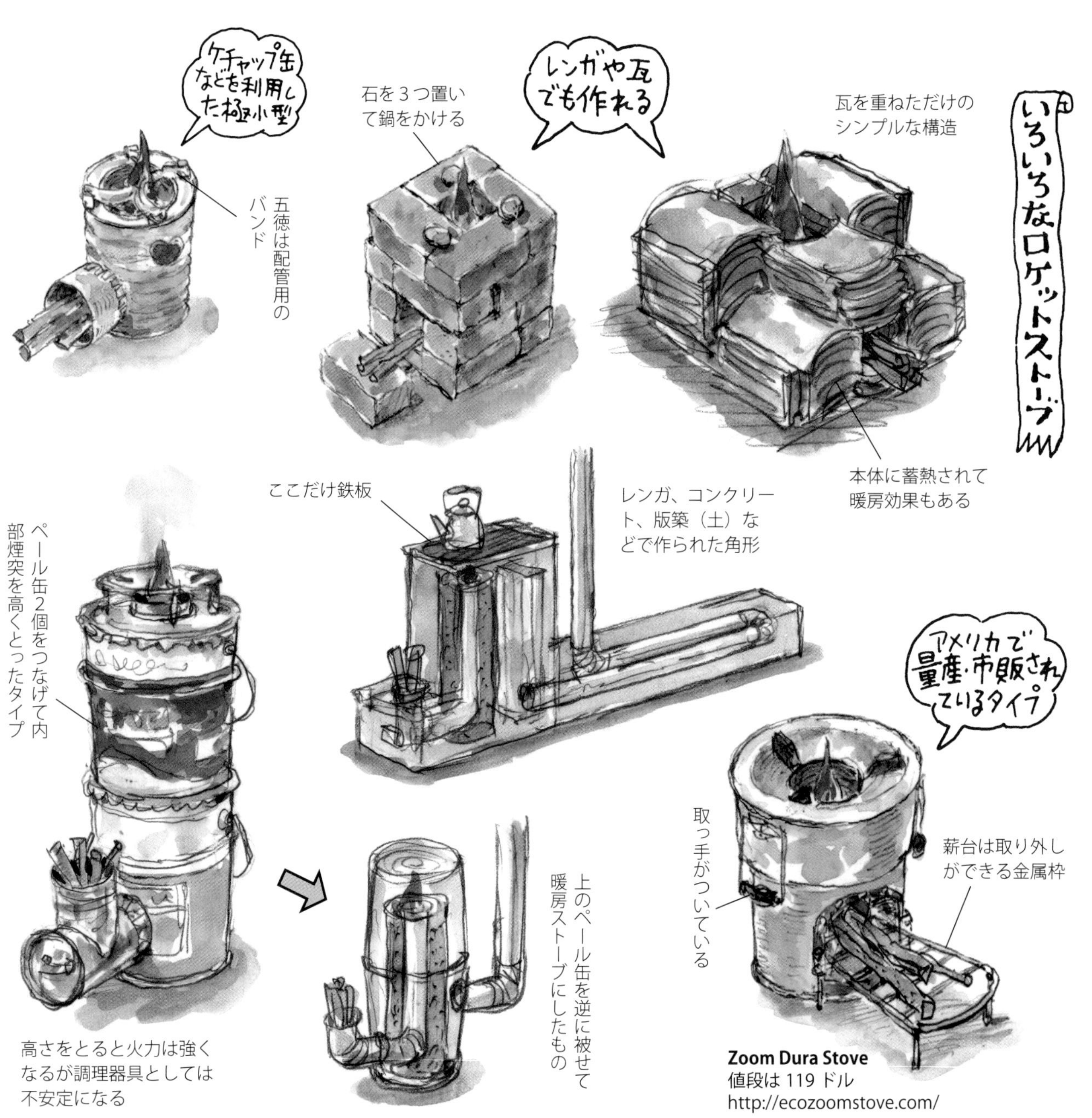

とくに暖房用ロケットストーブは改良・洗練が重ねられている。

カマドを使い分ける

囲炉裏は炎が見られて温かく、さまざまな調理ができて素晴らしいが、天気のいいときは外で炎を楽しんだりのんびり調理やお茶をしたくなる。そんなときは三叉&自在カギ＋移動カマドがいい。また、餅米を蒸すときや麺類を茹でるときなど、急ぎ火力が欲しいときはロケットストーブが便利だ。

薪の使い方に関しては囲炉裏がもっとも柔軟性がある。細いものから太いものまでなんでも燃やすことができる。しかし燃やし方にコツがいるし、有害な煙の出るものは燃やせない。移動カマドを外で使うなら紙ゴミくらいは燃やせるし、それで湯を沸かすこともできる。ロケットストーブの場合は焚き口が小さいので太い薪は使えない。細かく割っておく必要がある。それから完全燃焼に近いので熾き炭や木灰は調達できない。

カマドにはそれぞれ長所短所があるので、実際の山里暮らしではさまざまに使い分けたりコンビで使うのがよいだろう。

ロケットストーブを作る

材料

ペール缶よりも小さめのファンシー缶
ステンレス煙突のエビ曲管90度（径100㎜）
引き戸用レール（五徳に使用）
ステンレス板（煙突直部と薪受けに使用）

ふた

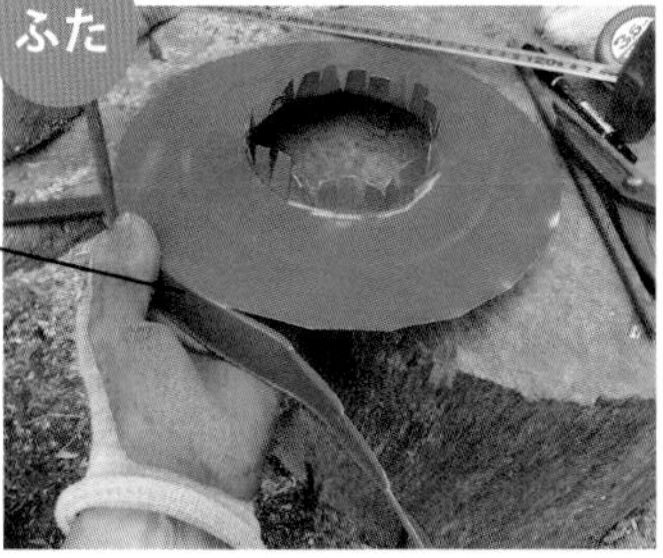
サイドは切り取る

本体

蓋と本体の下部に金切りバサミで管の通る穴をあける

燃焼部

エビ曲管にステンレス板を巻き針金で巻いて留める

上部の処理

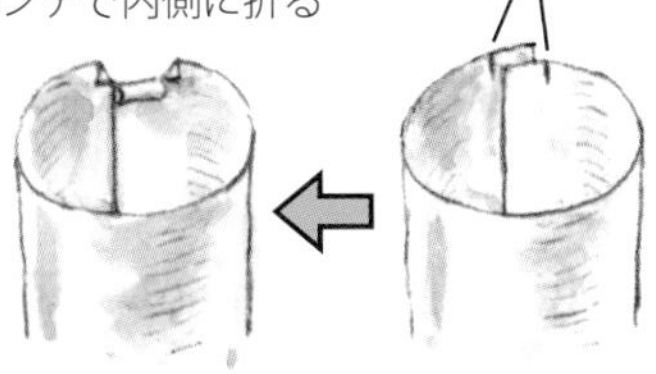
切れ目を入れる
ペンチで内側に折る

燃焼部＋本体

燃焼部のステンレス管を本体に挿入する

間に断熱材（今回は木灰を使用）を入れる

ハサミで切れ目を入れる
二重に折る

ふたをはめ、レールをカットして五徳を、ステンレス板をカットして薪台を準備

薪台と空気孔

薪台を差し込む。下が空気孔になる

2/3
1/3

薪の挿入口と空気孔の高さ比は２：１

着火

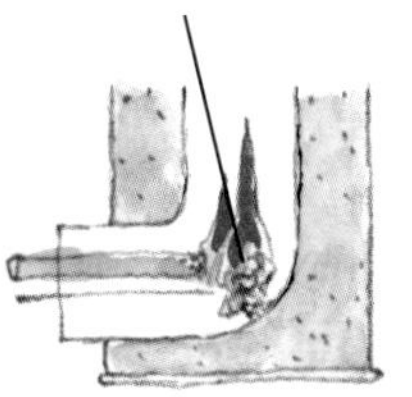
廃油を湿らせた新聞紙片などを焚き付けとして用意しておくと便利だ

※写真のストーブの燃焼の様子がYou Tubeで見られます。「ロケットストーブ作ってみました♪」http://youtu.be/Q356cJFmlQY

4. 山里での薪ストーブ&煙突徹底活用術

山里暮らしを始めるとき、誰しも最初に憧れるのは薪ストーブ暖房。これまで2軒の古民家で、2台の薪ストーブを都合3回設置してきた私の経験から、ストーブ設置のコツや煙突の通し方など、イレギュラーな古民家での設置術を書いてみよう。

1台目は「マッキー君」
母屋
外屋
東北の隅にある台所の土間に1台目を設置
昔の家は水まわりを外付けにして母屋を長保ちさせる工夫をした
蔵の解体現場から貰ってきたのと薪を大量に食うので「マキクラ君」→マッキー君と命名
←--組ぶたが紛失していたのでドラム缶のふたを利用した

憧れの薪ストーブ第1号

私の古民家暮らしの薪ストーブ第1号は、廃品利用だった。前節で紹介した鋳物カマド（特大／101ページ右下にイラストあり）に煙突をつけ、それを屋根上に抜いてストーブ代わりとしたのだ。

設置したのはコンクリート土間の台所。鬼門の方位に当たるそこは、山水から引いた水路が近いせいか暗くジメジメして居心地の悪い部屋だった。しかし角に置いた薪ストーブの効果は絶大で、ストーブ設置後は「もっとも長くいたい部屋」に変わった。

トタン屋根に煙突を通す

土台はレンガを並べただけ。土壁の室内だったが、腰壁がコンクリートだったのでそのまま炉壁とし、煙突はトタンの片流れ屋根を抜いて垂直に立てた。

トタン屋根の場合は煙突を抜くのも簡単である。野地板をやや大きめに切って、トタンに煙突径の穴をあけ、外側から雨漏り防止のスカートをかけ耐熱シリコンで目止めする。

断熱性の高い屋根構造なら貫通

台所の土間に２台並んだ鋳物カマド「ちびカマ君」（羽釜で炊飯中）と「マッキー君」（右）。暖炉のように炎を楽しみつつ、天板で料理ができる

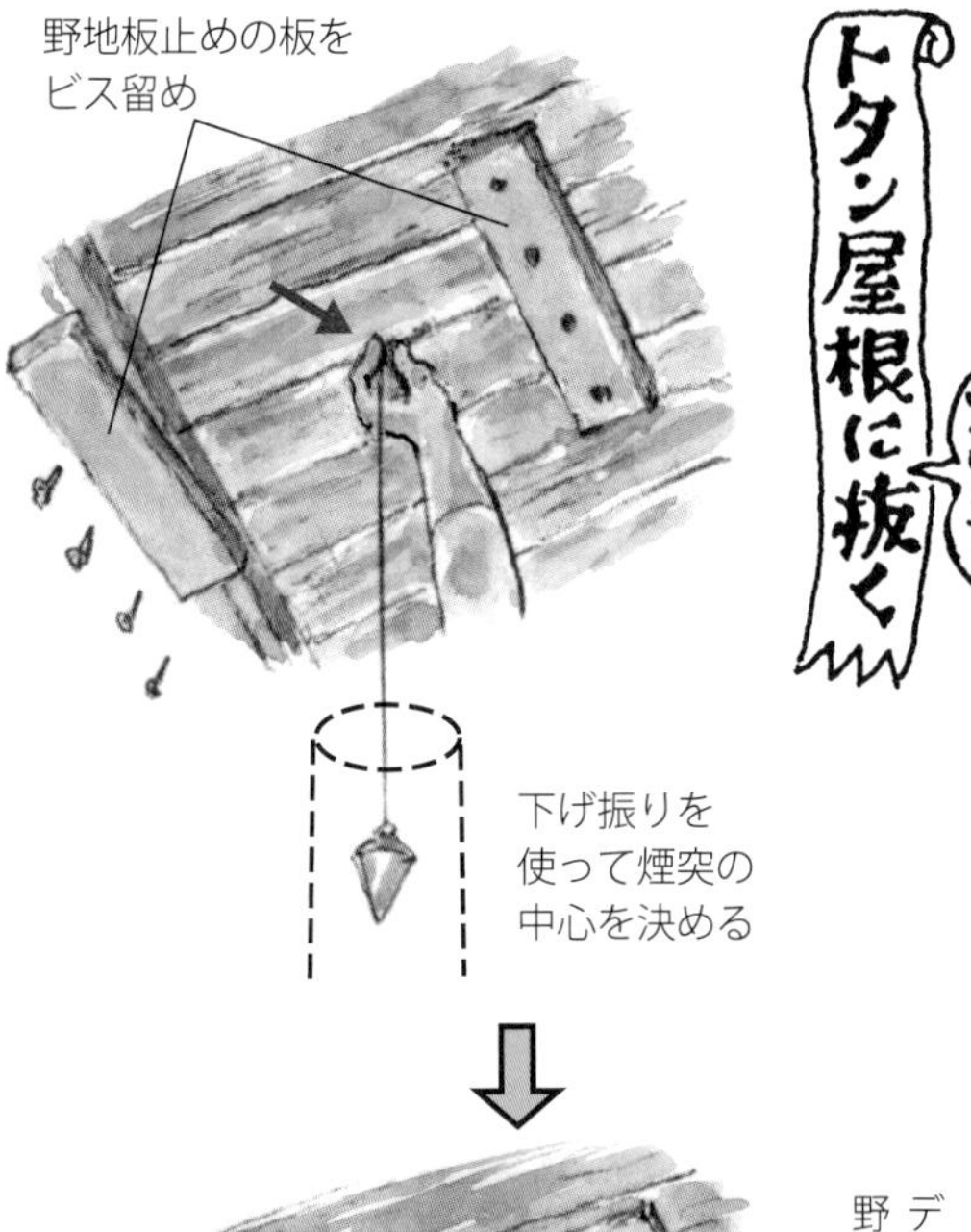

煙突を
トタン屋根に抜く
野地板止めの板を
ビス留め
下げ振りを
使って煙突の
中心を決める
ディスクグラインダーで
野地板をカット

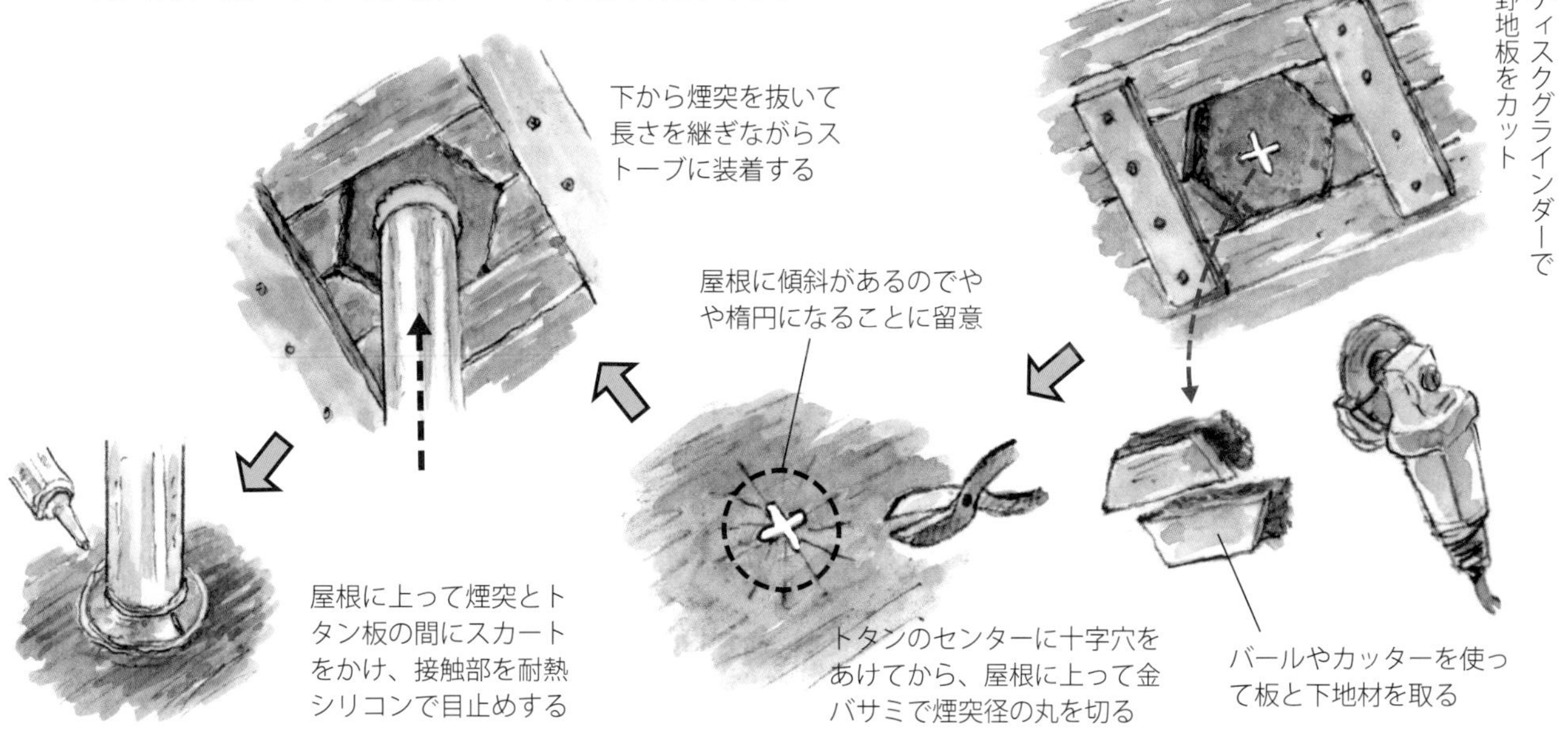

バールやカッターを使って板と下地材を取る
屋根に傾斜があるのでやや楕円になることに留意
トタンのセンターに十字穴をあけてから、屋根に上って金バサミで煙突径の丸を切る
下から煙突を抜いて長さを継ぎながらストーブに装着する
屋根に上って煙突とトタン板の間にスカートをかけ、接触部を耐熱シリコンで目止めする

部を二重にするなり耐火ボードなどの処理が必要だが、なにしろ熱量の少ないカマドだったし、冬はトタン屋根が冷えるので煙突の接触部もこれでよかった。

費用は5000円！

そのカマドは組ぶたを紛失していたので、これまたもらいもののステンレスのドラム缶のふたを被せるとピッタリだった。その上で直接イモやチャパティを焼くなど調理もできて、なかなか面白かった。

一般に薪ストーブといえば本体＋煙突＋工事費で50万、高級機で100万円などといわれているが、今回の費用は煙突と道具代だけ、5000円ほどでできた（笑）。

薪の投入口を常に開けておき、そこから炎を眺めていたのでいま思えば暖炉のような使い方をしていた。それにしても、これで暖をまかなうには薪を食いすぎるストーブ環境ではあった。

2台目ストーブは重量級

二冬目は囲炉裏を再生したのでそれとコタツだけで暖をまかない、薪ストーブをつけることはほとんどなかった。ところが、友人から

囲炉裏跡の天井には煙抜きがあるのでそれも再利用して断熱板(トタン)をはめる

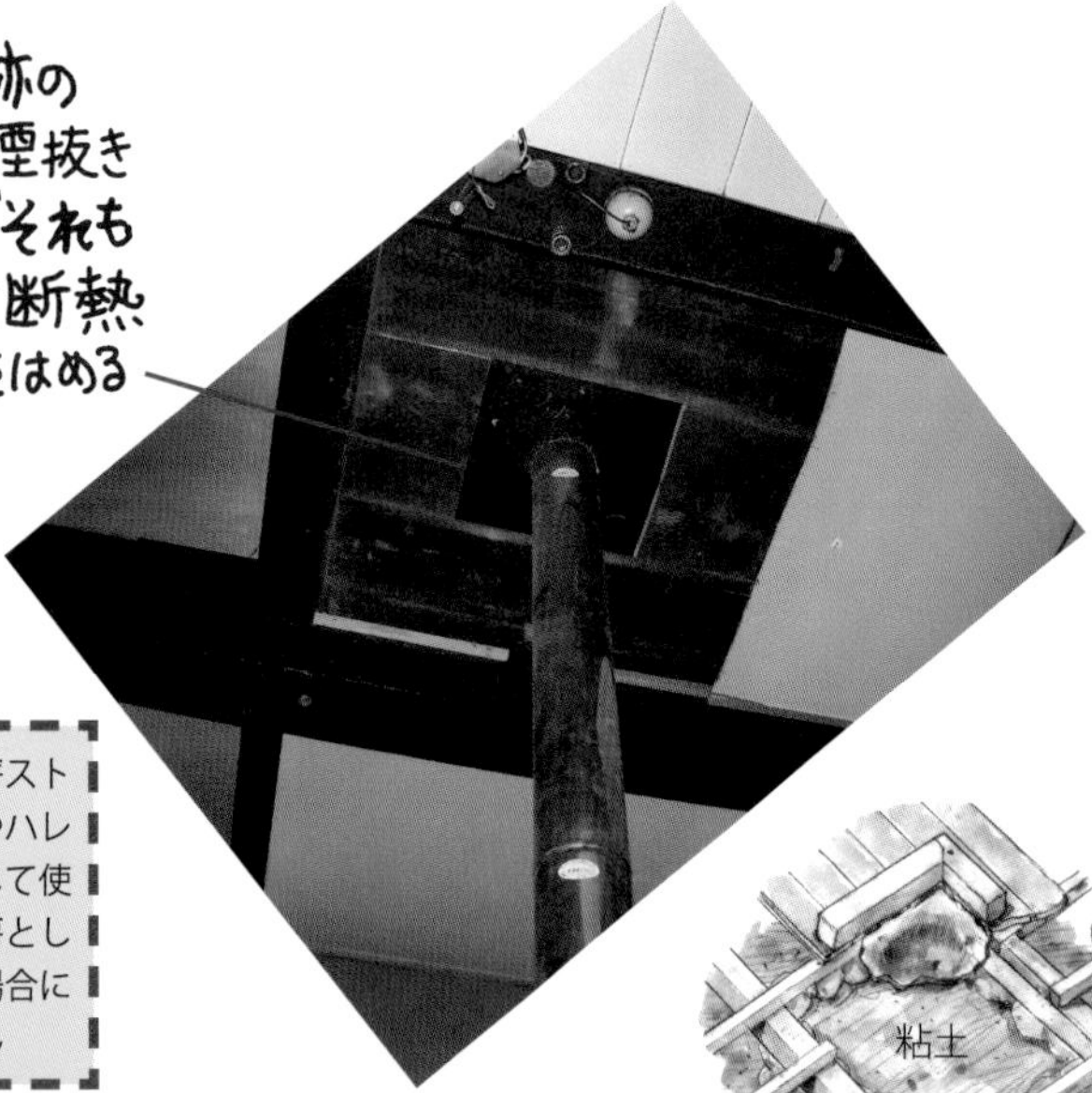

この手法は小型薪ストーブを補助暖房やハレの日の愉しみとして使うもので、主暖房として連続運転する場合には推奨できません

▶薪置き場のみ板の間で周囲は畳敷き。薪入れは割れたビンを使用

囲炉裏跡に石を載せて台座に

粘土
石組み

古民家囲炉裏の基礎構造

2台目は「トラちゃん」

日本画のトラの足みたいなので…

80kg 人力移動法

歩ける坂道はロープで棒をわたしてふたりで担ぐ（肩で担がないで腰の位置で持ち上げたまま移動）

テコで上げながら井桁を高くしていく

※テコの使い方や重量物の人力移動法については128ページから詳しく解説しています

新たな薪ストーブが届けられた。それは長野の職業訓練校の作品ということで厚い鉄板を溶接して作られた重量80㎏もあるストーブであった。ロープをかけ、棒をわたして男手ふたりで担ぎ上げ、とりあえず入口の土間へ仮置きした。

三冬目、そのストーブをいよいよ設置することにした。母屋の居間の畳をはがすと囲炉裏が切ってあったので、そこに載せて使おうと思った（山村では旧囲炉裏に「時計ストーブ」を載せて使っている例が多い）。

テコを使った移動法

困ったのは重量級のストーブを土間から居間までどうやって持ち上げるか、だ。その古民家は土台が高く、居間の床レベルまで80㎝の高低差があるのだ。

テコを使って少しずつ脚をあげ、そこに廃材角材を挟んで、井桁を組みながら高さを上げていった。テコは偉大である。ただし角材は丈夫なものを使う。そして井桁がずれないようにロープで結びながら行なう必要がある。

さらに板を当ててがいながらテコを使ってズリズリと室内を移動さ

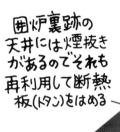

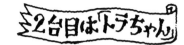

古民家での煙突ワザ

養蚕民家は２階が作業場（土足）で囲炉裏の煙抜きがついている

２階に抜くと風の影響も受けず、燻しで家も長持ちする

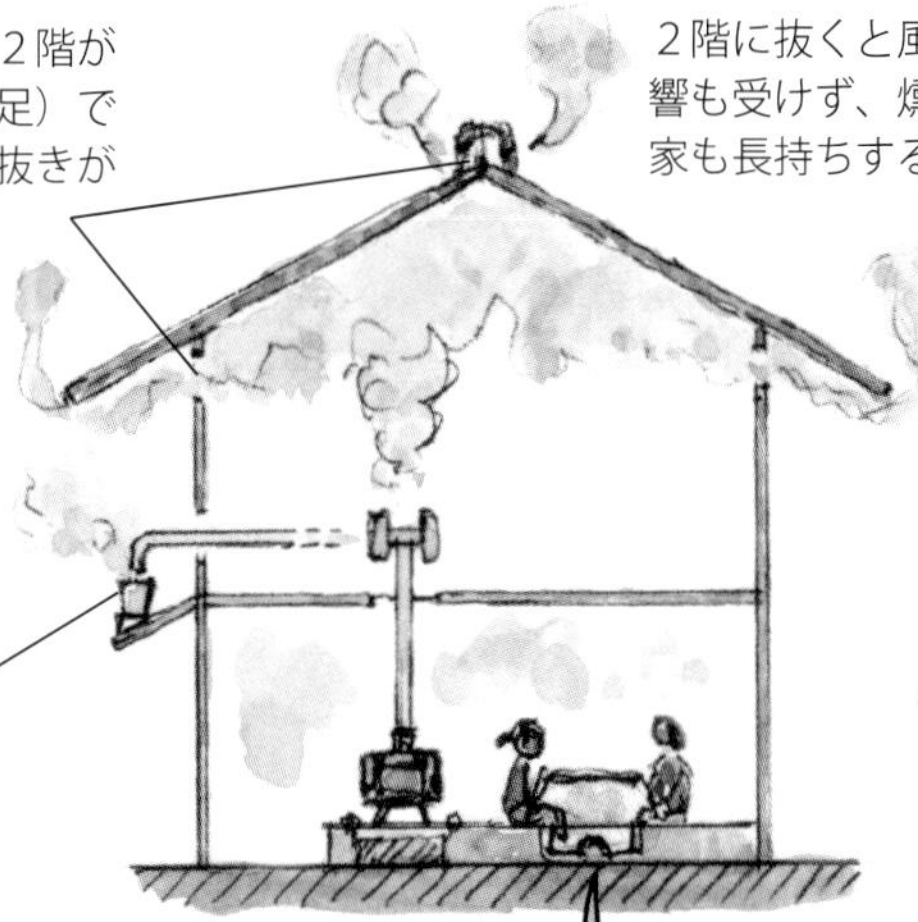

２階から横引きして水張り容器に落とす方法もある（**右写真**）

大きな古民家では煙突延長距離が長くなり、掃除も大変になる

瓦の素材で作られた炭火用の暖房器具「行火」をコタツで利用する

行火《あんか》

中に灰と炭を入れた鉢が入る。豆炭や薪ストーブでできた熾き炭を入れるとなお経済的

２階に抜くときには周囲の床にトタン板など不燃材を敷き、防火用水を置いておく

45度曲管を２つ使って排気穴を下に向け、水を張ったバケツに落とす方法。木酢液も同時に作れる

※２階抜きの場合、雨風に関係なく煙突掃除が簡単にできる

漆喰土壁をメガネ石で抜き、煙突を下に向け水を張った一斗缶で受ける

囲炉裏の上に廉価な時計ストーブは古民家でよく見られる方法

せ、石でカサ上げしておいた囲炉裏内部に着地させた。

煙突設置の裏ワザ

さて煙突だが、その家は養蚕民家のために2階の空間がとても大きく屋根が高い。だから屋根の上まで煙突を上げるにはかなりの煙突延長を必要とする（煙突掃除も大変）。しかも群馬の冬は風が非常に強く、屋根上に出せば煙の引きが安定しない（もちろん二重煙突にすればいいのだが、市販品はものすごく高額！）。

実際、囲炉裏に薪ストーブを置く周囲のご老人たちは、煙突を屋根まで抜かずに2階の室内に放出させたり、横に引いてから下向きに出して、水を入れたバケツなどをあてがったりしていた。2階はまだ物置状態だったので、これに倣い様子を見ることにした。

この方法は防火上危険そうだが、煙突掃除がマメにできるのでひとり暮らしのお年寄りでも安心である。また燻しが家の保全にもなり、バケツの水はやがて木酢液になる。

すき間だらけの古民家では一日中ストーブをガンガン焚き続けることは無駄だ。囲炉裏を生活の中

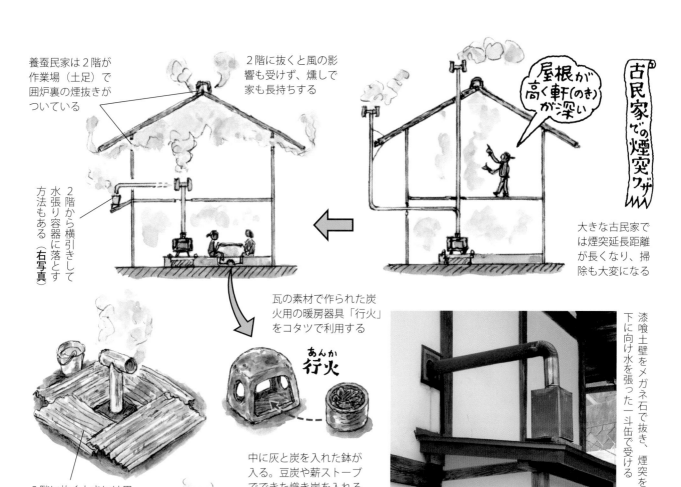

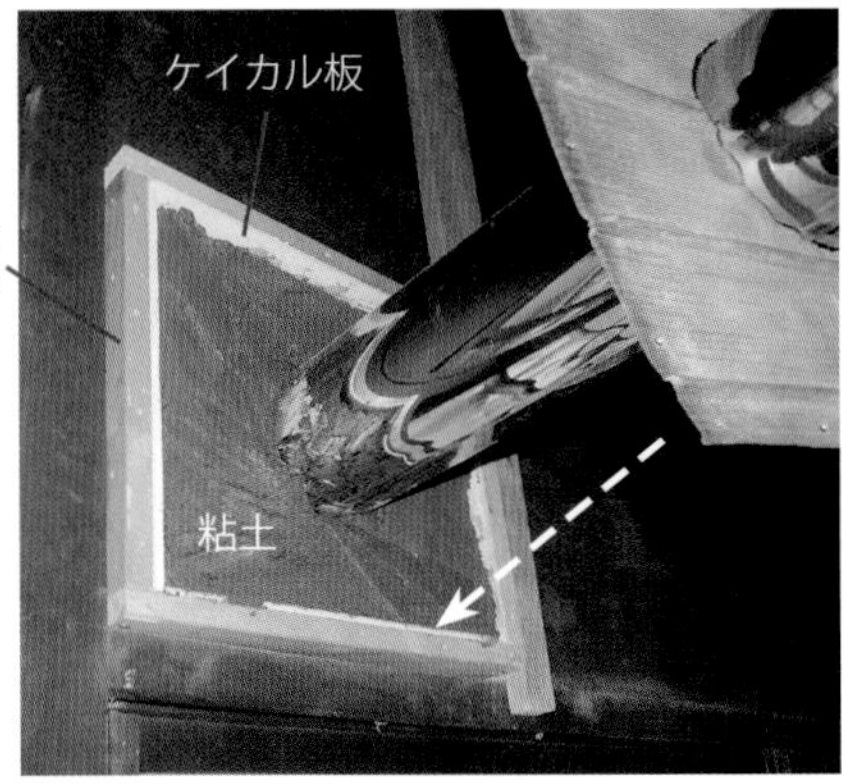
ケイカル板
木枠
粘土

煙突を固定させたあと、中に粘土を塗ってトタン板で塞ぐ(板と粘土の境界にケイカル板※)

漆喰壁はカッターで１層目を切り、中の土を崩してから竹小舞を切断する

メガネ石(板)を作る

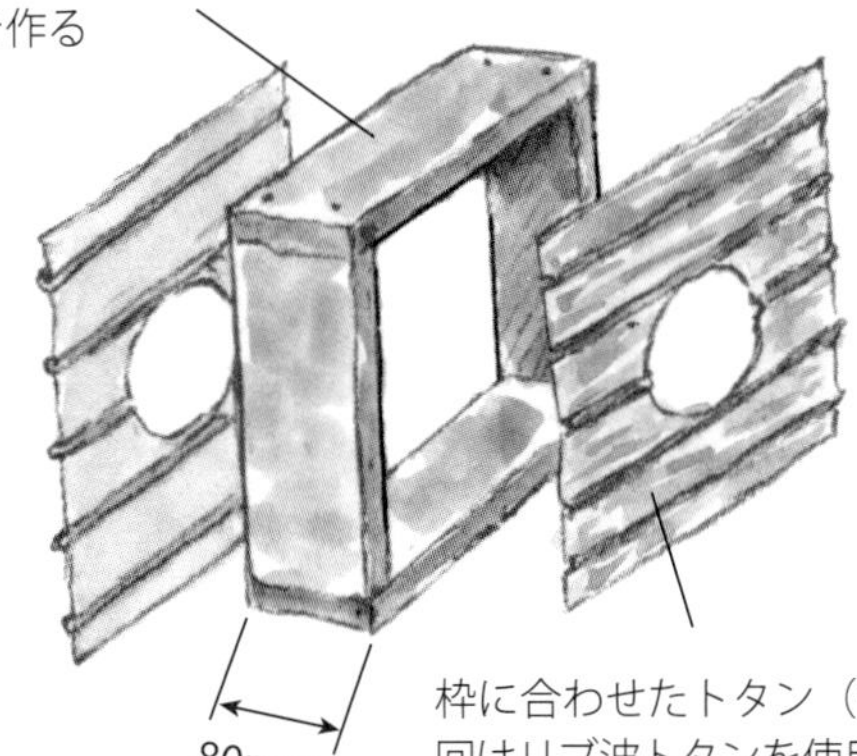
30cm 角くらいの木枠を作る
80mm
枠に合わせたトタン（今回はリブ波トタンを使用）を２枚切り煙突径の穴をあける

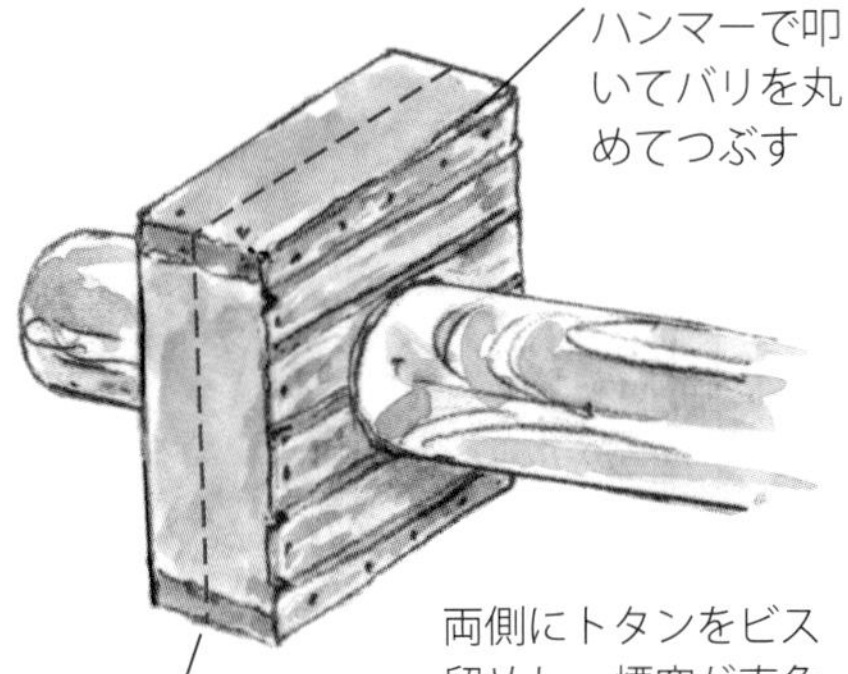
トタンの角をハンマーで叩いてバリを丸めてつぶす
両側にトタンをビス留めし、煙突が直角に通るのを確認する
煙突を抜き、トタンをはずしてから、ノコで木枠を半割りにする

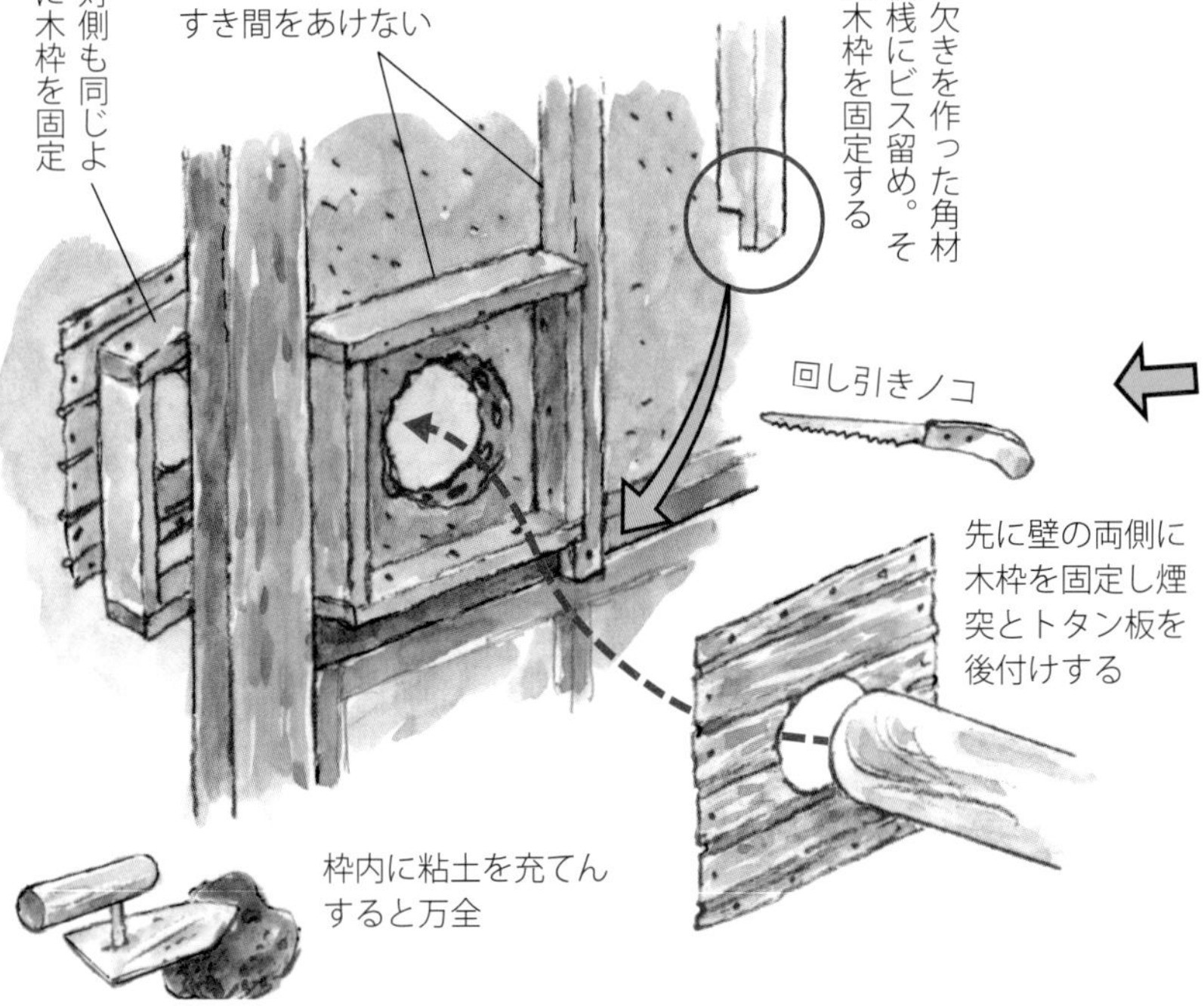
切り欠きを作った角材を横桟にビス留め。それに木枠を固定する
反対側も同じように木枠を固定
すき間をあけない
回し引きノコ
先に壁の両側に木枠を固定し煙突とトタン板を後付けする
枠内に粘土を充てんすると万全

心に置き、居間では炭火のコタツで「頭寒足熱」を暖房の基本にしている。薪ストーブを補助暖房やハレの日の愉しみと考えるなら、これが合理的かもしれなかった。

土壁に煙突を抜く方法

つぎに引っ越した家は里山の古民家で、木造の古い工場跡に先の重量級薪ストーブを設置しなおして使った。屋根はやはり高く、しかも瓦だったので、煙突は横引きして漆喰・土壁を抜いた。

市販のメガネ石はサイズが大きく、穴が土壁の強度を損なうことになる。土壁そのものに不燃・断熱性があるので、トタン板と木枠で自作することにした。

土壁に丸穴をあけるには煙突径よりやや大きくカッターで円を描いて中の土をかき出し、「回し引きノコ」で竹《たけ》小舞《こまい》を切断する。煙突を通したらすき間と周囲を粘土で固めると万全だ。

薪ストーブと煙突の設置はまず安全であることが絶対条件だが、煙突とメガネ石は建物の美観を左右するシンボリックなものなので、位置や形、高さには十分こだわりたい。

※ケイカル板：軽く加工しやすい（ノコで切れる）耐火断熱材

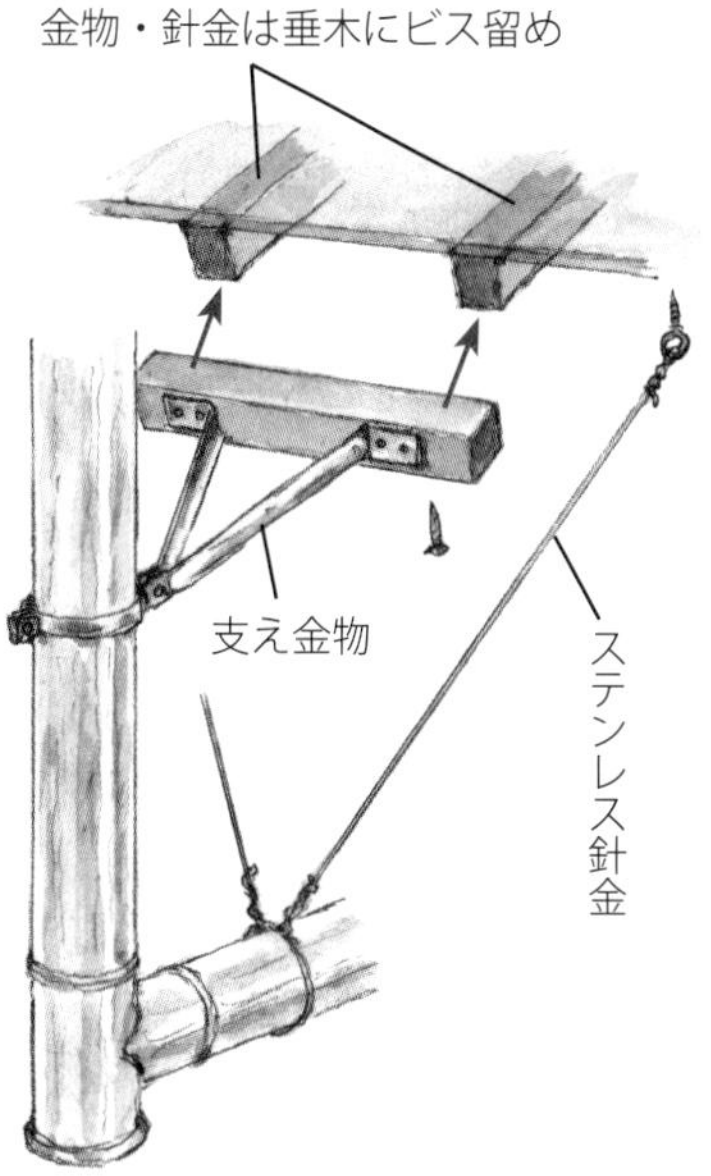

煙突外側は市販の「煙突支え金物」や腐食に強い「ステンレス針金」などで留める

軒先と屋根上高を十分に取る。そのためにも支え金物（左図）が重要

建物が古い場合、メガネ枠を建具のレベルにすりつけると内と外で微妙にずれる。水準板を柱に仮打ちして穴位置を正確に合わせるとよい

台座は板にレンガ敷き（間にケイカル板を挟む）、耐火壁は陶器破片とコンクリートで作る予定だったがとりあえずケイカル板を立てかけてトラちゃん運転中

角材で作る薪積み場

山里暮らしを始めると、とにかく薪はいくらあってもいいのだが、薪の置き場に困ってしまう。最少の角材を組むだけで大量の薪を収納できる薪収納ボックスを紹介しよう。四方から風が通るので乾きは抜群だ。このユニットは継ぎ足して拡張するのも簡単。

丸太の保管も基本は同じ。地面につかないように角材を敷いて載せ、両側に杭を打って間に並べる。重ね高さが増すと杭が曲がるので杭間を番線で結ぶとよい。屋根は波板を載せて風で飛ばないように石の重しを載せる

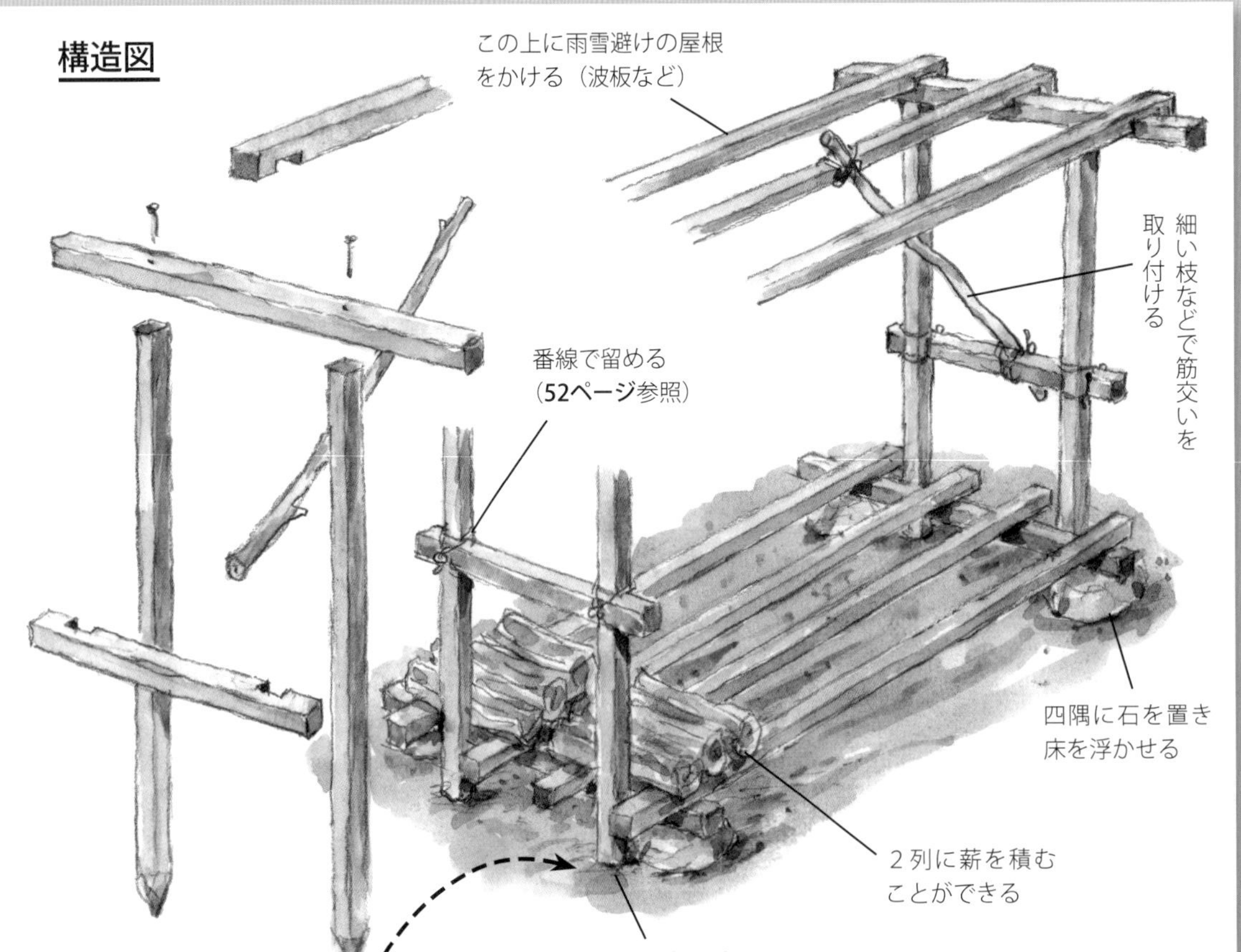
構造図
この上に雨雪避けの屋根をかける（波板など）
細い枝などで筋交いを取り付ける
番線で留める（52ページ参照）
四隅に石を置き床を浮かせる
2列に薪を積むことができる
上から杭打ちする

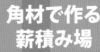

PART5
微生物を使って

ものを捨てるということが、都会と違って山では露《あらわ》になる。しかし有機的な物はやがて微生物に分解されるのだから、その手助けをし、肥料として活かしたい。微生物と対話しながら、生き方を教わる章。

1. 刈り草の堆肥化と生ゴミコンポスト

夏の山里暮らしは草刈り作業に追われ一日が終わることもしばしば。でも刈り取った草が堆肥になり、畑土に還すことができればその作業も喜びになる。刈り草を堆肥にするコツと堆肥置き場の作り方、手軽にできる生ゴミコンポストを紹介する。

堆肥を作る
アッツイ…
熊手を使って
刈り草を集める
箕《み》
背負いカゴ
運んで1カ所
にまとめる
一輪車
山に重ねて積む。
米ぬかや家畜フン
を挟んでもよい
強い風のない
暖かい所が
ベスト
雨の多い季節にはブ
ルーシートをかける
奥から取って
使うといい
畑へ

堆肥作りの原理

刈った草は山にしておき、それを手押し車や背負い籠などで1カ所に集めて、邪魔にならない場所に小山状に積んでおく。秋の落ち葉かきのときの小山といっしょにしてもいいし、春先は常緑樹が古い葉を大量に落とすので、それも集めて放置しておけばだんだんとカサが減って1～2年で土に変わる。表面は枯れ草状態に見えても、内部を掘り返すと堆肥化が進んでいたりするので、それを掘り返して畑に腐葉土として使えばよい。これがもっともズボラな堆肥の作り方だ。

もっと効率よく（早く）堆肥化しようと思うなら、屋根をかけた堆肥置き場を作って、そこにまとめて管理するとよい。堆肥作りで大事なのは「水分の調整」と「空気の循環」なので、屋根をかけて雨から守ることで水分を一定にし、ときどき切り返す（フォークでかき混ぜる）ことで空気を混ぜ均一にしてやるのだ。すると好気性の微生物がよく働いて、堆肥化が飛躍的に進む。

新たに刈った草や枯葉をこの上

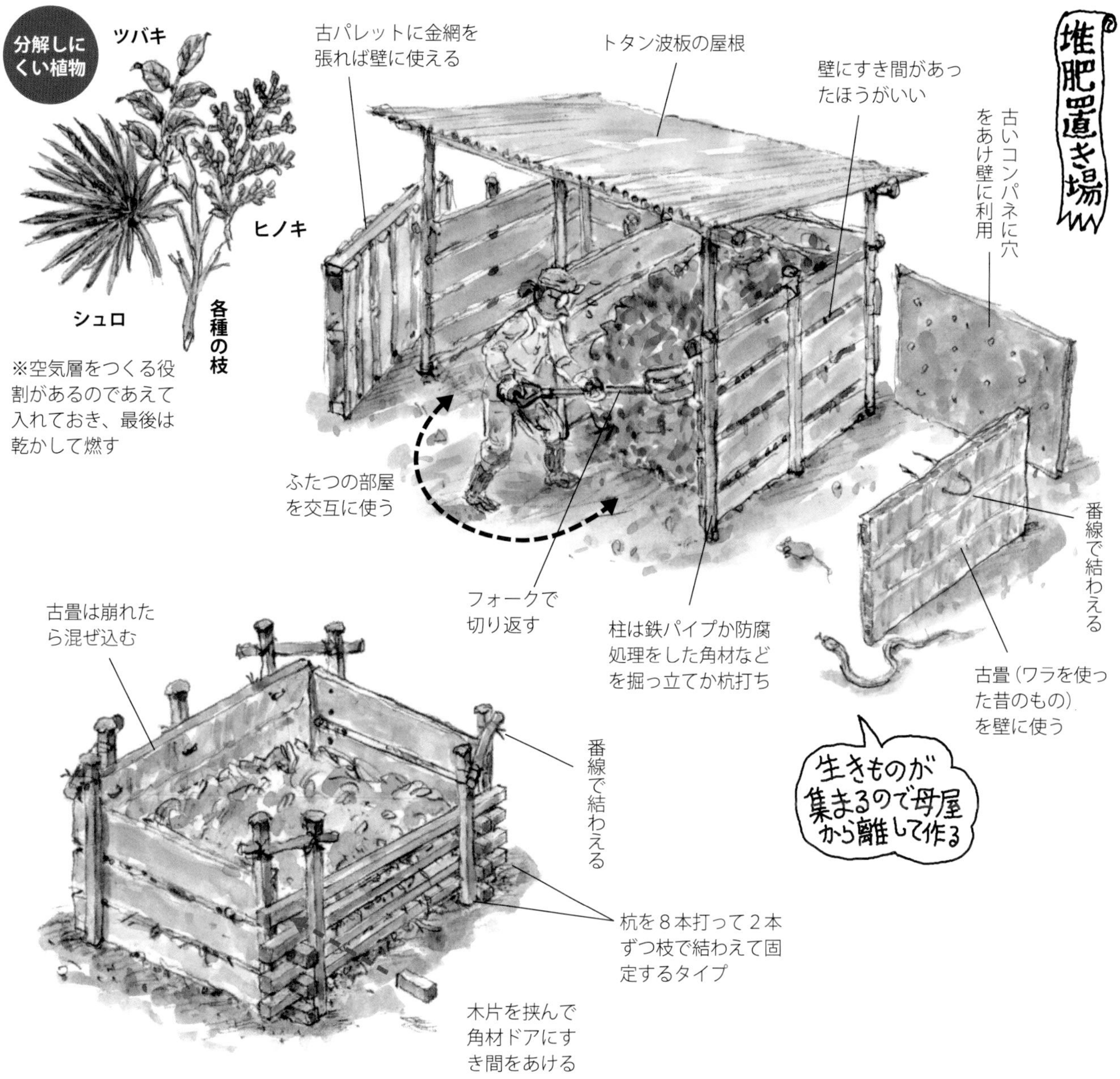

堆肥置き場
分解しにくい植物
ツバキ
ヒノキ
シュロ
各種の枝
※空気層をつくる役割があるのであえて入れておき、最後は乾かして燃す
古パレットに金網を張れば壁に使える
トタン波板の屋根
壁にすき間があったほうがいい
古いコンパネに穴をあけ壁に利用
番線で結わえる
ふたつの部屋を交互に使う
フォークで切り返す
柱は鉄パイプか防腐処理をした角材などを掘っ立てか杭打ち
古畳（ワラを使った昔のもの）を壁に使う
生きものが集まるので母屋から離して作る
古畳は崩れたら混ぜ込む
番線で結わえる
杭を８本打って２本ずつ枝で結わえて固定するタイプ
木片を挟んで角材ドアにすき間をあける

にどんどん載せていき、ときどき切り返して天地を返し、新旧を混ぜる。中が乾きすぎてきたら水を加えてやればよい。下から水がジュクジュクと流れ出すようでは多すぎで、見た目しっとりと感じる程度でよい。切り返しの作業は思ったより重労働なので、小さなバックホーがあればとても便利だ。

堆肥置き場を作る

堆肥置き場は常に湿っていて虫食いもあるので、柱や杭などは防腐処理をした木材や鉄パイプを使う。側壁はできれば空気穴があったほうがいいので廃材板などを何枚かすき間をあけて設置するとよい。古い畳をそのまま壁として使ってしまう手もある。

注意点としては、住居する母屋に接触して作らないこと。カブトムシの幼虫が居着くのは楽しいが、それを狙ってネズミなどが出入りし、さらにそれを狙うヘビまでやってくるからだ。

堆肥のサイクル

堆肥置き場は同じサイズのものをふたつ以上並列して作っておき、ひとつがいっぱいになったら隣を

カブトムシの幼虫発見！▼

▲庭木の剪定枝は葉っぱの部分を放り込んでおく。分解しにくい枝は空気層を作る役目もある

青々とした刈り草もやがてこのような堆肥に変わる。フルイにかけて未分解の枝などを取り除く

▶切り返しを終えた状態。フォークとスコップは必需品

捨てたアボカドの種が堆肥の中で発芽！鉢植えで育ててみるか、なんて楽しみも…▶

▲できた堆肥をすべて取り去った状態。新しい刈り草を入れる前に古畳をセットする。これも最後はボロボロになり堆肥化する

使っていく。分解が進むたびにカサが減るので意外に大量の刈り草が投入できる。

隣がいっぱいになるころ、最初の分が熟成されて完熟堆肥ができる。それを畑に移動して空にし、新たにそこに刈り草を積み重ねていく。というサイクルで使っていくと敷地が有効に使える。

堆肥の中には分解の遅い小枝や針葉樹の葉が原型に近く残っているときがある。それは粗い目のフルイで選り分け、乾かしてからカマドで燃やしてしまうとよい。燃やした灰は直接畑にまいてもよいし、新たな堆肥作りの刈り草に混ぜ込んでもよい。

燃やして作る草木灰

刈り取った草木を生のまま燃やしてカサを減らすこともできる。あらかじめ薪で焚き火をして十分な熾き炭を作っておき、その上に刈った草を被せるのだ。いったん炎は消えるが、中からくすぶり始め、煙が出たまましばらく燃え続ける。中央が燃え尽きて穴があいたらまたそこに生草木を被せる。

熾き炭が消えてなくなるまでこれを繰り返す。ただし大規模にや

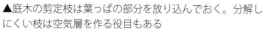

イノシシ柵を作る

イノちゃん許さん!

波板の重ねに杭を合わせ番線で留める（ヒモでもよい）

角材で杭を作る。ナタで、刺さりやすいように先を尖らす

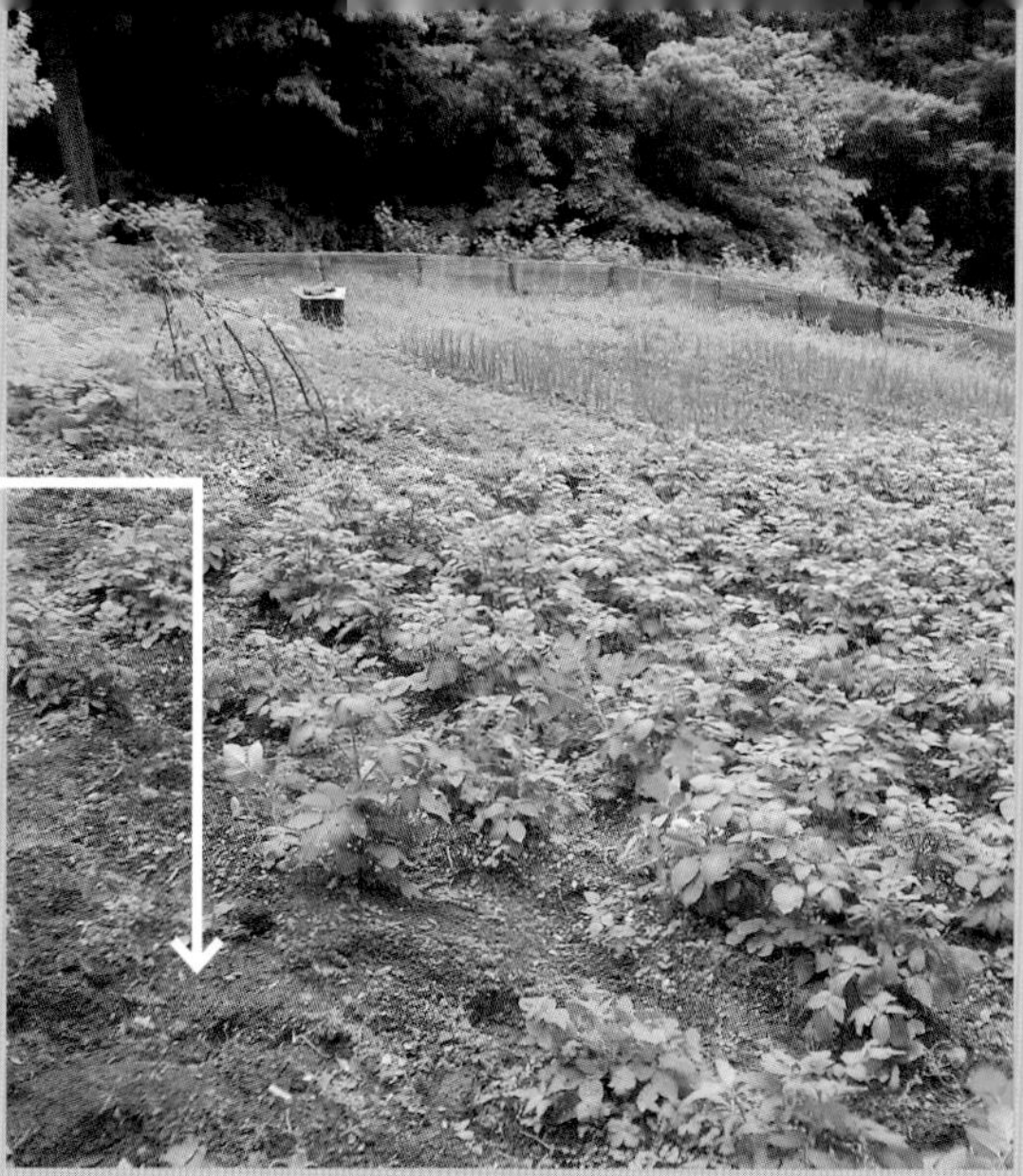
イノシシに掘り返された跡

堆肥・草木灰を使うとジャガイモがよくできるがイノシシもやって来る。というわけで柵を作る

草木灰を作る

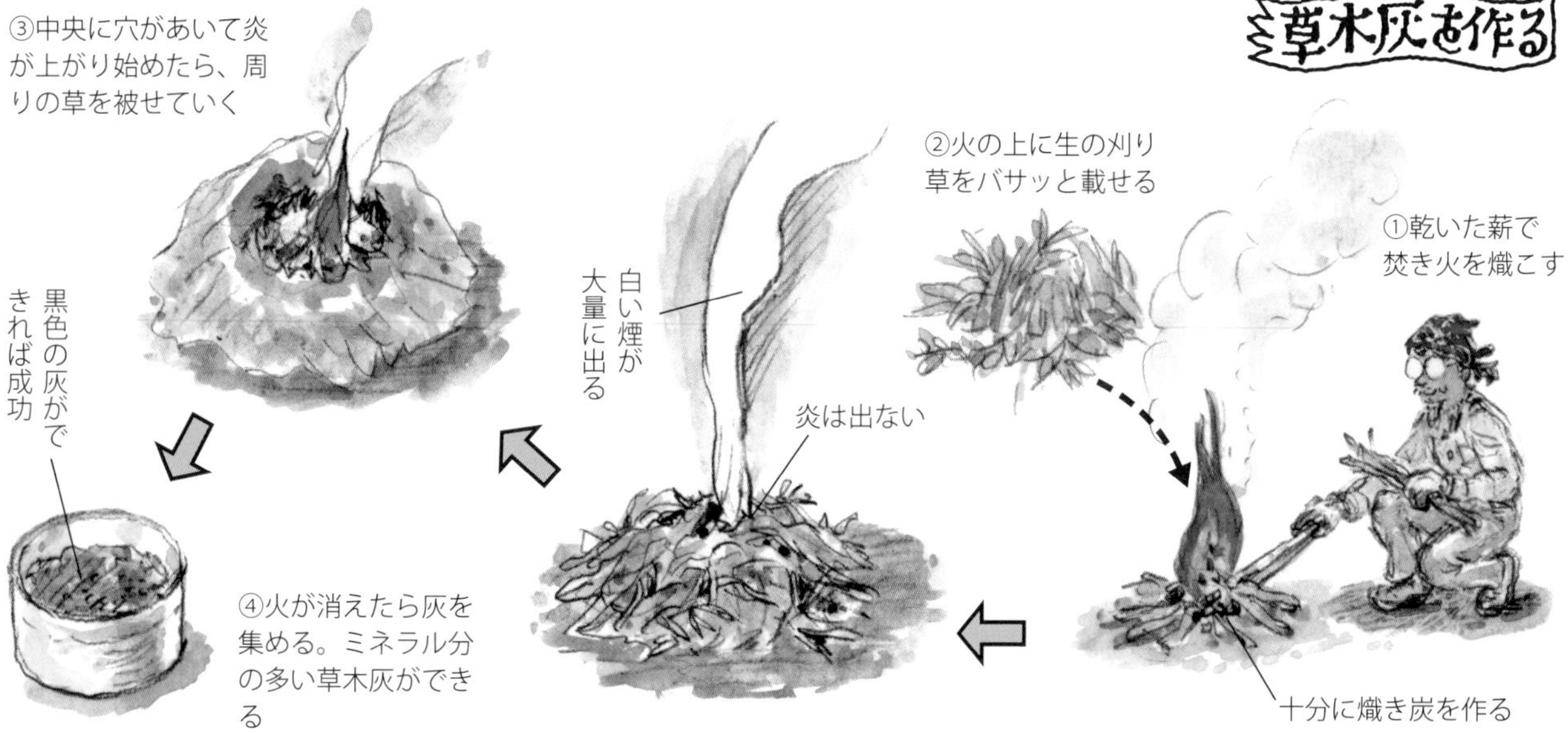
①乾いた薪で焚き火を熾こす
十分に熾き炭を作る
②火の上に生の刈り草をバサッと載せる
白い煙が大量に出る
炎は出ない
③中央に穴があいて炎が上がり始めたら、周りの草を被せていく
黒色の灰ができれば成功
④火が消えたら灰を集める。ミネラル分の多い草木灰ができる

ると大量の煙が立ちのぼるので集落の人に声をかけてから行なうようにしよう。

野外カマドで火を焚きながら読書をしたりお茶を飲むときなども、ときどき生草木を被せて煙を立てると掃除にもなるし蚊も寄ってこない。煙が出るといっても紙ゴミを燃やしているときのような不快な臭いはしない。

生の刈り草はほとんどが水分なので灰にすると驚くほど量が少なくなる。この灰は「草木灰」といってミネラル分が多く、畑の土壌改良に大変有効な資材となる。

生ゴミの処理

堆肥作りの際、台所の生ゴミなどを入れてもよいが、最近は過疎化で野生動物が増えているので餌づけになってしまい、彼らが居着いてしまうこともあるので注意したほうがよい。

というわけで、生ゴミはコンポストを使って別に処理するのもよいだろう。コンポストは畑や庭に置く樹脂製のものや土に埋める籠状のもの、あるいは微生物資材を使って発酵処理する専用容器などが販売されている。それぞれ一長

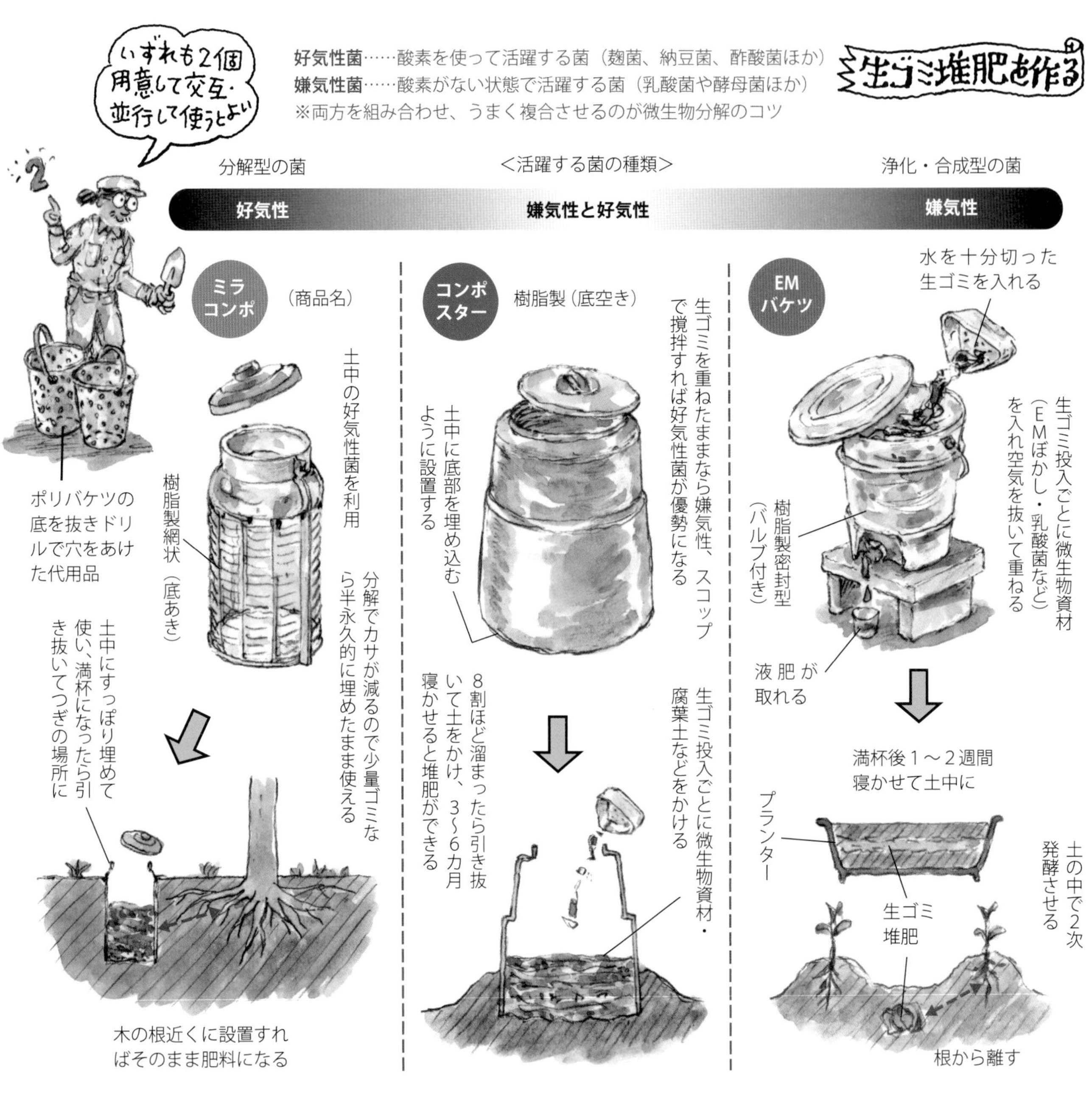
生ゴミ堆肥を作る
いずれも2個用意して交互・並行して使うとよい
好気性菌……酸素を使って活躍する菌（麹菌、納豆菌、酢酸菌ほか）
嫌気性菌……酸素がない状態で活躍する菌（乳酸菌や酵母菌ほか）
※両方を組み合わせ、うまく複合させるのが微生物分解のコツ
<活躍する菌の種類>
分解型の菌
浄化・合成型の菌
好気性
嫌気性と好気性
嫌気性
ポリバケツの底を抜きドリルで穴をあけた代用品
ミラコンポ
（商品名）
土中の好気性菌を利用
樹脂製網状（底あき）
分解でカサが減るので少量ゴミなら半永久的に埋めたまま使える
土中にすっぽり埋めて使い、満杯になったら引き抜いてつぎの場所に
木の根近くに設置すればそのまま肥料になる
コンポスター
樹脂製（底空き）
生ゴミを重ねたままなら嫌気性、スコップで撹拌すれば好気性菌が優勢になる
土中に底部を埋め込むように設置する
8割ほど溜まったら引き抜いて土をかけ、3〜6カ月寝かせると堆肥ができる
生ゴミ投入ごとに微生物資材・腐葉土などをかける
EMバケツ
水を十分切った生ゴミを入れる
生ゴミ投入ごとに微生物資材（EMぼかし・乳酸菌など）を入れ空気を抜いて重ねる
樹脂製密封型（バルブ付き）
液肥が取れる
満杯後1〜2週間寝かせて土中に
プランター
土の中で2次発酵させる
生ゴミ堆肥
根から離す

一短があるが、原理さえわかれば、それらをマネて身近な素材で自作することもできる。

基本的に山里の土には生ゴミを分解する微生物がいっぱいだ。しかも日本は湿潤温暖で分解が速い。なので基本的には土に浅く埋めれば生ゴミは土に還るが、動物が掘り返したり、虫がわいたりするのが不快なのでその対策としての囲いがコンポストだ。

段ボールで作る簡単コンポスト

段ボール箱を容器に土（ピートモス）ともみがら薫炭を使って生ゴミを堆肥化するというアイデアもある。都会ならベランダでやるが、田舎では台所の土間に置いてもいいし、材料も微生物に満ちた腐葉土や、熾き炭など良質な自家製の素材を使い改良を重ねることができるだろう。

また海外では、ドラム型の容器あるいは球体の容器を用いて、手動で回転させることで切り返し効果を得る、ユニークかつ洗練されたコンポスターが生まれている。こちらもアイデア次第で自作することができるだろう。

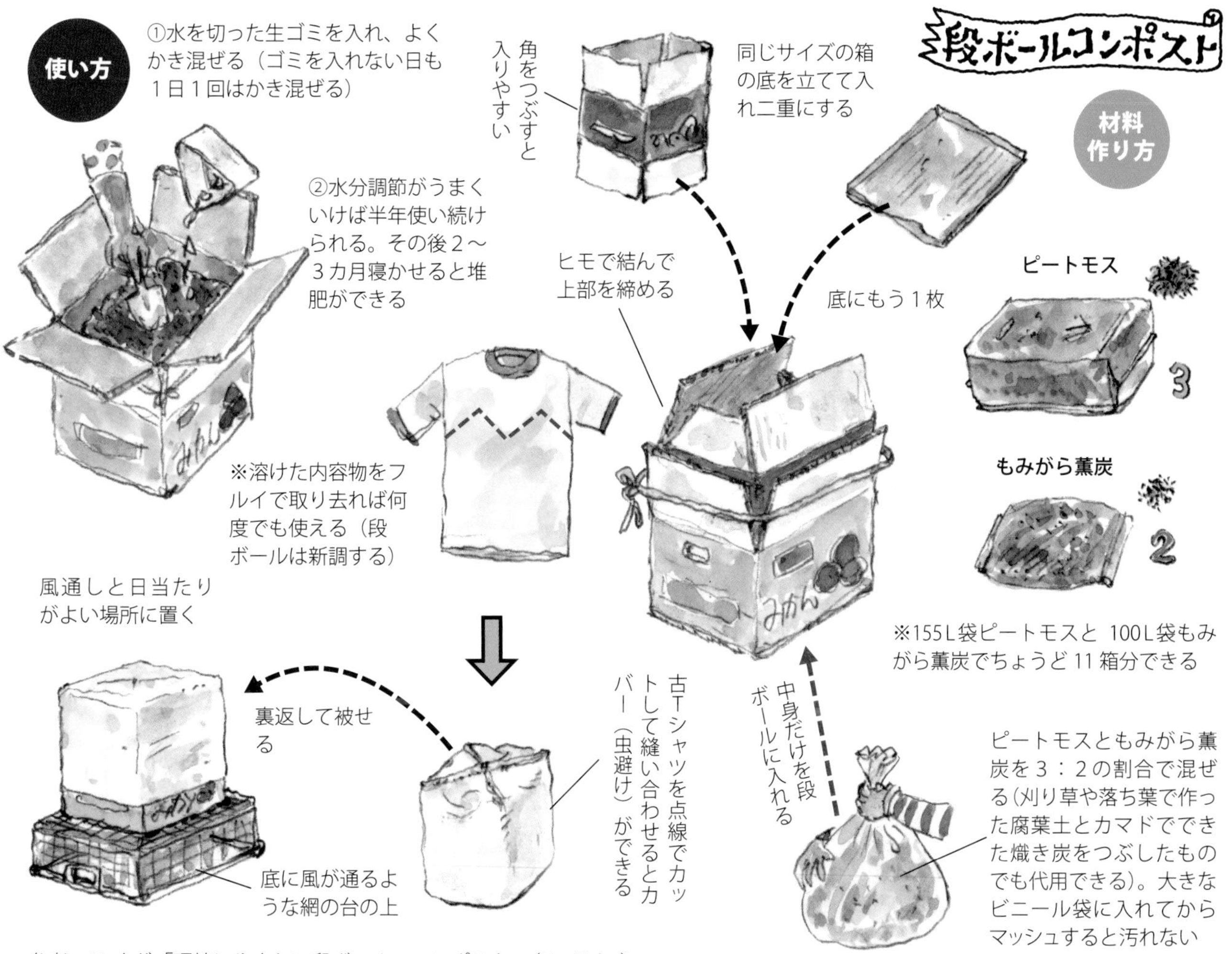
段ボールコンポスト
使い方
①水を切った生ゴミを入れ、よくかき混ぜる（ゴミを入れない日も1日1回はかき混ぜる）
②水分調節がうまくいけば半年使い続けられる。その後2～3カ月寝かせると堆肥ができる
角をつぶすと入りやすい
同じサイズの箱の底を立てて入れ二重にする
材料 作り方
ヒモで結んで上部を締める
底にもう1枚
ピートモス
3
もみがら薫炭
2
みかん
※溶けた内容物をフルイで取り去れば何度でも使える（段ボールは新調する）
風通しと日当たりがよい場所に置く
※155L袋ピートモスと100L袋もみがら薫炭でちょうど11箱分できる
裏返して被せる
古Tシャツを点線でカットして縫い合わせるとカバー（虫避け）ができる
中身だけを段ボールに入れる
ピートモスともみがら薫炭を3：2の割合で混ぜる（刈り草や落ち葉で作った腐葉土とカマドでできた熾き炭をつぶしたものでも代用できる）。大きなビニール袋に入れてからマッシュすると汚れない
底に風が通るような網の台の上

参考：JAさが「環境にやさしい段ボール・コンポスト」（YouTube）

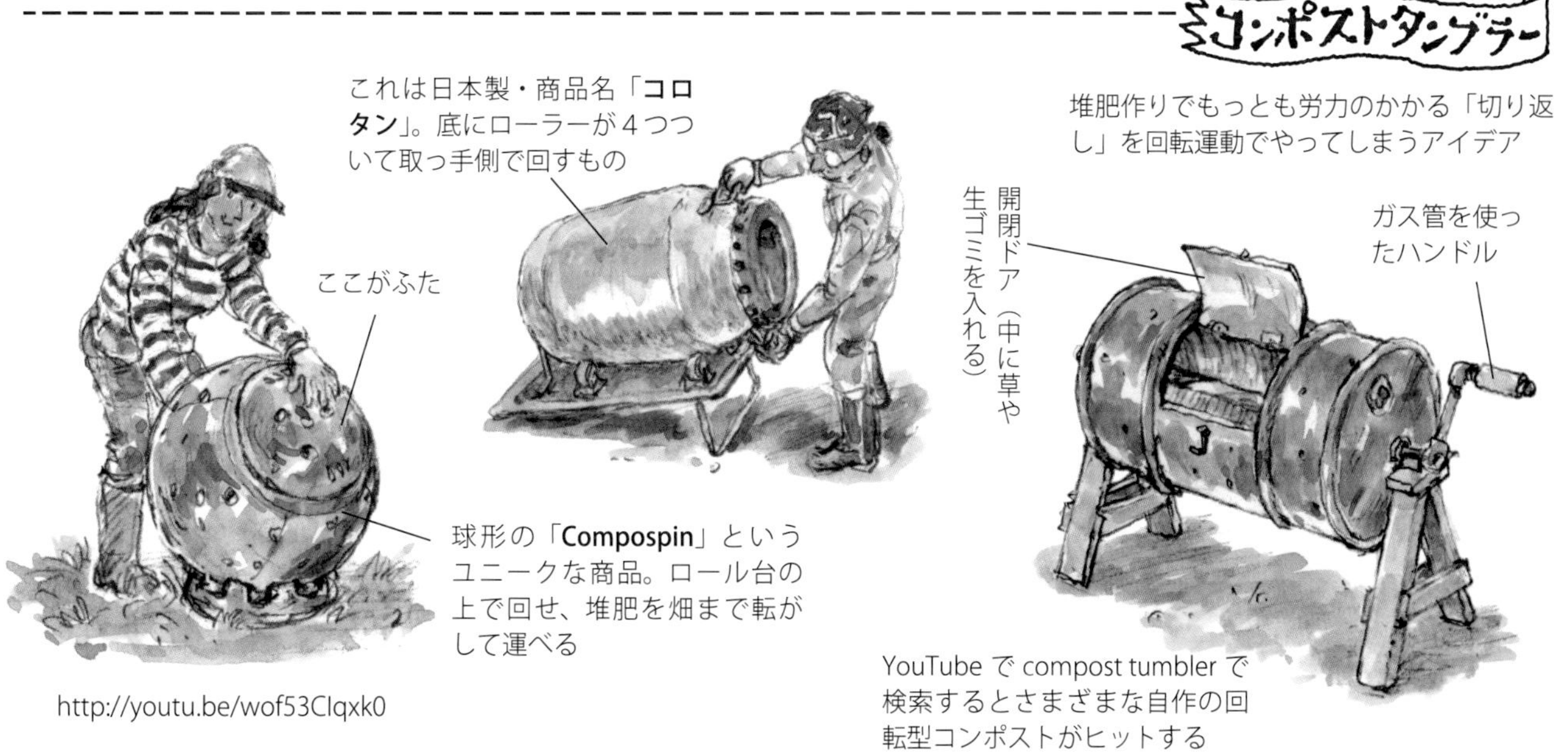
コンポストタンブラー
これは日本製・商品名「**コロタン**」。底にローラーが4つついて取っ手側で回すもの
堆肥作りでもっとも労力のかかる「切り返し」を回転運動でやってしまうアイデア
ここがふた
開閉ドア（中に草や生ゴミを入れる）
ガス管を使ったハンドル
球形の「**Compospin**」というユニークな商品。ロール台の上で回せ、堆肥を畑まで転がして運べる
http://youtu.be/wof53Clqxk0
YouTubeでcompost tumblerで検索するとさまざまな自作の回転型コンポストがヒットする

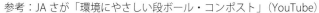

2.
微生物が自然に還す「エコ・トイレ」の作り方

ボタンひとつで水とともにどこかに消えしまうトイレだが、むかし糞尿は有用な肥料だった。現代の技術を持ってすればよりスマートにその処理を行なえ肥料化ができる。微生物による糞尿処理の原理と、山里暮らしに実用できるエコ・トイレを紹介する。

育ってます…
間伐の行き届いたスギ林は灌木の茂みもあって野糞に最適！

キジ打ちとは？

山中でしゃがんでするその姿が猟師のキジ打ちに似ていることから名付く
女性の場合「花つみ」と呼ばれることも…
キジ打ち作法

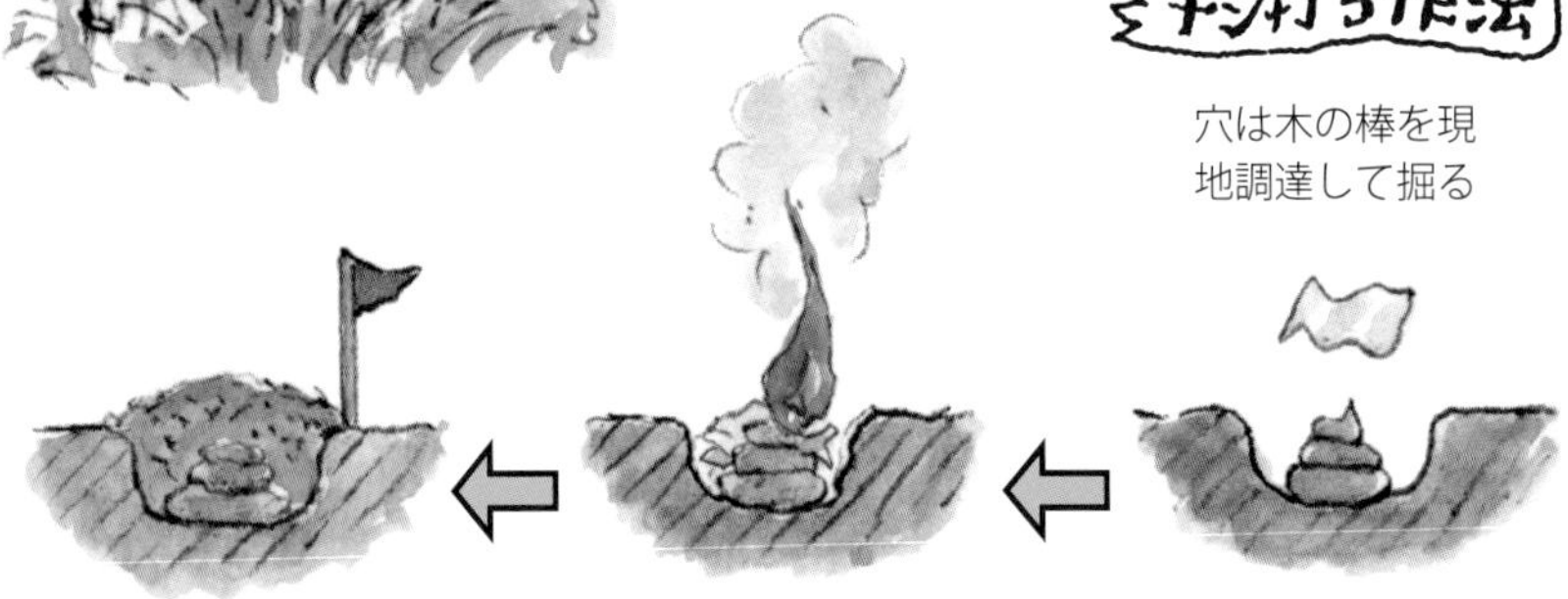
穴は木の棒を現地調達して掘る
浅く穴を掘って「落とす」　紙を燃やす　土をかけ目印を立てる

キジ打ちの余録

山暮らしをやっていたころ、トイレはポットン便所すなわち「汲み取り式」で、自分たちで汲み取っていた。住んでいた古民家は高い石垣の上で、車が横づけできないのでバキュームカーも入ってこれないし、トイレ側に大きな石垣がそびえていて浄化槽を設置できるスペースもなかったのだ。

トイレが満杯になると汲み取り槽からひしゃくでバケツに汲み出し、畑の片隅に作った穴に移動して処理していた。汲み取りのサイクルはおよそ1・5～2カ月で巡ってくるので、そのサイクルを少しでも延ばそうと敷地の山林に「キジ打ち」（すなわち野糞）にも出かけたものだ。

緩斜面の林の中に体の収まるスペースを見つけ地面に浅く穴を掘る。そこにブツを落としたら紙をライターで燃やし、燃え尽きたのを確認して土をかける。紙は分解しにくいし目障りなので現地で燃やしてしまうのだ。次回は場所を変えたいので立ち去るときは目印の棒を立てておく。

こんなことをやっていると林内

野糞分解の図
①さまざまな動物が食べにやってくる
タヌキ
イノシシ
イタチ
キツネ
ノネズミ
②さまざまな昆虫類が食べにやってくる
同時に内部では嫌気性菌によって自己分解していきます
ハエ
昆虫を食べにくるモグラ
エンマコガネ（フン虫）
アリ類
ゴミムシ
ハネカクシ
③空隙ができることで好気性菌類による分解が活発になる。ミミズも参加

キジ打ち三種の神器
薪束ねのヒモ
ポケットティッシュ
ライター

キジ打ち帰りに採取してきた薪の束。これでお茶を沸かしてご飯を炊けるくらいの量があるのダ

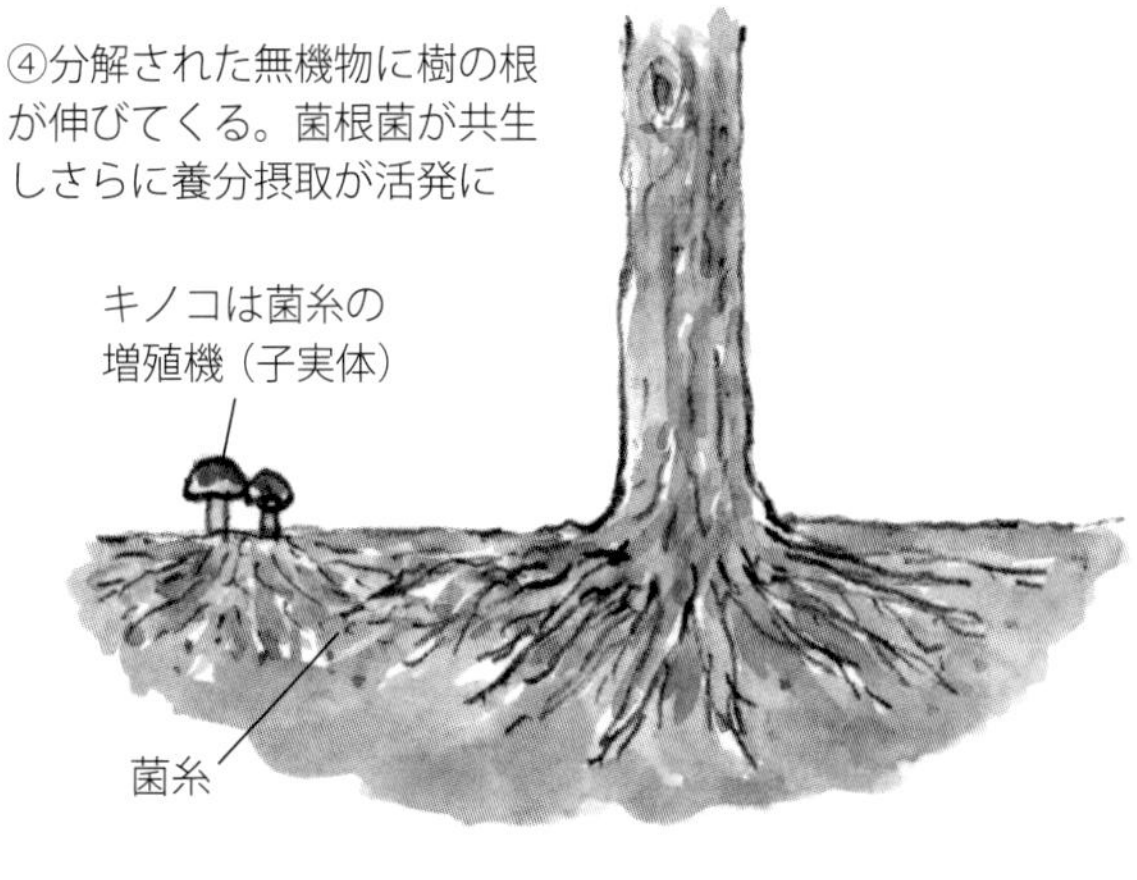
④分解された無機物に樹の根が伸びてくる。菌根菌が共生しさらに養分摂取が活発に
キノコは菌糸の増殖機（子実体）
菌糸

の観察眼が鋭敏になり、間伐の手入れに思いを馳せたり、珍しい昆虫や植物を発見したりする。そして帰りにはスギの枯れ枝などを拾ってくるので、薪が溜まって大変具合がよろしい（途中の沢水で手は洗いますヨ）。

ウンコは樹の栄養となる

林内野糞、これは一見「自分の家で処理すべきものを野に捨てる行為」と思われがちだが、実は山林に養分を補給していることにほかならない。林内の土は微生物が豊富なので、林内野糞は暖かい季節にはひと月ほどできれいに分解してしまう。

自ら「糞土師」を名のる野糞歴35年のキノコ写真家、伊沢正名さんの奇書『くう・ねる・のぐそ——自然に「愛」のお返しを』（山と溪谷社）に林内ウンコの分解過程が詳しく記されている。野中に放たれたウンコは最初ネズミなどのほ乳類、そしてフン虫やハエ（の幼虫）、アリなど昆虫類などの食料として有効利用され、同時に糞の内部では腸内細菌によって嫌気性分解が行なわれる。半月ほどから土中の好気性菌による分解が優

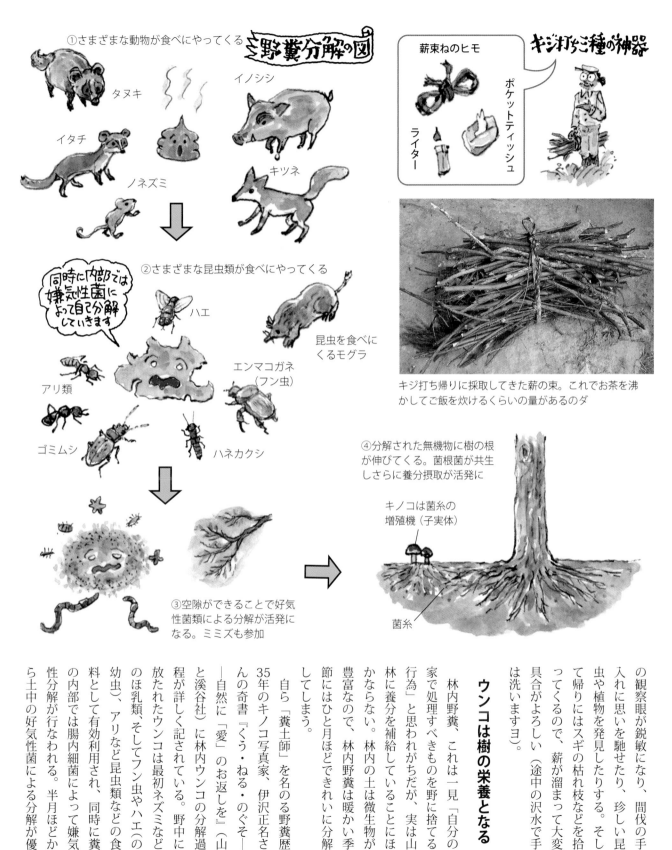

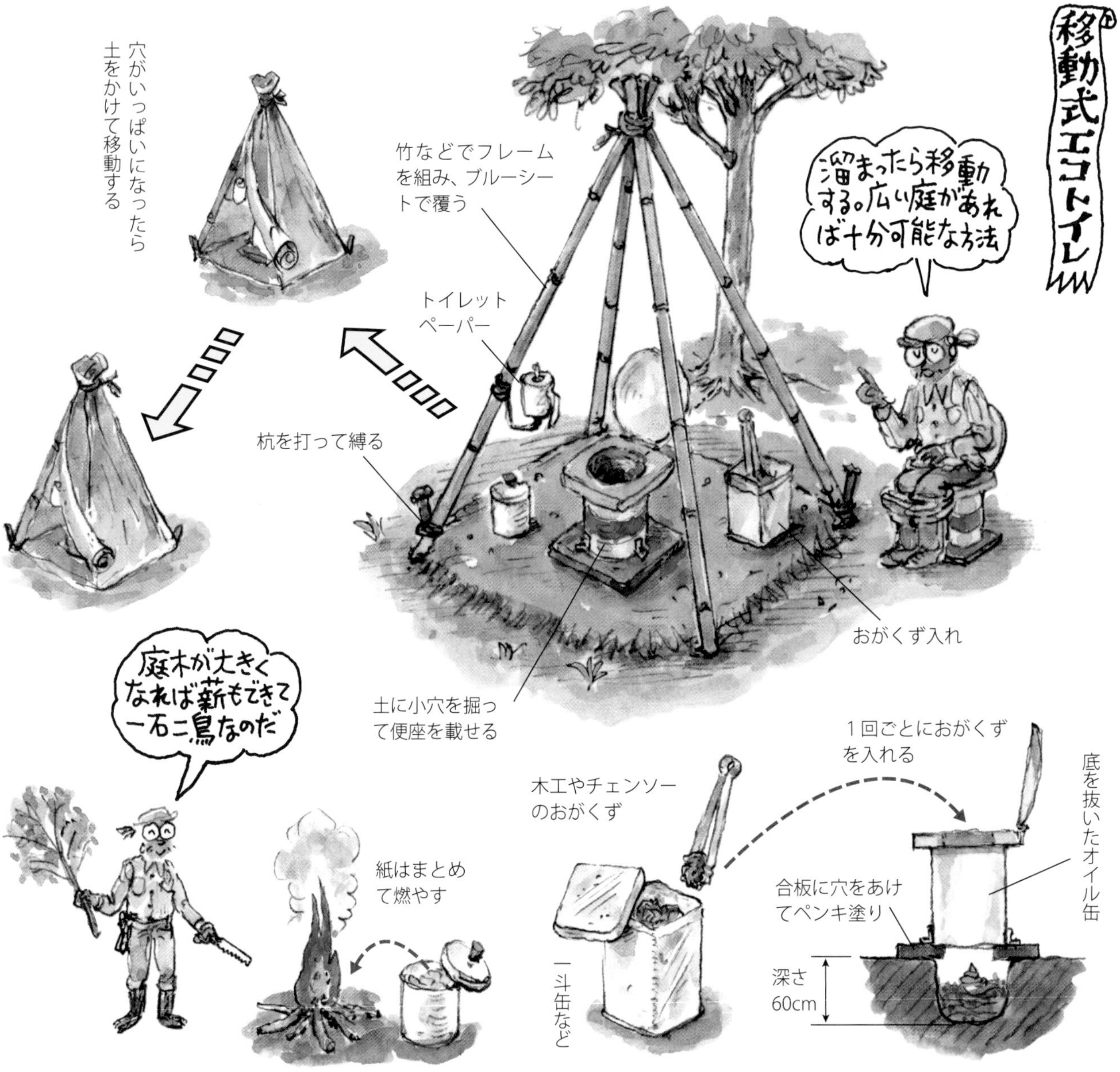
移動式エコトイレ
溜まったら移動する。広い庭があれば十分可能な方法
穴がいっぱいになったら土をかけて移動する
竹などでフレームを組み、ブルーシートで覆う
トイレットペーパー
杭を打って縛る
おがくず入れ
土に小穴を掘って便座を載せる
庭木が大きくなれば薪もできて一石二鳥なのだ
紙はまとめて燃やす
木工やチェンソーのおがくず
一斗缶など
1回ごとにおがくずを入れる
底を抜いたオイル缶
合板に穴をあけてペンキ塗り
深さ60cm

勢になり、ひと月後には土化する(と同時に臭いは悪臭から香辛料臭に変化)。やがてミミズに食べられて団粒化し、そこに木の根が伸びてきてその無機物成分を吸収し始め、2〜3カ月後には根に菌根(※)ができるものも現れて、無機物の吸収はいっそう活発になり、木はよく成長し豊かな森がつくられていく。同書には分解ウンコの土中に伸びた木の根の写真まであって感動的である。

好気性で分解促進の処理穴

さて、基本原理を押さえたうえで、私の考案した屎尿《しにょう》処理穴の作り方を紹介しよう(**次ページ図**)。土中の微生物が活動できるように穴を浅く広く掘り、中におがくずや木片や枯れ葉、シュロの皮、炭などを入れ、そこに屎尿を流し込み、雨が入らないように波板などを被せておく。次の汲み取りサイクルで流すときはすっかり分解され、臭いもほとんどしない。

山村では、昔は屎尿は貴重な肥料だったので、大きな「肥だめ」を作って半年ほど嫌気性発酵させてから畑にまいていたそうだ。穴

※菌根：植物の根に取り付いて養分や水分のやりとりをする共生菌類。キノコの多くはこの子実体

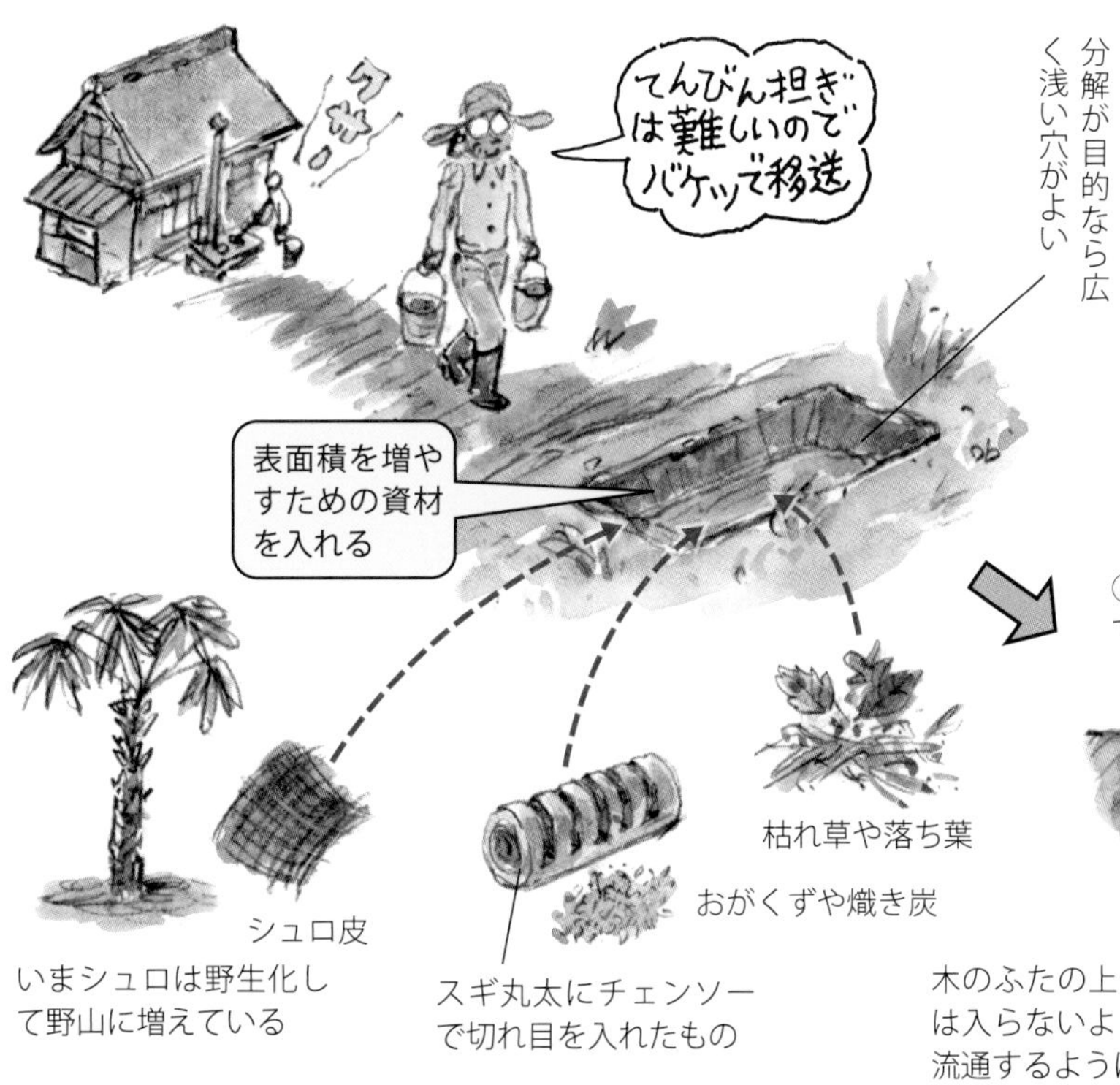
てんびん担ぎは難しいのでバケツで移送
分解が目的なら広く浅い穴がよい
表面積を増やすための資材を入れる
シュロ皮
いまシュロは野生化して野山に増えている
スギ丸太にチェンソーで切れ目を入れたもの
おがくずや熾き炭
枯れ草や落ち葉

好気性処理穴
漆喰で土への浸透を防いだ昔の肥溜めは分解が遅く臭い
①屎尿をいっぱいまで入れふたをする
木のふたの上に重し。雨は入らないように空気は流通するように
②浸透・蒸発しながら好気性微生物が分解
③数回使えるが汚泥が増えてきたら底からスコップで取る（臭くない、良い肥料になる）
資材はいったん出し、また戻す（おがくずと落ち葉は追加する）

シュロはナタで皮をむいてから伐採や玉切りをする。皮の繊維は水に強く腐りにくい。昔、皮はシュロ縄やほうき・たわしの材料として売買され、幹は鐘つきの鐘木に使われた

を掘っただけでは滲みて目減りしてしまうので漆喰などで壁や底を塗り固めて使っていたらしい。しかし肥料として使わず分解させようとするなら、浅穴＋表面積資材という好気性の環境をつくって微生物に分解させるのが速いし、臭いも軽減できる。

土中への多少の浸透があるので、近くに沢や井戸水の取水などがある場合は影響のない位置に作る。また、何度か使っていると土化した汚泥が堆積してくるので、それはスコップで取り出して畑の肥料にすることができる（臭いはまったくしない）。

市販のコンポストトイレ

田舎では下水道が未整備な地区が多いので、居住する場合トイレは、基本的に「汲み取り」か「浄化槽」になる。新築の場合は「合併浄化槽」が義務づけられており、水洗便所の設置が可能だが、定期的な汚泥の引き抜きが必要で金額もかさむ。別荘的な週末田舎暮らし、あるいは山小屋暮らしではコンポストトイレが便利だ。

いくつかのメーカーが独自のものを売り出しているが、基本形態

撹拌式コンポストトイレ

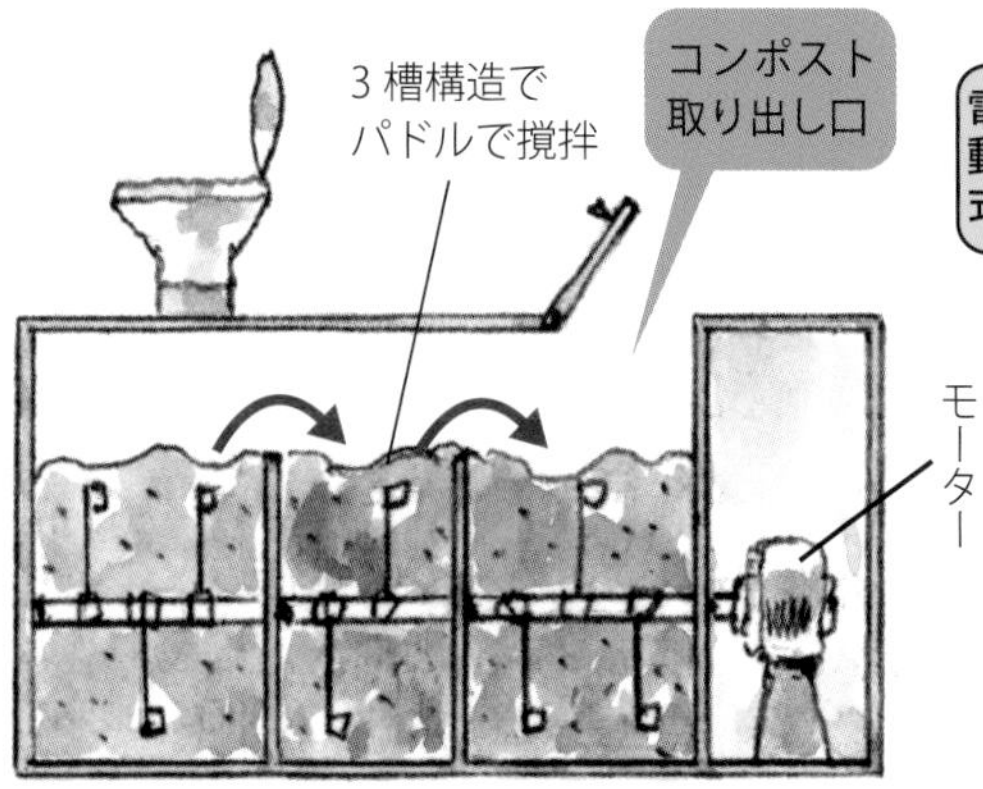
電動式
3槽構造で
パドルで撹拌
コンポスト
取り出し口
モーター

(有)エコライフクリエイト「メビウス」
YouYube動画 http://youtu.be/y1ZjEm-3xu0
※現在、製造休止中

※コンポストトイレはほかにも数社あり。値段は20万〜150万円程度

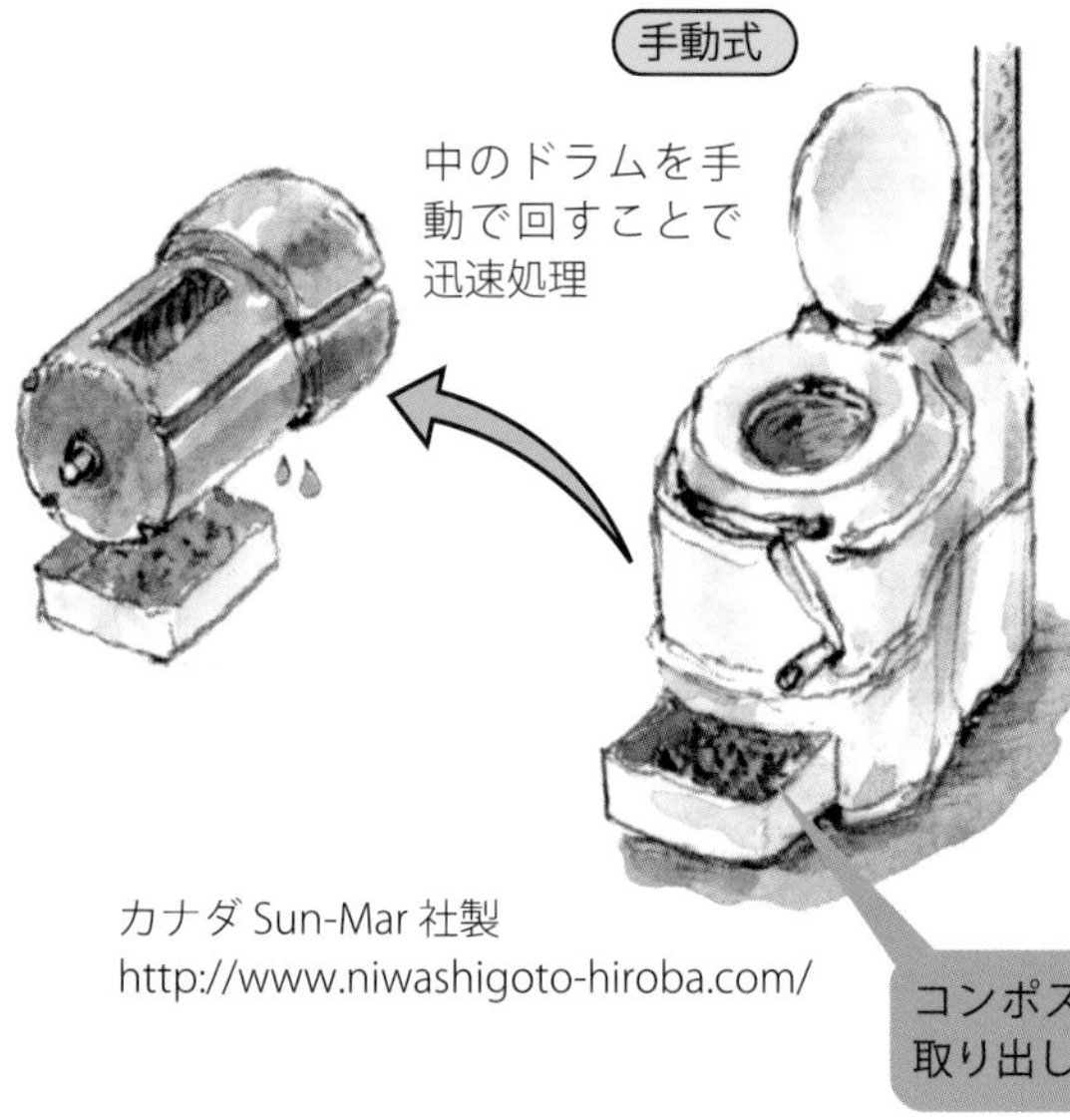
手動式
中のドラムを手
動で回すことで
迅速処理
コンポスト
取り出し口

カナダ Sun-Mar 社製
http://www.niwashigoto-hiroba.com/

曝気式コンポストトイレ

バイオトイレの「液肥」を畑に使う

▲掘りたてのニンジン

※126ページ「あ・うんユニット」の前身である「環境維新の会」が推奨していたシステム・フロー図。運転開始時に複合発酵資材を用いる

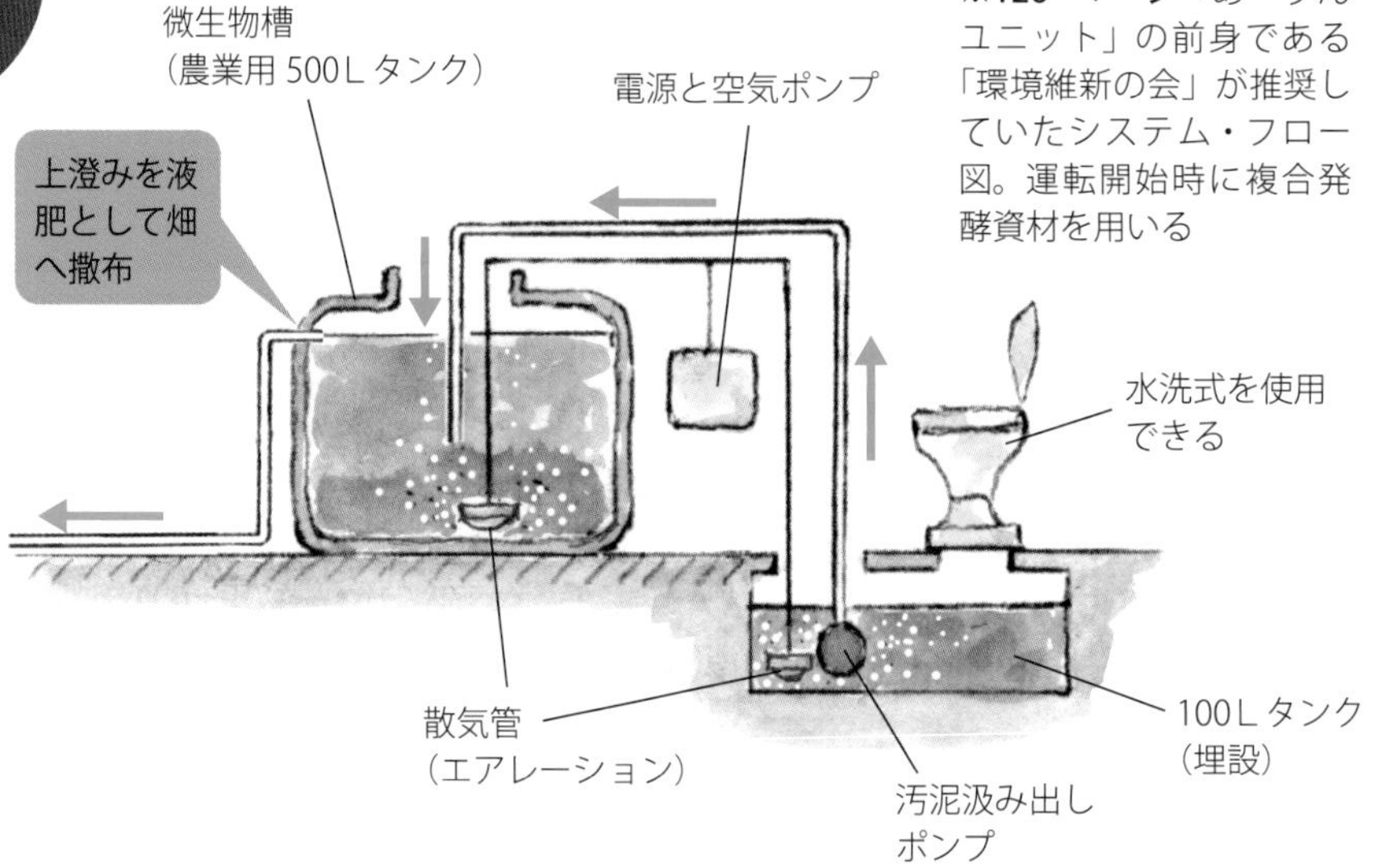
微生物槽
（農業用500Lタンク）
電源と空気ポンプ
上澄みを液
肥として畑
へ撒布
水洗式を使用
できる
散気管
（エアレーション）
汚泥汲み出し
ポンプ
100Lタンク
（埋設）

は便器の下におがくずなどの資材とともにドラム回転（またはスクリュー撹拌）する槽があり、ヒーターと内蔵ファンで好気性微生物の働きが活発になるように工夫されている。水を使わず汲み取り不要。分解カスは肥料として使える。

　原理としては**119ページ**で紹介したコンポストタンブラーに似ており、先に紹介した屎尿処理穴を「切り返し」て空気を送り込めば同じ原理によって分解は加速するわけだ。しかし汲み取り槽に溜めておいた屎尿とちがい、こちらは新鮮な糞尿をすぐ撹拌していくので、さらに浄化も速く臭いも少ないのである。ソーラーシステムなどを組み込めば、電気のない場所でも使えるだろう。

驚異の複合発酵バイオトイレ

　さて最後に、水を用いて液肥として回収できる、微生物を使った究極のトイレを紹介しよう。静岡県にある高嶋開発工学総合研究所の高嶋康豪（たかしま・やすひで）博士が開発した複合発酵技術（EMBC※）による浄化と有効利用システムだ。

※E・M・B・C（Effective Micro-organisms Brewing Cycle）とは「有用微生物群による循環サイクル」の意

柳田ファーム見学記

①豚舎に隣接する柳田ファームの菜園。土はフカフカに軟らかい。奥には淡水魚養殖池や水耕栽培温室などがある ②豚糞尿が最初に入る曝気槽。ポンプで空気が送られ泡立っている。EMBCの有用微生物群が豚糞尿を発酵へ導き、すでに臭いがほとんどしない（これは豚にも処理水を飲ませていることもあるという）③光合成細菌や藻菌類により、浄化が進んだ最終槽。透明度が高く、異臭はまったくない ④最終槽を経て取り出された液体。やや茶色がかっているが透明感がある（飲料可能なレベル、だそう！）。豚の糞尿が短時間でここまで浄化される例は過去になく「奇跡のプラント」といわれるゆえんである

畑へ

こちらは柳田さんの指導を受けて、複合発酵バイオトイレの液肥利用の畑。小屋に簡易トイレを作り液肥を製造。便槽の下に大きなバケツを埋め込んで、そこでも曝気している。タンクは大小ふたつあり、大きなタンクの上澄みが小さな方へ入るよう配管されている。掘りたてのニンジンをお土産にいただいた。とても美味しかった！

便槽の奥に泡が…

流入管は手動で

大小タンク両方に散気管

微生物資材ではEM菌が有名だが、EM菌は有用微生物を集めたものに対し、EMBCはその地の自然の微生物群を誘導し、発酵・増殖させることに主点を置く。

立ち上げ時に特殊な酵素液（植物の葉の抽出液、オカラ、糖蜜などを複合発酵させたもの）を使うが、微生物が安定すればその後は必要ない。屎尿が処理槽に入るとすぐに発酵・分解されて汚泥がなくなるばかりか、金魚が飼えるほどの水になってしまう。この方法だと水洗トイレが使え、処理水は穏やかな液肥となり、水を土と生き物たちに安心して還すことができる。

2012年の春、私は高嶋博士の拠点である静岡県沼津市の高嶋酒造を訪れ、そのEMBC技術で長く養豚業を営む埼玉県日高市の「柳田ファーム」を見学する機会を得た。まず驚いたのは敷地に不快な屎尿臭がないことだった。そして地面が温かくフカフカしている。さらに雑木を残した広場に行くと、草が生えておらず刈った痕跡がない。柳田さんに訊いてみると、液肥をまき続けて土中の複合発酵が極まると、雑草が生えなくなるのだという。

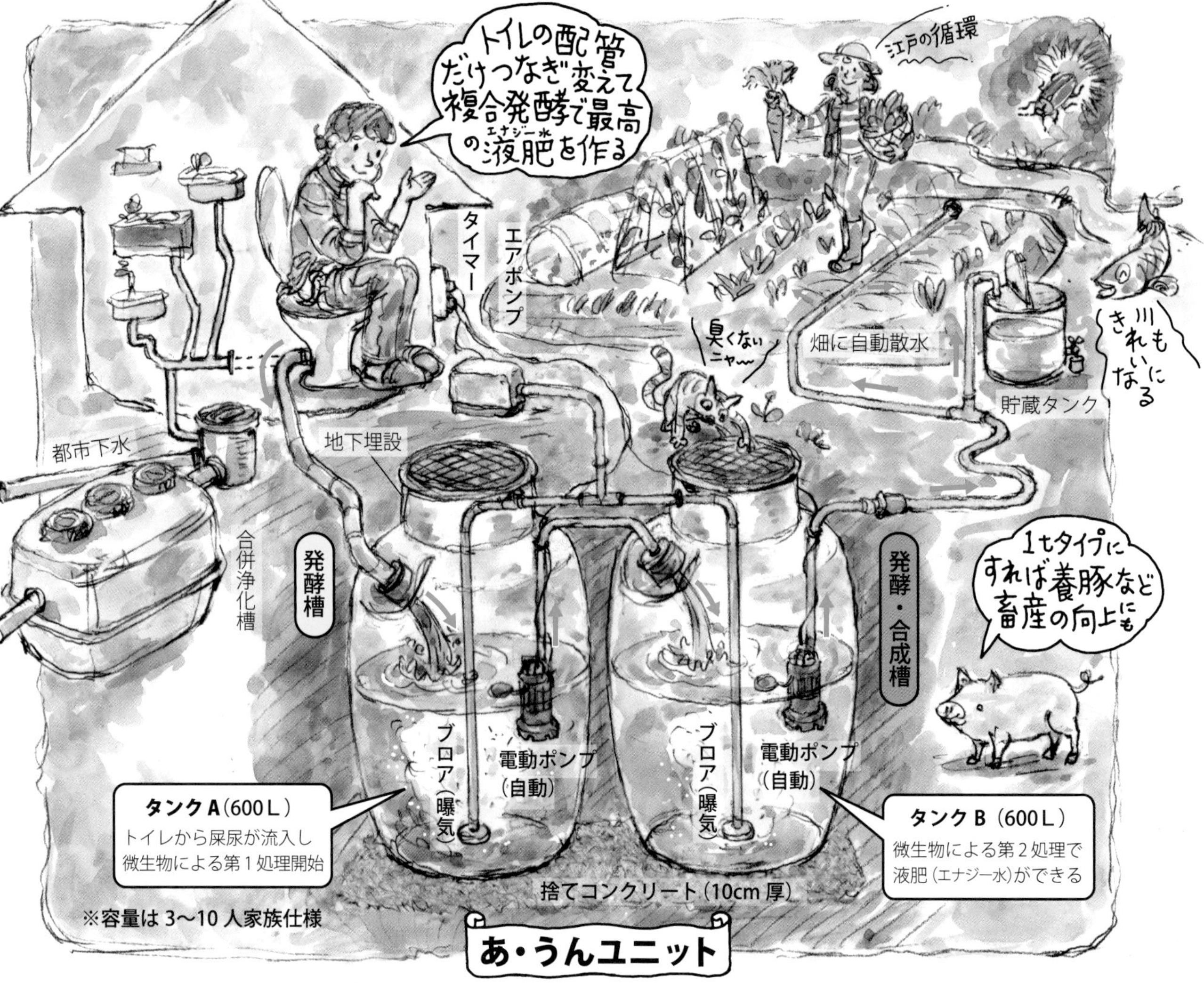
トイレの配管だけつなぎ変えて複合発酵で最高の液肥《エナジー水》を作る
江戸の循環
タイマー
エアポンプ
臭くないニャ〜
畑に自動散水
川もきれいになる
貯蔵タンク
地下埋設
都市下水
合併浄化槽
発酵槽
発酵・合成槽
1tタイプにすれば養豚など畜産の向上にも
ブロア（曝気）
電動ポンプ（自動）
ブロア（曝気）
電動ポンプ（自動）
タンクA（600L）
トイレから屎尿が流入し
微生物による第1処理開始
タンクB（600L）
微生物による第2処理で
液肥（エナジー水）ができる
捨てコンクリート（10cm厚）
※容量は3〜10人家族仕様
あ・うんユニット

複合発酵バイオトイレのシステム「あ・うんユニット」は"複合発酵バイオエナジー水の会"が運営しており、年会費1万円、本体価格（タンク、配管材、ブロア、ポンプ等、主材料を含む）は55万2000円（本体価格）で配管・施工は水道業者などに依頼するか自己施工となる。詳細はホームページ http://www.aun-unit.com/

そういえば「雑草は土を肥やすために生えてくる」という説を聞いたことがあるし、微生物豊かな原生林の林床に草は少ない。

ＥＭＢＣ複合発酵の技術は畜産だけでなく工業排水処理や放射能除去にも応用されており、このたびの放射能汚染でも福島の牧草地や茨城の山林において、除染実証実験の成果を上げている。

設置・配管がＤＩＹ可能「あ・うんユニット」

これまで高嶋科学を実践する柳田さんらがこのバイオトイレを普及していたが、２０１３年春からより導入しやすい「あ・うんユニット」というシステムを立ち上げ、会員制で販売を始めた。設置・配管はＤＩＹが可能である。

汲み取り便所の臭いから解放されるだけでなく、家庭菜園が生き生き育つだけでなく、自分の敷地が原生林と同じような水源地に昇華するかもしれないとは、この放射能汚染の悪夢のような時代になんとも夢のある話だ。

私もこのシステムと畑・ビオトープを組み合わせた住まいをつくりたいと計画準備中である。

PART6
山里暮らしを助ける道具＆修理術

山里暮らしを始めると敷地の整備と家の修理に追われるが、なるべく手元にある自然素材で工夫するのがいい。苦労して仕事がうまくなった頃、ふと昔の手仕事の痕跡が、深みと輝きを増して見えてくるのはいいものだ。

1. テコ・担ぎ・コロ・滑車で重量物を動かすコツ

山里暮らしで何かと必要になるのが重量物の移動である。DIYに先立ってこれをせねば仕事が始まらないことも多い。エンジン機器があれば便利だが、道なき場所や狭い所では人力に頼るしかない。温故知新に学びながら、そのコツを図解する。

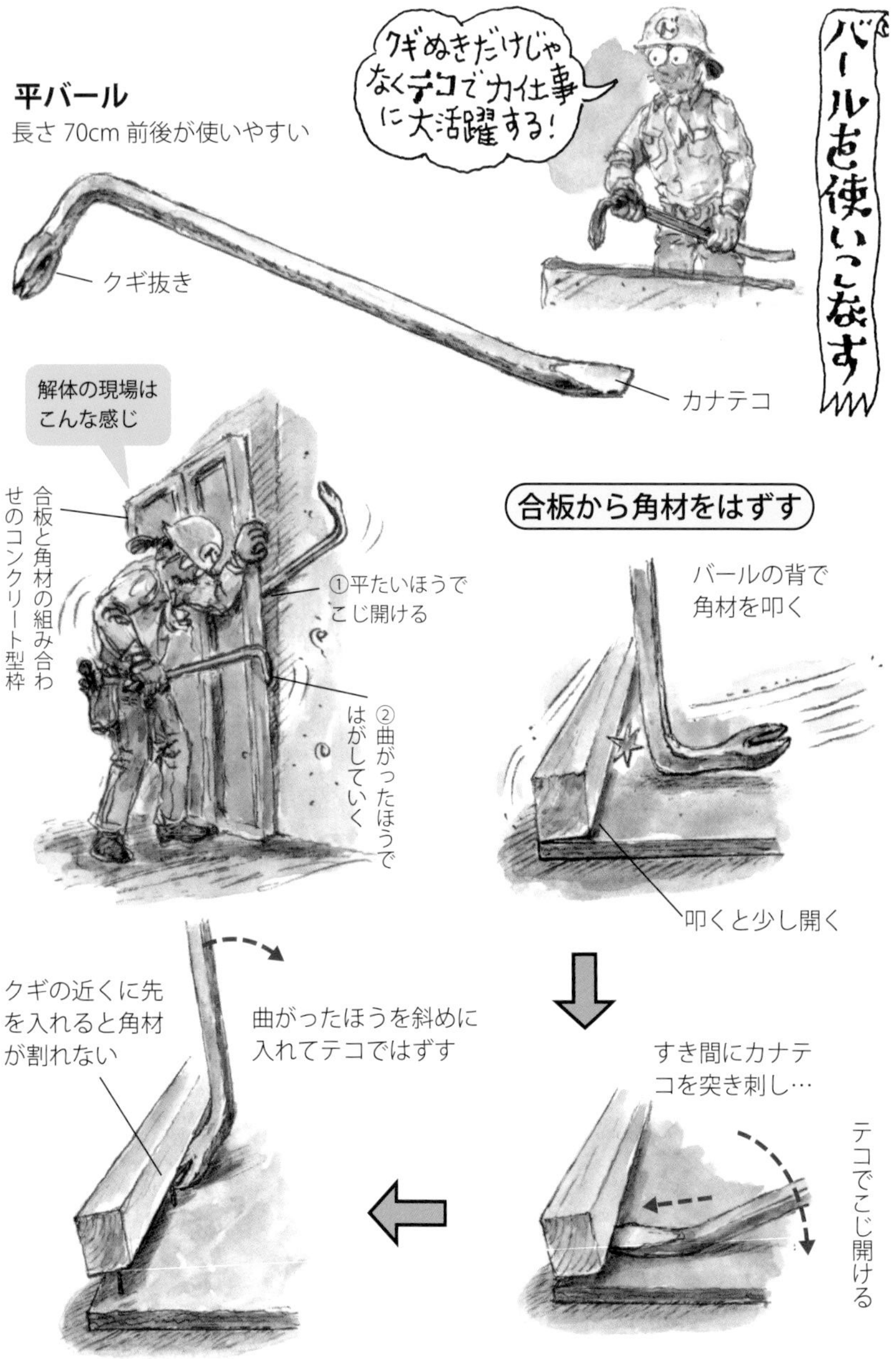

バールも使いこなす
クギぬきだけじゃなくテコで力仕事に大活躍する！
平バール
長さ 70cm 前後が使いやすい
クギ抜き
カナテコ
解体の現場はこんな感じ
合板と角材の組み合わせのコンクリート型枠
①平たいほうでこじ開ける
②曲がったほうではがしていく
合板から角材をはずす
バールの背で角材を叩く
叩くと少し開く
すき間にカナテコを突き刺し…
テコでこじ開ける
曲がったほうを斜めに入れてテコではずす
クギの近くに先を入れると角材が割れない

バールでテコを使いこなす

若いころ、コンクリート型枠解体のバイトをやっていたことがある。型枠は合板と角材でできているのだが、まず鉄パイプをはずし、平バール（大きなクギ抜き）で型枠をはずしていくのである。

柄の先をコンクリートと型枠の接合部に差し込み、曲がり部をテコのように利用して型枠をはがす。頃合いを見てLの頭のほうをうまく挟んでテコにしていくと、さらに強い力をかけることができる。平バールは重量があり、叩けばハンマー代わりにもなる。この道具ひとつで実にさまざまな使い方があり、プロの職人さんたちの合理的な動きやテクニックに感心しながら、私も見よう見まねで解体を覚えたものである。

バールには重さがあるが、はがしていく型枠にも重さがある。この重さに逆らわず、その重さをはがす力に転化していくと、仕事がスムーズにはかどり、疲れや危険も少ない。バールのテクニックは山里暮らし、とくに古民家の改装や造園などにとても役立つ。

担ぎ方図鑑
水を運ぶ
タガがついた桶が発明されると取っ手がつき、そこの穴から下げ緒がついた
初期の水桶は曲げもので、板を十字に組んで縄を通し桶を担っていた
長材の重心を肩に
姿勢はお腹を出し気味で
転倒のとき首を挟まぬよう谷側の肩で担ぐ
天秤担ぎ
ズレ止めのピンがついている
竹かごは軽く柔軟性があり運搬用に多く使われた
ワラや古布で作った頭当てを挟む
肩と頭に荷重を分散させた担ぎ方（奄美大島の例）
頭上運搬
漁村や島々でよく行なわれた。京都の大原女（薪・柴売り）も有名
水桶や肥桶など昔は20貫（75kg以上）載せて運ぶこともあった

滑りや慣性を利用

型枠解体では鉄パイプを壁からはずし、階下や上階へ移送する、あるいは肩に担いで運び、トラックに積み込む・下ろすという作業もよく行なわれる。鉄パイプに限らず長い材料を移動する場合、合理的な動きをするのとしないのとでは、疲れ方に雲泥の差が出てくる。

長材移動のコツはなんといっても重心の中央を持つことだが、手すりや足場・荷台の角などに沿わせ、滑らせて移動する方法もよくとられる。これもじわじわ押すのではなく、ヒョイと瞬間に力を入れ、慣性を利用して移動させるとラクだ。田舎暮らしでは木材の出し入れや荷積みがしょっちゅうあるので、この感覚を習得すると疲れず便利である。

荷物の担ぎ方

昔からよく行なわれていた「天秤担ぎ」という方法がある。竿の両側にバランスよく荷物をぶら下げ、竿の中央を肩で担いで歩くと安定する。女性の場合は肩幅が狭いので、頭の上に荷物を載せる「頭上運搬」もよく行なわれた。これ

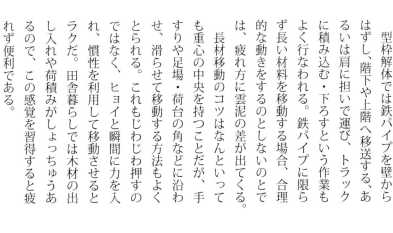

背負《しょい》子で運ぶ

20代前半のころ、八ヶ岳の稜線小屋でボッカ（荷上げ）をやっていたときの思い出のイラスト↓。夏の宿泊客の食料などを担ぎ上げるのだが、小屋の直下は急峻な尾根で、鎖場や梯子（はしご）を登っていくのである（恐）。私はこの体験で人間は30kgまでなら体力がなくても慣れとコツで登れるのだということを知った。荷上げができると山村居住の可能性が大きく広がるのだ。

アルミ製背負子

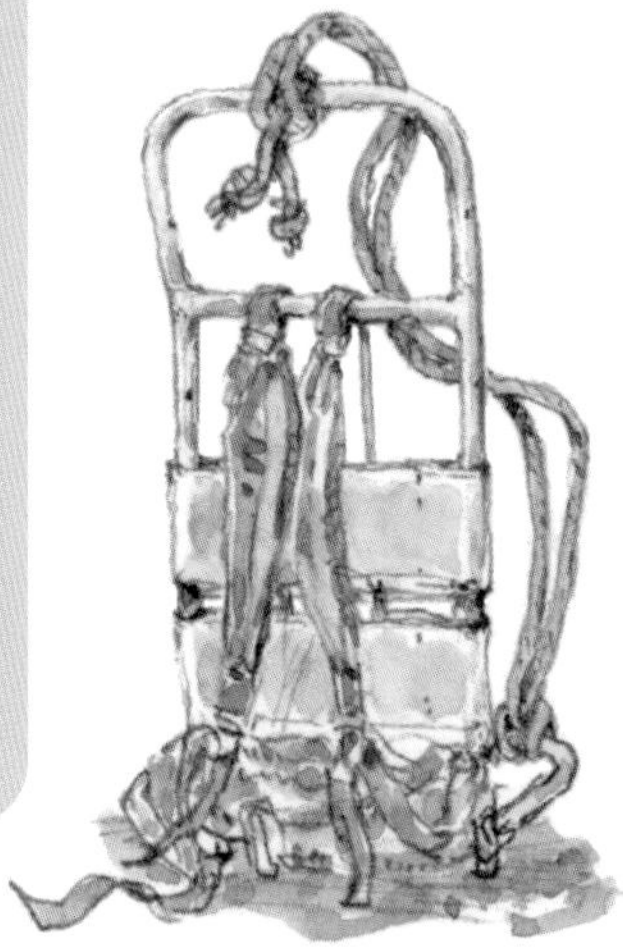

バックパックの袋をはずしたもの。軽く堅牢でヒップベルトと折りたたみ式荷台つき

木製背負子

スギ間伐材半割りでも作れる

スギ・ヒノキなど軽い針葉樹がよい

背負いひもは古布の裂き織り

麻縄（マニラ麻でOK）を巻く

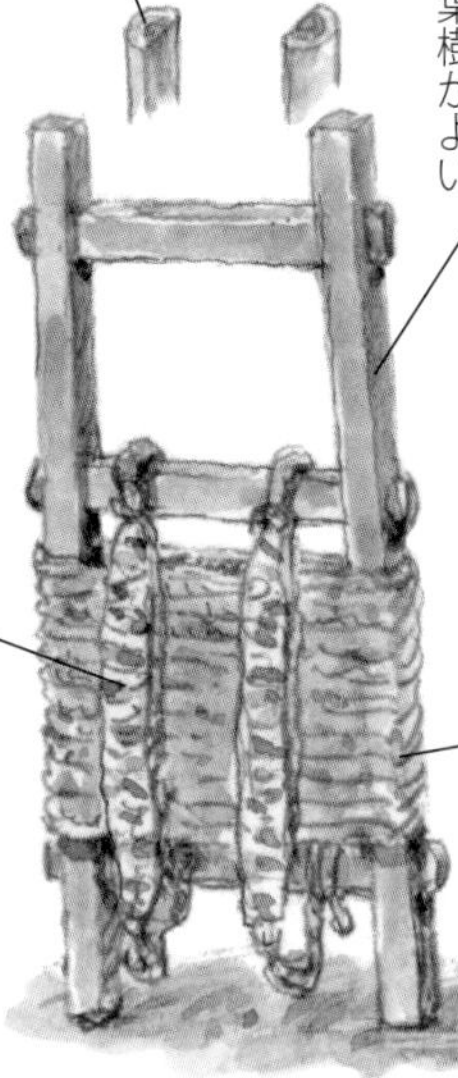

小さな冷蔵庫や洗濯機ならなんとか運べるものだ（経験アリ）

背負い始めは石垣の端などを使う

枝を活かした杖「荷棒（にんぼう）」

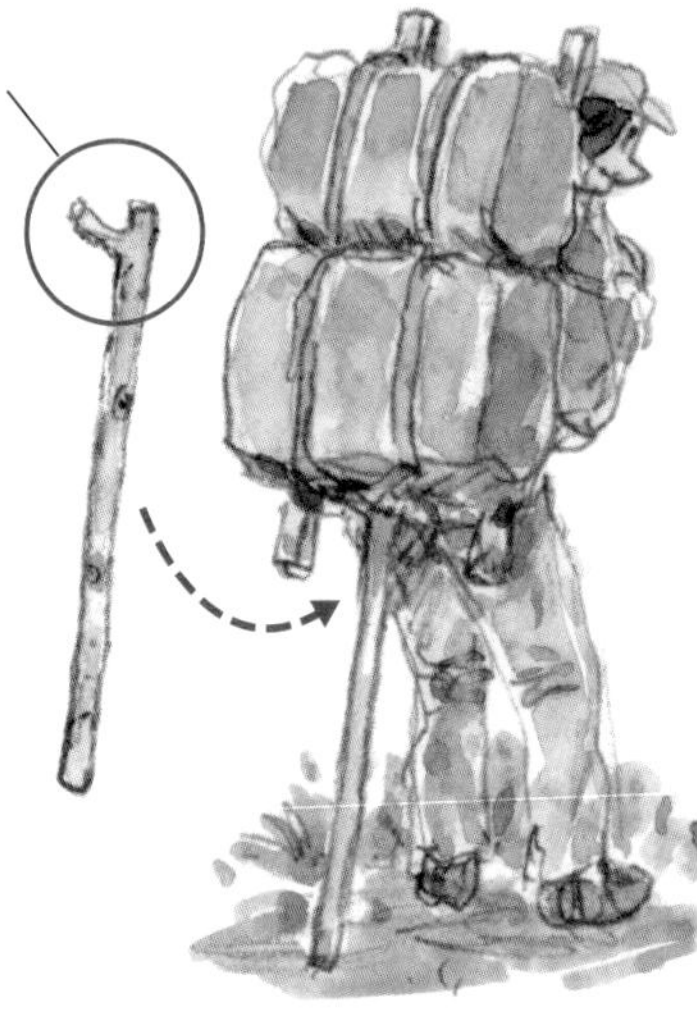

背負子で休むとき座ってしまうと背負い直すのがひと苦労なので荷棒を立てて支える

瀬戸内海の段々畑の石垣石を運ぶための爪付き背負子

は専用の頭当てを使った。

斜面では背負子《しょいこ》で移動するのがいちばん早い。長距離を運ぶ場合も背負子が疲れない。背負子は昔から木枠でできたものが使われているが、台座つきのアルミフレーム製も軽くて便利だ。私は70年代に購入して使っていたバックパックの袋部をはずしたものにロープをつけ、長らく愛用している。

背負子は積み方と背負い方、歩き方にコツがあり、慣れるとかなりの重量（50～60kg）を背負うことができる。しかし普通の人は30kgの荷を背にするとまず立ち上がることができないし、転倒したときのリスクも大きいので慎重に、ムリしないように。

「もっこ担ぎ」というワザ

坂道の多い山や島では昔から背負子がよく使われていたが、過疎の進む山村でお年寄りたちが頼っているのはなんといってもエンジンで動くクローラー型運搬車である。車の入れない歩道でも少し道を整備すれば、運搬車ならなんとか入れ、移動できるからだ。

では運搬車なしで、ひとりで担げない重さ、たとえば80kgの薪ス

もっこ担ぎ
（息の合った人と）

4人で運ぶ

交互に肩を入れる

もっこ

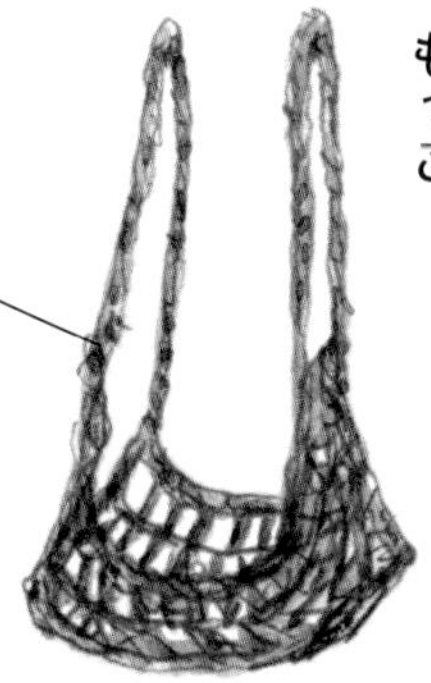

縄やツルを網状に編んだもの。中に荷をくるむように載せる

2人で運ぶ

ロープを使った応用編

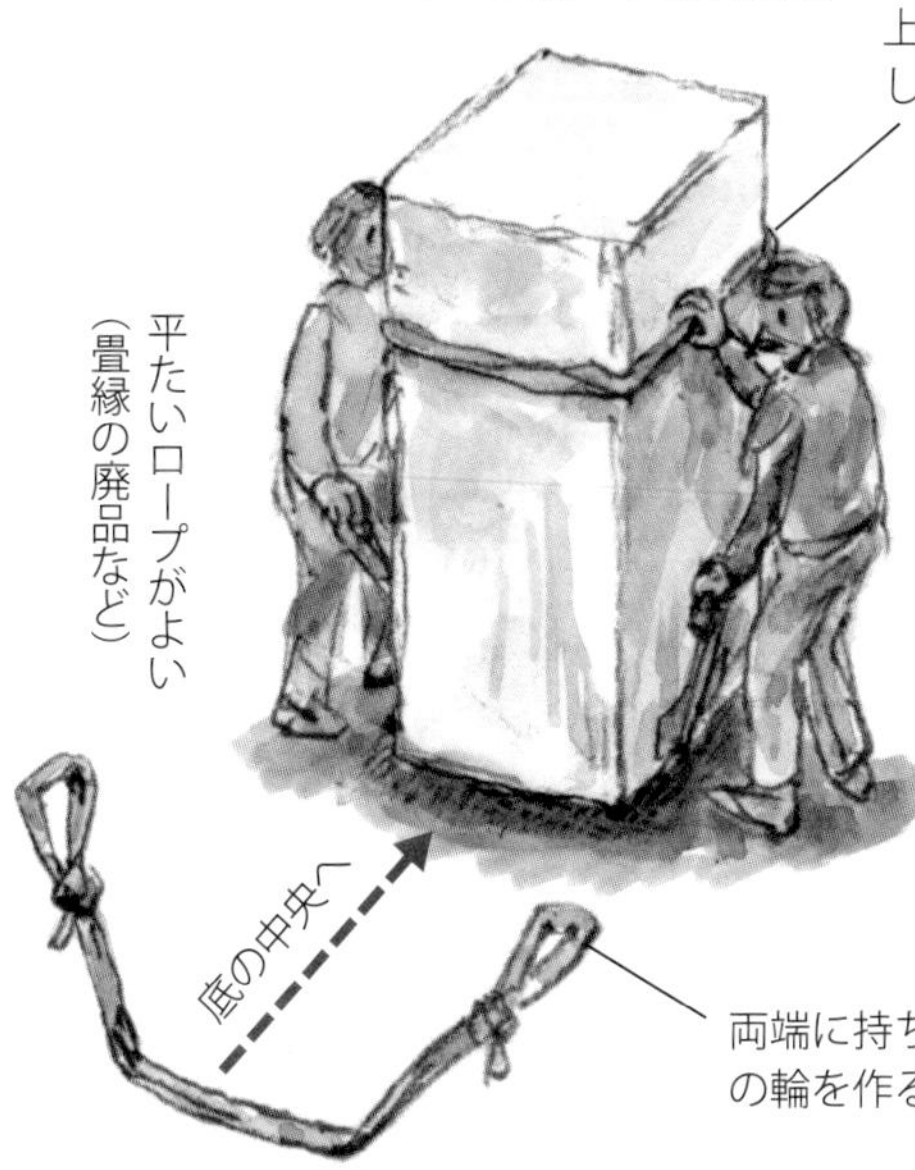

上にもロー プを回して持ち手にする
冷蔵庫など背の高いものを狭い場所に運ぶとき、段差があるときなどに便利
平たいロープがよい（畳縁の廃品など）
底の中央へ
両端に持ち手の輪を作る

薪ストーブを運ぶ

現代人は過重量の肩担ぎに耐えられないのでこの形が無難

トーブを小屋まで運ぶという場合はどうしたらいいか？　これは重い物体をロープで縛り、それを棒にかけ、ふたりで両端を持ち上げて運べばよい。昔の石垣を観察すると、人力ではとても運べそうにない大石が使われているが、「もっこ」と呼ばれる網に石を載せ棒で担いだらしい。さらに重いものはもう2本の棒をかけて4人で分散して担いだのだそうだ（**上図左**）。

コロは偉大だ！

山暮らしで石垣を積み始めたときのこと。前から置かれていた赤錆びた運搬車がじゃまで、それをどうしても動かさねばならなかった。エンジンをはずしたとしてもふたりや3人で持ち上げられる重さではなさそうだ。隣のお爺さんに相談してみると「コロで動くだんべぇ（上州弁）」とあっさり言われた。コロとは、丸い棒を敷き並べその上を転がしていくのである。

ちょうど間伐材の丸太がたくさんあったので、やってみることにしたが、問題は丸太を下に敷き並べるにはどうしたらいいか？　だ。

まずはバールで底をこじ上げ、少しずつ上がるたびにものを挟ん

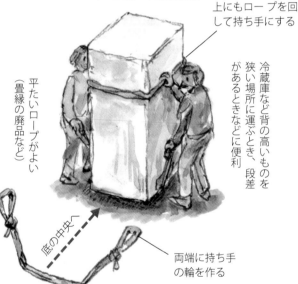

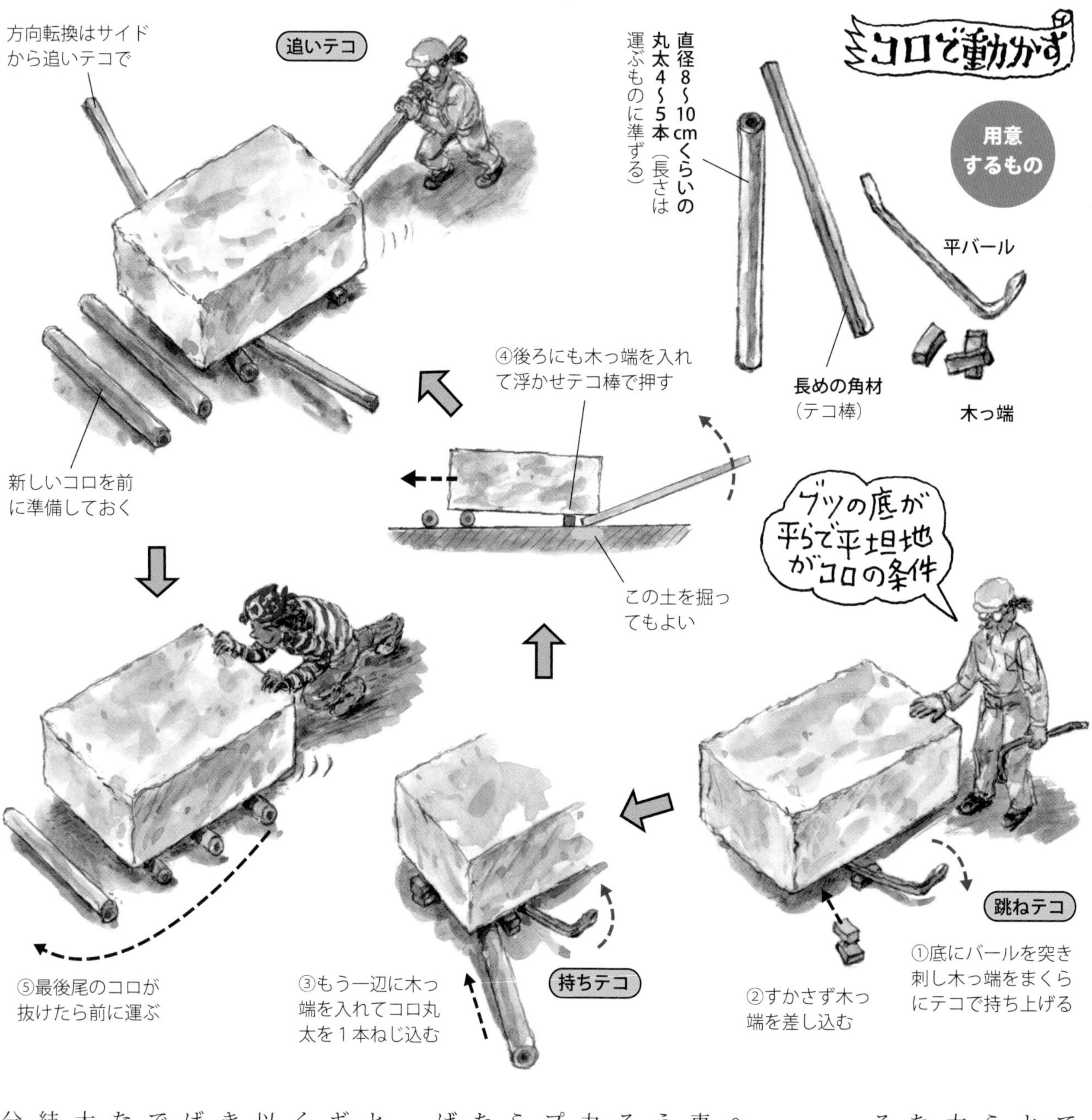
コロで動かす
用意するもの
直径8〜10cmくらいの丸太4〜5本（長さは運ぶものに準ずる）
長めの角材（テコ棒）
平バール
木っ端
ブツの底が平らで平坦地がコロの条件
跳ねテコ
①底にバールを突き刺し木っ端をまくらにテコで持ち上げる
②すかさず木っ端を差し込む
持ちテコ
③もう一辺に木っ端を入れてコロ丸太を１本ねじ込む
④後ろにも木っ端を入れて浮かせテコ棒で押す
この土を掘ってもよい
追いテコ
方向転換はサイドから追いテコで
新しいコロを前に準備しておく
⑤最後尾のコロが抜けたら前に運ぶ

でいき、1本の丸太が入った。ひとつ入ればこっちのもの、後ろからテコで押していくと、並べた丸太の上に次々と載っていく。こうなると簡単に動く。女性でも押せるほどだ。コロ、恐るべし！

滑車を使ってみる

建物の高さ4〜5階以上の場所へ、大量の荷物を上げるとき、滑車を2個使って**次ページの図**のように引き上げると非常に便利である。動滑車にすると重量の半分の力で持ち上げることができ、ロープを引く動作に自分の体重をかけられるのでさらにラクなのである。ただしロープを引く距離は持ち上げる高さの2倍になる。

滑車の一種で「チェーンブロック」という便利なものもある。滑車がギアになっており、ロープではなく中をチェーンが動き、２００kg以上の荷を人力で上げることができる。三又の頂部からぶら下げれば、トラックの荷台への積み荷ができる。ただし、荷が重くなればなるほど、事故のときの破壊力が大きい。ロープやワイヤーなどの結束部、三又の脚の滑りなどに十分な注意が必要だ（※）。

※荷重が1トン以上の吊り上げには労働安全衛生法により「玉掛け技能講習」の修了が必要

チェーンブロック

チェーンブロック

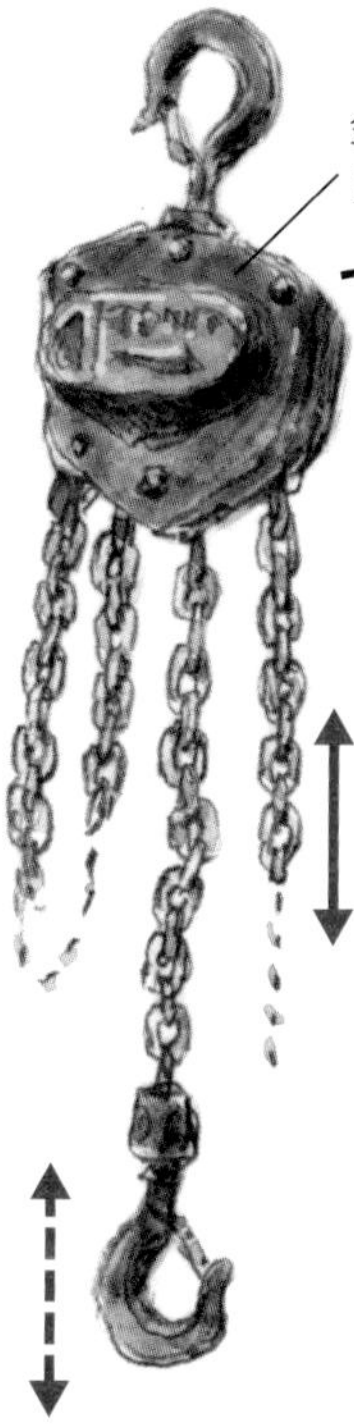

金属製・1 t 吊りで自重約 10 kg

チェーンを巻くことで吊りフックが上下

三又はスギ丸太を細ワイヤーで縛る（現在は鉄パイプが主流）。頂部にチェーンブロックを吊る

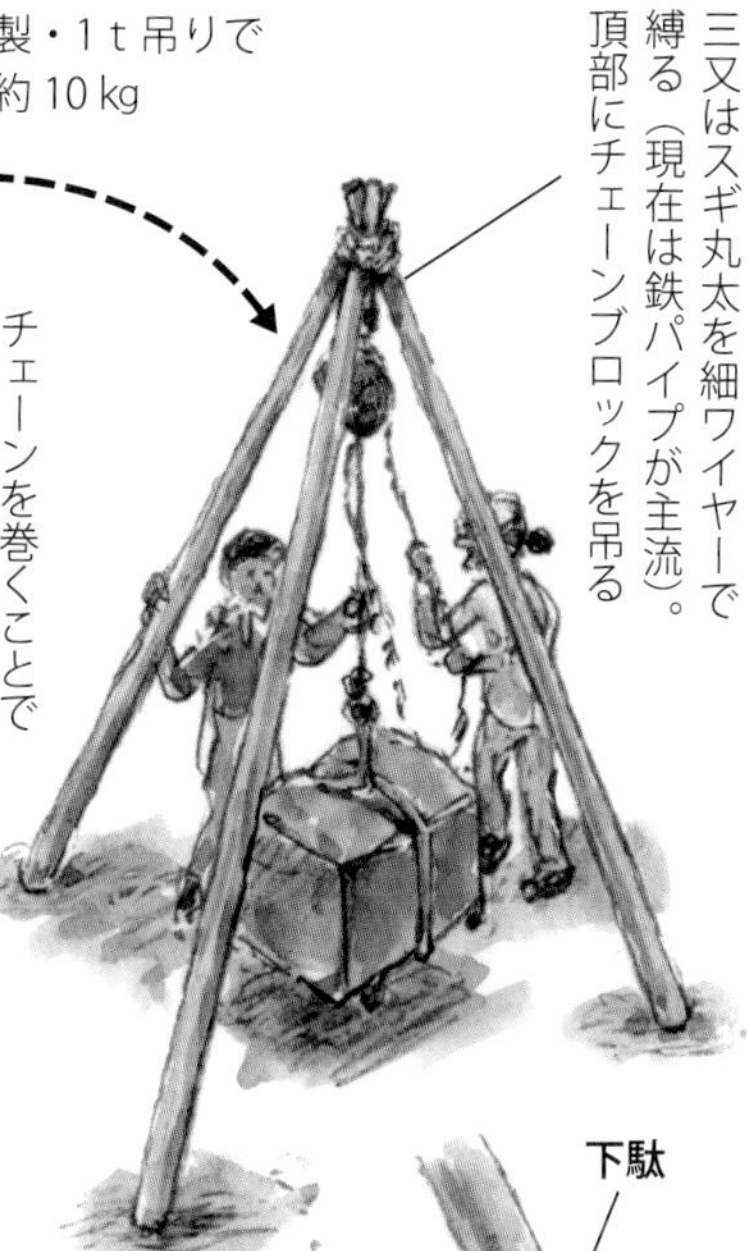

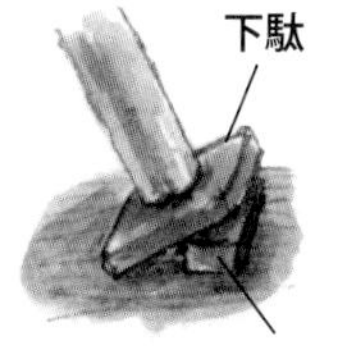

下駄

枕

三又の脚が滑らないよう場所により厚板と角材で滑り止めを作る

重量物ではワイヤーをかけるのが通例

高く吊った時点でトラックの荷台を三又の中に入れ荷を下ろす。この後、三又もたたんで荷台に積む

もちろんこの逆順の積み降ろしもできる

滑車を使う

プラ滑車

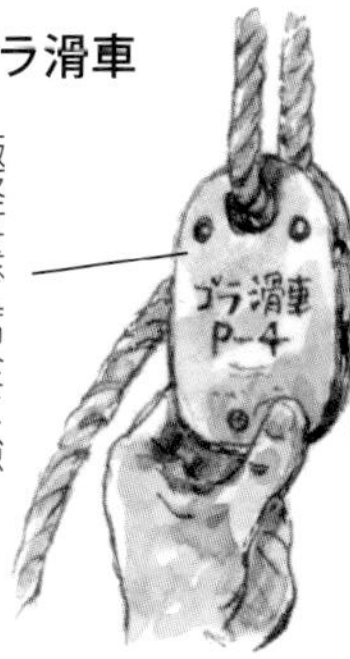

極軽量で腐食に強い船舶用滑車

木製滑車

今も製造されているケヤキの滑車。軽く回転が滑らか

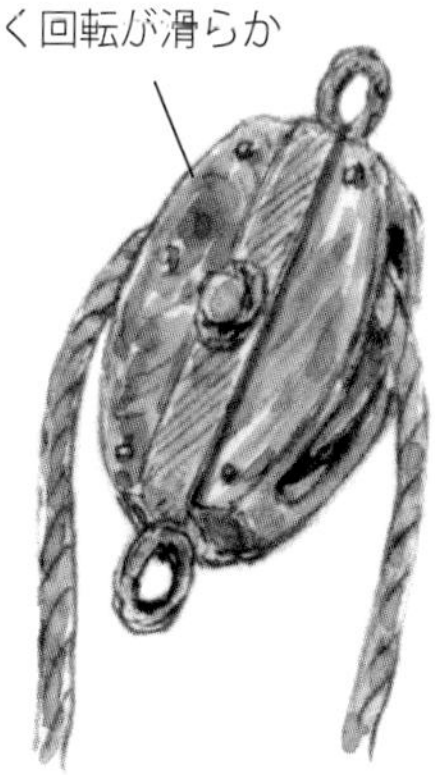

滑車２個で荷上げ

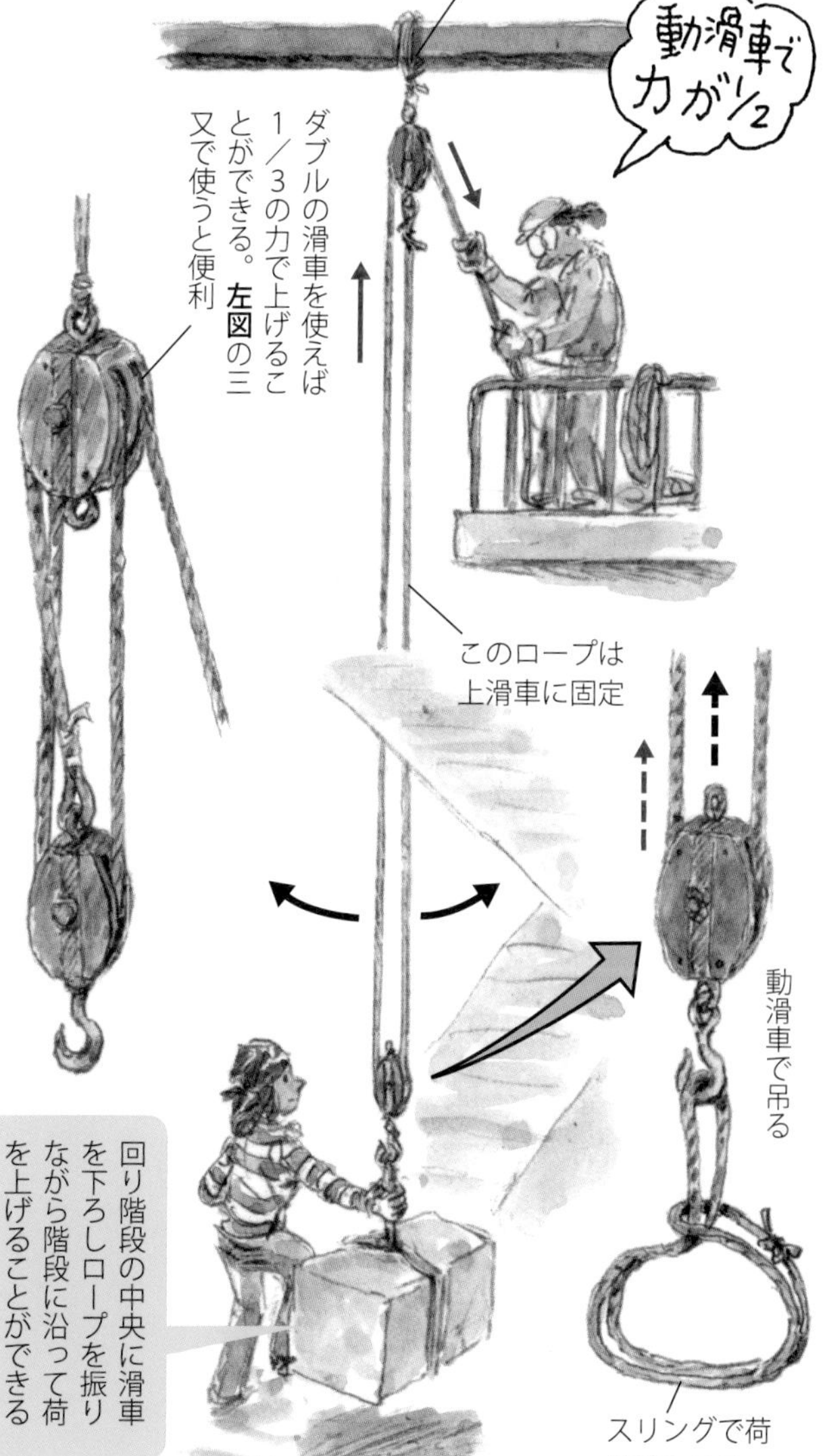

天井の梁に固定

ダブルの滑車を使えば1／3の力で上げることができる。**左図**の三又で使うと便利

このロープは上滑車に固定

動滑車で吊る

回り階段の中央に滑車を下ろしロープを振りながら階段に沿って荷を上げることができる

スリングで荷を結わえる

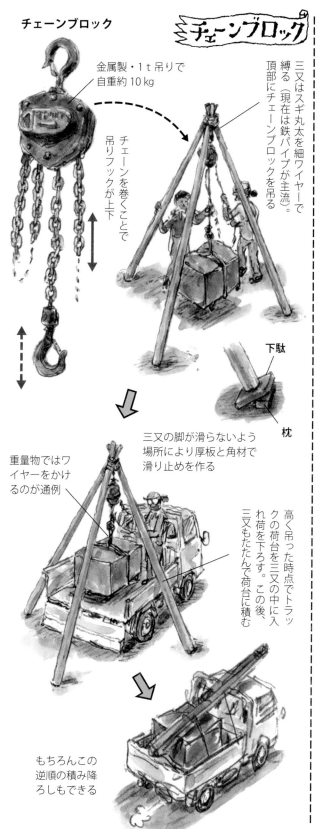

2. 引き戸の修理と建具移設のＤＩＹ

木製建具は繊細で美しいが、古民家ではその引き戸のガタつきや動かなくなるトラブルがよく起きる。また、建具はサイズが同じなので、よそのものを自分の家に使いたいときもある。その修理方法や、旧建具を新たに立て込む具体例を紹介する。

▶群馬県沼田市「迦葉山龍華院」の木製建具。３種のガラスを使い分け、腰板部分には彫刻文様

私たちが借りた古民家の格子戸。冬は格子部にガラス戸を被せ風を遮る

島根県大田市石見銀山「群言堂」の広間。繊細な窓枠に透過ガラスと磨りガラスの組み合わせが外の緑を映し出し、ステンドグラスのように美しい

日本のすぐれた引き戸

窓といえばアルミサッシ全盛だが、それ以前の建物はほとんどが木製建具で、襖・障子にしても、戸棚にしても、凹の溝の上を凸の建具が滑っていく「引き戸」が日本家屋を特徴づけており、その精妙さにあらためて日本人の木工技術は凄いなと思ってしまう。

ドア全盛時代にいまどき引き戸もあるまいに……と思うが、この引き戸というやつ、開閉に場所を取らず、簡単にはずすことができ、はずせば新たな空間が出現する。また建具は規格サイズがほぼ同じなので、よその建具を工夫次第で自分の家にはめ込むこともできる。

たとえば昔の商店にあった木製建具ガラス戸などは重厚でいいものだが、解体のときなど簡単に壊され捨てられてしまうことがある。そもそも建具というものはとても繊細な木組みが施されるため、素材自体も木目のよく詰まった丈夫で色合いのいいものが使われることが多い。昔の無垢モノの箪笥《たんす》や水屋、古民家の押し入れの板戸などもしかりである。壊したり捨てたりするのはもったいない。再生

ノコ・ノミの使い方

表側は面取りしてあるので45度でノコを入れる

ノコ目が入らないところはノミを穿ちじわじわ削る

彫ると真新しいスギの赤身が現れて驚く

板戸を補修する

①古民家の押し入れの引き戸に使われていた板戸。合板ではなく無垢の１枚板を使った貴重なものだが、長年のうちに板が収縮し、縦框との間にすき間ができた。そこで木ヅチで叩いて縦框をはずし（※）、修繕してみる
②ホゾの付け根をツメて組み立て直す。胴付きノコを使って慎重に切れ目を入れ、ノミで削っていく
③この材は赤身のスギ。木目の方向にはサクサクと切れる。ただしノコ目が入らないところは、木目と直角方向へノミを穿ち、じわじわ削っていかねばならない
④両側が削れたら縦框を叩いて入れる
⑤飛び出たほぞを切って完成。これができると昔の建具の横寸法を自由にツメることができる

※現在の建具は機械彫りで接着剤を使うので、上のようには簡単にはずれないかもしれない

して使い回ししたいものである。

鴨居《かもい》と敷居《しきい》

建具を「はめ込む」と書いたが、正確には「立て込む」という言葉を使う。その建具の上側の枠としてつけられている横木を「鴨居」という。鴨居は建具の天端が滑る溝が彫られているが、経年変化でたわんでくると引き戸が動かなくなる（立て付けが悪くなる）ので、反りを考慮して「木表」側を下向きに使い、最初から中間を少し上げて施工される。また、鴨居自体を上の壁を受ける構造材とするのは頼りないのであらかじめ横材を作り、その下に鴨居材がつけられたり、大きな間仕切りでは縦材を入れて中間を吊り上げたりする。

建具の下を受ける枠、横材を「敷居」と呼ぶ。溝やレールがつけられ建具を動かし支える。強度と滑りやすさが求められるので昔はマツやヒノキ材がよく使われた。敷居は摩耗ですり減ってくると建具のレベルが下がり、敷居の溝にガタがきて建具がはずれたりする。

鴨居と敷居は対になって建具を支えるので、どちらか（もしくはどちらも）がたわんだり摩耗した

引き戸の構造と名称

長押(なげし)
鴨居(かもい)
縦框(たてがまち)
柱
横框(よこがまち)
敷居(しきい)

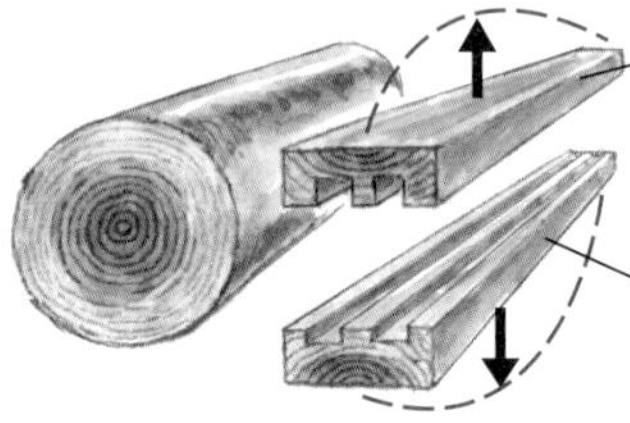
まん中が上に反る
鴨居の断面は
木表を下に
製材したとき皮に近いほうを木表、芯に近いほうを木裏と呼ぶ
敷居の断面は
木表を上に
まん中が下に反る

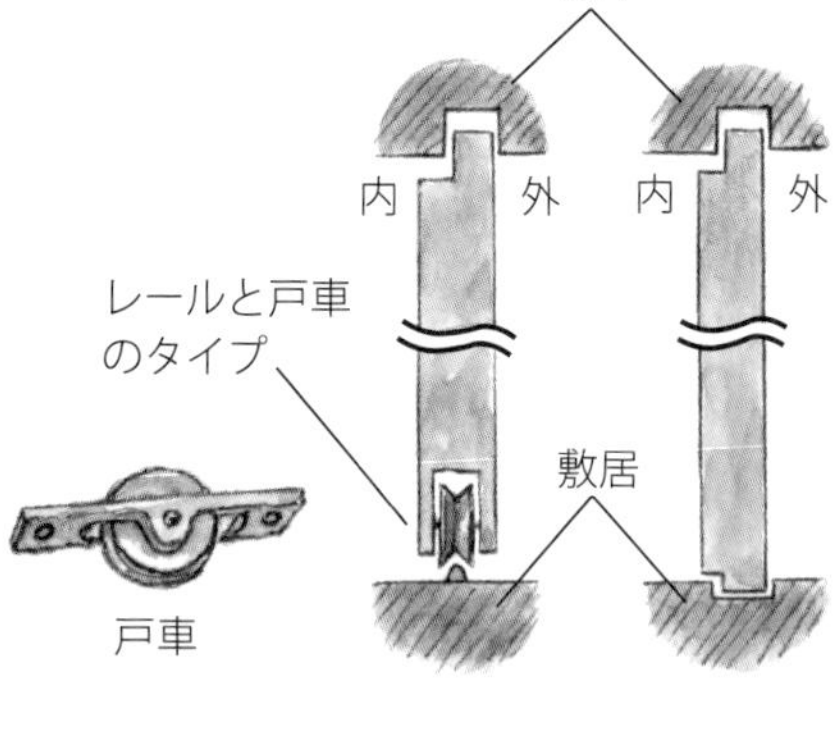
鴨居
内
外
内
外
レールと戸車
のタイプ
敷居
戸車

引き戸断面図

引き戸の修理例(その1)

小幅板
敷居の溝を
水平に削る

①敷居のレールをはずして小幅板でカサ上げする。その前にノミで削りながらレベルを水平に

②小幅板をビス打ちで取り付けレールを打ち直す

③戸の下部もノミで削る

④小幅板と敷居のすき間はパテ埋め(今回は土壁用粘土を使用)

りすると立て付けが悪くなる。一方で、建具自体がゆがんだり摩耗して変形することで、やはり立て付けが悪くなる。これを解消するには部材の一部を削ったり、新たに張り付けてカサを増したりすることで調整し、直していく。3次元の直しなので結構難しいが、私のいくつかの実践例を紹介しよう。

引き戸の修理例(その1)

以前借りていた家に小さな木造の工場がついていた。そこの引き戸がガタガタする。レールの上を戸車が動く構造なのだが、元は普通の引き戸で、敷居の溝が減ったのを機にレールと戸車をつけたらしい。鴨居の溝から戸がはずれそうなほど引き戸が下がっているので、敷居のレールのレベルを上げてやるのが一番の解決法だと考えた。

そもそも建物のゆがみもあって敷居が水平ではないので、まずクギ抜きでレールをはずし、水準器を当てながら平ノミで水平になるように削っていった。そこに小幅板をビス留めしてカサ上げし、レールを打ち直す。

戸のほうも下部のゆがみで底がレールに当たってスムーズに戸車

引き戸の修理例（その2）

鴨居の凸部は底取りカンナを使って指を写真のようにあてがうと削りやすい

底取りカンナ

敷居や鴨居の凹の底面を仕上げる専用のカンナ。平ノミの刃が台づけされたような構造で裏金もついている。幅は基本的な敷居溝幅の21mm（7分）が一般的

脇取りカンナ

溝の側面を削る専用のカンナ。刃先が台の側面に出るよう斜めに仕込んである。左削り用と右削り用があるが、ひどい逆目がなければ左面削り（右利き用）だけで対応できる

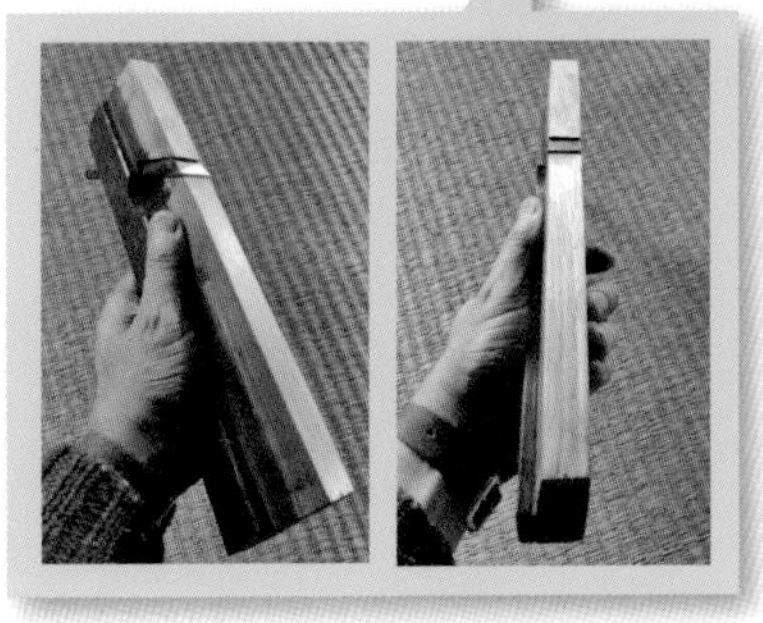

▶小バールでレールをはずし敷居を削ってレベルを下げる

今回削った部分

修理後、建具が入った敷居

動かぬ戸のはずし方

レールを噛ませたまま横にずらす

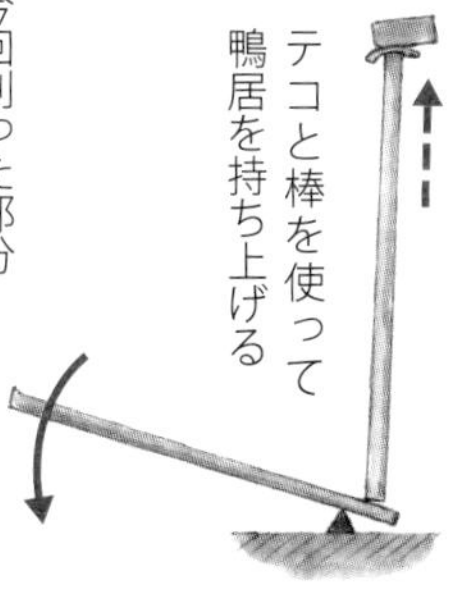

テコと棒を使って鴨居を持ち上げる

車のジャッキと棒を使って鴨居を持ち上げる

敷居・鴨居で追いつかない場合は建具框を削る

が動かないので中央の溝をノミで彫り直す。

水準器でレベルを確かめながら、小幅板をビス留めし、レールを打つ。もちろん、何度も戸を入れ直し微妙な高さを見ていく。あまりピッタリすぎては、戸を立て込む余裕がなくなってしまう。

問題だったのはクギ抜きで頭が飛んでしまい、抜けなくなった古クギが何本も刺さったままになっていることで（前住者もいろいろ苦労したらしい）、それは「クギ締め」で叩いて深く埋め、その後ノミで削り出しをするのだが、それでもノミの刃がクギに当たってしまうことがある。古民家の改装ではこの古クギは刃物道具を傷めるネックとなるので十分注意しよう。

引き戸の修理例（その2）

さて、母屋には美しい格子戸があったが（134ページ右上写真）、私たちが住み始めるとともに空気が動いて部屋が乾き、木が変形を始めたのか、建具がきしむほど引っかかり動かない場所ができてしまった。

今回は鴨居を削らねばならない。ノミで削ることもできるが、手間

鴨居

鴨居を据える。ヒノキを手オノではつった補強柱（旧柱にボルト緊結）に切り欠きを入れ、鴨居をはめ込んでビスで留める。左右の柱の切り欠きの高さと深さは、引き戸の動きを決める非常に重要なものとなる。慎重に！

敷居と鴨居の取り付け

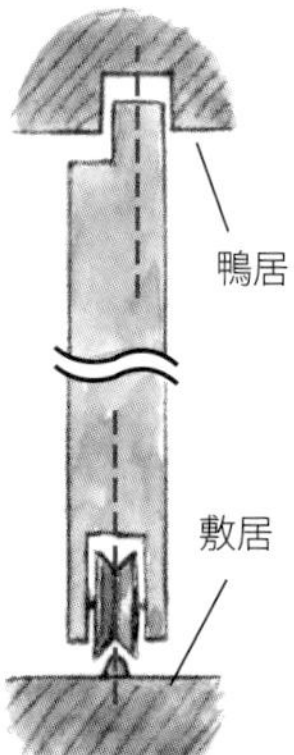

鴨居の溝の芯とレールの芯は若干ずれる
鴨居
敷居

鴨居から敷居へ下げ振りを下ろしてみる

取り付け手順

1）まず柱と柱の間にふたつの建具がちょうど良く収まるか確認。足りなければ柱に板を打ち、余るなら建具をツメる。2）柱の間に敷居をつける。水準器で水平を正確にとる。3）鴨居をつけるための切り欠きを柱に入れる。建具が正確に動くように下げ振りで互いの溝の位置を合わせる

準備編

▶粘土のダマをつぶしているところ

高さを失敗して継ぎ足した

腐りにくいクリ材で枕木を作る

三和土は土壁用粘土に消石灰を混ぜて作る

◀石灰は粘土の1／5量くらいを入れ、ぎゅっと握って崩れない団子ができる程度の水を入れる（ピザ窯を作るときよりずっとパサパサ）。にがりは入れずにやってみた

今回の敷居断面図

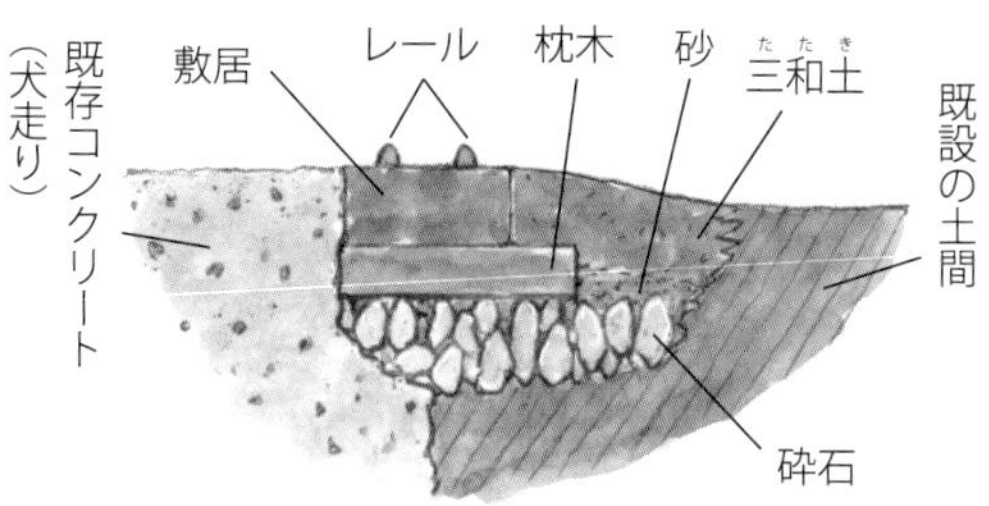

既存コンクリート（犬走り）
敷居
レール
枕木
砂
三和土《たたき》
既設の土間
砕石

がかかりすぎるので「脇取りカンナ」と「底取りカンナ」を使う。

まずは脇取りカンナで溝の縦の部分を削って、当たっている部分を削って溝の幅を広げていく。つぎに底取りカンナで溝を深くする。

建具の肩が当たるので鴨居の凸部も削る。普通の平カンナでは削りにくい。底取りカンナを使って指をあてがうと削りやすい。

敷居のレールをはずして敷居そのものも平カンナで削る。少しねじれが出ていて、はめ込む側が高くなっていたからだ。飴色にツヤが出た敷居も、一皮削ればみずみずしい木の色が顔を出す。

さて、その前に戸をどうやってはずしたのか？ というと、先に戸を動かしながらレールのクギを小バールで抜き（敷居に傷がつかないように厚紙などを当てる）、戸車にレールを噛ませたままズリ下ろしてはずしたのだ（**前ページ図**）。この場合、レールは全部はずす必要はない。レールは金属だがしならせておくことができる。小窓などの場合はジャッキアップも有効だ。車用のジャッキを利用して窓枠を開くのである。溝だけの削りでは大変な場合は、戸の上

①レールの台座の基礎に砕石を敷き、丸棒で叩き締める

②枕木を敷いてレール台座を仮置き。水準器で水平をとる

③さらに砂を敷いてレール台座を据える

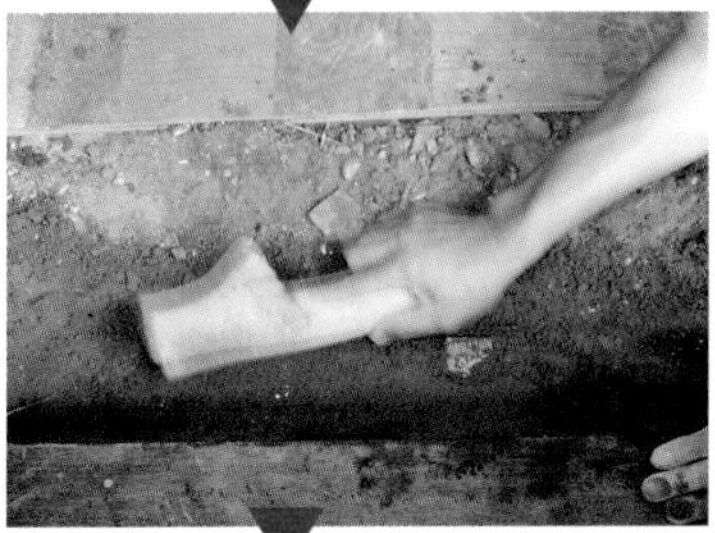

④その上に石灰＋粘土を平棒を使って叩き締めていく

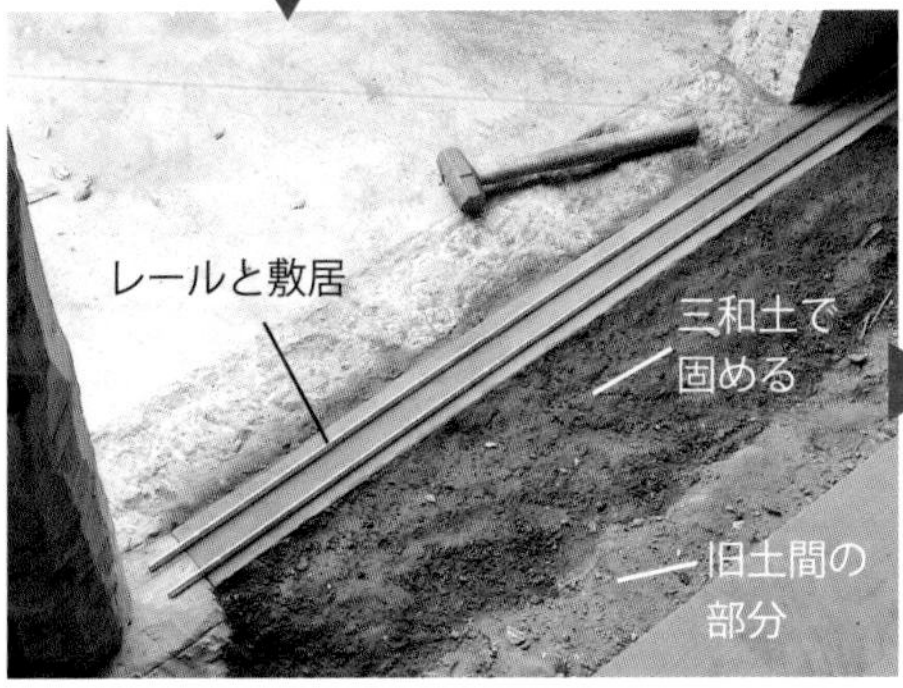

⑤三和土（たたき）で固め、レールを打って敷居の完成

⑥中古の建具は微妙なゆがみがある。左右逆に使用したらちょうどぴったりで、取っ手や鍵を付け直すことにした

昔懐かし「ネジ締め鍵」を取り付ける。メス側を彫り込むことで微調整

部の凸部も削ろう。仮立て込みして動くようになったら、レールを打ち直して完成だ。

引き戸の移設例

最後は、解体現場からゲットしたお気に入りの古い建具を、新たに立て込んだ例だ。

既設の台所を一部土間に改装し、井戸のある庭に地続きで行き来ができるように、壁を抜き、基礎を切断し(※)、そこに古い木製建具のガラス戸(戸車つき)を立て込んだ。それには鴨居も敷居も新設する必要があるが、鴨居は戸棚のものを再利用し、敷居は砕石基礎に枕木を置き、その上に樹脂注入の南洋材（梱包用に使われた廃材角材）を敷いた。レールは真ちゅう製のものをホームセンターで入手。

日本の柱のスパンは一間＝六尺（1・82ｍ）、そこに2枚の建具と決まっているので、ほかから建具を移動しても柱間はたいがい収まる。

柱の構造補強は自分で伐採したヒノキを手オノではつったものをボルトで緊結したり（**32ページ参照**）といろいろ大変だったが、完成した引き戸は美しく、土間と庭が使いやすく、大満足であった。

※注意：既存の壁や基礎を切断撤去する場合は、ほかの部分で構造補強するなど耐震への十分な配慮が必要です。

3. ナタ・カマ・オノの柄付け替え修理術

山ではナタ・カマ・オノは必須の道具。しかし初心者はえてして道具を壊しがちで、とくに柄の割れやゆるみはよくあること。柄の素材は身近にあるので一度自分で付け替えてみよう。素材や力学の勉強になるし、付け替えた道具には愛着もわく。

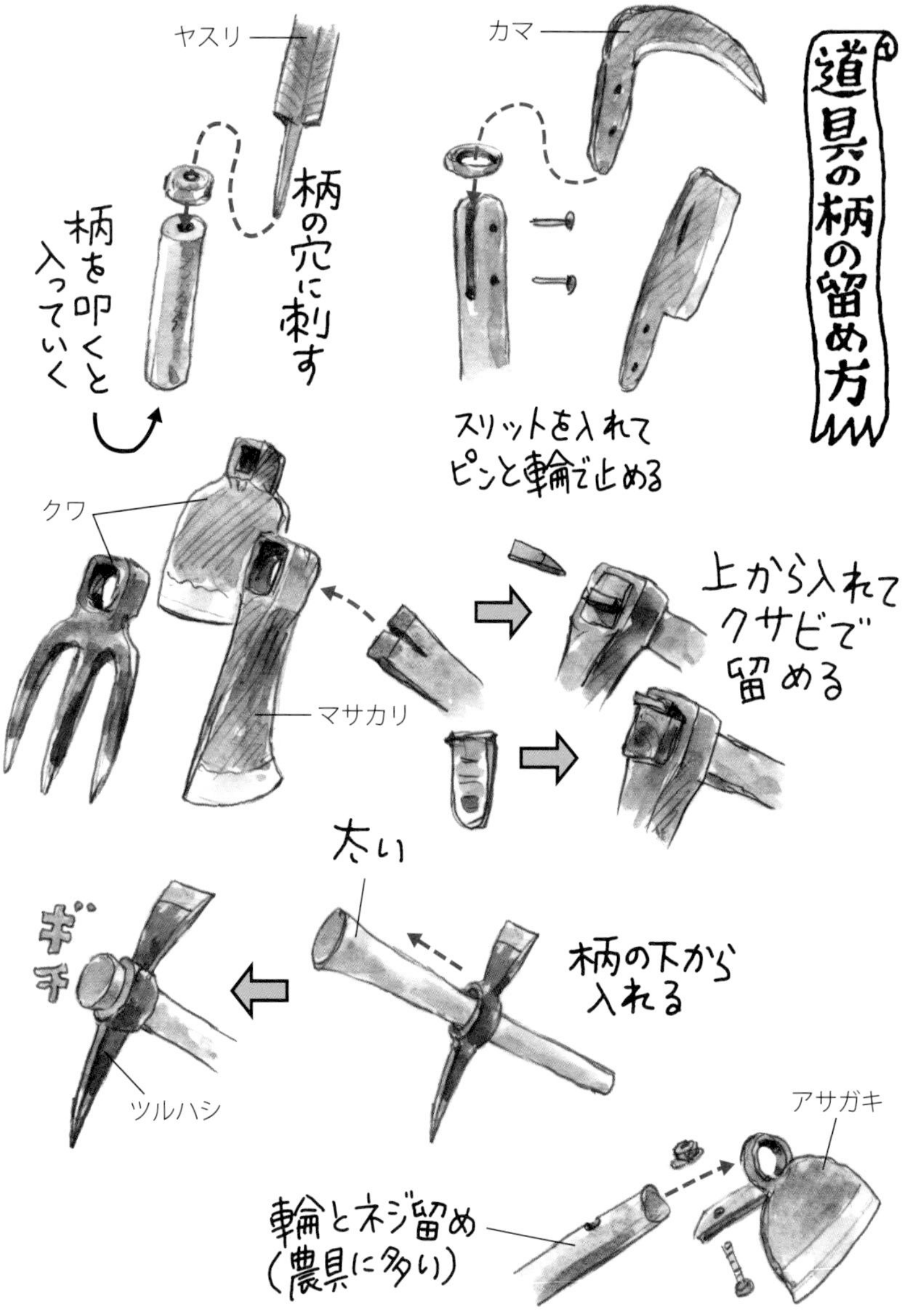
道具の柄の留め方
ヤスリ
柄の穴に刺す
柄を叩くと入っていく
カマ
スリットを入れてピンと輪で止める
クワ
マサカリ
上から入れてクサビで留める
太い
ギチ
柄の下から入れる
ツルハシ
アサガキ
輪とネジ留め（農具に多い）

柄は自分で作るもの

以前私の住んでいた群馬の山村にはシラカシの木がたくさんある。「かしぐね」といって、冬の空っ風から家を守る防風・屋敷林に仕立てている家もあり、私の借りていた古家にも大きなカシがあって、その剪定枝はよい薪になった。

山に住み始めて間もないある日「あのさ、カシの枝をわけてくんねえかい」と隣のお爺さんがやってきた。ナタの柄が割れてしまったので、自分で作り直すという。薪に積んである中から、乾燥の進んだものを持っていき、電動工具もなにもない中で、お爺さんは当たり前のようにナタの柄を自分で作り直してしまった。

山に住んでいる人の道具の柄は手作りのものが多い。素材が簡単に手に入ることもあるが、自分の体に合ったものを使い続けたい要求があるからだ。昔の鍛冶屋では金属部の頭だけを依頼し、柄は自分で作る人が多かったそうだ。

さまざまな素材・形・留め方

手道具の柄はその用途によって

1

折れてしまったカマの柄。ノコとプライヤーで木をはぎ取る

薪に積んだシラカシから適当なものを選び出す

ナタでおおまかに削り、ナイフで細部を整える

スリットをノコギリで入れる（枝打ちノコ使用）

2

仮挿入してみる。逆さまにして枝のお尻をカナヅチで叩くと入っていく

油性ペンで印をつける

いったん刃を抜き、印と天端を合わせてビス穴の位置を柄に転写する

キリで穴をあける。スリットの奥側は貫通させない

3

廃材から抜いたクギを２本。カナヅチで曲げをとり、金ヤスリで先端と側面を研ぐ

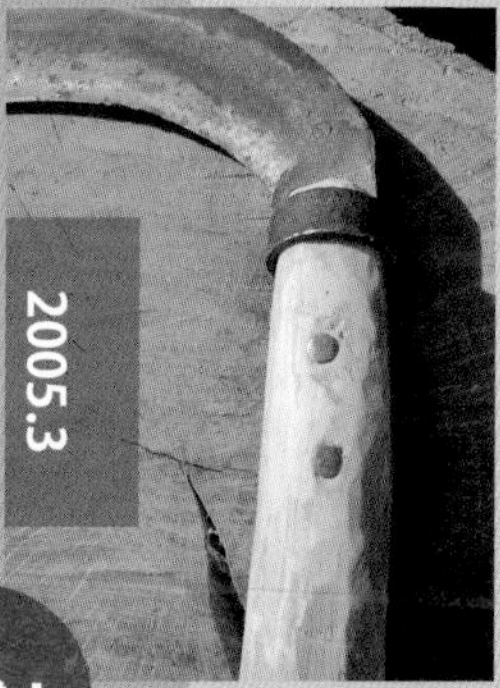

クギを打ち込み鉄輪を叩いて入れる。裏側に出たクギの先は金ヤスリで削る（４年後の姿が１４３ページに）

完成！

▶刃を研ぎ直して完成！

さまざまな素材・形・留め方があって、それぞれ理に適ったものを採用している。

　ナタやカマは柄の中央にスリットを入れてピンと鉄輪で留める形式だ。２本のピンが作業上繰り返される縦の衝撃を受け止めて、スリットが鉄輪を開くのを防ぐ。カマの柄は多少の曲がりや歪みがあってもよいが、ナタやオノは力点の中心線がグリップに真っすぐ伝わらないと使いづらく危険である。

　荷重や衝撃でしなるような軽く柔軟な素材は、連続作業の疲れを軽減させるカマにはいいが、一撃で割ろうとするナタやオノには弾んでしまってよくない。

クサビで締めるタイプ

　オノやマサカリ、あるいはクワ類など柄に強い衝撃がかかるものは、金属部の筒の中に柄が差し込まれ、接合部をクサビで締めるタイプが多い。

　使い込むうちに接合部がゆるんでくるのはよくあることだが、その場合はクサビを打ち直して締めてやるとよい。それでもゆるみ始めたら、一度柄をはずして新たな太いクサビを打ち込む。あるいは

真っすぐなカシの枝でマサカリの柄を作ってみた

カシの割り材でオノの柄を作る

古いヘッドは叩かれて穴がつぶれ気味。柄が入りやすいようにヤスリをかける

もう一個のクサビを追加する。乾燥した場所に長く保管すると木が痩せて抜けやすくなるが、湿り気を与えれば木はまた膨らんで締まってくる。

便利なカシのクサビと材料保存法

金属のクサビは大きなホームセンターや刃物専門店で購入できるが、カシ材などで木のクサビを作ることもできる。木のクサビは耐久性は劣るが、厚みを自由に作れるのと、使い捨てるつもりで何度も作れるので便利である。また、カシの大きなクサビを作っておくと、スギ・ヒノキを割るのに使うことができる。

カシはカンナ台にも使われるくらい堅い素材だが、意外に割りやすく、そして虫食いが入りやすい。道具やクサビ素材として保存するなら皮を削っておき、カマドや囲炉裏の火棚の上などにおいて燻しをかけておくと乾きもよく虫がつかない。

細いスギ丸太を柄に使う

スギは真っすぐで軽いが、材としては軟らかいので道具の柄には

スギ柄の片手トビ

片手トビの先は埼玉県神川町の骨董市（毎週日曜の定期市）で購入。ほかに下げ振り、クギ締め、カンナ刃の裏出し用金床、これ全部でなんと1000円だった

丸4年使い続けた自作柄のカマ▼

2009.2

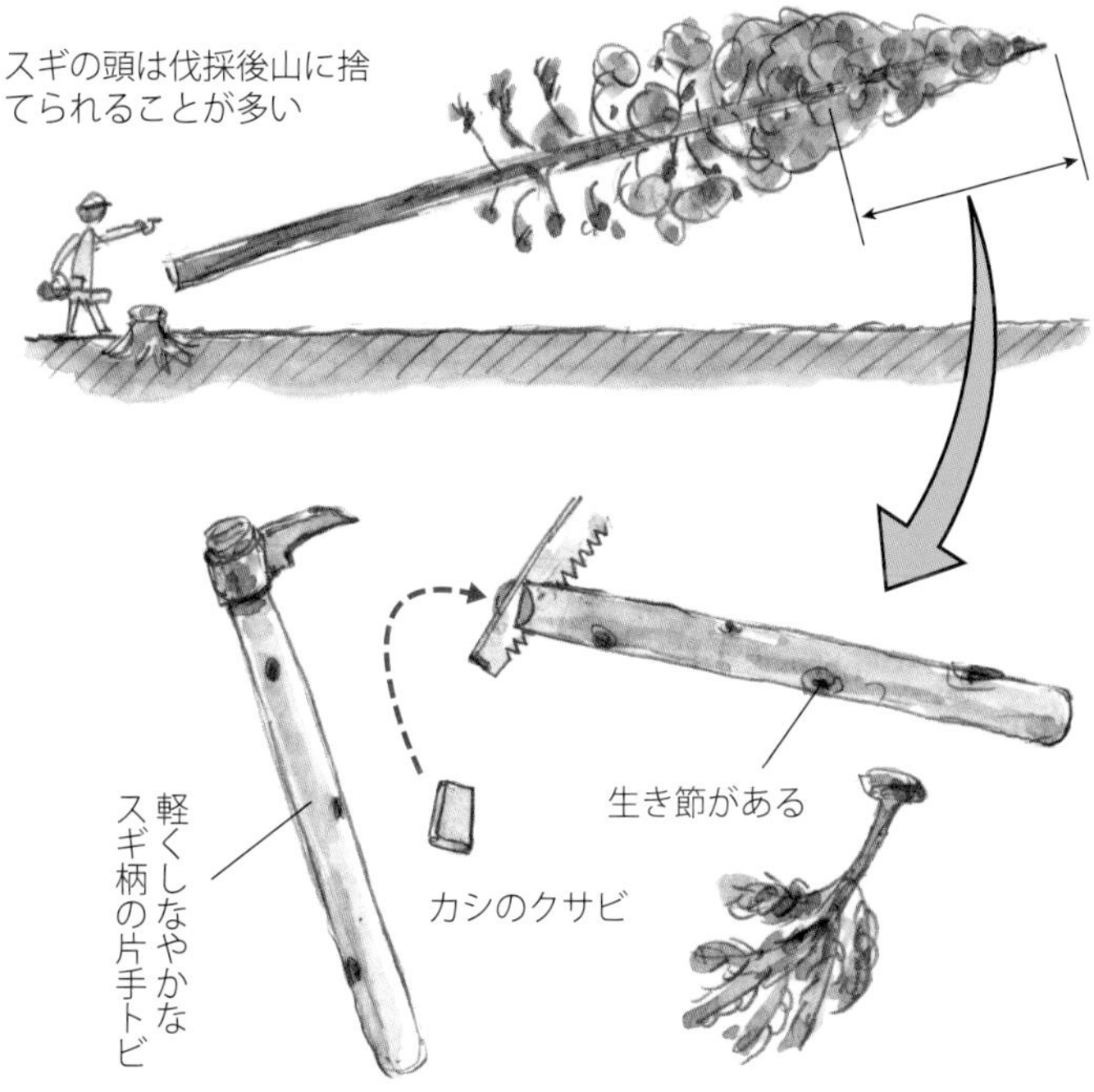
スギの頭は伐採後山に捨てられることが多い
軽くしなやかなスギ柄の片手トビ
カシのクサビ
生き節がある

片手トビがあると丸太を片手でひょいと動かせる。必要な丸太を取り出すとき、こんな小さな道具ひとつで作業効率がかなり高まる。骨董市の店の人も「小さなトビは人気あるんだよね」と言っていた。

ヒョイ

向かない。と思いきや、意外や部位と道具次第で有効に使える。

それは幹の先端の細い部分を柄にするのである。ここは生きた枝の節がたくさんあるところだが、それゆえにやや堅く、乾燥による割れが入りにくい。私は山の人にスギの柄で自作した長カマをもらったことがあるが、軽くて実に使いやすかった。また、東京西多摩の古道具屋で見つけた「横オノ」も自作のスギの柄がついていて、これが驚くほど便利な細木用の薪割り道具であった。

スギの先端は商品としては捨てられる部位だが、自分で木を伐ればタダで手に入れることができる。

自作の道具は自分で使う

自作の柄の道具は自分だけが知っている癖があるので他人に貸すのはやめたほうがいい。自分で使い続けることで「今日はちょっと感触が違うな」とか「そろそろガタがきているな」などと敏感に察知することができる。限界を知ることでケガや事故を未然に防げる。

そうしてつぎのＤＩＹはよりうまくなっているだろう。ま、失敗したら薪にすればいいのだ（笑）。

著者紹介
大内正伸
(おおうち・まさのぶ)
1959年茨城県生まれ。イラストレーター・著作家。幼少より自然大好きで、昆虫採集・釣り・登山などを体験。20代には数々の肉体労働アルバイトを経験している。森林・林業に造詣が深く、間伐や道づくりなどの技術書を著す。山暮らし・田舎暮らしの実体験を踏まえ自然と共に暮らす生き方を発信し、講演・ライブ活動などもしている。著書は、林業関係に『鋸谷式 新・間伐マニュアル』(全林協)『図解　これならできる山づくり』(共著)『図解 山を育てる道づくり』『「植えない」森づくり』。山暮らしの本に『山で暮らす 愉しみと基本の技術』『囲炉裏と薪火暮らしの本』(以上、農文協)。
ホームページ
「神流アトリエ・SHIZUKU」
http://www.shizuku.or.tv

楽しい山里暮らし実践術

2013年５月28日　第１刷発行
2024年３月19日　第７刷発行

著者◎大内正伸
発行人◎松井謙介
編集人◎廣瀬有二
企画編集◎関根真司／福田祐一郎
編集◎キャンプ
装丁◎福田恵子(Domon Minds)
イラスト・本文デザイン◎大内正伸
DTPレイアウト◎Tortoise+Lotus studio
校正◎宮澤孝子

発行所　株式会社　ワン・パブリッシング
〒105-0003　東京都港区西新橋2-23-1
印刷所　TOPPAN株式会社

●この本に関する各種お問い合わせ先
本の内容については、下記サイトのお問合せフォームよりお願いします。
https://one-publishing.co.jp/contact/

不良品(落丁、乱丁)については業務センター　Tel 0570-092555
〒354-0045 埼玉県入間郡三芳町上富279-1

在庫・注文については書店専用受注センター　Tel 0570-000346